意識と生命

ヘーゲル『精神現象学』における有機体と「地」のエレメントをめぐる考察

In memory of my brother Kouji,

who gave me a true opportunity to be a philosopher.

まえがき――この本を手にとった読者のみなさんに――

理念がその力を取り戻すのは、ヘーゲルのやったように、理念を、生命とわれわれのもっている生命の意識との間の諸関係に適用する場合である。……意識は、意識以前の生命がそうであるところのものをおのれ自身の限界として、またおのれの起源として捉え直す。

――メルロ＝ポンティ(一)

筆者がこの本で試みたことは、一言で言うと、ヘーゲルという哲学者の思考がふくむ「非理性的なもの」を抽出することである。そのための方法はいくつかあると思うが、本書では、ヘーゲル自身が使っている、〈地《ち》のエレメント〉というキーワードを使うことによって、ヘーゲルにおける「非理性的なもの」を指し示すことにした。地《ち》（ドイツ語でErde、英語でEarth）というのは、「大地」のことであり、古代人が宇宙を構成する四大元素として考えた四つのエレメント、地《ち》、水《すい》、火《か》、風《ふう》のうちの「地」である。ヘーゲルは『精神現象学』で、この「地」のエレメントについて不可思議な叙述をいくつか残している。そこを手がかりにしながら、ヘーゲルの構築した哲学の内における「非理性的なもの」のはたらきについて思考する道筋を得ること、これが本書の目指したことである。

ところで、ヘーゲルと言えば、西欧近代の理性の固まりみたいな哲学者だとかつては思われていたし、いまでも一般には多くそう思われている。そういうヘーゲルの哲学に、「非理性的なもの」を見出すことに何か積極的な意義があるのか、といぶかる読者もあるだろうと思う。

筆者は、そこには大いに積極的な意義があると思っている。その理由については、本書の序章でも語っているし、終章でも語っているので、ここでは同じことは繰り返さない。ただ、ヘーゲル以後の西欧哲学において問題になったことはすべて、結局のところ、ヘーゲルが西欧の哲学の構成の中に「非理性的なもの」についての思考を起動させるスイッチを埋め込んでいたことにルーツを持つと言ってしまって良いところがある。

たとえば、二十世紀にハイデガーが言った「存在」、アドルノが言った「否定性」、サルトルが言った「弁証法的理性」、ハーバーマスが言った「コミュニケーション的理性」、これらの事柄は結局、理性がその作動において広く非理性的なバックグラウンドを持っていて、どうしたらそのバックグラウンドに理性自身が向かうことができるのか、という問題意識に基づいて出てきた言葉である。そうした問題意識の群れは、ヘーゲルが『精神現象学』において「理性」という章のあとに「精神」

という章を置いたことに端を発すると考えればわかりやすい。

これについては、冒頭でも引用したメルロ＝ポンティがかつてヘーゲル哲学を評して語った言葉が、筆者の味方をしてくれるだろう。

> ヘーゲルはこの一世紀以来哲学の中で形成された偉大なすべてのもの——例えばマルクス主義、ニーチェ、現象学やドイツの実存主義、精神分析学——の源をなしている。彼は、非合理なもの［非理性的なもの］を探検し、それを或る拡張された理性に統合する試みを創始したわけであるが、そのような理性こそは、依然として現代の課題にもなっているのである。(二)

このメルロ＝ポンティの言葉を、ヴァンサン・デコンブは、ヘーゲルを理性的な哲学者と見る見方と、非理性的なものへの感度をもつ哲学者と見る見方の二通りの見方が併存する事情を的確に説明する言葉であるとして高く評価する。

> 理性の拡大は二様に解されうるのである。理性がその支配力を広げ、それまで理性にとって疎遠であった諸領域（歴史とその数々の暴力沙汰、実存とその偶然性、無意識とそのさまざまな詭計）において権力を握る、といったふうに、この表現を理解することもたしかに可能である。しかしまた、この「理性を拡大する」という表現がほのめかしている、現存の理性に対する批判という面に何よりまず注目して、この拡大を単なる拡張よりはるかに大きなもの、思考の全的変貌と見ることもできるのである。〔中略〕みずから弁証法的であろうとする思考は、その定義上からして、理性にとって根本的に疎遠なものへと、他なるものへと向かう理性の運動に着手する。そこで、問題はひとえに次の点に集約される。すなわち、この運動においては、他なるものが同じものへと還元されてしまうのか、それとも理性的なものと非理性的なものとを、つまり同じものと他なるものとを同時に包含すべく、理性がみずから変貌し、おのれの原初的同一性を失い、同じものたることをやめて、他なるものにとっての他なるものにならなければならないのか、を見極めることである。(三)

ヘーゲル自身が『精神現象学』で展開した叙述をまともに受け取るならば、「理性」は自分にたいして否定的なもの、つまり、非理性的なものにつきあたることによって「精神」となる、はずである。

だが、いかにして？　いや、いかにしてを問うには、まだ早い。その前に、いったい、理性は非理性的な「何」につきあたることによって、精神になるのだろうか。本書は、どちらかというと、その「何」の方の問いに重点を置いた考察である。

研究者の用語を使えば、それは「否定性」であるという説明になる。今日では、右にあげたような二〇世紀の思想家たちの影響によって、ヘーゲルの哲学は「否定性」の哲学であった、という言い方や見解が少なくとも研究者のあいだでは定着しつつある。だけれども、そのことはまだ一般には広まっておらず、ヘーゲルと言えば「肯定性」の哲学者、つまり、歴史的理性の運動を肯定した哲学者だと思われていることも多い。このように、ヘーゲルという哲学者のイメージについてのギャップがいまだにあるのだが、その原因の一つに、ヘーゲルにおける「否定性」とは何かということがうまく説明できていないことがあるように思う。実はよく考えると、「否定性」というのは、機能もしくは変化のプロセスを名詞化しただけで、それだけでは内容がない言葉であることがわかる。つまり、ヘーゲルが残した宿題は解かれていない。ハイデガーが「存在」と言い、アドルノが「否定性」と言い、ハーバーマスが「コミュニケーション的理性」と言ったことは、その都度、この宿題を解くための補助線を付加してきた。しかし、それでも理性が経験する他者とは何であるかという問題はまだ解かれていないのである。

多くの研究者が、ヘーゲルの叙述の展開において、また論理の構成において、「否定性」がどのように機能しているのかを研究している。だが、人間の意識の持つ否定性とは何か、あるいは、その意識の持つ否定性すら否定する否定性があるという風に考えないと理解できないヘーゲルの叙述の展開を根底において動かしているもの――それは結局のところわれわれの意識を駆動しているところのものだけれども――、それが具体的に何であるのかについての探究は、まだ本格的には始まっていない。

それにアプローチすることは、実は、哲学――といってもこの場合は西欧哲学のことだが――にとってはたいへん難しいことである。というのは、西欧哲学の歴史が近代に至るまでの二千年あまりのあいだに、哲学は一つの思考の型を形成してきたのだが、その型はむしろそれを迂回して把握しようとする型だからである。

それを掴むためには、哲学は自分の背後をふりかえらなくてはならない。ふりかえれば、それはそこにある。それはわれわれの生きるということの根底にあるものだし、われわれは日々、それのはたらきの中にいる。にもかかわらず、それに背を向けようとする思考の型が、西欧哲学や西欧近代文明の本質としてあり、われわれはどうしてもそれに影響されてしまう。

ふりかえろうとしない者をふりかえらせるためには、いろいろな工夫や道具立てが必要である。あるていど、その者のたどろうとする迂回のみちすじにもつきあう必要がある。前へ前へと進んでいこうとする者に、背後の風景をいきなり見せても、それが背後の風景であると当人が気づかなければ、意味がないからである。

本書は、そうした工夫や、道具立てや、迂回しながらのふりむきの作法を積み上げていくための、筆者の最初の試みである。

それによって西欧哲学の形成してきた型と、その型に依拠しながらそれを外すことの必要性について、読者にある種のインスピレーションを与えられれば、本書の狙いは達成されたことになる。その目的のために、いわゆる学術的な哲学研究の手続きや慣習を破っているところも、本書にはある。

「非理性的なもの」や「地」のエレメントや「否定性」について哲学が思考することの難しさ、これを克服するために、筆者は本書で、「生命論」という舞台を用意した。

ヘーゲルが『精神現象学』で展開している有機体論を、生命論という大きな流れの中で考えるという道具立てによって、本書はそれについて考えようとしている。筆者にとって最初の試みであるということもあって、その戦略には、いくらか、あるいはひょっとするとかなり、かたちのゆがみやでこぼこが払拭しきれていないところもあるとは思う。が、多少のでこぼこは看過して頂いて、いま話したような狙いの試みとしてどの程度の効果が出せているかについて、読者のみなさんの判断を仰ぎたいと思う。

(一)メルロ＝ポンティ『意味と無意味』滝浦静雄ほか訳、みすず書房、一九八三年、九五−九六頁（Maurice Merleau-Ponty, *Sens et non-sens*, Les Éditions Nagel, 1948）

(二)同右、九一頁。［］内は野尻による補填。

(三)ヴァンサン・デコンブ『知の最前線　現代フランスの哲学』高橋允昭訳、TBSブリタニカ、一九八三年、一八頁（Vincent Descombes, *Le même et L'autre, quarante-cinq aus de philosophie française (1933-1978)*, Les Éditions de Minuit, 1979）

凡例

・海外の文献については、本論考の論旨にかかわるものはすべて原典を参照し、出典情報を「原典（邦訳書）」のかたちで表記した。参考資料的なものでとくに原典を参照しなかったものについては、「邦訳書（原典）」のかたちで表記してある。

・引用の訳文は、邦訳書にも照らしながら筆者が作成した。諸者の便宜を考えて参照した邦訳書も示してあるが、適宜、改訳を施しているので、訳文についての責任はすべて筆者にある。

序章

ことばは沈黙に
光は闇に
生は死の中にこそあるものなれ

——アーシュラ・K・ル＝グウィン（一）

本書のねらい

本書『意識と生命――ヘーゲル『精神現象学』における有機体と「地」のエレメントをめぐる考察――』は、ヘーゲルの『精神現象学』における有機体論を、生命論の文脈において考察しようとするものである。その意義は、次のようなところにある。

第一に、ヘーゲル哲学研究上の意義である。『精神現象学』における有機体論は、普遍性や理性、また個体性や否定性といった重要な哲学的概念についてヘーゲル独自の思考が凝縮された箇所となっている。緻密な研究が為されて良い箇所であるが、先行研究は多くない。理由の一つは、この箇所の叙述が難解であることだろう。『精神現象学』はヘーゲルの出世作であるが、諸事情により出版を急いだ経緯があり、その叙述は発想の展開にまかせて一気に書き上げた感がある。その中で特に、有機体論の箇所は、ヘーゲルの豊かな発想力と深い洞察が固い結ぼれを作り、思想の「瘤」のような様相を呈している。筆者はこの瘤を切り開き、解釈することで、ヘーゲル哲学の根底に至る通路が開かれると考えている。これが、『精神現象学』の有機体論を考察する第一の理由である。

第二に、現代の生命論の観点から、次のような意義がある。『精神現象学』の有機体論では、有機体という「現象」が意識に対して生じるメカニズムが解説されているが、その際に、ヘーゲルは「地」(Erde) の暴力ということについて語る。「地」の暴力は唐突にヘーゲルの叙述に登場し、それが何であるのかは読者が一読して理解できるようなものではない。文脈から推測していくと、ヘーゲルは、啓蒙主義的な、世界を解明する明るい理性によっては捉えきれないような「何か」を考えている。そして、そのようなものの作用によって有機体は現象する、と考えている。ヘーゲルの「有機体」は、カント的な理性によっては捉えきれないもの、独自の過程として描かれる。だが、同時に、そのような「過程としての対象」である有機体を生み出しているのは、それを見ている「われわれ自身」であるとヘーゲルは言うのである。つまり、われわれのうちには、われわれ自身の理性によっては明らかにしきれないようなものがあり、それが世界を見るわれわれの視角に影響を与えている、あるいは、そのような深いエレメント(境位)からやってくるものに促されてわれわれは認識を行っている、そうしたことをヘーゲルは考えている。

ヘーゲルが言おうとしたそのエレメントとは、われわれ現代人がわれわれ自身の「生」のあり方を根底から見つめるために、呼び起こすことが必要なエレメントであると筆者は考えている。これが、『精神現象学』における有機体論を解明しようとするもう一つの、そしてこちらの方が本命の理由である。

ヘーゲルが「地」というかたちで暗示しようとしたもの、それは古代ギリシア以来二千五百年の系譜をもつ西欧哲学が捉えようとして捉えきれなかったものである。捉えきれなかったといま言った。しかし、じつは、捉えきれなかったのではなく、そこから目を背け、抑圧してきたと言ったほうが正確かもしれない。（この問題については、第一章『「生命の樹」から近代の「有機体」まで』で考察する。）

西欧哲学が捉えてこなかったもの、抑圧してきたものが、ヘーゲルにおいて「地」の暴力というかたちで噴出している。それは、ひとりヘーゲルが考え出したようなものではなく、西欧の哲学がつねにつきまとわれ、それに対抗するかたちでみずからを作り上げてきたものである。それはヘーゲル哲学の用語で言えば「否定性」と呼ばれるものであり、ハイデガーの用語で言えば「存在」と呼ばれるものである。

思想、哲学等と呼ばれるものは、しょせん、人間がみずからのなしている行為につける説明にすぎない。哲学の説明が本質と必ずしも一致しないこともあれば、ときに哲学が時代に先駆けて人間がなしつつあることの本質を鋭く洞察することもある。哲学者としてのヘーゲルは、みずからの「勘」に忠実な人であった。彼が洞察したものは、近代の明るい啓蒙的理性によって構築された人間社会が直面するであろう、暗い運命の予兆であった。それは近代の終わり、現代のはじまりの予感であった。彼は『精神現象学』で、「地」の暴力と呼ばれるものが、人間を、自然の理性的認識から、人倫や市民社会と呼ばれる自律的な運動体の認識へと導くことを洞察した。

近代の哲学は、古代ギリシア人が自然において在るとし、キリスト教が神においてのみ在るとしていた「理性」を、人間主体の「能力」として引き受けた。そうした能力によって人間は自然を理解できると考えた。そのような近代哲学の営みは、自然を人間の能力によってコントロールしようとし、社会を理性によって設計しようとする西欧近代文明の意図を表現している。

ヘーゲルは、理性によるコントロール、理性による設計は、「無限の過程」に陥ることを指摘した。理性は有機体の思想に陥り、有機体の思想は終りのない悪無限の過程に陥ると考え、『精神現象学』では「理性」から「精神」への移行を唱えた。理性が終りのない過程に陥るのは、西欧の文明がそのはじまりからつきまとわれてきた「地」というエレメントのなせるわざである。このことをヘーゲルは見抜き、理性による自然の支配が失敗し、人間が無限の過程に陥ることを指摘したのである。ヘーゲル自身は、この理性の失敗を契機としてあらわれる無限の過程を意識の「経験」として理解し、その全体を「精神」として捉え、その悪無限的な過程を「意識」することで、真無限へと至ろうとした。ヘーゲルはそういう哲学の「力」を信じていた。

『精神現象学』から二百年たった今、われわれ現代人は、ヘーゲルの乗り越えようとした悪無限の過程をいまだに乗り越えられずにいる。現代は、自然についても社会についてもこう考えている。すべてを一度に理解できなくても、またすべてを正しいかたちにすっかり設計することができなくても、ものごとは試行錯誤の過程を通じて良くなっていくのだ。それは結局は、人間がものごとをコントロールしているということだ、と。

それはそれで、一つの強力な思想である。ものごとをコントロールするということに二千五百年間の長きにわたって精力を傾けてきた結果、西欧文明は、人間はものごとをすっかり理解できなくてもコントロールはできるのだという結論に至った。

これは奇妙な思想である。たとえば、古代ギリシア人は、ものごとをきちんと理解していない者がそれをコントロールできるなどとは決して考えなかった。そのように考える人間が古代ギリシアにいたとしたら、たんに狂人扱いされたであろう。現代の自然科学は自然を理解しつつあるではないか、と反論する人がいるかもしれないが、その時には「理解」という言葉の意味がちがっていることに気づかなければならない。現代の自然科学がもたらす知識は、宇宙や自然の「意味」とは切り離されている。最先端の、宇宙生成についての「ひも理論」や、コンピュータ化されつつある分子生物学などを想起してほしい。それらが重要であるとみなされ、社会的権威を付与され、研究に資本が投入されていることはみな知っている。しかし、誰も本当には、それが自分の人生や日々の生活と関係があるとは思っていない。自然科学的な知識は、つきつめれば、それが物質的な富をもたらすという一点においてのみ、支持されているのである。

理解はできないがコントロールはできる、そのようなある種の諦念を根底において抱きつつ、しかし、ものごとをコントロールできるという側面に絶大な信頼をおくことで現代の文明社会は成り立っている。そのメリットは、人類史上かつてなかった物質的な豊かさを享受できるという点にある。

同時にわれわれは、人類史上かつてなかった水準で、自分自身を見失っている。自然や宇宙がどのような意味を持って存在しているのか、そしてその中で自分はどこにいるのか、このような重要な問題、すなわち自分自身の「生」の問題についてまったく説明できないというのが、ポスト近代社会に生きる現代人のおかれている境遇である。われわれはこの境遇にあまりに慣れすぎてしまっている。そして、人間とはそういうものだと思いこんでいる。

「人は何のために生きるのか」という問いには簡単な答えなどない、答えがないことが答えなのだ、ということさえわれわれは言う。人間はずっと昔からそうだったと思っている。そして、「生」とはプロセスのことであると思っている。それが先進国の文明化された社会に生きる人間の「常識」になっている。しかしながら、人類史において人間がそのような境遇に置かれたことなど、つい最近まで一度もなかった。これは異様な状況なのである。われわれは自然から莫大な物質的富を引き出すことに成功した。その「成功」をもって、自然をコントロールできるようになったと思っている。

だが、何十万年ものあいだ、自然のサイクルに従属して生き、それにふさわしい、自然と人間を調和のもとに理解する思想をもっていた有史以前の人間と比較して、現代人は決して自然をコントロールなどしていないと言えるし、なによりも、社会をコントロールできていないのである。現代人は、自らの「生」をコントロールできていない者が、いくら自分は道の歩きかたを知っていると言い張ったとしても、ただ闇雲に歩くことをしか知らないのであれば、それは滑稽というほかない。

かつて、アインシュタインは、こうした現代の状況を指して、このように表現したという。"*Perfection of means and confusion of ends seem to characterize our age.*"（あらゆることを実現する手段が整っているというのに、われわれの時代は目的をすっかり見失っている。）

このような「生」は、ヘーゲルが悪無限に陥るとして批判した、有機体的な生であると言えるだろう。ヘーゲルが、『精神現象学』で有機体論を批判していたことは、あまり知られていない。ヘーゲルを「有機体的な思想家」であると捉える向きも多いので、話はいっそうややこしくなる。本書（特に第三章）で明らかにする通り、ヘーゲルは有機体的な意識のあり方を批判し、それを「精神」へと高めることを唱えたのである。まずこのことが、確認されなくてはならない。

しかし、同時に筆者は、「精神への移行」というヘーゲルの解決策は不十分であったと思っている。それは、悪い意味での哲学的、抽象的な解決策であり、このヘーゲルの失敗のために、われわれはいまだに有機体的な「生」を生きている。そこで、ヘーゲルが躓いた地点を正確に見出すことが必要となる。ヘーゲルは「地」の暴力ということを言っていた。おそらくその「地」の処理をきちんとしないまま先を急いだために、ヘーゲル哲学は帰結を誤ったのだ。

筆者は先に指摘したような現代人の「生」の状況をすっかり「改善」できるような思想をここで提供しようと目論んでいるのではない。ただ、現代の西欧型文明社会に生きる人間がこのような境遇に陥った経緯について解明することが、哲学にできる仕事であると思っている。ある意味では、現代の現代化はまだ十全になされてはいない。そのように筆者は考えている。われわれはまだ近代の生み出したものに振り回されている。現代は近代の光の生み出す影を影のまま引きずっている。だから、現代はまだ「ポストモダン」としか表現されていないのだ。哲学もポストモダンの圏域をいまだに抜けられないでいる。それは、近代の光の反対にある影を、影としてしか指し示そうとしないからだと考える。

「ポストモダン思想」と呼ばれるもののほとんどは、近代の光が生み出してきた影を指摘し、影の不可避性を主張することに終始している。だが、影はたんに光の派生物ではない。影をたんに光の派生物であると考える限り、影は影のままである。光で照らして消そうとすればするほど、影は濃く深くなる。そのことに、現代の哲学は驚いてしまったのだ。そしてそこで止まっている。

影につきまとわれることから抜け出そうとするならば、哲学は影と向きあわなくてはならない。影はたんなる影ではない。影は闇であり、闇は光より以前からあった「実在」である。闇がなければ光は存在することができない。われわれの「光」とはその程度のものであることを理解することから始めなければならない。もし、われわれがポストモダンではない「生」を見出すことができるとしたら、それは近代の光によって影もしくは闇とされていたものを、実在として見出すことによってだと考える。それは、光を闇で「照らす」ということになるのか、あるいはたんに闇を光で照らすということになるのか、それはまだわからない。

「語りえないものについては沈黙するしかない」と言った哲学者もいた。だが、たとえば、最新の脳科学では言語そのものの役割はコミュニケーション全体の二割程度でしかないとも指摘されている。言語は、「非言語的なもの」を支えとしなければ、たいしたものではありえない。

そのことは、たとえば、純粋に言語表現に対してしか対応できない人びと（それは「自閉症」と呼ばれる）の世界を覗けば、よくわかる。彼らには、感情の交換、他者の欲望の察知、社会的なコンテキストの共有など、言語外のコミュニケーションを理解する能力が備わっていない（二）。ある意味では、彼らこそが、純粋な啓蒙の光の中に生きる人びとであると言える。純粋理性存在とは彼らのことである。なぜなら彼らは影をもたないからである。

われわれは自分たちが光の中に生きていると思っているが、そうではない。それは一つの倒錯なのである。われわれがわれわれ自身の内にあると信じている「理性」も、本当は純粋な理性、純粋な光などではなく、闇を抱える理性なのである。われわれがわれわれの内にあると信じている「生命」も、本当は死を抱える生命なのである。精神病と呼ばれる人々の光に照らされると、われわれの抱える「闇」がよく見える。そのことが語られなくてはならない。闇を闇のまま、具体的に語る方法が本当にないのかどうか、それを筆者は考えたいと思っている。

闇とここで呼ぶものは、意識に抵抗するもの、「意識ならざるもの」である。われわれが抱えるこの「闇」を、たとえばシェリングは、無秩序なもの、無規則なもの、悟性では決して割りきれないもの、むしろ悟性がそこから生まれるものとして語る。

これ（無秩序なもの）が万物において実在性の不可解なる基底をなすものであり、決して割り切れぬ剰余であり、最大の努力を以ってしても分解して悟性とすることができずして永遠に根底に残るものである。この悟性なきものから、本来の意味で悟性は生まれたのである。この先行する暗黒なしにはもろもろの被造物の実在性も存しない。闇は彼ら（被造物、人間）の必然的な相続分である。（三）

ヘーゲルにおいてはこの意識ならざるものは、意識の「経験」を可能にするものとして捉えられていた。しかし、それは、有機体論の箇所で「地」のふるう暴力というかたちで、ほんのわずかに顔をのぞかせているにすぎない。意識化できないものを語ることはできない、そう考えてカントは「物自体」を設定したし、フィヒテは「自我がすべてである」と断言した流れがある。ヘーゲル『精神現象学』においては、意識の経験という「過程」を可能にするものとして意識ならざるものがつねに背後で働いている、という図式になった。そういうものがあるということは、意識の「経験」の展開があるという表面に現れた事実から推測できる。だが、その背後で働いているものをヘーゲルは直接には語ろうとしなかった。

ヘーゲルは、根源としての絶対者を直接に語ろうとしたシェリングの試みを笑い、『精神現象学』序文でシェリングを批判した。ヘーゲルは意識の媒介性を飛び越して絶対者に至ろうとするシェリングの知的直観を、「**ピストルから発射されでもしたかのように、無媒介にいきなり絶対知から始めて、その他の諸立場は一顧にも値しないと宣言するだけで片付けてしまう感激（熱狂、Begeisterung）**」(四)であるなどと言っている。また同一哲学は単調なＡ＝Ａの形式に陥り内容の充実を欠くと言い、「**自分の絶対者をもって、世の諺にもあるように、すべての牛が黒くなる暗夜であるなどと称するのは、認識に欠けた単純幼稚な態度である（Naivität）というほかない**」(五)と皮肉を言っている(六)。

このことが、ヘーゲルとシェリングの若き日からの友情に亀裂を入れたと言われる。これが強烈な皮肉である所以は、シェリング自身が絶対者を「夜」と表現したことはなく、むしろすべてのものが同一となる絶対者の境位を「昼」とし、「光」であると言っていたからである。「**たいていの人々は絶対者の本質のうちに空虚な夜以外の何ものも見ないし、そしてそこに何ものも認識することができない**」(七)とシェリングは「哲学の体系の更なる叙述」（一八〇二年）で言っていた。夜だと人々が思うものの中にこそ、光があるのだと言うのがシェリングの趣旨だった。それなのにヘーゲルはこともあろうにシェリングの絶対者を、なにも見えない空虚な「夜」であるとして批判したのである(八)。

このようなヘーゲルの批判を受けて、シェリングは『精神現象学』出版の二年後、『人間的自由の本質』（一八〇九年）を著した。この中でシェリングは、絶対者について否定的にしか語れないカントやヘーゲルの消極哲学（negative Philosophie、否定性の哲学）を批判し、積極哲学（positive Philosophie）への道を歩もうとする(九)。「意識しえないもの」を積極的に語ろうとするシェリングの語りはその時、神話の響きを帯び、闇がいかにして光を生み出すかが語られることとなった。闇を積極的に語ろうとする言葉は詩的言語へと向うことをシェリングは理解していただろう。

この序論の冒頭に引用したアーシュラ・Ｋ・ル＝グウィンは現代アメリカの作家であるが、カリフォルニア大学バークリー校の人類学部を創設したアルフレッド・Ｌ・クローバーを父にもち、母シオドーラは『イシ―北米最後の野生インディアン』(一〇)などネイティブ・アメリカンの民話を研究した作家である。ル＝グウィンはＳＦやファンタジーの形式を用いて、西欧型の現代社会、現代文明を根底から相対化するような視点を提供する作品を描く。代表作『闇の左手』(一一)では、両性具有が常態であり、雌雄両性を周期的に往来する生態をもつ人類が生きる惑星の文化と世界観を描き、『影との戦い』(一二)では物質を支配する強力な魔法（それは現代社会における科学技術のメタファーである）の素質を持つ若者が「影」につきまとわれる話を書く。

ル＝グウィンは、光と闇、善と悪とが固くからみあうものであり、理性の力で切り離せないものであるというヴィジョンを描こうとする。彼女は、その名も『夜の言葉』という評論集において、ファンタジーの役割とは影の言葉、夜の言葉を語ることだと述べている。

わたしたちは、人間は昼の光のなかで生きていると思いがちなものですが、世界の半分は常に闇のなかにあり、そしてファンタジーは詩と同様、夜の言葉を語るものなのです。(一三)

そしてル＝グウィンは、真のファンタジーとはその一般的な語感とは異なり、安易なものでも安全なものでもないという。

ファンタジーは旅です。精神分析学とまったく同様の、識域下の世界（subconscious mind）への旅。精神分析学と同じように、ファンタジーもまた危険をはらんでいます。ファンタジーはあなたを変えてしまうかもしれないのです。(一四)

シェリングが「哲学」という名のもとに語りたかったのは、こうしたル＝グウィンの言う「夜の言葉」、「真のファンタジー」ではなかっただろうか。ル＝グウィンは、ファンタジーの言葉は、無意識から無意識へ直接語りかけると言う。このような言葉を駆使しうる詩人の天才の前には、凡庸な哲学者のなしうる仕事など余計な注釈でしかないのかもしれない。

現代のわれわれに必要なのは、われわれの現在の「生」のかたちを補強再生産する「昼の言葉」ではなく、このわれわれの生が生起してくるところの根源にまで射程をもつ「夜の言葉」なのだと筆者は考えている。シェリングは哲学に詩の想像力をもたらそうと試みた。現代風に、あるいはル＝グウィン風に言えば、哲学にファンタジーの言葉をもたらすことが必要なのだ。問題はしかし、ル＝グウィンが次に言うように「偽のファンタジー」「合理化されたファンタジー」が蔓延していることである。

十九世紀、二十世紀の多くのファンタジー物語では善と悪、光と闇のあいだの緊張がきわめてはっきり描かれ、一方に善人たち、もう一方には悪人たちという二つの勢力の戦いとして描かれています。おまわりさんと泥棒、キリスト教徒と異教徒、英雄と悪漢というように。こうしたファンタジーでは、作者はむりやり理性を道案内に立てて、理性には行けるはずのない所へと向かい、本来ついていくべきであった忠実だけれども恐ろしい案内人である影を見捨ててしまったのだとわたしは考えています。こういうものは偽のファンタジー、合理化されたファンタジーです。(一五)

筆者は「生」についての「合理化されたファンタジー」を避け、真の「夜の言葉」に到達したいと考えている。二十世紀、一九七〇年代までにSFとファンタジーの言葉は、優れた作家たちの手によって、フィクションの形式で哲学的認識を語りうる地点にまで到達した(一六)。このことは、哲学とフィクションの双方にとって福音であった。しかしながら、七〇年代以降、SFとファンタジーは現代の文化産業に飲み込まれ、複製を繰り返されるうちに、「夜の言葉」を忘れ果てた。われわれはファンタジーの想像力が商品として消費される時代に生きている。

　ちなみにヘーゲルは『精神現象学』序文で、ロマン主義やシェリングに見られるような詩的直観や天才的霊感への憧憬が蔓延する当時の風潮を批判し、必要なのは「概念の努力」(Anstrengung des Begriffs)(一七)を引受けることであると述べている。ヘーゲルが「天才の霊感」を批判する口調は苛烈きわまりなく、そのようなものが生み出すのは「詩とも哲学ともつかぬ化けもの（Gebilde、つくりもの）」(一八)であるとまで言っている(一九)。

　ヘーゲルの主旨は、哲学とは他の学問分野の知識、認識のすべてを包括しそれに基礎づけを与えられるようなものでなくてはならず、そうした諸学問の成果にただ背を向けて己れのうちに存すると信じる才能や直観のごときものに頼るのは哲学者の怠惰であるということであった。これはヘーゲルの内に、当時の学問や社会の状況をすべてふまえた上で、哲学のポジションを明らかにしたいという問題意識があったからであろう。その結果、ヘーゲルは「みずからを展開する概念の運動しかない」という立場に到達した。これはこれで凄い結論であったが、先にも指摘した通り、現代の目から見て、「理性から精神への移行」というヘーゲルの課題は果しえなかったとするならば、「概念の運動の全体が精神である」と言うヘーゲルの主張にはどこか無理があったことになる。

　概念は概念ならざるものを含むことによって、運動である。ヘーゲルの主張は、その概念ならざるものもまだ概念として意識されていないだけで、本当は概念なのだ、ということである。そういう意識されたものと意識されないものとの重層によって概念の運動ということが起こる。そしてそういう意識と意識されていないものとの運動がすっかり意識されるとそれが真理である、ということになる。これがヘーゲルが『精神現象学』で使った論理である。だが、そこでは意識されざるものが意識との関係において生成せしめる「結果」だけが問題にされるのであって、意識されざるものがそれ自体として何であるかは追求されない。ヘーゲルはそれを「否定的なもの」（das Negative）と呼び、概念の運動をもたらすエンジンとして位置づけた。

　意識において自我とその対象である実体との間におこる不等は両者の区別であり、否定的なもの一般である。この否定的なものは両者の欠陥とも見なされることはできるけれども、しかし両者の魂であり両者を動かすものである。そこに若干の古人が空虚（das Leere）**をもって動かすものと解した所以である。もっとも彼らは動かすものを確かに否定的なものとして把握しはしたが、しかし、まだこの否定的なものをもって自己**（das Selbst）**としてはとらえなかった。**(二〇)

　この、自我と実体との「不等」、意識が経験しそれを解消しようと必死になる「分裂」は、実は実体みずからの分裂であり、実体へ向おうとする自我の働きは実体自身の動きである。これがいわゆる「実体が主体である」という有名なヘーゲルのテーゼであるが、このように理解すれば「分裂」は克服できるとヘーゲルは考えている。

「実体が主体である」というテーゼは、「分裂」を実体そのものの働きに帰することで、そこから生じる運動を積極的にとらえようとする思想である。だがその時に、なぜ不等は生じるのか、という問いはなおざりにされる。その結果、われわれはわれわれを駆動する「空虚」が何であるのかを知らないまま、それを抱え込み、走り続けることになる。われわれに必要なのは、この「否定的なもの」「空虚」は何であるかという探究である。この実体の「分裂」を生み出す「否定的なもの」こそが、意識を生み、意識を駆動しながら、それ自身けっして意識されないものであり、意識ならざるものなのであるはずだ。

この「意識ならざるもの」の探究において、われわれの選びうる道は、おそらくシェリングとヘーゲルのあいだを行くことであろう。

その理由はこうである。『精神現象学』が示したように、われわれの「意識」は強力な合理化作用をもっているので、その合理化作用に抗するもの（否定的なもの）はすぐに抑圧されるか、漂白されてしまう。われわれは意識の外を考えることは不可能であると思ってしまう。これを避けるためには、意識の内側から意識の限界へと迫るしかない。

われわれはまず「意識」とはどのような働きをするのか、意識がいかにして「生」を合理化するのか、その機能と構造を明らかにしなければならない。しかるのちに、意識が「意識ならざるもの」と出会う境位へと踏み込んでいく道が開ける。いきなり「意識ならざるもの」として「生」を語ろうとするシェリング的なアプローチは、現代では単に理解されないか、「合理化された生」に引きつけて理解されてしまうか、あるいは少し毛色の変わったファンタジー商品として消費されてしまう危険がある。こうして、われわれには、慎重な道行きが必要となる。シェリングの詩的想像力を携えつつ、ヘーゲルの概念の努力を踏破することが必要となるのである。

「意識ならざるもの」へのアプローチと言ったが、この論考において、筆者が企画しているのは、いわゆる「無意識」の広大な領野への探索ではない。意識は、おそらくまったく自分とは異質な一つの、あるいはいくつかの要素と併存しており、その異質性をみずからのうちに抱え込み、一つの立体的な構造を作り上げていく。その構造において、理性とか精神とか呼ばれるものも現象するのだろう。無意識の領野を行くことは、その構造化の筋道を辿る複雑にして困難な道行きとなるはずである。その課題は、本書では果しえない。その点で、筆者は読者にいささかの我慢を強いなければならない。この論考の今後の各章は、決してこの序章の示すヴィジョンより先に進むものではない。むしろ、遡行するものであることを断っておきたい。

本書は、意識がいかにして「意識ならざるもの」と出会うのか、その一つのかたちを、ヘーゲル『精神現象学』の筋道の中に見出そうとすること、そしてそれがわれわれの現代の「生」のあり方や理解の仕方とつながっていることを示そうとする試みであり、意識とはまったく異質な一つの要素とは何であるのか、これにアプローチするための滑走路を拓く準備作業にすぎない。

　筆者はその作業を、ヘーゲルが有機体論において「地」の暴力という言葉で表現しようとしたものを糸口にして始めることができると思っている。われわれ自身の「生」の問題とヘーゲル有機体論において「地」の暴力と呼ばれるものがどのように関係するのか、このことを紀元前からの西欧哲学の足跡をたどりつつ、また近代から現代にかけての有機体論の展開もふまえつつ、素描していきたい。

本書の構成

　本書の全体の構成は、以下のようになっている。

〈第一章　「生命の樹」から近代の「有機体」まで〉

　第一章では、十八世紀に発生する有機体概念がどのような背景をもって成立したのか、その前史を素描する。

　そのために、われわれは、旧約聖書の古代にさかのぼり、西欧の思想史において「生命」がどのように考えられてきたのか、また、古代の「生命」についての考え方が、キリスト教の影響によってどのように変形され、西欧哲学の系譜に取り込まれていったのかを考える。簡単に言えば、キリスト教は「生命」を「知性化」したのだと言えよう。そうして、生命が知性化された結果、人間の精神を、理性を中心に考える近代哲学が生じた。

　近代哲学は、脱宗教化を経て、「神」ではなく「実体」を理性によって捉えようとする態度となった。カント、フィヒテ、シェリング、ヘーゲルらのドイツ観念論は、実体を理性によって捉えようとするときに生じる「主観」の処理の問題にそれぞれ取り組んだ。

　実体に至ることがはじめから可能であったならば、その到達は課題とはならないはずである。しかるに、われわれ人間はそのような状況に置かれていない。人間的主体は実体から分離してしまっている。この分離を解消し、人間的主体はいかにして実体に到達できるのかという問題を解くことが、ドイツ観念論の課題であった。その過程で、有機体の概念が哲学的に考察されるようになっていくのである。

このドイツ観念論の試み以後、有機体のモデルは近代以降の社会に支配的な思想となっていく。それは、旧約聖書において相いれない二つの原理とされていた「知恵」と「生命」とが、キリスト教から西欧近代哲学への継承において、融合されていく過程でもあった。ほんらい別個であったはずの「知恵の樹」と「生命の樹」のキメラ（異種接合体）が現代の有機体である。第一章は、このキメラが生まれるまでの西欧思想二千年の歴史を、生命概念の変遷という切り口で見た一つのスケッチである。

二十一世紀のわれわれの生活は、十八世紀に発生した有機体思想に浸透されている。有機体論は、西欧近代の機械論的な宇宙観を批判するものとして誕生した。思想史的な区分で言えば、われわれはいまだに有機体的な宇宙観の中にいる。一言で言うと、有機体思想は「プロセスの思想」である。

われわれは自分たちの「生」を「プロセス」として認識している。有機体思想は、西欧近代的な理性による機械論がつきまとわれていた影を取り込み、いわば、「影付きの機械」を有機体のモデルで処理しているにすぎない。有機体は自らの影に追われながら、先の見えない過程を進む存在である。そのような「過程」の肯定が有機体思想の特徴である。そこにおいては、「過程」を発生させている原動力となっている「影」についての考察はなされない。したがって、有機体は過程を無限に進むことになる。

「知恵の樹」と「生命の樹」の強引な接合が虚空を進む有機体の原動力になっている。このような有機体の姿が現代生活のモデルとなっている（その具体的な諸相については第一章の冒頭と第四章の冒頭で触れる）。そのことの良し悪しを本書では追求しないが、現代の有機体思想を照射し、相対的に捉える視点の確保は必要だと筆者は考えている。そしてその課題は、カントとヘーゲルの有機体論を比較することから着手されるべきである。

〈第二章　カントと有機体論〉

第一章で、現代の「有機体」的思想を、「知恵の樹」と「生命の樹」のキメラであるととらえた。その上で、その「キメラ」の構造を分析・批判するために、第二章、第三章ではそれぞれカントの有機体論とヘーゲルの有機体論を素描し、比較することを試みる。

第二章では、カントの有機体論を彼の哲学体系における位置づけから検討する。当時、ヨーロッパ社会で流行した有機体思想にいち早く着目し、みずからの哲学体系の重要なトピックとして取り入れたのがカントである。カント以後、フィヒテ、シェリング、ヘーゲルらドイツ観念論と呼ばれる思想の系譜において、有機体論は不可欠の題材となる。自然は有機体であると言われたり、精神は有機体であると言われたりした。彼らは、カント『判断力批判』の実績を借りつつ、近代哲学の実体問題に取り組むために、有機体のモデルを使用したのである。

重要なことは、カントにおいては、有機体は自然的な現象ではないと考えられていたことであろう。『判断力批判』においてカントは有機体を論じるのであるが、そこでの彼の理論はつづめて言えば、有機体という対象は目的論的判断力の所産であり、理性のもたらす表象であるというものである。それは、認識ではない。有機体のごときものが見えるのは、人間が理性という超越的な道徳的能力をもっていることの副次的な効果であるというのがカントの主張である。それにしたがえば、眼前に見える「生き物」の中に「生命」が宿っているかのごとく考えるのは、われわれの錯誤である。道徳に用いられるべき理性能力を誤って認識に用いるために生じる幻影である。

カントは「生命ある物質」という考え方に生涯を通じて反対したと言われる。彼の体系構想にしたがえば、そもそも生物学や生命科学と言った学問は不可能である。カントにとって、「生命」と言えば人間の「理性」のことである。それは、超越を可能にする力であり、人間の実践を道徳性へと導く力である。このような地上を越えて行く超越的な力が「生命」なのであり、それは神との接続をもつ人間だけが有する力である。動物だの植物だの微生物だのに「生命」などが宿っているわけはない。せんじつめれば、これがカントの考えである。

今日、生命科学がもっとも重要な科学分野として君臨している二十一世紀のわれわれには、カントのこの考え方はたいへん奇異に響く。しかし、カントに言わせれば、「生命」をまるで実在であるかのごとく語るわれわれの方が混乱しているのである。カントがなぜそのように考えたのか、その問題意識の出自は、第一章でふまえた西欧思想における生命論の流れを理解することによって初めて理解することができる。

カントの生命思想は、キリスト教の影響の下に「生命」を「理性化」しようとしてきた西欧思想の伝統の結晶であり極北なのである。ここに、カントが有機体から生命を切り離し、生命を理性化しようとしたことの理由がある。しかしながら、カントが哲学という方法によって生命が理性であることを「根拠づけ」ようとしたこと自体が、すでにこの時代、生命＝理性という思想がほころび始めていたことを示している。これは、カントが信仰によらず理性によって宗教を根拠づけようとしたことや、理性によって道徳を根拠づけようとしたことと同じ背景を持つ。

生物の観察が流行となり、生命組織を材料としたさまざまな実験がヨーロッパの知識人たちのあいだで人気を博したとき、カントは生命が理性であることを急いで「再定式化」する必要があった。それが、信仰が力を失いつつある時代の哲学の使命であるとカントは考えていたのである。しかし、時代はすでに移りつつあり、カントの再定式化には無理があった。リンネ、ビュフォンの博物学の時代を経て、トレンブレーが実験生物学のブームを起こしつつあった。時代の精神はとどめようのない勢いで、自然のうちに生命を観察しつつあった。この傾向に着目しカントの無理をいちはやく指摘したのがヘーゲルである。

〈第三章　ヘーゲル『精神現象学』の有機体論〉

第三章でわれわれは、ヘーゲルが『精神現象学』においてどのように有機体論を扱ったのかを検討する。

ヘーゲルは、カントの『判断力批判』に大いに感銘を受け、自然の中に現れている理性という考え方に影響を受けた。しかし、ヘーゲルは、自然に投射されている理性を「批判」（区別）し純粋化して道徳能力として確保しようとするカントの姿勢には反対した。『精神現象学』の「理性」の章、「観察する理性」と呼ばれる箇所で、ヘーゲルは「有機的なものの観察」を論じる。そこでは、自然を理性的に分類し整理して理解しようとする理性の営みが失敗する過程が描かれる。そこでヘーゲルは、理性の意図に反して「地」のエレメントが作用するのだと考えている。そうして、「地」のエレメントが作用しているために、有機体という無限の過程が現われるのだという。生命を理性によって捉えようとする意識の企ては失敗する。この失敗によって、理性である意識は世界を理性的に捉えようとする「観察する理性」であることに留まりえず、「行為する理性」へと移行するという展開に『精神現象学』はなっている。

まず第一に、有機体は現象であり、プロセスであるとヘーゲルが考えている点が重要である。有機体という現象があらわれる根底には、潜在して働いている否定性があり、潜在して働いている個体性があるとヘーゲルは考えている。この意識化されていない否定性、意識されていない個体性があるために、有機体はプロセスとして現象するのである。

有機体というのは、一般的な定義では、「諸部分を有しながら統一された全体をもつもの」ということである。一般的な定義は、静的なもの、閉じたもの、統一されたものとして有機体を語るが、ヘーゲルは有機体を動的なもの、開放されたもの、矛盾を含むものとして解釈している。これはヘーゲルが新しい独自の有機体概念を考え出したというよりは、有機体という概念がほんらいそのように動的で矛盾を含んだものであることをヘーゲルが見抜いたと捉えるのが正確だろう。本章ではまず、ヘーゲルの描く動的な有機体概念の構造を解明する。

第二点として重要なのは、潜在して働く否定性や個体性とは何なのか、ということである。これらが理性的な意識の思惑を越えて働くことを指してヘーゲルは「地の暴力」と呼ぶ。すると、潜在して働く否定性や個体性は、「地」のエレメントの表出であるとヘーゲルが考えていることがわかる。

この「地」のエレメントに注目する観点から『精神現象学』の展開を簡単にまとめなおすとこうなる。

あらゆるものを反照し、あらゆるものに浸透し、ほんらい流動である「意識」を固体化（個体化）させる契機がある。それが何であるかは明確に名指しはできないが、とりあえずそれを、「普遍的な個体性」だとか「純粋な否定性」だとか「地」のエレメントだとか呼んでおこう。この契機によってほんらい反照であり浸透であり流動である意識は、自分自身へと反照し、自己自身を意識する「自己意識」となるのである。こういうことが、『精神現象学』の「意識」から「自己意識」への展開において語られている。

この契機はいわば、もともと純粋な否定性である意識を折り曲げ個体化させるもう一つの否定性であると言える。それが何であるかをヘーゲルは決して語らないのであるが、この契機は意識の強力な否定性と浸透性を否定し跳ね返す力を持っているのであるから、意識とは別の種類の否定性であると推測することができる。そして重要なことは、このような契機の作用によって「自己意識」化した意識はその経緯を忘れ、忘れることによって世界を理性的に捉えようとする「理性」になるという展開になっていることである。そのような経緯をもって成立した理性が見出すのが、矛盾を含んだプロセスとしての有機体なのである。

そして上述したごとく、世界を理性的に捉えようとする理性の営みは、有機体を観察するうち、「地」のエレメントのもたらす暴力によって破綻するのである。これはいわば、自己意識が自分自身の成立の経緯において働いていた別の種類の否定性を忘れていたことに原因がある。その忘却のツケがまわってきたという展開になっている。この展開を第三章では確認する。

〈第四章 「地」のエレメントをめぐって〉

第四章では、ヘーゲルが「地」のエレメントということでどのようなことを言おうとしているのか、それをとらえるための補助線をヘーゲルの外部から引いてみる。

ヘーゲルが『精神現象学』で考えていたプログラムは、意識が忘れていた契機を「精神」として取り戻すということであった。だが、意識とは異質のこの契機が、本当に、「実は『精神』であった」というかたちで取り戻せるものであるのかどうか、そこは議論の余地があるだろう。

ヘーゲルにおいては、自己意識成立において働いているにもかかわらず意識によって忘れられているこの契機は、いつのまにか、精神の現象の契機へと、すなわち精神が世界としてその姿を現わす過程に荷担するエレメントへと変換されている。この変換が可能であるとされているからこそ、絶対知の境地は可能であると考えられる。絶対知とはいわば、意識による意識化が貫徹された境地である。

意識の否定性、浸透性にあらがうものがあるから現象の展開はあるわけだが、意識がすべてを意識化することができたとき、あらゆるものを「精神」の現象した結果として理解する絶対知という純粋な学の見地が成立すると『精神現象学』では言われている。しかし、意識による意識化の貫徹が果たして可能なのかどうか、これが『精神現象学』の根本問題である。あるいは、こう言い直してもいい。意識による意識化の貫徹によって現れるものが本当に「精神」であるといえるのかどうか。

たとえば、簡単に言って、シェリングは「意識以前のもの」が「精神」であると考え、また「自然」であるとも「生命」であるとも考えていた。そうした「意識以前のもの」「意識ならざるもの」がシェリングにおいては「有機体」であった。これは、ヘーゲルは、「意識ならざるもの」と「意識」との複合もしくは重層が、「有機体」という現象を生むのだと考えていた。だから、ヘーゲルにおいては、「有機体」と「生命」とは異なったものである。いわば、「意識」と「生命」との融合が「有機体」という現象であるということになるだろう。

「有機体＝意識＋生命」という図式がヘーゲルの有機体論の図式である。シェリングとはちがい、ヘーゲルは「有機体」という対象にはわれわれの意識の作用が入ってしまっていると考えていた。「有機体」という名で呼ばれるものと、「生命そのもの」とがちがうことにヘーゲルは気づいていた。それゆえ、ヘーゲルにおいては、有機体は非理性的なものと理性的なもの、意識と意識ならざるものとが融合した矛盾したものとして描かれる。このヘーゲルの有機体図式の解明が、第一章で提起しておいた「知恵」と「生命」の融合という問題と接続する。『精神現象学』における「意識」と「地」のエレメントとの関係の問題を論じることが、現代における「有機体」的な思想を論じるための方途ともなる。

第四章では、ヘーゲル以後に展開した現代の有機体思想の諸相を簡単にふまえ、それら諸相に対してヘーゲルの有機体論がどのようなポジションをとりうるのかを論じる。現代を支配する有機体の思想、プロセスの思想の起源を西洋哲学史の流れにおいて捉え、またその構成をヘーゲル『精神現象学』における有機体論で示される図式を通して検討するというのが、本書のねらいである。このことによって、ヘーゲル哲学の新解釈と、ポスト近代である現代という時代を捉える道具立てをそろえるための試みとしたい。本章の最後では、ヘーゲルの「地」のエレメントをとらえるために必要と考えられる補助線を現代の観点から呈示し、「地」のエレメントはいかに見出されるべきかについて、「仮説としての結論」を述べる。

〈終章〉

終章では、第四章における「仮説としての結論」をふまえた上で、今後展開されるべき哲学のヴィジョンを呈示し、締めくくりとする。

［註］

（一）Ursula K. Le Guin, *A Wizard of Earthsea*, published with three sequels in one volume in Penguin Books with the title *The Earthsea Quartet*, 1993 [First published by Parnassus Press, 1968], p.12.（アーシュラ・K・ル＝グウィン『影との戦い』清水真砂子訳、岩波書店、一九七六年、巻頭）。この *A Wizard of Earthsea* という物語の冒頭に置かれた巻頭詩は、翻訳だとニュアンスが伝わりにくいところもあるので、以下に英語の全文を掲載する。

Only in silence the word,
only in dark the light,
only in dying life:
bright the hawk's flight
on the empty sky.

（二）自閉症やアスペルガー症候群はかつては知恵遅れなどとも混同されたが、最近の脳科学の発達によって、脳の共感的な能力（他者の感情や欲求を察知する能力）の障害であることがわかってきている。共感の能力は人類が社会性ほ乳動物として発達させてきた能力であると考えられる。ケンブリッジ大学自閉症研究センター所長のサイモン・バロン＝コーエンは自閉症と脳における男女差の研究の権威であるが、共感の能力の強弱が男女の脳における性差とも関わりがあることを指摘している。これについては以下を参照：サイモン・バロン＝コーエン『共感する女脳、システム化する男脳』三宅真砂子訳、ＮＨＫ出版、二〇〇五年（Simon Baron-Cohen, *The Essential Difference*, Allen Lane, 2003）。本書では自閉症については立ち入って論じないが、筆者は西欧近代哲学が理性を人間能力の中心としてとらえてきた結果なおざりにされた部分が共感性であると考えており、この能力の欠如態である自閉症の研究を通して始めてそれが注目されるに至ったことは、哲学にとっても大きな意味をもっていると考えている。筆者の自閉症についての知見は、以下の著作を参考にしている。中根晃編『自閉症』日本評論社、一九九九年。グニラ・ガーランド『ずっと「普通」になりたかった』花風社、二〇〇〇年（Gunilla Gerland, *A Real Person*, Souvenir Press Ltd, 1997）。ドナ・ウィリアムズ『自閉症だったわたしへ』一九九三年、新潮社（Donna Williams, *Nobody Nowhere*, Crown, 1992）。オリヴァー・サックス『火星の人類学者』一九九七年、早川書房（Oliver Sacks, *An Anthropologist on Mars*, Knopf, 1995）、マイケル・フィッツジェラルド、『アスペルガー症候群の天才たち――自閉症と創造性』星和書店、二〇〇八年、（Michael Fitzgerald, *Autism and Creativity: Is there a link between autism in men and exceptional ability?*, Brunner-Routledge, 2004）など。なお、自閉症研究において「心の理論」（他者の心の動きを類推したり、他者が自分とは違う信念を持っているということを理解したりする機能のこと）や「ミラー・ニューロン」の機能の研究といったかたちで浮き彫りにされつつある「共感」の能力は、近代哲学の枠組みではほとんど問題にされてこなかったが、近代哲学批判としての精神分析、ポストモダン思想などの文脈では、コジェーヴやラカンがヘーゲルに依拠して指摘する「欲望の他者性」というタームで語られていると捉えることができる。脳科学的な知見と精神分析、ドイツ観念論が連続して論じられる知見の登場が待たれる。なお、自閉症と哲学との関わりについては、終章でも取りあげている。

（三）F.W.J. Schelling, *Philosophische Untersuchungen über das Wesen der menschlichen Freiheit*, 1809 [SW VII, S.359-360]（シェリング『人間的自由の本質』西谷啓治訳、岩波文庫、六二頁。シェリングの原典に関しては、すべて以下のCD-ROM版全集を参照した。これは息子版全集と同内容のものである。[F.W.J. von Schellings sämmtliche Werke. (1856-1861). CD-ROM/WINDOWS-Version. Hrsg. von Elke Hahn. Berlin: TOTAL-VERLAG, 1998]

（四）G.W.F. Hegel, *Phänomenologie des Geistes*, 1807 [Suhrkamp, Bd.3], S.31（G・W・F・ヘーゲル『精神の現象学』金子武蔵訳、岩波書店、一九七一年、二六頁）

（五）Hegel, *ibid.*, S.22（同右、一六頁）

（六）ここではシェリングは名指しされていないのだが、金子武蔵はこの箇所の訳注で『哲学史講義』のシェリングに関する部分に「ピストルから」という表現があることから、この表現はシェリング及びロマン主義者を指すことは明らかであると指摘している（金子武蔵訳『精神の現象学』岩波書店、一九七一年、四七一頁）。これについては、第一章の註五九も参照のこと。

（七）F.W.J. Schelling, *Fernere Darstellungen aus dem System der Philosophie*, 1802 [SW IV, S.403]

（八）このヘーゲルの手の込んだ皮肉については、伊坂青司「シェリング同一哲学とヘーゲル初期哲学体系構想の差異」（『ヘーゲル哲学研究第12号』こぶし書房、二〇〇六年に所収）に詳しい。

（九）F.W.J. Schelling, *Philosophische Untersuchungen über das Wesen der menschlichen Freiheit*, 1809 [SW VII]

（一〇）シオドーラ・クローバー『イシ――北米最後の野生インディアン』行方昭夫訳、岩波書店、二〇〇三年（Theodora Kracaw Kroeber, *Ishi in Two Worlds: A Biography of the Last Wild Indian in North America*, University of California Press, 1961）

（一一）アーシュラ・K・ル＝グウィン『闇の左手』小尾芙佐訳、早川書房、一九七八年（Ursula K. Le Guin, *The Left Hand of Darkness*, Ace Books, 1969）

（一二）「影との戦い」は邦訳につけられた題であるが、本当はあまりよくない題ではないかと思う。原題は単に、*A Wizard of Earthsea* であり「戦い」という言葉は入っていない。

（一三）Ursula K. Le Guin, *The Language of the Night: Essays on Fantasy and Science Fiction* [1979], 1993, HarperPerennial edition, p.6（アーシュラ・K・ル＝グウィン『夜の言葉』山田和子訳、岩波現代文庫、二〇〇六年、三〇五頁）

（一四）*ibid.*, p.90（同右、七六頁）

（一五）*ibid.*, p.63（同右、一一三－一一四頁）

（一六）枚挙にはいとまがないが、冒頭にとり挙げたアーシュラ・K・ルグウィンのほかに例を挙げれば、アーサー・C・クラーク『幼年期の終り』一九五三年、小松左京『神への長い道』一九六七年など。いずれも現世人類の終焉と次の段階の人類のあり方を描いた作品。

（一七）Hegel, *op. cit.*, S.56（ヘーゲル、前掲書、五六頁）

（一八）Hegel, *ibid.*, S.64（ヘーゲル、同右、六六頁）

（一九）しかし、そういうヘーゲル自身にも、実は、詩の言葉と哲学の言葉との融合を夢見ていた時代があった。「ドイツ観念論最古の体系プログラム」（一七九七年頃）と呼ばれる手稿が残っている。『精神現象学』のおよそ一〇年前にヘーゲルがフランクフルトで書いたとされるメモである。筆跡は明らかにヘーゲルのものであるが、内容的には、シェリングやヘルダーリンの影響が大きいとも言われている。まだヘーゲルがロマン主義的な思想を彼らと共有していた頃に、新しい学問創設へ向けてほとばしる情熱を書き留めた、構想メモである。この中でヘーゲルは次のようなことを言っている。

> そこで、詩はいままで以上の尊厳をうる。詩は、最後には、ふたたびそれがはじめにあったところのものとなる。つまり、人類の教師となる。というのも、そのときには、もはやどのような哲学も歴史も存在しないからである。詩・芸術のみが、あらゆる学問と芸術を超えて、あとまで生き残るのである。〔……〕
>
> 私たちは新しい神話をもたなければならない。しかし、この神話は理念に奉仕するものでなければならないから、したがってそれは、理性の神話にならなければならない。
>
> 私たちが理念を美的にするまでは、すなわち神話にするまでは、その理念は民衆にとってはなんの関心事でもない。また反対に、神話が理性的になるまでは、哲学者は神話を恥じざるをえない。〔……〕神話が哲学的になり、民衆が理性的にならなければならない。そして、哲学者を感性的にするためには、哲学が神話的にならなければならない。そのとき永遠の統一が私たちのあいだを支配する。

（G.W.F.Hegel, *Das älteste Systemprogramm des deutschen Idealismus,* 1796/1797, in *Frühe Schriften* [Suhrkamp, Bd.1], S.235-236. G・W・F・ヘーゲル「ドイツ観念論の最初の体系プログラム」寄川条路編訳、ナカニシヤ出版『初期ヘーゲル哲学の軌跡』二〇〇六年、六−七頁）〔傍点は野尻〕

このときには、ヘーゲルはまだ、感性を語る芸術の言葉と、理念を語る哲学の言葉との融合を夢見ている。哲学を感性的にし、神話を理性的にし、そうして紡がれる詩的な言葉のうちで人類が永遠の統一にいたるような、そういうビジョンを描いている。しかし、ヘーゲルは、このメモの後、徐々に詩的言語の可能性からは離れていき、哲学的な反省や概念化の必要性を語るようになる。そして、『精神現象学』（一八〇七年）の序文では、ロマン主義的な詩的直感への傾向を批判するまでに立場を変えることになる。「概念の努力」をしない者が「天才の直感」と称するものによって生み出すのは、「詩とも哲学ともつかぬ化けもの」であるとまで言うようになる。

（二〇）Hegel, *Phänomenologie des Geistes.* S.39（ヘーゲル『精神の現象学』、三四−三五頁）

第一章　「生命の樹」から近代の「有機体」まで

紀元前から近代までの「意識」と「生命」をめぐる考察

主なる神は言われた。

「人は我々の一人のように、善悪を知る者となった。今は、手を伸ばして命の木からも取って食べ、永遠に生きる者となるおそれがある。」

主なる神は、彼をエデンの園から追い出し、彼に、自分がそこから取られた土を耕させることにされた。

こうしてアダムを追放し、命の木に至る道を守るために、エデンの園の東にケルビムと、きらめく剣の炎を置かれた。

――旧約聖書「創世記」第三章二二－二四節　紀元前六世紀頃(一)

第一節　現代

一　「生命」という理念

まず現代からはじめよう。

その場合には、われわれは「有機体」ではなく「生命」の理念について語らなくてはならない。「有機体」は現代の思想を代表するものであるが、有機体の思想は、通常は有機体の思想であるとは意識されずに、「生命」の思想として語られているからである。

筆者の狙いの一つは、「生命」という現代的な理念が構成されているメカニズムを明らかにしたいということである。より正確には、二十一世紀初頭の現代日本社会において、われわれが「生命」という言葉をどのような意味で使っているのか、そして、その背景にはどのような概念の歴史があるのかを明らかにしたいと考えている。

理由は、「生命」という理念が、現代における最大のイデオロギーの一つだと考えるからである。イデオロギーであるというのは、それがわれわれの価値判断や行為や思考に大きな影響を与えている一方で、よく考えると、その意味内容や定義がはっきりしないような、そういう支配的概念であることを言っている。

じっさい、現代が「生命」の時代であるということはよく言われる。このことは、現代において生物学が自然科学の中で最も活気があり、メインストリームであることと無縁ではないだろう。遺伝子工学の発達、医療技術の進歩によって、われわれ人間の身体そのものが科学的探究と実践の対象となっていることが背景にある。

十八世紀に物理学、十九世紀に化学という順番で、産業と科学の結合が社会の基盤形成に重要な役割を果たした。依然として物理学と化学は現代文明の基盤を支えているが、二十世紀後半以降、科学のフロンティアは生物学へと移行した。そして、このことはたんに、科学と産業の分野において生物学が主役を演じているというだけの現象にはとどまらない。

実は、われわれの自然や社会、また人間存在に対する考え方そのものが、生物学的、生命論的なモデルに移行してきている。われわれが物事を捉えるためのパラダイムが「生命」的なものへと移行しているのである。「生命」という概念を鍵として、現代社会や人間存在のあり方を考え直そうというような主張が多く出てきているのもこうしたパラダイム転換の表徴であろう。

二　資本主義とスーパーコンセプトとしての「生命」

人間や社会を「生命」という概念で理解しようとする主張が、特に二十世紀末のソビエト連邦崩壊（一九九一年）後に顕著になってきた事実は注目に値する。

たとえば、「生命誌研究家」を名乗る中村桂子は、啓蒙主義以来、世界把握に中心的な役割を果たしてきた理性に替わって、理性よりも大きな概念（スーパコンセプト）である「生命」が次の時代のキー概念となると予言した(二)。また

「生命学者」の森岡正博は、われわれ人間のもっている生命の欲望と、科学技術・近代社会システムとの共犯関係を解明していく「生命学」によって、現代社会の抱える問題を根本から解決する必要を説いた(三)。さらに免疫学者の多田富雄は、生命の技法である「超（スーパー）システム」のルールを文化・社会現象の把握に運用することを提案している(四)。元日本総合研究所の田坂広志は十七世紀以来、人類社会を牽引してきた機械論的パラダイムは、さまざまな地球規模の問題（環境、資源、価値観など）を生みだし限界を露呈しつつあるとし、生命論パラダイムへのパラダイム・シフトを唱えている(五)。

ソ連崩壊と「生命主義」、一見かけ離れたように思えるこの二つの事柄は、決して無縁ではない。二十世紀は、マルクスの思想に始まった共産主義が社会主義として実地に試験された百年間であった。簡単に言えば、社会主義とは機械を設計するように人間が社会を企画し制御できるという理念に基づいた社会体制であろう。それは機械論をモデルにして社会を理解しており、人間による社会のコントロールを信じている点で啓蒙主義的である。

しかし、そうした思想に基づく社会の代表格であるソ連が崩壊した。そこで、社会や経済の発展は生き物のようなものであり、そのプロセスは自律性を有していること、無理にコントロールしようとすれば、社会は活力を失い死んでしまうこと、このような自由主義的な考え方の優勢が明らかになった。自由競争のもつ自律性を尊重し、そのための土壌を適切に整え、成長を損なわないように注意を払うこと、またその一方で、成長が一方向に逸脱した場合には自滅の道をたどらないように必要に応じて剪定《せんてい》の手を入れ、その限りない発展を信じること、これが自由主義、資本主義の根底にある思想であろう。

このように描写してみれば、それは社会を人間の設計する機械ではなく、一個の「生物」として扱う思想だと言える。生物学的なヴィジョンに基づく人間観、社会観が、ソ連崩壊後に改めて強調されるようになったことは、以上のような背景から理解できる。二十世紀末に盛り上がった「生命主義」は、ルネサンス以降も一脈として維持されてきた機械論的な世界観への死亡宣告という一面があった。

筆者の考えによれば、現代の生命主義は、西洋哲学史上の系譜から見てユニークなものであり、古代にも中世にも近代にも存在しなかった特殊な世界観である。「生命」という概念は、近代の終わり、具体的には十九世紀に入ってから特別な意味をもつようになり、二十世紀にはかつてない思想的地位を占めるようになった。この流れを把握するために、われわれは一度、旧新約聖書の時代へと遡行する。

第二節　古代から中世

一　キリスト教と生命

十九世紀まで、西洋思想で「生命」(life, vie, Leben) と言えば、それはキリスト教における「生命」を意味し、生物学的な生命のことではなかった。もちろん、自然界の動物や植物にも「生気」が宿っているという生気論の考え方は、古代オリエントの時代からあることはあった。哲学史上もなんども形態を変えながら生気論的な考え方は息を吹き返している。だが、それらはカソリック教会の影響下、つねに抑圧されてきたと言えよう。

キリスト教のいう生命とは、神の与える「永遠の生命」であり、イエス・キリストを信じるもののみが、最後の審判後に与えられる幸福な生のことである。それは決して、地上や俗世間における生のことではないし、ましてや動物的な生命とは無縁のもの、むしろ正反対のものである。

たとえば、イエスはこのように言う。「**人は、たとえ全世界を手に入れても、自分の命を失ったら、何の得があろうか**」(「マタイによる福音書」第一六章二六節)。ここで言われる「命」というのは、今日のわれわれが考えるような、生物学的な生命のことではない。日本語で「死んでしまったら元も子もない」と言うときのようなことをイエスは言っているのではない。むしろ、逆である。イエスの言う「生命」は地上的、世俗的、肉体的な生活のことではなく、そうしたものを超越したものである。命を失う、とイエスが言うのは、信仰を失うことによって、神とともにあることを失うことである。自分を捨て、地上の生命や富に固執することを捨て、神を信じ、イエスに従うものは、「命」を得るとイエスは言う。それは、人間が楽園を追放されたときに失った、永遠の生命であり、自然との完全な調和であり、神とともにある至福のことを意味している。

ただ、一方で、キリスト教はこの地上における存在者のすべてをまったく軽視すべきものとしているわけではない。後に見るように、此岸よりも彼岸に重きをおき、この地上における生活を汚れたものと見なす思想は、オルフェウス教、グノーシス教、カタリ派などキリスト教の内外に数多く存在したが、これら「彼岸憧憬の信仰」をむしろキリスト教は異教、異端として退けてきた。

キリスト教においては、イエスという媒体を通じて神がこの地上に姿を現わしたことを説き、そしてイエスの後継者たる教会という媒体を通して人は聖霊に触れることができる、すなわち生命に至ることができると説くことが重要であった。ここにキリスト教的「生命」の特異性がある。キリスト教独特の「生命」観、精神的に濾過されスピリチュアリズムとして形成された「生命」は、キリスト教がユダヤ教から離反する中で形成された。

二　楽園追放

この章の冒頭に、旧約聖書の『創世記』よりアダムとエヴァの楽園追放の一節を引用した。この物語はよく知られている。エヴァが蛇にそそのかされて、禁じられていた「知恵の樹の実」を食べてしまったことが原因で、人間は他の動物とともに暮らしていた楽園から追放されたのである。知恵の樹の実を食べた瞬間に、アダムとエヴァは自分たちが裸であることに気づき、恥ずかしくなった。これは、人間に自己意識が芽生えたことを意味する。知恵の樹の実とは、人間が自分自身について知ること、自分自身を意識することを可能にする実だったのである。

　エデンの園の中央には、「知恵の樹」と「生命の樹」とがあった。神は楽園に実るものは何でも食べてもよいとしたが知恵の樹の実だけは食べることを人間に禁じた、と聖書には書いてある。ということは、生命の樹の実については、食べることを禁じられていなかったということである。エデンの園では、人間は生命の樹の実を食べて、神と等しく、永遠に生きることができた。楽園から追放された後、人間は限られた寿命をもつ、死すべき存在となった。人間は他の動物たちとともに一緒に暮らしていた自然の楽園、自然的な生命を生きることを阻害されたのである。

　知恵を手に入れた人間は、それとひきかえに、死すべき存在となった。知恵（自己意識）と、生命（永遠に生きること）とが、トレード・オフであるかのように描かれている。この聖書の思想は興味深い。人間が知恵を手に入れたために**「土は呪われるものとなった」**（『**創世記**』**第三章一七節**）。それゆえに、人間はこれまでのようにただ楽園の木々に手を伸ばして食物を得ることはできなくなり、大地を耕して食物を得なければならなくなったと語られている。

　ここで注目したいのは、「知恵」と「生命」とが相互に排他的なものとして聖書では語られているという点である。神は、知恵を得て呪われた存在となった人間を楽園から追放する。その理由を聖書は、知恵を得た人間がそこでさらに生命の樹の実を食べれば、神と等しく、知恵をもちかつ永遠に生きることもできる存在になってしまうことを神が恐れたからだと記している。だから、神は人間をエデンの園から追い出し、人間が生命の樹に近づくことができないように、ケルビム(六)と剣の炎を守備に置いた。

　人間が神と同等になることを恐れて、神は人間を楽園から追放したというのは、面白いストーリーである。このような「生命からの追放」という神話の形態は、ユダヤ・キリスト教思想のユニークな特徴をよく表している。知恵という名の「自己意識」をもったがゆえに、人間は「生命」から追放された、という聖書の思想を、本書では根本的な問題提起として受けとめる。

　これは形を変えれば、「意識と生命とは相反するものであるのかどうか、相反するとすれば、いかなる意味で相反するのか」という問いになる。この序章の副題で、「意識と生命をめぐる考察」と言ったのは、この問いをわれわれの論考の出発点としたいからである。

三　意識と生命

いま、「意識と生命とは相反するものであるのかどうか」という問いを立てた。現代の日本社会に生きるわれわれの常識からすれば、自己意識を持とうと持つまいと、われわれの寿命が限られているという事実に変わりはないではないか、と言うことができよう。現に、人間と同じような自己意識をもつことのない、他の動物たちも寿命は限られている。これが生物学的な知見である。

現代の生物学は、人間のもつ自己意識というものを、直接に説明できるところまでは達していない。脳神経科学の発達は著しいが、それでも、人間の精神の働きと、脳内における物理的・化学的反応との対応には、まだ大きな溝がある。とはいえ、地球上で発生した生命現象の四十億年にわたる進化の延長線上に、われわれ人間の意識の発達という現象もある、と通常は考えられているだろう。われわれ人間の存在もまた、地球上における生命の進化の一環であると考えられているであろう。

そのような考え方からすれば、自己意識をもつことが生命からの離反を意味する、という聖書の思想は、奇妙なものに感じられる。それは、たんに、神の全能と人間の限定性を言いたいがために作られた神話であろう、と現代のわれわれは考えがちである。

しかしながら、われわれ人間のもっている意識が（ここではそれを「自己意識」と呼んでも、「精神」と呼んでも、「心」と呼んでも同じことだが）、自然における生命の進化の延長線上にあるものと捉えられるということ、そのような捉え方自体が、われわれの時代に特有のひとつの考え方であり、ひとつの特殊な思想である。

「自然」と言い、「生命」と言い、「進化」と言い、「人間」の「精神」と言う。まず、それらひとつひとつの概念のすべてが、西洋の思想史に固有の起源をもつものであることに注意が必要である。もともと日本にあったものではない。次に、西洋思想史においても、それらの概念は時代によって異なった意味内容を持ち、相互の関係も時代によって異なっていたことに注意をする必要がある。そうした事情にもかかわらず、現代の日本に住むわれわれは、「〈人間〉の〈意識〉は、〈自然〉における〈生命〉の〈進化〉の延長線上にある」という考え方を常識として受け入れている。この何気ない「常識」を分析すると、現代日本人の置かれている思想史的なポジションが見えてくるはずである。

そのためには以下の二つの経緯が考察されなくてはならないだろう。第一に、西洋の思想史において、「人間の意識は、自然における生命の進化の延長線上にある」という考え方が成立する経緯があった。第二に、西洋ではない日本に生きるわれわれがその考え方を常識として受け入れるような素地が整う経緯があった。第一の経緯が本章で確認するものである。第二の経緯については、第四章で言及する。

四　旧約聖書と生命の樹

西欧における「生命」思想の根幹には、キリスト教の影響

楽園追放のイメージ
Adam and Eve expelled from Paradise, 19c.（七）
Paul Gustave Doré

があると言った。西欧生命思想は、さきほど言及した旧約聖書の楽園追放の物語、「知恵の樹」と「生命の樹」のストーリーから始まっている。しかし、旧約聖書は、もともとはユダヤ教の聖典である。一口にユダヤ・キリスト教などとも言うが、両者は歴史的な共通点を多く持ちつつも、思想的には大きく異なった内容をもつ。「生命」に関しても、ユダヤ教とキリスト教では、その意味が大きく異なっている。

旧約聖書の楽園追放で人間が近づくことを禁じられたと言われる「生命の樹」の「生命」とは、「自然そのもの」のことであったと考えられる。人間は「意識」をもったことで、他の動物とは異なり、自然から遊離し、自然に距離をとり、自然を対象化するようになった。このような自然からの疎外を、旧約聖書はユダヤ民族の原体験として語っている。

しかし、そのユダヤ民族の物語が、キリスト教の教義に接ぎ木される中で、いつしか自然そのものを意味していた「生命」が、抽象的な、むしろ地上の自然を超越した「生命」を意味するようになっていった。ユダヤ教からキリスト教への変換において、このような「生命」概念の転倒が起こっている。

旧約聖書の成立については諸説があるが、現代の旧約聖書学によれば（八）、その主要な部分は紀元前十世紀から前五世紀のあいだに書かれたものとされる。「創世記」「出エジプト記」「レビ記」「民数記」「申命記」はモーセ五書と言われ、古くはモーセ（推定紀元前十三世紀頃）その人が書いたと言われたが、現在では、モーセ五書の大部分は、バビロン捕囚

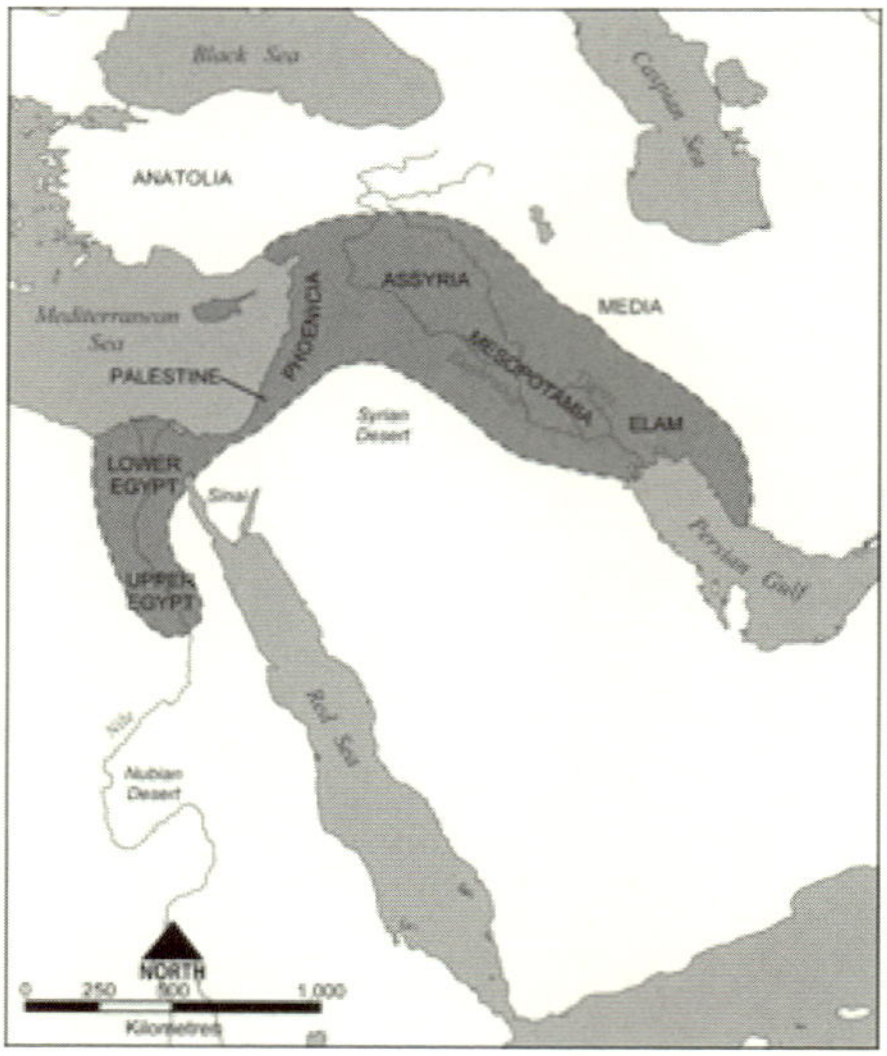

肥沃な三日月地帯と呼ばれる地域（九）

期後、総督ネヘミヤ（紀元前五世紀）時代の書記たちが、ヤハウェ信仰を一神教として整理する目的で古代からの伝承資料をもとに形成したと考えられている。

『創世記』では、「楽園追放」のエピソードに続いて、神がアブラハムの子孫（ユダヤ民族）に「カナンの地」を与える約束をする。カナンと呼ばれる地域は、地中海とヨルダン川、死海に挟まれた地域であり、現在、イスラエルが位置しパレスチナ問題の中心となっている土地である。ここは古代より多様な民族が併存する土地であった。紀元前十世紀頃にイスラエル王国が建設され、ユダヤ民族はダビデ・ソロモンの栄華を誇ったが、アッシリアによって紀元前八世紀に滅ぼされた。

旧約聖書と呼ばれる書物は、このイスラエル王国の滅亡の後に編纂された。故郷を追われ、部族同士での争いが起こり、離散・反目の危機にあった民族を統一するために、古くからの律法を編集統一し、そこに神話的な神と人間の起源についてのエピソードを添加し、この聖典は成立した。「楽園追放」の物語は、イスラエル王国の地を追われたユダヤ民族の境遇を説明するために、人間が故郷を失いさまよう運命の由来を神との関係において説明しているものと見ることができよう。

「カナンの地」は肥沃な土地であったために、諸王国の栄枯盛衰の激しい地域であった。旧約聖書は、この土地を、ノアの洪水という世界的危機の後の人類再出発の地として、神がアブラハムとその子孫（ユダヤ民族）に与える約束をしたのだと述べる。そのように、ユダヤ民族は、自分たちの安住の地としてカナン地域を占有する権利を主張したのである。たとえその地が他民族に侵略されようとも、またユダヤ民族がどんな苦難に遭い、その地を追放され放浪することになろうとも、カナンの地はユダヤの民に約束された地である。つまり、このカナンの地がユダヤ民族にとっては「楽園」なのであり、神が一度は人間をそこから追放しながら、ユダヤ民族にだけ復帰を許すエデンの園なのである。

ヤハウェ神の特徴は、「掟の神」であることである。ヤハウェは、ユダヤ民族の慣習法を人格的に体現した存在であるように思われる。旧約聖書の記述は、ヤハウェが厳しく人間の生活を律する掟を発しては、人間がそれを破り、怒り狂うヤハウェが人間に罰を下すというエピソードに満ちている。ヤハウェの神は超自然的な技で洪水や雷、疾病などの天災を引き起こし人間を罰するのであるが、このようなヤハウェ神の振る舞いはユダヤ民族を襲う自然的な災害や他民族との紛争といった出来事に、超自然的な存在者の意図を読み込んだものと言える。

ヤハウェは、怒り、嫉む神であり、人格的な感情をもつ神である。それは苦難に遭うユダヤ民族が、自身の怒りや嫉みの感情を天空に投射したものと解釈してもよい。そうした意味では、キリスト教と比べれば、ユダヤ教の教えは人間的、具体的であると言える。キリスト教のように、地上からどこまでも隔絶された神を信じる、ということをユダヤ教は言わない。ヤハウェはつねにユダヤ民族とともにあり、地上の災害や苦難を通じてユダヤ民族に接触し、警告を発する神である。

『旧新約聖書神学辞典』(一〇)によれば、古代ヘブライ人は生命と肉の二元論を知らず、生命と言えば、肉体的な生命のことであり、神はこのような肉体的な生命の源であることによって、人間の主であると考えられていた。生死の主なる神に対して人間が離反したことが人間の限りある生命の原因である。生命を得ようとするならば、人間は神の言葉に従わなければならない。

たとえば、神の言葉は「**あなたたちの命である**」(「**申命記**」**第三二章四七節**)と言われるが、ここで抽象的な言葉や生命を想起しないようにしなければならない。神の言葉とは「律法」であり、民族の慣習法である。ここでは律法に従う者は生き、従わない者は死ぬ、と言われているのである。ユダヤ教においても、死後の生命、永遠の命、復活への期待は語られるが、それらはすべて肉体的な復活と永遠であることに注意する必要がある(一一)。

「乳と蜜の流れる場所」とも形容されるカナンの地は、ユダヤ民族にとって還るべき故郷である。それゆえ、神話のかたちに抽象化されているとは言え、「エデンの園」とは地上に存在するものであり、神の赦しのもと、民族がいつかじっさいに到達する土地を意味していた。楽園とは、豊かな土壌に恵まれ、民族がいかなる脅威にも脅えることなく、安心して定住できる地のことであった。楽園の象徴である「生命の樹」とは、自然の豊穣をあらわすシンボルであった。カナンの地は、アフリカに発した人類が、砂漠地帯の中に見出し文明を築いた大河周辺の豊かな地域を指す。この地に強大な王国を建設し、豊かな資源と安定した生活を享受していたユダヤ民族の「記憶」を、「生命の樹」は象徴として表していると考えられる(一二)。

五　生命と樹

ところで、自然の象徴としての「生命樹」という考え方は、有史以前から世界中に広く存在していたと考えられている。

一九八六年から発掘が始まった中国四川省の三星堆《さんせいたい》遺跡は、黄河文明とは異なる系統の文明として近年注目を集める長江

三星堆遺跡より出土の神樹像（一三）

文明の一つであり、怪異な面や異形な青銅器で知られる。ここから紀元前十～十二世紀ごろに製作されたと見られる青銅の神樹像が発掘された。高さ四メートルにもなる巨大な樹木像で、東洋古代の樹木崇拝をうかがわせる。枝には果実が実り、根元には龍が鎮座していた。

ユダヤ教の「エデンの園」と対照される中国の「桃源郷」の物語は晋代の陶淵明（三七六－三九六年）の創作だが、原型となった西王母の王母桃（三千年に一回実り食すと不死になる）の伝説は古代からある中国土着の地母神信仰に根ざす。西王母は古くは殷代（紀元前一六〇〇－一〇四六年）の甲骨文字や壁画に描かれ、世界の中心である世界樹のもとに座っているとも言われる。

また、紀元前一五〇〇年以前からローマの支配が始まるまで広くヨーロッパに存在したケルト人は自然崇拝の多神教の宗教を持っていたと考えられているが、その祭司ドルイド（Daru-vid）は「楢の賢者」の意味であり、彼らは楢（なら・オーク）を神聖視していた（一四）。

時代は下るが、北欧神話（九－十二世紀頃成立）には聖樹イグドラシルの伝説がある。巨大なセイヨウトネリコであるイグドラシルは世界樹であり、その内に九つの世界を含み、宇宙そのものである。イグドラシルの根元には知識の泉があり、この樹の頂上には、巨大な鷲がとまっていると言われる。

人類学者スティーブン・オッペンハイマーは、樹木崇拝の起源はマレーシア、インドネシア近辺にあるとしている（一五）。生命を与える樹木とその果実というモチーフを取る神話形態がマラッカ周辺において世界的に類例のない多様性と密度で残存しているためである。

マラッカの民族伝承では、母なる樹木が人間に生命を与える神話、またそもそも人間は樹木やその果実（バナナやヤシの実）から生じたという神話が多く見られるという。熱帯の豊かな森林において労せず年中えられる果実の恵みは、文字通り人類の生命の源であっただろう。やがて人類は、森林における狩猟採集生活から平地での農耕生活に移行するが、樹木崇拝は森林生活時代の恵みの記憶を表現していると考えられる。

北欧神話の聖樹イグドラシル
Oluf Olufsen Bagge, 1847.（一六）

オッペンハイマーは、ＤＮＡ解析、言語学的分析、神話形態的な分析から、生命の源としての樹木という考え方は紀元前八千年頃、更新世末期のヤンガードリアス期（一二、九〇〇－一一、五〇〇年前）以降、海面が上昇したことを契機に、全世界に拡散したと推測する。聖樹信仰は、インドネシアから中国四川省へ到達し、インドを経て、中東へ至り、ギルガメシュ叙事詩に影響を与え、旧約聖書のエデンの園の物語へ取り込まれた。その後、ロシアからフィンランドまで到達して、北欧神話における聖樹イグドラシルの物語に変形されたとオッペンハイマーは分析する。

以上は一説にすぎないが、旧約聖書に見られる「生命の樹」というモチーフが、広く世界に見られるものであること、文化人類学的に深い基盤に根ざすこと、豊かな生命力に溢れる自然への憧憬から生じたことを示唆している。

森林から農耕へというモチーフは、世界最古の文学と呼ばれるギルガメシュ叙事詩に鮮やかに語られている。十九世紀になって解読が始められたギルガメシュ叙事詩は、シュメール初期王朝時代の実在した王ギルガメシュ（紀元前二六〇〇年ごろ）を神格化した主人公とし、バビロニア神話や古代メソポタミアの説話を収集したものである（一七）。紀元前二〇〇〇年ごろには原型ができていたとも言われ、旧約聖書やギリシア神話への影響は大きいと推測されている。

ギルガメシュ叙事詩には、人間が自然界（動物）から離反する顚末、神に奪われて人間がもつことを許されない永遠の生命、永遠の命を与える植物の探究、それを人間から奪う蛇、神の罰としての大洪水など、旧約聖書で使われるモチーフの多くがすでに登場している(一八)。ギルガメシュは、自然からの離反を企て、神の守る森林を伐採し、使い尽くす。神から罰を受けた彼は永遠の命を手に入れようと彷徨するが、その代償が大洪水であることを知り、やがて故郷に帰り、農耕に着手する。

ギルガメシュ叙事詩で語られる森林の伐採(一九)、大洪水、農耕の開始といった事件の系列は、人類の農耕の起源を語っていると解釈できるだろう。旧約聖書の『創世記』は、このようなギルガメシュ叙事詩も含めた古代中東地域の諸伝承から素材を得つつ、そこに共通の「自然からの離反」と「永遠の命への憧憬」というストーリーを抽出して、ユダヤ民族の由来を語る民族神話に形成しなおしたものと捉えることができる。

六　新約聖書と生命

以上、旧約聖書『創世記』で語られる「生命」の意味と背景を広く見てきた。旧約聖書の生命の樹は、人間が森林を伐採し、農耕を開始する以前の狩猟採集生活時代の自然の恵みを象徴していると考えてよいだろう。

ところが、ユダヤ教の自然への憧憬に根ざす楽園追放の物語を、キリスト教は全人類が普遍的に背負う原罪の教説へと変形し、イエスへの信仰と教会への帰依という媒体を通して救いが得られるという教説に変形してしまう。ユダヤ教においては、神によって人間に与えられた運命として理解されていた生命(=自然)からの追放と復帰が、キリスト教においては、信仰の問題として語られることになったのである。それにともなって、信仰によって得られるとされる「生命」そのものの意味が変わってくることになる。

旧約聖書における生命を表わすヘブライ語「ハーイーム」(複数形)が、用語的には新約聖書のギリシア語「ゾーエー」に対応することは明らかで、一般的な使用においては両者の意味は一致すると言う。ただし、生命がイエス・キリストに関わってくるとき、新約聖書における生命の意味は、旧約聖書とは著しく異なってくる(二〇)。

ユダヤ教において信仰とは、生命からの追放とそれへの復帰が神の意志によるものであることを理解し、運命を甘受し、来るべき神による救いの日を信じることにある。それゆえ、旧約聖書の記述は、人間の賢《さか》しらな思惑を越えて、怒り、罰を与え、人間の運命を支配する神の振る舞いに溢れている。旧約聖書ではしばしば神の意志は洪水、雷、嵐など自然の猛威の姿を取って現れる。それは、人間の知恵や意思では左右できない自然の威力に対する畏怖を表現しているだろう。

ヤハウェは人間に生命を与え、そして奪う。このように神によって与えられ、また奪われる運命にあるのがユダヤ教の「生命」であり、それは受動的、消極的な生命観であると言える。

ところが、キリスト教においては、生命を得ることは、人間の能動的な信仰に関わったものとされるようになる。永遠の生命を得たければ信仰せよ、という条件の形になっている。

もちろん、ユダヤ教においても、信仰を守らなければ、神は人間に罰を与える。しかし、ユダヤ教において要求される信仰の内実とは、民族の律法を守るということであり、ユダヤ民族の慣習に従うという受動性に他ならない。先にも述べた通り、旧約聖書はユダヤ民族の慣習法の集成としての側面をもつ。それに従うということは、民族の一員として生きることを意味する。

一方、キリスト教は、イエスの死後、民族を越える「普遍宗教」として組織化されていった。そのため、個々の地域共同体的な律法や戒律に従うことを否定し、為された行為によって人間を評価することをやめた。キリスト教は人を行為によって裁くことを禁ずる。人の行いを裁くことができるのは神だけであり、神は人を、神への信仰心を持っているかどうかだけを基準に裁くのである。

ユダヤの民族宗教から脱却したとき、キリスト教は、世俗の規則や慣習を超越する教えとしての道を歩み始めた。内面的な信仰によってのみ人間は救われる、信仰のみが救いの条件であるというキリスト教の教義は、パウロによって確立されたと言われる。パウロによって、すべての人間は自分自身の内に善なるものと罪なるものとを抱え、信仰とはこの人間の内面における戦いの問題となった。別の言い方をすれば、キリスト教ほど人の内面に踏み込む宗教はない。

『内なる人』としては神の律法を喜んでいますが、わたしの五体にはもう一つの法則があって心の法則と戦い、わたしを、五体の内にある罪の法則のとりこにしているのが分かります。わたしはなんと惨めな人間なのでしょう。死に定められたこの体から、だれがわたしを救ってくれるでしょうか。わたしたちの主イエス・キリストを通して神に感謝いたします。このように、わたし自身は心では神の律法に仕えていますが、肉では罪の法則に仕えているのです。

……今や、キリスト・イエスに結ばれている者は、罪に定められることはありません。キリスト・イエスによって命をもたらす霊の法則が、罪と死との法則からあなたを解放したからです。（「ローマの信徒への手紙」第七章二二節－第八章二節）

イエスは肉の身を持ちながら、神の霊を宿すものである。このような者が地上に現れて、人間にその存在を示した。そのイエスを神の使いとして信じる者は、彼の霊性に触れて、肉体の罪から解放されて、生命を得るとパウロは言うのである(二一)。

パウロの思想において注目すべきは、彼が「生命の現在化」を行ったということである(二二)。パウロによれば、イエスを神の子として信じる者は、その生命に触れ、生命を受ける。その時生きているのはもはや彼ではない、キリストが彼の中にあって生きているのである、と言われる。もともとは、信仰によって与えられる生命とは、死後の魂の永遠や肉体の復活のことであったが、パウロにおいて信仰そのものが生命であると言われるようになったのである。

こうしたキリスト教の影響下において発達した西洋哲学の

歴史の中で、いつしか、理性による超越が生命への復帰であるという思想が形成されていく。

先どりになるが、超越が生命であるという思想は、近代のドイツ観念論、特にカントに極まっていると言える。カントの哲学が描く人間像は、理性を内蔵する主体としての自覚をもち、肉体的、世俗的な傾向性や誘惑を退け、自分自身を律するよう意志すること、そのような意志によって人間は道徳的に善い主体であることができるというものである。このような善意志を生成せしめる能力こそが、人間には理性として与えられているものであり、それはこの世（現象界）を超越して、神の世界（叡知界）へと至る通路なのである。

それゆえ、カントにおいては、超越が生命になっていると言える。もちろん、啓蒙主義者であり、「単なる理性の限界内の宗教」を唱えるカントは、哲学的な「理性」とキリスト教的な「生命」との関連は一言も語らない。しかし、教会という媒介なしに、地上の法則、世俗の慣性を越えた「意志」を獲得しようとするカントの思想は、キリスト教の言う「生命」へと人間が自力で至ろうとする試みに他ならないと言える。

本書の第二章において、われわれはカントの有機体論を検討する。カントは「生命を持った物質」という考え方を断固として認めなかった、と言われる(二三)。有機体というのは、われわれ人間が理性による超越を自然界に投影した時に見えるものであり、そこに生命が宿っているかのようにわれわれが思うのは、ひとつの錯覚なのである。彼にとって生命とは超自然のものであり、人間の理性の力、超越の力こそが生命だった。この地上にあるもの、現象界にあるものに「生命」という言葉は使われてはならなかったのである。

このように、恵み豊かな自然への崇拝を象徴していたユダヤ教の「生命の樹」から下ることおよそ二五〇〇年、西欧文化において「生命」はついに理性化される。だが、われわれはいささか先走りすぎた。キリスト教における「生命」が理性と結びつく過程を、旧約聖書から新約聖書という経路とは別のもう一つの経路、ソクラテス以後の古代ギリシア哲学から中世神学、近代の実体論という系譜において見ておこう。

七　「見る」から「超越」へ

カントの例に見られるごとく、近代の啓蒙主義において信仰と理性とは一体化されるのであるが、西洋的理性の根源はプラトン、アリストテレスらの古代ギリシア哲学にある。もともとギリシア哲学において、たとえば、プラトンにおいて理性とは真理を「見る」ものであった(二四)。それがキリスト教世界に継承され、西欧哲学の歴史をくぐる中で、いつしか理性は超越への「意志」へと変形される。その経緯は丹念にたどれば複雑であるが、簡単に言えば、たえず神とその使い子であるイエスに思いを致せ、という意志的な信仰を要求するキリスト教の思想の影響下で、理性は「真理を見る能力」から「超越を意志する能力」へと変形されていったのだと言えるだろう。

超越の力としての理性、それは知恵の樹と生命の樹の奇妙な交雑種である。知恵の実を食べたがゆえに生命から追放された人間は、知恵によって生命に至ろうとする。そのような苦しい人間的努力の象徴が、超越の力として考えられる理性である。

だが、知恵によって生命に至ることは可能であろうか。『創世記』は語っていた。知恵を得た人間は、神によって生命からは追放されたのだと。生命に至りたいのならば、人間は知恵を放棄しなければならないのではないか。知恵は生命であることを阻害するということが、『創世記』においては語られていたのではないか。

そもそも、人間が自然とともにあった時、自然を自分のために利用するのではなく人間自らが自然であった時、人間が大地を耕すのではなく大地と一体であった時の楽園状態を「生命」と呼ぶのであれば、この地上の生活を超越していくことのどこが「生命」へ至る道であるということになりうるのか。地上から離れていくことではなく、むしろ、大地へと還ることが生命へと至る道であると、『創世記』では語られているのではないのか。そして、自己意識としての知恵を得たことが、人間を自然から切り離された存在にしたと考えられているのではないだろうか。

人間は、自然と一体であった原初状態に戻りたいと望み、そのために、自然から分離されている自らの状態を、無理に「超越」へとねじ曲げていったのではないだろうか。

八　「超越」の起源

このことは、超越とはそもそも何であるかを考えてみればわかる。「超越」というと、なにか彼方のものへ向う積極的な行為であるかのように感じられるが、積極的な行為として語られる「超越」というのは、後からそのように変形されたものであるにすぎない。

人間は超越を意志する前に、超越に見舞われてしまっている。哲学が問題にする「超越」とは、人間という存在が根源的に抱える「分裂」に端を発するのであると、哲学者・樫山欽四郎は述べている。どういうことか。

われわれはいつの間にか、自分自身を追い越してしまっている。今ここにいる自分を追い越してしまって、なりたい自分というものを考えてしまっている。そして、そのように自分を追い越してしまっていることによって、人間は分裂している。その分裂を、どうにか積極的に捉えようとして、人間は分裂を超越に変えるのであると言われる。

思うように行かない、と誰もいう。そう思ったことのない人はいない。そう思うのは、みな、自分でありたいと願っているからである。自己（の欲する自己）でありたいと願って、その欲する自己に出会えないからである。時に出会ったと思うことがあっても、それがその時だけで、すぐその後には別の自己が自分に向って語りかけてくる。それがわれわれの経験である。このことは人間が自己であり、自由でありたいと願っていることを意味する。そこに、進んで自己でありたい、自由でありたいとする願いの根の深さが現われている。自己でありたい、そう思ったことのない人はいな

い。それほど、根が深い。だから、自己であろうとして、あり得ない自分がもどかしい。何とかしてこれを、のり超えようとする。

　そういう意味で、先取りして自己をわがものにしようとする。このことは先をみて、この先に自己をおいて、この自己から今いる自己に答えようとしている。自己を超えて自己にふりかえり、自己に言いふくめているのである。超えられないはずの自己を超えて、自己に対し、ふりかえって構えをとろうとしているのである。(二五)

　哲学が問題にする「自己」というのは、このような分裂を抱えた自己のことであると樫山は言う。そして、この分裂を抱えてしまった自己をどのように考えるかということから哲学は始まり、その歴史を重ねてきたのだという。

　人間であるとは、自己であるということであり、自己であるということは分裂しているということであり、このような分裂を自覚しているということである。そして、人間がこのような分裂を抱えた存在であることを、創世記の失楽園の記述は簡潔に本質的に語っているのだと言う。


　聖書は、こういう形で自己に気がつくところに人間の出発を見ている。極めて手ぎわよく人間の存在を語っている。……人間は自己に関わるものである。これがそこに語られていることである。自己であろうとして、自己に関わる第一歩を踏み出して以来、人間はもはや一つではあり得なくなり、二重のものとなったことが語られている。だから、この場合も、一つで、つまり、自己同一でありながら、二つになって自己に関わっているところに、人間がいると指摘されている。人間はこのようなものとして現に在る。人間がいるということは、一つであって一つでないものがいるという意味である。そういう形で自己に関わることが、人間における苦であり、罪であり、業であり、なりわいであり、知であり、行であると説かれている。

　このことをそれと知っていることが、その限りでこのことを超えていることを意味する。だがこのことは二つであることがなくなっているということではない。それと知ってそれを超えたと思うことが、それに執りつかれていることを意味する(二六)。


　人間は気付いたときには、分裂にとりつかれている。自分自身とは何かを知ろうとすること、このような分裂において自己であることを運命づけられている。そして、この分裂をどうにかしようとして、それを超越へと変えていこうとする。自分自身を知ろうとすることは、実は、真理とは何かと問うことと同じである。これを言いかえれば、人間は分裂を知らない自然そのものであった「生命」から離反し、自己を知り、自己であることによって、「真理」を問うようになった、ということである。

　ところで、紀元前七世紀、オリエントの地においてユダヤ民族が『楽園追放』の物語を生み出していた頃、古代ギリシアにおいては哲学が興りつつあった。「ソクラテス以前」と呼ばれる、自然哲学者たちである。

最初に哲学者たちが問うたのは、万物の根源（アルケー）とは何か、ということだった。それは、変化する世界の中にあって、変わらず真に存在するものとは何か、という問いだった。彼らは自然哲学者と呼ばれているが、自然とは何かと問うこと自体が、自然からの「自己」の離反を現わしている。

たとえば動物は、自然と一体である。だから、自然とは何かなどとは決して問わない。自然とは何か、万物の根源とは何か、ということが問われるようになったことの根底には、人類普遍の経験としての人間と自然との分裂がある。

ここでも、「意識」の発端としての「分裂」が「知識」の問題として現れているのを見ることができる。ただし、古代ギリシアの自然哲学者たちは、ユダヤ人とは違い、知識における「分裂」や「否定」を意識せず、肯定的に知識を捉えていた。

九　「自己」の発生と消失

そもそものはじめに、分裂を抱えるものとしての「自己」の発生があった。ただ、ソクラテス以前のイオニアやピタゴラス派の自然哲学者たちは、そのことはまだ自覚せずに、自分たちは万物の根源や真理を問うているのだと思っていた。

事の真相に鋭く迫ったのは、ソクラテス（紀元前四六九－前三九九年）である。彼は、「汝自身を知れ」というデルフォイ神殿に刻まれた格言を、みずからの活動の指針としたという。これは、万物の根源を知ろうとするソクラテス以前の自然哲学者たちとは、著しく異なる態度である。

自然哲学者たちは、自分たちの外に真理があると思っていた。自分たちの外に対象的に真理を捉えようとしていた。そのことにおいて、実は、自然から離反してしまい、自然から分裂してしまっている「自己」がそこにはある。しかし、自然哲学者たちは、自然から分裂した自己が在るから自然への問いが在るのだ、という風には考えなかった。彼らはただ、自己を忘れて、あるいは自己には気づかずに、真理を求めたのである。

ソクラテスにおいて、真理とは何かと問うことは、実は、そのように問う自分自身を知ろうとすること、問わざるをえない自己のあり方が問われていることと同じなのだということが察知された。

> **ソクラテスは「汝自身を知れ」(gnothi seauton) という言葉を、思想活動の標語としたと言われる。〔中略〕**
> **このことは、「知ることを知ること」が問題にされたことを意味する。そういう形で、ここに「主観」が出てきたことを意味する。そういう形で、すべての人間に共通な「主観」を、またすべての人間が肯定し得る「知識」を問題にしたことを意味する。だが、ソクラテスの本来の目的は「徳」にあった。そのため主観への反省はそれ以上に進まなかった。（二七）**

ソクラテスの弟子プラトンは、ソクラテスにおいて芽生えた、自己への問い、主観への疑問をそれ以上、発展させることはなかった。

プラトンはソクラテスの後をついで、「知識」を問題としたが、「主観」については考えなかった。知識の問題は想起の問題として、形相の問題になって行った。そして、イデアを見つける方法としての弁証法（διαλεκτική）に移って行った。が、主観の問題にはならなかった。アリストテレスについても同様である。知識の問題は「論証」（ἀποδεικτική）になってしまった。つまり、主観にではなくて、客体としての知識に重点が移ってしまった。こうしてソクラテスのところに出てきた「主観」はいつの間にか消えて行ってしまった。

こうしてまたもや、ソクラテス以前の自然哲学者たちと同じく、真理への問いへと哲学は戻ってしまった。自己への問いは、忘れ去られた。その問いを哲学が思い出すまで、近世デカルト（一五九六－一六五〇年）まで実に二〇〇〇年以上もの時を待つことになる。

ただし、こうした言い方は主観を中心に据える近代の哲学の立場から見た言いかたである。ソクラテスを近代哲学に連なる西欧哲学の伝統の発端と位置づけるから、そのような言い方になる。この章の一番最後でまたこの問題については触れるが、ソクラテス以前の自然哲学者たちに見られる古代ギリシアに典型的な世界観は、自然それ自身が精神の充満した宇宙であるというものである。彼らは「主観」の問題を考える必要性など思いもよらなかったのだ、と捉えることができる。そうした観点から見れば、「主観」を問題にするソクラテスの立場こそが異常だったのであり、反ギリシア的（もしくは脱ギリシア的）であったのだと言えよう。

さて、プラトンはソクラテスの主観への問いをイデア論に変形したと先に述べたが、主観の問題をまったく忘れたわけではない。彼は、なぜわれわれ人間が、弁証法（問答）という手間のかかる方法を通して真理に至らなければならないのか、なぜ、真理は初めからわれわれに明らかではないのかを説明するために、一つの物語を利用した。それは、「真理の想起説」と呼ばれるものである。

これは、われわれ人間は、もともとこの地上に出てくる前、すべての真理を知っていたのだが、この世に出てくるときに、忘却の泉（レーテーの泉）の水を飲んだために、前世の記憶や世界の真理などをすべて忘れてしまったという物語である。だから、われわれが真理に至るということは、忘れていたことを思い出すことである、とプラトンは対話篇『メノン』で説明した。『メノン』はプラトン思想の初期の終りもしくは中期の始まりに位置する作品とされ、一般に、プラトンがソクラテスの思想から離れ、独自の思想を作り上げていくターニング・ポイントにあたると見なされている。

さきほど言った、なぜわれわれ人間にとって真理は初めから明らかではないのか、という問いは、ひっくり返せば、そもそも真理を問わなければならないわれわれにとって真理というものは本当に明らかになるのか、という問いに変形できる。われわれ人間は、真理に対する問いを立てなければならない。しかし、これは不思議なことである。

もしわれわれが真理を知っているのならば、そもそも真理に対する問いなど立てないだろう。反対に、もしわれわれが、真理をまったく知らないのであれば、やはり真理とは何かなどという問いを立てないだろう。不思議なのは、われわれが、真理というものがあるということは知っているが、その内容は知らないという点である。『メノン』ではこのような議論が展開される。われわれは知らないということを知っている。これが、「自己」ということである。「忘却」という言葉が、自己の「分裂」をうまく説明する。

一〇　忘却の泉とオルフェウス教

プラトンは、当時ギリシア世界の民衆に広く浸透していたと言われるオルフェウス教の冥界と輪廻転生の説話に影響を受けて、真理の想起説を考え出した節がある。

オルフェウス教は紀元前六世紀頃から民衆の間で盛んになったが、ピュタゴラス学派に影響を与えており、プラトンはピュタゴラス学派とつながりがあったと見られている。ディオニソス信仰、オルフェウス教、ピュタゴラス学派などの運動は、当時のギリシア都市国家（ポリス）で公式のものとされていた信仰とはかけ離れた、いわば異端の宗教活動の一である。

ゼウスやアテネ、アポロンなどいわゆるオリュンポスの神々を信仰する公式の宗教では、人間と神は厳然と区別され、神は不死であるが人間は死すべき存在であること、神の不死性や完全性に近づこうとする人間は厳しい罰を受けることが強調されていた。逆にまた一方で、オリュンポス信仰では来世への信仰などはなく、また神も絶対的な超越性は持たず、現世的な生命、身体の肯定がその基調である。こうした公式の宗教に対して、右記の異端諸宗教の特徴は、現世への否定的な態度と、何らかの手段によって神の不死性や完全性に人間が至れると考える点にある。

オルフェウス教の教義の中心は、人間の魂は本来、神と等しい不死性、完全性をもつのであるが、肉体という牢獄に閉じこめられているために不浄となり、その神聖な力を失っているのだと考える点にある。そして特定の儀式や指導や日常的な節制の行いによって魂を清浄化することで、永遠の命に至れるという。輪廻転生を信じ、現世での生活態度が来世に影響すると考えている点は、通常のギリシア人の信仰と著しく異なっている(二八)。オルフェウス教においては、冥界には、「忘却の泉」と「記憶の泉」（ムネーモシュネーの泉）の二つがあるとされる。教義の主眼は、いかにして冥界において忘却の泉を避け、記憶の泉へと至り、輪廻転生の果てしのない繰り返しから脱却するかであったという。だが、記憶の泉の手前には番人たちが立っているという(二九)。この番人たちが立っているというところが、旧約聖書の、人間が生命の樹へ至ることを拒むケルビムとの類似を思わせる。

創世記における「知恵の実」の話と、オルフェウス教における「忘却の泉」の話は、それぞれ異なる民族に属する神話であるが、人類の「分裂」の状態をうまく説明している。人間がなぜ、自己という分裂の状態におちいっているのかを、「知恵」や「忘却」という言葉で説明している。

旧約聖書の「知恵」がオルフェウス教の「忘却」に対応するならば、「生命」が「記憶」に対応するであろう。知恵＝

オルフェウスと冥界の河のイメージ

Nymphs Finding the Head of Orpheus,
J.W. Waterhouse, 1900.

忘却、生命＝記憶ということである。この対応は、一見すると間違っているように思われる。

「知恵」を「知っていること」だと考えると、それはむしろ「記憶」と対応するように思われる。だが、旧約聖書で言われていた「知恵」というのは、自分の裸を恥ずかしいと思うことであり、自己に気づくこと、自意識をもつことであった。また、古代ギリシアで言う「忘却」というのは、人間がかつて知っていた真理から阻害されていることであった。これによって人間は、地上において唯一、真理への問いを問う者、問わずには生きられない者となったのである。自分は何かを知っていたはずであるが、それが何であったか思い出せない、このような「分裂」を抱える者となったのである。

このように考えると、「知恵」と「忘却」の両者は結びつく。「知恵」とは自己を意識することであり、分裂である。また「忘却」とは、知っていたはずの自己を忘れてしまったという感覚をもつことであり、同じく「分裂」のことであり、人間が分裂を抱えた「自己」となることである。人間は、「忘却」によって「自己」となり、自己を「意識」するものになる。すなわち自己意識となる。このことをわれわれは覚えておこう。

オルフェウス教は、地中海世界において実に一二〇〇年にわたって信じられ、一説には、初期キリスト教にとっては最大のライバルの一つであったとも、オルフェウス教が初期キリスト教に与えた影響も無視できないとも言われる(三〇)。特に、オルフェウス教は、肉体を牢獄であると捉え、精神を清める生活によってこの牢獄から脱することを説き、厳しい禁欲的な道徳律を信者に要求した。禁欲による個人の魂の救済、清められた生活を送るものに与えられる祝福された永遠の生命、不浄な者が死後に受ける罰の概念など、たしかにキリスト教との類似には驚くべきものがある。

　オルフェウス教については、それが「秘教」でありまた民衆の宗教であったため現存する資料が乏しく、研究者によっては「オルフェウス教」という名で呼びうる単一の組織された運動があったのかどうかすら疑う者もいる。プラトンやアリストファネスらにいくつか見られる言及のほか、オルフェウス教的思想を邪教として退けるキリスト教作家たちの証言が手がかりとなるのみである。

　レナル・ソレルはオルフェウス教を一定の宗教運動として認め、それを国家《ポリス》の公式の宗教（ヘシオドスの体系、ホメロス的宗教）に「真っ向から対立する信仰」であったと位置づけている(三一)。

　ソレルの著書の翻訳者、脇本由佳はオルフェウス教は彼岸に救いを求める民衆の救済宗教としての特徴をもち、それが神の不死性をたたえるのみのホメロス的宗教とは著しく異なる点であると述べている(三二)。われわれが古代ギリシアに抱く典型的イメージである現世肯定、英雄崇拝の思想は支配者層のものであり、オルフェウス教のような運動があったことは、それとはちがったギリシアがあることを知る材料となる。現世において富と幸福を享受し充実した生を生きる貴族は、精神的救済や来世信仰を必要としない。ニーチェは、キリスト教を弱者や奴隷の道徳であると指摘したが、同様のことがオルフェウス教についても言えるのだろう。「この世の生はそれ自体が罰である」というオルフェウス教の教義は、隷属を強いられた民衆の宗教であったというわけである。

　われわれにとって重要なのは、「魂の不死」というオルフェウス教の思想が、ソクラテス以前の自然哲学にもホメロス神話にも見られない、ある意味では非ギリシア的な思想であること、そして、それにプラトンが影響を受けた節があることである。プラトンの真理の想起説という、ある意味では旧約聖書の知恵の樹の話しにも似た人間精神の分裂状況への洞察は、こうした「非ギリシア的」なものから来ている。

　そしておそらくは、まさにこの非ギリシア的な彼岸志向ゆえに、プラトンの思想はキリスト教文化圏において評価され継承されたのである。本書が、あえてオルフェウス教という周縁的な宗教運動に言及したのは、旧約聖書からソクラテス、プラトン、キリスト教という系譜の中に、「生命」を彼岸的なものとして捉える思想、人間を「生命」から疎外されたものとして捉えようとする思想の道筋を見出そうとするためである。

二　プラトンから中世の真理観へ

　話をプラトンに戻す。プラトンが『メノン』において、「真理の想起説」を考えついたことは、彼の思索が初期から中期へと移行した分岐点に当たると哲学史家たちによって見なされている。この頃から、プラトンは師であるソクラテスの思想から、少しずつ、独自のイデア説の思想へと傾いて行った。

『メノン』以降のプラトンの著作に登場するソクラテスは、プラトンの思想を表現するための人物として利用されているとする見方が、多くの研究者によって支持されている。

ソクラテスという人物は、疑問に思うこと、常識に対して問いを立てることそのものを大事にした人であっただろう。彼は疑問に思ってしまう自己があるということ、この事実にこだわった。この問いを発する自己というものをごまかすくらいならば、彼にとっては、死を選ぶほうがましだったのである。だから、彼は、街中において若者を相手に問答を行うことをやめるように要求したアテナイの議会の命令を拒否し、毒杯をあおいだのである。樫山欽四郎の解説にあった通り、ソクラテスがこだわった、問いを発する自己の問題、分裂を抱える自己の問題は、プラトンにおいては消えてしまった。オルフェウス教的なプラトンの説明によって、哲学の主眼は、いかにこの世を越えて存在するイデアの世界へ至るかという問題に変形されたのである。

この伝統は、中世ヨーロッパのスコラ哲学に持ち越される。同時に、ギリシア語の*ἀλήθεια*が veritas というラテン語に翻訳されるとともに、接頭辞*α-*にこめられていた否定性は背景に退き、「存在論的な真理観」が形成される(三三)。存在論的な真理観とは、真理を存在者の属性として考えるものである。つまりどのようにして存在する存在者が真理であるのか、要するに、神とはどのような性質をもつ存在者であるかを考える思索に他ならない。こうした存在論的な真理観が中世神学に継承されるとともに、近代の実体論（デカルト、スピノザ、ライプニッツなど）の萌芽を準備することになる。

一二　初期キリスト教とグノーシス主義

ソクラテスやプラトン以前より存在したオルフェウス教が地中海地方において広く民衆層に浸透していたことを背景に、初期キリスト教誕生後、知識人や聖職者層に発生したのがグノーシス主義である。本来はオルフェウス教などの影響下に、キリスト教とは独立に成立した宗教であると見られているが、キリスト教徒の中にも影響を受けるグループがあり、キリスト教グノーシス主義、グノーシス派キリスト教と呼ばれる。

今日の正統カソリック教会に連なる系譜のグループからは、最も危険な異端の一つと目されていた。三位一体を初めとする今日のカソリック教会における正統教義は、グノーシス主義との対決を通して形成されたと言っても過言ではない。

グノーシス主義は現世での生活や肉体を汚れたものとみなし、そこからの解脱を解く。霊と肉との分離を基盤にして考える二元論的な思想である。その歴史的、地理的展開は幅広いが、カソリック教会に対する異端として歴史から消されてきた経緯もあり、不明な点も多かったが、一九四五年のナグ・ハマディ写本（四世紀後半のキリスト教グノーシス派によるコプト語文書）の発見以来、研究が進んでいる。一九六六年イタリアのメッシーナで開かれた「グノーシス主義の起源に関する国際学会」では、次の三点を満たしている思想が「グノーシス主義」と定義された。

一、反宇宙的二元論（この宇宙は劣悪な創造神が造ったものので、この創造神は善なる至高神と対立的な関係にある）、

二、人間の内部に「神的火花」「本来的自己」が存在するという確信（人間は創造神の造ったものであるが、その中に、至高神に由来する要素がわずかだが閉じこめられている）、

三、人に自己の本質を認識させる救済啓示者の存在（人間はみずからのうち「神的火花」「本来的自己」があることに気づかないでいるが、至高神から使いがやってきて、人間に自分の本質を認識せよと促す）(三四)。

物質や肉体は基本的に邪悪なものであるとされるため、グノーシス派キリスト教においてはイエス・キリストの受肉や受難を認めず、イエスは肉体をもっていない霊的な存在であったと唱える（これは「キリスト仮現論」〈ドケティズム、docetism〉と呼ばれる）。人間だけが、汚れた肉に捕らわれの身となっており、それは邪悪な存在の奸計によるのだとされる。邪悪な存在とは、旧約聖書の荒ぶる神であり、人間の堕落はこの本物ではない邪神の仕業である。真の神はイエスの説く慈愛に満ちた新約聖書の神である。グノーシス主義はこのようにして、旧約聖書と新約聖書の神を区別する。

もともと旧約聖書の神がユダヤ民族の荒ぶる人格神であること、イエスの説く神が差別や区別のない愛の神であることを考えれば、グノーシス主義が両者を区別しようとするのも、キリスト教の一つのあり方として自然であると言える。とくにグノーシス派は、人間はこの地上世界という悪、肉体という牢獄にとらわれながらも、その中に真なる自己としての聖霊を具えており、正しい知識（グノーシス）によって、自己を神に復帰させることができると説く。

しかしながら、教会が三位一体を正当な教義として認めることによって、グノーシス主義は異端とされ、歴史の表舞台からは消えることになる。一番の理由は、グノーシス主義の信仰を採れば、神の子イエスという媒介者は不必要となり、イエスの後継者たる教会の役割も縮退することになるからであろう。

一三　イエスと「生命」

グノーシス主義そのものは教会によって異端とされたが、教会やイエスを媒介することなく個人の努力によって天国や永遠の生命に至ろうとする「異端的」思想の命脈が完全に途絶えることはなかった。

他方でまた、古代ギリシア以来、生物が生気（生命）をもつという生気論（Vitalismus, Hylozoism）はつねにあった。だが、それはキリスト教の影響下にある哲学の系譜では異端の扱いをうけてきた。なぜなら、生気論は生命についてのもっとも単純で直接的な説明であり、それゆえにキリスト教的なパラダイムとは相いれないものだったからである。

生気論の立場をとってしまえば、神こそが「生命」を与える存在であるという説明が不要になる。よしんば、生気論の言う「生気」は神が与えるのだ、ということにしたとしても、それでは、生気（生命）の安売りになる。人間以外の動物は

機械のようなものであり「生命」を持っていない、人間だけが特別に神によって生命を与えられているが、それは原罪によって阻害されている、だから、イエス・キリストとその後継者である教会を通じてのみ、人は本当の完全な「生命」に至ることができる。これがキリスト教的にまっとうな説明であるとされていた。

現代日本のわれわれから見れば、奇妙に迂回した説明だが、キリスト教を母胎として生まれた西洋哲学では、長く、これこそがすべてを整合的に説明する理論だった。「生命」とは、イエスという特別な狭い通路を通してのみ至れるものだったのである。それは単純に物質的なものであってはならず、霊的なものであり、また神によってのみ与えられるものでなくてはならなかった。一言で言えば、キリスト教における生命とは、天上の超物質的な力が、特別な通路を通じて地上に湧出したものであったのである。

ふりかえれば、この世の世俗的な生活を超えて彼岸を目指すこと、すなわち超越こそが生命であるという思想は、磔にされた後、三日経って復活したイエスの吐いた次の言葉から始まった。

「わたしは復活であり、命である。わたしを信じる者は、死んでも生きる。生きていてわたしを信じる者はだれも、決して死ぬことはない。このことを信じるか。」

（「ヨハネによる福音書」第一一章二五－二六節）

イエス自身が、本当にこのようなことを言ったのかどうかは、われわれには分からない。今日新約聖書として認められている福音書のたぐいは、すべて、初期キリスト教会の紆余曲折と騒乱に満ちた時期を経た後に、確定されたものである。さらに、マタイ、マルコ、ルカ、ヨハネの四福音書のうち、ヨハネ福音書（九〇－一一〇年頃）がもっとも遅く書かれたと見られており、イエスを神と明言するのはヨハネ福音書のみである。

確かなのは、紀元四世紀のニケーア公会議後、五世紀のニカイア・コンスタンティノポリス信条において、三位一体の教義が確立されたということである。これによって、イエス・キリストは神の子であると定められ、彼と彼の後継者である教会を媒介としてのみ、人は神の永遠の生命に至ることができるという統一見解が正統として決められた。

一四　アウグスティヌスと三位一体

三位一体の教義成立に、大きな役割を果たしたのは、アウグスティヌス（三五四－四三〇年）である。彼はもと、地中海世界にあったマニ教（グノーシス主義的宗教の一派）の信徒であり、異教徒であった。そういう彼だからこそ、回心後に、いっそうキリスト教と他の信仰との差別化を明確に理論化したかったのかもしれないと推測できる。

アウグスティヌスは、『三位一体論』（四一七年頃）において、人間がいかにして神に近づくことができるかを徹底的に考え抜き、結論として、父と子と聖霊の三者の関連の問題を考えることは、「人間能力」の解明に等しいという、近代の主観の哲学を先取りするかのような理論を導いた。彼は、

「記憶」「知解力」「意志」（memoria, intelligentia, voluntas）が人間における三位一体であると論じ、これらをいかなる組み合わせで用いるかを論じることが、神に至る道を求めることと等しいと述べている。人間の精神が記憶と知解と意志の三つの機能の組み合わせによっていかに一であるかを示すことが、神が父と子と聖霊の三つのペルソナによって必然的に一であることを示すことにつながるとアウグスティヌスは考えている(三五)。アウグスティヌスにおいて、すでに、神への道が人間の「知性」や「理性」と結びつけられるという思想が芽生えている。

　このようにして、三位一体の教義成立とともに、神に至る通路は知性化されるようになった。かつて『創世記』においては、人間は「知恵」を持ったがゆえに、「生命」から追放されたと言われていた。だが、いまや人間は、その「知恵」によって神の永遠の「生命」とは何かを知ろうとする。別々のものであった「知恵」と「生命」とが、迂回を経ながら接続されるという路線が敷かれたのである。

　アウグスティヌスの「生命の樹」についての解釈は興味深い。彼は『創世記注解』（四一六年頃）で、生命の樹をいわゆる「生命」の象徴であるとは考えず、「知恵」の象徴であると断言する。生命の樹はかつて人間に与えられていたものであり、人間が神とともにあったことの象徴であり、アウグスティヌスにとっては、神の「知恵」の象徴であった。

　アウグスティヌスの時代、聖書の記述は史的事実とされていたが、早くも聖書の楽園の記述は象徴的に解されるべきだという意見があったようだ。アウグスティヌスは、『神の国』（四二六年頃）で、聖書の記述は文字通りの史実として理解しなくてはならないと主張している。したがって、彼はエデンの園も生命の樹も実在のものであると認める(三六)。そして、エデンにおいては、生命の樹の実の効果によって、人はじっさいに不死であったと主張している。しかし、その一方で、史実であることをふまえた上でならば、霊的な（象徴的な）解釈を重ねることは、特に禁じられてはいないと言う。そして、物体的な楽園における生命の樹は、霊的すなわち可知的楽園における神の知恵であると述べて、生命の樹を神の知恵に引き寄せて解釈しようとする。あるいは、神の知恵を生命であると言おうとする(三七)。

　『創世記注解』では、彼は生命の樹はたしかに木として実在するのであるが、それは「知恵」の象徴であると主張する。

> 　霊的な事物を物体的に表した秘儀なしに、神は人間が楽園に生きるのを望まれなかった。だから人間にとっては養分は他の木々のうちにあったのであり、かの木のうちには聖なる象徴が存したのである。これが何を指し示すかと言えば、知恵以外ではない。……この霊の楽園を象徴する命の木が、物体的な楽園に作られた。というのもかの聖書がこのことを語っているからである。……楽園は象徴的に言われているとしながらも、象徴的に創られたとは考えたがらない人々があるのは、驚きであり、認め難いことである。……命の木も、事実ある木があり、しかも知恵を象徴していたと何故認めないのか、わたし

三位一体に忘我するアウグスティヌス

St.Augstine in Ecstasy

Anthony van Dyck, 1628

にはわからない。(三八)

アウグスティヌスが生命の樹を知恵の象徴であると主張する根拠は、旧約聖書の箴言にある「知恵の勧め」の箇所である。この箇所では主の知恵について、「**彼女［知恵］をとらえる人には、命の木となり、保つ人は幸いを得る**」(「箴言」第三章一八節)と言われている。［］内は野尻による補填。

しかしながら、先に確認したように古代ヘブライ人にとっては「生命」は具体的、肉体的な生命であったことに注意しなくてはならない。また神の知恵をとらえるとは神の言葉に従うことであり、それはつまり民族の掟に従うことであった。より具体的には父親と母親の言葉に従うことである。「箴言」を読めば、父の諭しに従う者がいかに共同体の承認を得て、地上における長寿と財産とを享受する富者となるかが語られている。したがって、「知恵」は超自然的な神の力を意味してはいないし、「生命」も超自然的な生命を意味してはいない。知恵が生命であるのだから生命の樹は知恵の象徴であるというアウグスティヌスの解釈は、旧約聖書のキリスト教的「曲解」であると言える。

アウグスティヌスの言う通り、生命の樹が知恵の象徴だとすると、エデンの園の中心にあった「知恵の樹」と「生命の樹」という二本の木の区別があいまいになってしまう。アウグスティヌスにおいて、信仰を通して「生命」に至ることは、神の「知恵」に至ることと同一視されており、それは人間が自身のうちにある知性を凝らすことによって可能であるという考え方が見られる。ここに、知恵と生命の融合が始まっている。

　三位一体の思想を支持したアウグスティヌスが、人間の「意志」の力を「発見」したことも見逃せない問題である。歴史学者ブルトマンは、ソクラテス以前の古代ギリシアの思想とキリスト教以後の西欧思想とを隔てる際立った特徴のひとつとして、「意志」の問題を挙げている。

　今日、われわれが問題にするような意味での人間の意志の自由の問題は、古代ギリシアにおいては生じなかった、とブルトマンは言う。なぜなら、古代ギリシアにおいては、「**意志は理性にしたがい、且つ理性は如何なる運命によっても変えられることのできないそれ自身の法則をもっていると信ぜられていたからである**」(三九)。理性とはギリシア人にとって宇宙＝コスモス（秩序）を支配する法則そのものであり、ミクロ・コスモスたる人間の理性はマクロ・コスモスの法則と対応していた。一言で言えば、ギリシア人にとって理性は人間の外にあった。あるいは、そもそも内と外という区別などなく、宇宙の秩序であるコスモスがあるのであり、その秩序から外れる者には災いが起こる。それは歯車のかみ合わせが外れたのと同じことである。人間は、ときに宇宙の理性に背き、自分の判断を過信する傲慢（ヒュブリス）に陥る。だから、人間の意志などは取るに足らないものなのである、とギリシアでは考えられていた。意志とは世界の秩序から外れることであり、積極的に取りあげて論ずるようなものではなかったのである。

　意志とは世界を外れることである、という意味で意志の力をよく理解していたのは、ブルトマンによれば、ユダヤ教である。ユダヤ教では、合理的ではない意志の働きが積極的に理解されていたが、ただし、それは神の意志としてであった。ユダヤ教の世界観においては、神は世界を超越し、意志を持って振る舞う。ブルトマンは、たしかにユダヤ教は言葉の上では神の知恵をほめたたえるが、ユダヤ教徒が万物に充満しているのを見るのは宇宙の合理的な構造ではなく、神の意志だと指摘する(四〇)。

　古代ギリシアにおいては宇宙の秩序であった「理性」、ユダヤ教においては神の本質であった「意志」が、アウグスティヌスにおいては、ともに人間に内蔵する能力であると考えられるようになっていた。アウグスティヌスは、記憶と知解と意志の三位一体によって人間の精神は精神として一であることができると述べる。意志は、記憶と知性と組み合わされることによって愛となり、「神に至る通路」となる。

　このあたりから、人間に「意志」や「理性」といった能力が内蔵されていると考える西欧独特の思想が芽生えてくる。これは神が唯一の実体でありながら三位の位相をもつと考えるキリスト教が母胎となっている。もちろんグノーシス的なマニ教から回心した経歴をもつアウグスティヌスは『告白』(四〇〇年頃)で、人間の意志や知恵は神の恩寵に与らなければ無力であることを強調している。アウグスティヌスにおいては人間精神の三位一体は人間が神の似像であるとされているところから発想されている。しかし結果として、理性や意志を自然や神のうちにではなく、人間精神の内にあるものとして考える近代哲学への伏線がここに生じていると見ることもできる。

第三節　近代

一　ルネサンスと近代の実体論

時代は一気に下ってルネサンス以降になると、一つの変革が西洋哲学に起こる。キリスト教からの離脱、特にカソリック教会との決別である。大きく言えば、ヨーロッパにおける宗教戦争の激化による教会の権威失墜と、近代科学という新しい種類の真理をもたらす学の登場が、哲学の新生をうながしたと言えよう。

近代哲学の祖、デカルトは『方法序説』（一六三七年）、『省察』（一六四一年）において、物質と精神という二つの「実体」を考えている。これは明白にキリスト教の教義からの逸脱である。物質などという地上の存在が実体であると言うのも異端なら、人間の魂（精神）が実体であると言うのも異端的なのである。キリスト教的には、神こそが唯一の実体であり、生命であるからだ。しかし、神を離れて、実体（本当に存在するもの）を探究するという路線は、自然科学の興隆とともに覆すことのできない流れとなった。特に、ニュートンの力学は自然が数式によって表現される機械であることを鮮やかに示し、そのインパクトは哲学者たちにとって無視できないものとなった。

神から離反したデカルトの実体論を、さらに異端路線へ推し進めたのが、スピノザ（一六三二－一六七七年）やライプニッツ（一六四六－一七一六年）の実体論である。デカルトの理論では、なぜ、物質と精神という二つの実体が存在するのかが説明できない。また、この両者の関係を説明するのに更なる別の存在を考え出したりもしなければならない。しかし、実体とは、当時の定義によれば、真に存在するものであり、その存在を他の存在に依拠しないもの、自分自身で存在するものである。実体とはそのように考えられなければならない。

二　スピノザとライプニッツ

デカルトの実体は本当の実体ではなく、たんに実体の示す二つの属性を異なった種類の実体として誤認したものである、スピノザは『エチカ』（一六七五年頃）でこのように考えた。もっとも、デカルト自身は抜かりなく、物質と精神という実体は真の実体である神を共通の源泉とすると指摘することを忘れなかったが、いずれにしろ、そこには、スピノザが指摘しうるだけの不徹底があったのは確かである。

スピノザは分割の思想を徹底的に排除する。神とそれによって創造された世界という考え方すら、彼は退けた。世界（自然）の全体が神であり、それはみずから存在し、みずからを生成し、みずから考える。それを分割するのは迷妄であり、一部分が自立しているように見えるのは虚妄である。自由意志も幻想である。幻想であるはずである。これこそが倫理的な立場であると言ったスピノザは凄かった。

すべてが一つの実体であると考える思想は、すべてが夢幻であるやも知れぬと考える東洋の禅の思想と、まったく正反対の方向から同じ地点にまで到達している。倫理といえば、これが究極の倫理かもしれない。しかし、デカルトが物質と精神の二つの実体を考えたのは、この世に存在する「分割」や「区別」には、迷妄、虚妄とは言いきりがたいものがあることを認めていたからである。たとえば、「この私」の意識というものは、幻なのか。そして、私の心とは独立した動きを見せる「他者」の心があるようであったり、わたしの思いのままにならない「世界」の成り行きがあるように思えるのは、幻なのか。

スピノザに対して、ライプニッツはこの「分割」のリアリティにもう少し理解があったので、『モナドロジー』（一七一四年）で、「モナド」と「予定調和」の思想を考え出した。

これは実体は一つではなく、逆に、無数であると考える思想である。世界はモナドという無数の実体によって成り立っており、各モナド間には相互作用はない。モナドは実体であるから自立しているのである。そして、各モナド内部には多様性と変化が認められる。この内的差異によって、あるモナドは他の全てのモナドから区別される。モナドは自己完結しており外部とは関係しないが、「予定調和」によって世界全体を自己の内部に映しだしている、と言う。

モナド的な考え方を取ることによって、この私の自我が世界を認識しながら世界から独立して存在するように思えることの根拠が説明される。これもまた、世界の説明のモデルとしては一つの究極であり、理論的な破たんはない。

スピノザやライプニッツの実体論では、「この私」という意識が存在することの「意味」は示されない。個的な意識の存在や実存的な自由意志などは幻であるとするのがこれら実体論の立場である。これらが異端であるとは言っても、正統なキリスト教の教義から見れば異端ということであって、こうした「意識の非実体性」を唱える思想そのものは珍しいものではなく、むしろキリスト教圏外ではポピュラーなものである。

先にも述べた通り、キリスト教の成立以前から地中海世界では民衆のあいだに広くオルフェウス教の浸透があり、キリスト教内部でもグノーシス主義があった。グノーシス主義は、今日正統とされるカソリック教会の一派からはもっとも危険な異端思想と見なされていた。先にも言及した三位一体の教義は、教会内にも支持者の多かったグノーシス派を退けて成立したものである。

オルフェウス教やグノーシス主義というのは、要約すれば、清められた生活や知的探求の努力によって、汚れた地上の生活、肉体という牢獄から抜け出し、完全で幸福な永遠の生命に至れるという思想である。地上における「この私」という意識は本当の私のあり方ではないと考える。キリスト教と似ている部分も多いのだが、これらの何が異端かといえば、イエス・キリストという「媒介」を必要としないから異端なのである。より直截に言えば、教会というイエスの代理者を必要としない思想であるから異端なのである。

スピノザやライプニッツの異端的な実体論は、イエスや教会を経由せずに実体（絶対者）に到達しようとする点からすれば、オルフェウス教やグノーシス主義と共通の異端性をもっている。

三　西洋近代文明とキリスト教

思想や宗教として、オルフェウス教やグノーシス主義とキリスト教、またはスピノザやライプニッツの実体論とキリスト教を、比較してどちらが優れているということは言えない。ただ一つ歴史を見て言えるのは、キリスト教的な「媒介の思想」は思想として強かったということである。

キリスト教は、その教義においていかに天上の永遠なる生命を肯定しようとも、地上の生活についての支配力がおそらくもっとも強力な宗教の一つであった。中世の十字軍をはじめとして、近代の植民地政策や自然科学などの背景を見れば、ヨーロッパ諸国を軍事経済的に抜きんでた存在にした母胎はキリスト教である。

キリスト教が現実に強い理由は、簡単に言えば、キリスト教の教義が三位一体で現わされるように、「媒体」を肯定するからである。三位一体の教義は、イエスを肉体を具えた神の子として、霊性を具えながら地上に生きた存在として肯定する。そして、イエスという奇跡的な霊と肉の結合を、人間が天上へ至る唯一の通路とする。こうした、天上と地上を結ぶ中間的な媒体を設定し、さらにその媒体を組織へと転移し、その意義を強く肯定した宗教は珍しい。これによって、キリスト教会は地上にありながら霊に至る唯一の通路として教会組織への信仰を集め、地上的な権力を得た。

比較すれば、オルフェウス教やグノーシス主義は、媒体を通さずに彼岸へのあこがれに直截に没入するから、地上の生を否定することになりがちである。一方、ユダヤ教のように民族の生活と一体の宗教は、地上の生活をただそのまま肯定するのであり、天上への神聖な通路として地上の組織を格別に擁護したりはしない。天上は天上、地上は地上である。

キリスト教だけが、神聖性へ至る「通路」として地上の組織を強力に肯定するという方法を拡大再生産していった。その結果は、教会の世俗権力としての拡大と、それを母胎として育まれた、世界史上類例のない強力な政治、経済、軍事をもつ西欧物質文明の誕生であった。西欧物質文明のもつ力の根幹にキリスト教の三位一体の教義があったことは銘記されて然るべきである。

中沢新一は『緑の資本論』（二〇〇二年）、『三位一体モデル』（二〇〇七年）などにおいて、キリスト教の三位一体のモデルは、神から発する「聖霊」が世界を流動し増殖するという考え方であり、これが流動資本という資本主義の原理を可能にすると述べている。三位一体モデルは、価値が自己増殖する資本主義経済、圧倒的な非対称性をもって加速、増殖の一途をたどる西欧近代文明の母型となっている。

対照として中沢が挙げるのは、イスラム教である。象徴とその意味するもの、シニフィアンとシニフィエの厳密な対応を重視するイスラム教では、金銭の貸し借りにあたって利子を取ることを禁じる。象徴にはつねに神の意志が反映されていなくてはならない。象徴そのものが勝手に自己運動をし、増殖してはいけないのである。これは、たとえば、キリスト教圏では、十字軍を聖地へ手引きする旅行代理店兼ボディーガード業として始まったテンプル騎士団が、世界初のトラベラーズ・チェックと銀行のシステムを発明し、利子を取ることで莫大な富を築いたことと比べると、実に対照的であると言えよう。中沢は次のように指摘する。

ここで興味深いことがおこる。一神教の神は、人間のおこなう有限な認識領域を横断していく超越的な流動的知性として、どんな認識の手段によってもとらえ尽くすことはできないはずのものである。つまり、神は実無限である。キリストは地上にあって、この神と同質であるということは、人間の知性がとらえる現実の世界のうちに無限がある。あるいは有限の世界に無限が繰り込まれているという事態がおこることになる。イスラームではこういうことは絶対におきない。実無限である神の領域と、人間の領域との間には厳然たる深淵が横たわっているからだ。ところがイエスに神性を認めるキリスト教にあっては、現実世界に実無限が繰り込まれているという、とてつもないことが発生する。(四一)

現実世界に実無限が繰り込まれるというのはどういうことなのか、中沢は明確には述べていないが、筆者の理解では、現実がヘーゲル的な意味で悪無限化する（終りをもたないプロセスとなる）ということだろう。だが、われわれは中沢新一に則っていささか先走りすぎた。三位一体が可能にする

「聖霊」もしくは「生命」の自己増殖的な流動、もしくは現実世界に挿入された実無限による悪無限の発生は、次項で述べるように、三位一体の中項である媒体が消失すること、あるいはその働きが潜在化することによって本格的に開放されたと筆者は考えている。

さて、近代哲学が教会から離反したところへ話を戻す。デカルト、スピノザ、ライプニッツらの繰り広げた近代哲学の実体論は、キリスト教の教義から離れて、認識や倫理における真理とは何かを突き詰めて考えた点で、ルネサンスと近代自然科学の申し子だと言って良い。

ただ、先にも言ったとおり、スピノザやライプニッツの実体論では、「この私」がここに存在することの「意味」は示されない。その点では、キリスト教の教義は巧みであった。この卑小な私の存在も、信仰という狭い道を通して永遠の命を約束されると教会は説くからである。キリスト教の理論は、普遍的なものと個的なもの、社会的なものと私的なものとのつながりを上手に説明する理論であり、神に仕える者、世俗を支配する者、小さな生活を営む者すべての立場に「意味」を与えることができていた。それだから、反教会的な近代哲学の実体論が人心を捉えるには、もう少しそのラディカリズムを和らげる必要があった。個人の主観や意志にも「意味」を付与する必要があった。

四　プロテスタンティズムと媒体の消失

われわれにとって、注目すべきは、ライプニッツやスピノザの異端的な理性主義を、世俗的に揺り戻す役割を果たしたのは、キリスト教の新派、プロテスタンティズムであったということである。その結果生み出されたカントの観念論は、近代実体論とプロテスタンティズムの融合だと言って良い。

マックス・ウェーバーが『プロテスタンティズムの倫理と資本主義の精神』(一九〇四年)で指摘するように、西欧文明が本当の意味で近代化を達成するには、教会という「媒体」がその歴史的な役割を十分に果たしたうえで、その存在を否認されるという経緯が必要だった。プロテスタンティズムの倫理が資本主義の精神を生んだ、というのはそういうことである。

教会が支えた西欧地域における、政治、軍事、商業の基盤は、いまや教会から独立して、それ自体として意味をもつ独立の「媒体」として機能し始める。自らの「意志」を支えるのに教会という媒体を必要としないプロテスタンティズムの倫理が、世俗の商工業活動をバックアップすることとなった。信仰は、ここで世俗の活動と富の蓄積に禁欲的に没頭する近代的主体の精神へと変換される。三位一体の父と子と聖霊のうち、媒体である「子」(イエス)の肉体が、社会経済活動のシステムに変換された。

プロテスタンティズムの旗手の一人、カルヴァン(一五〇九―一五六四年)における「生命の樹」の解釈は注目に値する。彼は、生命の樹は、神との契約なしには生きられない人間のために神の恩恵の証明として置かれているのであり、契約のシンボルにすぎないと述べた。

神が生命の樹を与えたのは、人間にかつて授けられていた生命を与えるためではない。生命の樹はかつて人間が神から受取っていた生命の象徴、記念となるために与えられたのである。……こうした象徴によって神はわれわれに手を差し伸べられる。なぜなら、神の助けなしには人間は神のもとに至ることはできないからである（四二）。

カルヴァンによれば、生命の樹には直接神の力が宿っているのではない。神は、地上に象徴は示されるが、けっしてその象徴にみずからの力を与えたりはしない。生命の樹の実は、それを食べるたびに、人間が神の力によって生かされていることを思い出すための記念碑として置かれたのである。

カルヴァンはヨハネ黙示録を参照し、人間における生命とは理性と知性であることを忘れてはならないと強調し、だから永遠の命や肉体的な精気を与えるような生命の樹なるものを期待するべきではないと述べた。神によって与えられる「生命」とは、「知性」の恵みであり、これまでの註解者たちが言うような肉体的な生命ではないのだとカルヴァンは明言している。これによって、キリスト教で言われる「生命」から、物質的な要素が完全に排除された。

アウグスティヌスにしろ、トマス・アクゥイナス（一二二五年頃－一二七四年）にしろ、古代・中世の神学においては、生命の樹は象徴的な意味をもつと同時に、現実にも「木」として存在し物質的な生命力をもたらすものであると思われていた。アウグスティヌスにおいては生命の樹の実は老化を遅らせると考えられていたし、トマスは生命の樹の実は人間を地上の肉体につなぎ止めておくために必須なものと考えていた。もちろん、アウグスティヌスやトマスにおいては、人間がこのような楽園における生命の樹に再び至ることができるのは、イエスによる救済を経た後のことである。古代の豊穣神信仰や神秘主義の影響は中世神学にはまだ残っていた。中世では、エデンの園の地理的な存在（チグリス・ユーフラテス川流域）も信じられていた。ただし、三位一体の教義によって、イエスや教会という楽園に至るための「媒体」は強調されていたから、この点が古代の宗教とちがってはいた。

哲学的な意味において、キリスト教における「生命」の抽象化が完成したのは、プロテスタンティズムにおける「媒体」の排除によってである。これによって、媒体によって支えられていた信仰は、媒体なしに「自律の意志」として自立したのである。

カルヴァンの予定説では、どのような人に神による救済がもたらされるかは人間には分からないという。それは神によってすでに決定されており、地上における善行や、教会への寄進、免罪符などによって神の予定が変化することはない、とされる。神の意思を個人の意思や行動で左右することはできない、というのがその要点である。

このように言われると、カルヴィニズムというのは、一見、個人の意志の否定であるかのように思われる。しかし、実際には正反対で、マックス・ウェーバーが分析したように、神の意志をいちいち忖度せずひたすらみずからの仕事に専念する態度こそが、もっとも強固で自律的な近代的自我を形成する。

媒体なしに自立した「自律の意志」の思想は、啓蒙主義とプロテスタンティズムを土壌として批判哲学を形成したカントにおいて、最も純化された形で現れていると言っていいだろう。彼は、『実践理性批判』（一七八八年）において、人間の道徳的意志そのものが神聖であると述べるに至った。

われわれの個人格における人間性はわれわれ自身にとり神聖でなければならないことが、いまおのずから生まれてくる。というのは、人間は道徳律の主体であり、したがってそれ自身で神聖なものの主体である。そのゆえに、そしてこれと一致することにおいてのみ一般に或るものが神聖であると呼ばれうるものの主体である。なぜかといえば、この道徳律は自由な意志としての人間の意志の自律に基づいており、この意志はその普遍的な法則によって、自らがしたがうべきものに同時に必然的に一致しなければならないからである。(四三)

これは、ルネサンス的なヒューマニズムの理論的な結晶とでも言うべきものであろう。ここにおいて、神への信仰ではなく、人間主体のもつ理性的な意志が神聖性（＝超越）そのものになったのである。ここに至り、知恵が生命に至る道であるというねじれが出現している。(四四)

五　ドイツ観念論――有機体概念の開放――

カント以後、ドイツ観念論と呼ばれる思想群が生み出される。カント、フィヒテ、シェリング、ヘーゲルらのドイツ観念論の系譜を、もし一言でまとめるならば、実体と主観との関係を、あるいは別の言い方では、自然と精神との関係を追究した思想であると言ってよいだろう。

自然と精神の二者は即座に一であると言われてはならない、また同時に、まったく別のものであるとも言われてはならない。実体と主観、自然と精神は、分離されつつ一体でなくてはならない。カント、フィヒテ、シェリング、ヘーゲルらの思想には、この問題についてのそれぞれの回答が見られるが、いずれもスピノザ、ライプニッツの実体の哲学にどう対応するかという問題意識を共有している。

このドイツ観念論の中で、キリスト教の言う「生命」とはまったく異なる意味をもつ現代的な生命観が生まれた。それは、カント哲学からヘーゲル哲学への移行の際に生まれたのである。具体的には、カントの有機体論からヘーゲルの有機体論への転回が、現代的な生命観の哲学史的な誕生地点である。これが、この後、第二章と第三章において、カントとヘーゲルの有機体論をそれぞれ検討し比較する理由である。

筆者は、いま「哲学史的な」という形容を付した。それは筆者が、哲学者が思索の力のみによって新しい時代を象徴する観念を生み出したと言っているのではないことを強調するためにそう限定したのである。デカルトの二元論が、ルネサンスやガリレオに始まる近代科学の勃興の反映であるように、ヘーゲルにおいて新しい生命（有機体）の観念が生まれたことは、ニュートンの力学に続いて化学や生物学という新分野が興隆しつつあったことや、また当時のヨーロッパの政治、経済状況の変化とも無縁ではない。無縁ではないどころか、哲学の世界の外側から見れば、ヘーゲルの有機体論も、そうした変化の表徴にすぎないとも言える。

すぐれた哲学者がその時代の観念を抽出した手際に依拠し、カント、ヘーゲルという思想の系譜を軸に、新しい有機体概念誕生の経緯と意義を考察するのが本書の狙いである。現代的な生命観の誕生と言ったが、それを「有機体概念の開放」と呼んでも良いし、現代的な「生命概念の開放」と呼んでも良い。

この章のはじめに確認したように、旧約聖書においては、「知恵」と「生命」とはそれぞれ、「知恵の樹」と「生命の樹」というかたちで、異なった二つの原理として表現されていた。人間は「知恵」を獲得したがゆえに、「生命」から追放されたのであった。ユダヤ教はこのようにして、人間的な「意識」の始まりというものを、生命からの疎外として表現していた。

それが、キリスト教を経由して近代の哲学に受け継がれていくうちに、いつの間にか、知恵すなわち理性こそが生命へと至る道であると考えられるようになっていった。それは、人間的生命が神との関連で考えられ、しかも、教会という媒体を通じてのみ、人間はそれに至ることができるというキリスト教の考え方を母胎として形成された考え方である。

それがさらに、啓蒙主義やプロテスタンティズムといった契機を経るうちに、媒体の役割が潜在化することになった。こうして、媒体から開放された「生命」が、自然や社会の中に見出されるようになっていく。序章で述べたように、それは、知恵の樹と生命の樹とのキメラであると言える。このことは、（第二章で見るが）カントが有機体を人間の理性が生み出す所産であると考えていたことに典型的に表現されている。

この章のはじめで、そういう近代に生まれて現代にはびこる有機体概念は古代にも中世にも近代にもなかった新しい概念なのだと言った。カントからヘーゲルへの展開の後、この現代的な「有機体」もしくは「生命」の概念は、拡散と浸透の様相を呈する。自然や人間や社会、宇宙までをも「有機体」や「生命」のモデルで理解する傾向が広まった。その具体的な諸相（フェイズ）については、論旨の混乱を避けるため、いまここでは取りあげず、第三章でヘーゲルの有機体論を検討したのち、第四章冒頭の「『精神現象学』以後」と題した節で取りあげる。

カントとヘーゲルの有機体論に移る前に、予想される一つの疑問に応えておく。それは、次のような疑問である。

なるほど、ユダヤ教は「知恵」と「生命」とを区別し、人間的な分裂状況を生命からの追放というかたちで捉えたかもしれない。それは疎外につぐ疎外という苦難を経験した民族に特有の思想であり、それをまた、此岸の生よりも彼岸の生を重視する思想であるキリスト教が受け継ぐことによって、「生命」という言葉が彼岸的な性質を帯びたことは確かなのかもしれない。しかし、そのようなキリスト教的な「彼岸志向」はルネサンスや啓蒙主義やプロテスタンティズムによって克服されたと言えるのではないか。

近代のヒューマニズムは、疎外の思想であるユダヤ・キリスト教的な彼岸志向を払拭し、ふたたび古代ギリシア的な宇宙全体が生命に満ちているという観念を獲得したのではないか。それが、近代の哲学が成熟したときに機械論的な宇宙観を克服せんとするロマン主義的な有機体思想となって現れたのではないか。カントは確かに、厳格な批判哲学の立場を取り、有機体的な目的論をあくまで道徳論への伏線として禁欲的に論じたが、フィヒテ、シェリング、ヘーゲルらに見られるロマン主義的な有機体概念の開放は、ある意味では、古代ギリシア的な生命に溢れる宇宙という観点への回帰を示しているのではないか。

このような疑問はもっともである。こうした問題意識にもとづけば、この章の冒頭で示した二十世紀の「生命主義」を古代ギリシア的な自然観への回帰であるという位置づけすら行う者がいても不思議ではなかろう。

しかし、筆者は、近代になって開放された有機体概念は、古代ギリシア的なあらゆるものが魂をもつという宇宙観や、いわゆるアニミズムとは決定的に異なった特徴をもつと考えている。まさにこのことを示すために、筆者はカントとヘーゲルの有機体論を検討するのであるが、前もって現代的な有機体論のイメージをあるていど明らかにしておくために、以下、思想史家の力を借りて予備的な考察を示しておく。

六　現代の有機体的な思想は古代のものとはどう違うのか

まず歴史家コリングウッドの考えを参照してみよう。彼は『自然の観念』（一九四五年）(四五)において、西欧の自然思想を古代ギリシア、ルネサンス、現代の大きく三つに時代区分し、現代（二十世紀）の自然思想を支配しているのは有機体の観念であると結論づけた。彼が現代的な有機体思想の起源をヘーゲルの哲学に見ている点も注目に値する。コリングウッドに従えば、古代ギリシア、ルネサンス、現代の三つの自然類型は以下のように要約できる。

（1）ソクラテス以前の古代ギリシアの自然観は、自然の世界には精神が充満し浸透しているという原理に基づいていた。ギリシアの思想家たちには、魂を世界から切り離すという発想はなく、自然の世界は生きておりかつ叡知的であり、それ自身の生命力をもつ巨大な動物であり、しかも精神を持った理性的動物であるとイメージされていた。そして、個々の生物の生命力と知性はこの全体にゆきわたる生気と理性の特殊的局部的有機体を現わしている。この自然観の特徴は循環的な宇宙観であり、「**世界という有機体の全運動……は、斉一なる転回である**」(四六)と考えられていた。

（2）西欧の自然思想の二番目の大きな区分は、十六、十七世紀のルネサンスにある。コペルニクス、テレジオ、ブルーノらに明確に見られるこの自然思想は、ギリシアの自然思想とは明確に対立し、自然の世界には叡知も生命も欠けていると考える思想であった。自然の世界は有機体であるどころか機械であり、世界の外に位置する叡知的な精神によって設計され、定められた意図のもとに運行する部品の組み合わせであった。この自然観は、神の手仕事としての自然と、人間の手仕事としての機械との類比に基づいており、人間が自然を機械のように理解し操作することを可能にした。「**機械というものは本質的に完成された作品であり閉じた体系である**」（四七）。したがって、一度、自然界に隠された法則が明らかにされたならば、自然についての理解は完遂されたことになる。自然や世界が、またそれについての理解が変化や発展をするという考えは、ルネサンスの思想にはない。

（3）十八世紀以降に明確にかたちを取り始めた現代の自然観の特徴は、自然を歴史と同じように理解しているということである。現代物理学では、物質の性質とは粒子の律動するパターンであると考えられ、物体と運動の二元論は消失し、また物体と空間の二元論も消失する。あらゆるものは運動であり、不変のものはないということになる。その結果、進化論に顕著に見られるように、現代は自然を変化し、発展し、進行するプロセスとして理解している。このような自然の観念は古代ギリシアともルネサンスとも明確に異なる。現代の自然観の特徴をいくつか挙げると次のようになる。

①**変化はもはや循環的ではなく、前進的である**。②**自然はもはや機械的ではない**（閉じた体系ではないから）。③**目的論がふたたび導入される**（ただしその目的は自己自身の維持であるという限定された目的論である。すべての存在者は自己自身を生成において維持する過程にあると理解される）。④**実体は機能に解消される**。⑤**極微空間と極微時間の概念**（すべての事物はある一定の「幅」をもった時間、空間の中で存在する。これはすべての事物をプロセスとしてまた機能として理解することと対応する）。

このように要約して、総じて現代は自然を過程（プロセス）として理解している、とコリングウッドは指摘し、ヘーゲル、ベルクソン、ホワイトヘッド、現代物理学の自然像などをその典型として挙げる（ただし、ヘーゲルはプロセスの思想に到達してはいたが、「自然」をそのプロセスから外し、「精神」のみをプロセスとして理解していたと位置づけている）。そして、変化しつつ自己同一を保つ有機体が、プロセスとしての自然や人間を説明するモデルとして使用されるのである。

こうした自然像は、ルネサンスの機械論的な自然像の後、十八世紀に哲学的思考の重点が、自然論から精神論へふたたびシフトしたときに生じたとコリングウッドは言う。バークリー、ヒューム、カント、ヘーゲルらの観念論が、デカルト以来の問題であった自然と精神との関わりを追究した結果、精神が自然をつくるという発想を生みだした。この思想は、一見、自然と精神の融合という点では古代ギリシア的な趣であるが、次のような根本的な相違をはらんでいるとコリングウッドは指摘する(四八)。

第一に、近代の観念論は古代ギリシアとはちがって自然それ自身が知性的であり精神的であるとは考えていない。逆にこの思想は、自然とは根本的に非知性的であり機械的であると考えており、本質的に精神とは別のもの、あるいは反対のものだと考えている。第二に、この思想は自然が精神の幻影であるとは考えず、精神によって真に生み出され真に存在しているものとして考えている。

コリングウッドの言い分は、近代の観念論の典型であるヘーゲルは、まだ精神と自然の間に序列づけを行っている点で不徹底であるというものである。自然が精神に従属すべきものであるというこだわりを捨てれば、ヘーゲルが「精神」という名で呼ぼうとしたものが実はすべて「自然」であり宇宙であるという発想に至る。それにより、自然を含むすべては歴史的過程（プロセス）であるという真の歴史主義の認識に到達しうる。ただし、それには二十世紀の量子力学の知見を待たなければならなかったのであり、それはヘーゲルには望むべくもなかった、という評価である。

たしかに、ヘーゲルは自然は歴史を持たないと言い、精神によってのみ歴史は可能であると繰り返し述べていた。自然から精神への移行は時間的な推移ではなく、論理的な推移（推論）であると言うのも、『精神現象学』、『エンチクロペディー』、『大論理学』などでヘーゲルの繰り返し述べていることである。これは、ヘーゲルが進化論を決して認めなかったであろうことを意味する。自然それ自体が進化のプロセスを辿るとはヘーゲルは考えなかったのだ。プロセスを進んで発展するのは精神のみであり、歴史をもつのは精神のみである。この点で、ヘーゲルにおいては「自然は無力」（Ohnmacht der Natur）(四九)なのである。

では、ヘーゲルからもう一歩進んで、自然をも含む全宇宙がプロセスであるという思想に至った二十世紀の自然観についてはどうか。しかし、コリングウッドの指摘する①から⑤の特徴を見るならば、それがいかに古代ギリシアの精神に満ちた自然の観念からかけ離れているかがわかる。ソクラテス以前の古代ギリシアでは、精神と自然とは一体であった。そこでは宇宙全体が叡知的な有機体（intelligent organism）(五〇)であった。いわば宇宙全体が神という生き物であり、意味に充実していた生命であったと言えるだろう。

それと比較するならば、現代の自然観はそうした充実を失ってしまった感が否めない。現代の自然観は、たしかに近代の機械論を克服し、発展する自然、プロセスとしての自然という像を手に入れた。そしてそういう自然を有機体のモデルで語ろうとする。しかしそれは、自然と精神が一体である古代の境地に戻ったわけではない。それはたんに自然を精神化してしまったということなのではないだろうか。

このような二十世紀の自然観に、コリングウッドは「歴史主義」の誕生を見ようとする。なるほど、コリングウッドの指摘は「自然の精神化」という事態を正確に表現しているのかもしれない。われわれはしかし、コリングウッドにのっとって歴史主義の誕生を寿《ことほ》ぐよりも、もう少し精密にそこで何が起こっているかを考察したいのである。

本章においてわれわれは、ユダヤ・キリスト教的な「知恵」と「生命」との分離、そして「知恵」こそが「生命」であるという転倒を西欧の思想史が経てきたことを見てきた。その結果生まれたのが、「有機体」を比喩に使いながらも、古代ギリシアとは似ても似つかない有機体的な自然観である。

古代ギリシアの叡知的有機体たる宇宙はそれ自身が意味をはらんで充実しており、その充実の中を回転し循環する宇宙である。この有機体は循環はするがそこにいて動かない。それ自身で充実しているので、どこかに行く必要はないのである。それは移動もしないし歴史も持たない。ギリシアの自然は無時間的である。ギリシアの叡知的有機体はその内にも外にも空隙を持たない。

ところが、現代の有機体はこれとはちがう。この有機体はどこかを目指して進行するものである。それは循環ではなく、終りをもたないプロセスである。しかし、この有機体がどこに行くのかを知るものは誰もいない。それはただ進むのである。このような虚無を抱え、虚空を進む有機体が現代の自然観を支配している。このことに気づいた思想家が、その進行に意味を与えようとしたとしても不思議はない。例えば、ホワイトヘッドはプロセス神学で宇宙全体をプロセスとしての神の姿として捉えようとし(五一)、テイヤール・ド・シャルダンは神（Ω《オメガ》ポイント）に向って進化する宇宙のヴィジョンを打ち立てようとした(五二)。これらは現代人の抱える空虚なプロセスを意味で満たそうとした試みとして数えられるだろう。

しかしながら、こうした試みによってわれわれは、われわれが到達してしまった空虚なプロセス、空虚な有機体を古代ギリシア的な充実した有機体に戻すことはできるのだろうか。筆者はそれについては懐疑的である。われわれが空虚な有機体にとりつかれているという事実には、その事実を生じせしめている「構造」があると筆者は考えている。自然の観念、宇宙の観念と言ったものは、われわれが恣意的に選んでもつようなものではない。そこには、われわれの精神が反映されている。古代ギリシアの自然観は古代ギリシア人のもっていた精神構造の反映であるし、現代の自然観は現代人たるわれわれの精神構造を反映しているであろう。

「われわれの自然観にはわれわれの精神の構造が反映されている」という言い方そのものが観念論ではないか、という根源的な批判を言う者がいるかもしれない。なるほど、確かにそうである。しかし、その意味では、われわれは観念論より始めるしか仕方がないのである。観念論とは、筆者の考えで言えば、「意識」にとりつかれた哲学であり、近代以降の時代に生きる人間が生きている生そのものである。

われわれは気づいたときには意識にとりつかれてしまっており、観念論的な生を生きてしまっている。「知恵の樹」と「生命の樹」とが分離してしまった後の生をわれわれは生きている。そこにはそれが分離してしまった「構造」があるのであろう。それを把握しないままに、両者を融合しようとしても、両者の分離を促している「構造」が放置されるならば、融合の試みは分離と絡まりあい、融合と分離のプロセスを生み出すだけのことになるだろう。

空虚な有機体像が生まれてしまうことには「構造」がある。空虚な有機体像に意味を付与しようとしても、その像が生まれる「構造」を解明しないかぎり、像に意味を付与しようとする試みそのものが、その「構造」の中で踊らされていることになってしまうだろう。

古代の人間は、自然から乖離した精神、世界から自立した自我というものをもっていなかった。だからこそ、彼らの宇宙観においては自然と精神とは一体なのである。彼らは自然と精神とが一体であるということを語りすらしない。両者が分裂していない者にとって、その統合は問題にはならないからである。

しかるに、われわれ現代人は精神と自然との有機的な統一を語ってしまう。先に古代ギリシアでは宇宙全体が有機体であったということを言ったが、そういう言い方はわれわれの視点からの言い方であるということが注意されなくてはならない。古代ギリシア人は有機体（organism）という言葉を知らなかった。古代ギリシア語で*ὄργανον*は単に「道具・楽器」という意味でしかない。「古代ギリシア的な統一」という言い方は、分裂を抱えてしまっているわれわれの言い方なのであって、古代ギリシア人は「古代ギリシア的統一」など意識しなかっただろう。

われわれは曲がりなりにも自立した自我というものを持っている。現代文明の中に生まれ落ちるかぎり、この「自我を持ってしまう」ということを避けることはできない。

気づいた時には、われわれは自我を持ってしまっている。この自我は、序章でヘーゲルに即して言っておいた否定性を抱える自我である。世界と自己との分裂を抱えている自我である。実体から離反してしまった自我である。この分裂の発生を旧約聖書は、「知恵の樹」と「楽園追放」というメタファーで語っていたのであった。

われわれの自我は、世界との間に亀裂を有しているだけではない。みずからの内部に亀裂をもち、否定性を内包している。このような否定性の内包によって、われわれの自我はみずからをプロセスのうちを進むものとして自覚している。プロセスであるのはわれわれの自我なのである。そう考えれば、プロセスとしての自然という像は、そうしたわれわれの自我のあり方を自然に投影したものにすぎないと分かる。

したがって、ホワイトヘッドやテイヤール・ド・シャルダンらの宇宙のプロセスを神格化しようとする試みは、結局、われわれ現代人の自我のありようを神格化しようとする試みに他ならないとも言える。そうであるならば、それはある意味で、ヘーゲルよりも一層極端な観念論であるという批判を受けることになるだろう。この章の一番初めで指摘したように、「生命」という新しい規範概念を発見したつもりが、それはわれわれの時代の精神の構造だとか、後期資本主義のイデオロギーだとかを表現しているにすぎなかったという批判を受けることになる。こうした観念論の問題（それはイデオロギー性の問題とも言い換えられる）を考慮していないかぎりにおいて、プロセス神学の類いは手放しで擁護するわけにはいかないのである。

七　ロマン主義の問題

もう一点、ロマン主義についても言及しておかなくてはならない。

ヘーゲルに代表される観念論には自然を精神化しようとする傾向性があったことは認めても、ドイツ観念論のムーブメントはそう単純に「自然の精神化」としてひと括りにできないことも確かである。序章で言及したようにドイツ観念論の系譜においてすでにシェリングが、「根底」（Grund）としての自然を積極的に語る哲学を構想していた。ヘーゲル自身が、初期にはシェリングやヘルダーリンとの交友に大きく影響されながら、ロマン主義的とも言える合一の哲学を志向していたこともよく知られている。

では、ロマン主義とは一体何か。この点、コリングウッドの著作は、プロセスとしての自然という二十世紀の帰結へ向けて急いでいるためにロマン主義の検討を忘れているので、われわれは他の思想史家を参照しなくてはならない。

イェール大学の歴史学教授フランクリン・L・バウマーは、特にイギリスにおけるロマン主義の研究で知られるが、『近現代ヨーロッパの思想』(五三)の「ロマン主義の世界」の章において、ルソー、シュライエルマッハー、トマス・カーライル、ノヴァーリス、ゲーテ、ワーズワース、ウィリアム・ブレイク、シャトーブリアン、コウルリッジ、キーツ、ヘルダー、シェリング、エドマンド・バーク、シュレーゲルといった人々に言及しながら、ロマン主義の定義の難しさを指摘している。

「**ロマン主義の本質はどういうものだったのだろうか。この問に直接答えるよりも、ロマン主義がどういうものでなかったのか、あるいはヨーロッパのロマン主義者たちが何に反対していたのかを言うほうがやさしい**」。(五四)

ロマン主義者たちが反対していたのは、自然を秩序立った世界と見る古典主義、啓蒙主義の「狭さ」である。カーライルはディドロを評して「断片的」で「部分的」で「取るに足らない」もので「貧しい」ものであると非難している。彼らはもっと全体的な世界の見かたを欲していた。

世界を理性だけによって理解しようとするニュートン力学も非難された。光に満ちあふれたニュートンの世界に対してロマン主義者たちは「夜」への憧れを語った。「**いまでは光が、わたしには、まるで取るにたらぬ幼稚なものに見えている**」とノヴァーリスは言い、「夜が教えてくれた無限の目」を好んだ。「**これが、ロマン主義の精神のいちばんはっきりした特徴ないし傾向である。つまり、この精神は無限なものを渇望し、この渇望が、世俗的にも宗教的にも、きわめて多様なあらわれかたをしたのである**」(五五)。

この渇望はまた、統一や総合への渇望だった。「**ロマン主義者たちは、一世紀のあいだ切り離すことばかりしたあとなのだから（とかれらは思っていたのだが）、主観と客観、理**

想と現実、精神と物質とをむすびつけて、できれば世界をもう一度まとめたいと思っていた」(五六)。そして彼らは、ニュートンによって冷たく機械化されてしまった自然のなかにもう一度、精神性、宗教性、超自然的なものを見出そうとしていた。「**じつに多くのロマン主義者たちが、たしかに自然のなかに神を見たのである」**(五七)としてバウマーは、トマス・カーライルの日記（一八三三年二月一日）を引用する。

超自然的なものが自然的なものと異ならないということは偉大な真理であり、十八世紀は（とくにフランスで）このことを証明しようとしていたのである。しかし、啓蒙思想家たちは、自然的なものを超自然的なものにまで高めるかわりに、超自然的なものを自然的なものにまで低めようとした点で、大きなあやまりをおかした。後者のようにではなく、前者のようにしようとするのが、わたくしのものの考えかた全体の要点である。(五八)

このように、ロマン主義とは古典主義や、啓蒙主義、機械論的な自然観、理性的な人間観に対する「反発」として特徴づけられ、無限なもの、統一されたものへの「憧憬」として位置づけることができる。そうした反発や憧憬に促されて、ロマン主義者たちは「自然」の中に無限なものや統一されたものを見出そうとしていた。

ロマン主義とは、いわば一つの問題意識なのだと位置づけることができる。ロマン主義とは、近代の啓蒙主義の光が生み出す「夜」、機械論的な自然観につきまとう「影」に気づき、それを語ろうとした意識である。すべてを精神もしくは意識の所産と考える観念論的な意識に対して、ロマン主義は意識されないもの、理性では捉えきれないもの、むしろ意識や理性がそこから派生するところのものを捉えようとする点で、実在論的な問題意識だと言えるだろう。

筆者はこうしたロマン主義の「問題意識」そのものには同意する。しかしながら、ロマン主義は概して問題意識に留まっており、「方法」を呈示することはできなかった。それゆえ、現代においても、しばしばロマン主義的問題意識の見直しが称揚されることはあるが、問題意識の再提出のみで終わることも多い。ロマン主義の問題意識は「方法」と接合されなければならないが、われわれがヘーゲルやシェリングをそのような観点から見る時、まさに彼らがやろうとしていたことはそれであることに気づく。彼らはロマン主義的な問題意識の陥りがちな陥穽にすでに気づいていて、その問題を克服しようと格闘していた。

近代のロマン主義者たちが見出そうとした「自然」、彼らの憧れる「自然」はすでに精神化された自然、観念化された自然であるおそれはないのだろうか。「自然そのもの」を見出すことの困難さ、これがロマン主義的観念論の提起する問題である。ドイツ観念論がロマン主義と複雑に絡みあっているのは、この問題があるからなのである。

それは、われわれが憧れ、見出そうとする「自然」がすでに観念化された自然ではないということがどうして言いきれるのか、という問題である。あるいは、別の言い方をすれば、自然というのは精神の所産なのかそれとも精神の所産なのか、という問題である。

たとえば、シェリングが、神がみずからの実存のうちにも つ単なる「根底」(Grund) としての自然を語らなければならないと言ったのは、「自然そのもの」を語ることにつきまとう問題を承知していたからである(五九)。自然そのものというのはあるのか、この問題を追及してカント以後、フィヒテ、シェリング、ヘーゲルといったドイツ観念論の思想家たちは、それぞれの思想を展開したのである。だから、彼らの思想は単純な観念論でもないし、単純な実在論でもない。

今日のわれわれは、このようなドイツ観念論の到達地点をきちんとふまえずに、「自然」を論じることはできない。「生命」についても同様であり、「有機体」についても同様である。

もし何の留保も行わずに、素朴にありのままにあるものとして「自然」や「生命」を語れば、それがいつのまにか精神化された自然、精神化された生命とすり替わってしまっている危険を冒すことになる。このような構造の中にわれわれは置かれている。

ここに、序章で触れたヘーゲルの言う「概念の労苦」を引受けることとの意義がある。ヘーゲルは、われわれの語る「自然」や「生命」が、単にわれわれの精神構造の投射にすぎないかもしれないという可能性に気づいた哲学者であったといってよいだろう。だが、同時にヘーゲルは、そうした「自然」や「生命」という表象が生まれる根底には、「意識ならざるもの」が働いていることを承知していた。彼はそれについて直接に語ることを避け、それについて直接に語らなくても学問の立場を確立できる「現象学」という方法を発見し、これで観念論と実在論の問題は解決したと考えた。

『精神現象学』のポジションというものをここまで理解したとき、われわれは今日の視点からあらためて、ヘーゲルに向って、ヘーゲル自身が本当に「概念の労苦」を引受けたのかどうかを問うことができる。すなわち、「意識ならざるもの」について語らずして、本当に「概念の労苦」を尽くしたと言えるのか、と問うことができる。

筆者が、カント、ヘーゲルの有機体論を検討することが現代のわれわれの生を解明することにつながると考える理由は、このようなところにある。ヘーゲルは、カントの有機体論を批判し、有機体という概念が生まれてしまう構造を「意識」の構造から解明しようとしていた。そこでヘーゲルは「意識ならざるもの」の問題に突き当たる。そして、この「意識ならざるもの」と意識との関係が、有機体という表象を生み出すのだと考えていた。このように、われわれが自然だの有機体だの生命だのを語ってしまうことの根底にあるものが、追究されなくてはならない。

ある意味では、筆者は、観念論の徹底において観念論の限界を明らかにするための足がかりを得ようとしていると言えるだろう。観念論を徹底せずに、あるいはヘーゲルの言い方を借りれば、概念の労苦を経ずに、われわれは素朴に「自然」や「生命」を語ることができない地点にいる。「生命の樹」そのものを語っているつもりが、いつのまにか「知恵の樹」を語ってしまってはいないか。あるいは両者の「キメラ」を語ってしまってはいないか。「夜の言葉」を語っているつもりが、いつのまにか「合理化されたファンタジー」を語っていることになっていないか。われわれは両者を区別する方法を持たなくてはならない。第一章は、この筆者の問題意識を読者に理解してもらうために書かれた。

しかし、われわれはすでにカントに入る前に、もう十分に紙幅を費やした。今は一刻も早くカントへ向おう。

【註】

（一）新・旧約聖書からの引用についてはすべて新共同訳（日本聖書協会、一九九〇年）を用いた。

（二）中村桂子『自己創出する生命』哲学書房、一九九三年

（三）森岡正博『生命観を問いなおす』ちくま新書、一九九四年

（四）多田富雄『生命の意味論』新潮社、一九九七年

（五）日本総合研究所編『生命論パラダイムの時代』ダイヤモンド社、一九九三年、二二頁。この「パラダイム・シフト」は次のような「視点の転換」として特徴づけられると田坂広志は述べている。（1）「機械論的世界観」から「生命的世界観」へ。（2）「静的な構造」から「動的なプロセス」へ。（3）「設計・制御」から「自己組織化」へ。（4）「連続的な進歩」から「不連続の進化」へ。（5）「要素還元主義」から「全包括主義」へ。（6）「フォーカスの視点」から「エコロジカルな視点」へ。（7）「他者としての世界」から「自己を含む世界」へ。（8）「制約条件としての世界」から「世界との相互進化」へ。（9）「性能・効率による評価」から「意味・価値による評価」へ。（10）「言語による知の伝達」から「非言語による知の伝達」へ。

（六）「ケルビム」とはアッシリアに起源をもつ有翼人面の聖獣であり、聖なるものを守る守護者であった。ヘブライ語で知識を意味する「ケブル」の複数形。後にキリスト教では、有翼の人身で描かれ、天使のイメージの原形となった。後述の各地世界樹神話との類似に留意。

（七）http://commons.wikimedia.org/wiki/Image:Adam_and_Eve_expelled_from_Paradise.png

（八）http://ja.wikipedia.org/wiki/ 文書仮説

（九）http://ja.wikipedia.org/wiki/ 肥沃な三日月地帯

（一〇）小塩力・山谷省吾監修『旧新約聖書神学辞典』新教出版社、一九六一年、五三－五八頁

（一一）ただし、ユダヤ教諸派の中で、エッセネ派だけは「魂の不滅」という教義によって死後の生命の問題を解決したと言われる。彼らは俗世間から離れて自分たちだけの集団を作ることにより自らの宗教的清浄さを徹底しようとした点でも特異であった。二〇世紀の死海写本の発見以来、ヨハネとイエスがエッセネ派の出身であったのではないかとする推測もなされているが、確認はされていない。

（一二）インターネット版『ユダヤ百科事典』Jewish Encyclopedia.com（http://www.jewishencyclopedia.com/index.jsp）のTree of life の項によれば、原初の口承版の「創世記」では

エデンの園における「樹」は一本しかなかったというBudde の指摘が紹介されている（Budde, *Urgeschichte*, pp. 46 et seq., Giessen, 1883）。Budde の解釈ではそれは「知恵の樹」であったはずであるという。したがって Budde は初めは生命の樹というのはなかったのだと考えている。しかし、Barton は古代ユダヤではナツメヤシが特別に神聖視されていた樹であり、その雌雄両性具有の性質から知恵の樹と生命の樹の両方として見なされていたのだという（Barton, *Sketch of Semitic Origins*, pp. 90-98, New York, 1902）。知恵と生命という二つの機能が二つの樹に振り分けられたのは後世であると思われている。本章で考察したように、そもそも人が意識をもつ以前、生命そのものであったときには「生命」への憧憬はまだ生じておらず、生命は対象化されていなかったと言えるのだから、知恵の樹と生命の樹の二本が楽園にあったという記述は、楽園追放、生命からの疎外の意識が高まった後世の視点のフィードバックであると考えることができる。

（一三）http://www.iax.co.jp/subscriptions/images/impressions_43_002.jpg

（一四）特にドルイドは、楢の木に巻きつくヤドリギ（Golden Bough）を神聖視していた。これについては、フレイザーが『金枝篇』で研究している。

（一五）Stephen Oppenheimer, *Eden in the East*, Weidenfeld & Nicolson, 1998

（一六）http://en.wikipedia.org/wiki/Image:Yggdrasil.jpg

（一七）抜粋すると、ギルガメシュ叙事詩は以下のような物語である。ギルガメシュは半神半人で若く力に溢れ権勢を振るった。神は、彼に対抗するものとして粘土からエンキドゥを創造した。エンキドゥの全身は女のようなふさふさした毛髪で覆われ、裸であり、文化を知らなかった。彼は野の獣たちと一緒に草をはみ、水飲み場で水を飲んでいた。ギルガメシュは、野生人エンキドゥの存在を恐れ、神殿娼婦シャムハトを使いエンキドゥを誘惑させる。エンキドゥは彼女と交わることで野生の力を失う。六日七晩が過ぎ、エンキドゥは野の獣のもとへ帰ろうとしたが、獣たちは彼の姿を見るなり逃げ出した。追いかけようとしたエンキドゥは、自分の体が以前のようにきかなくなっていることに気づいた。彼は今や人間となったのだった。ギルガメシュはエンキドゥと友となり、ともに香柏の森を守る神フンババを倒そうと誘う。二人は協力してフンババを殺し、香柏を伐採した。香柏とは古代フェニキア文明に莫大な富をもたらしたことで知られるレバノン杉のことである。ギルガメシュがフンババを殺したために、やがて森はなくなってしまったという。神々は協議し、香柏を伐採した人間に罰を与えることに決め、エンキドゥを殺す。ギルガメシュは友の死を悲嘆し、神を呪い、終わることのない生命を求めてさまよう。女神シドゥリはギルガメシュに言う。「ギルガメシュ、おまえはどこにさまよい行くのですか。おまえが求める生命を、おまえは見つけることはできないでしょう。神々が人間を造ったとき、彼らは人間に死をあてがい、生命は彼らの手中に収めてしまったのだから。ギルガメシュよ、自分の腹を満たしなさい。昼夜、自身を喜ばせなさい。日夜、喜びの宴を開きなさい。踊って楽しみなさい。衣を清く保ちなさい。頭を洗い、水を浴びなさい。おまえの手にすがる子供に目をかけなさい。おまえの膝で妻が歓ぶようにしなさい。これが人間のなすべきことなのです…」ギルガメシュは、多くの冒険のすえ、神が起こした大洪水から箱船を造って逃げることで永遠の命を手に入れたウトナピシュティムから不死の薬草のありかを聞き出し、一度は手に入れるが、蛇に盗み取られてしまう。命の草がなくなったことを知ったギルガメシュは悲嘆に暮れるが、故郷ウルクに戻り、土地を測量し、農耕をはじめる。(『ギルガメシュ叙事詩』http://www.aurora.dti.ne.jp/~eggs/gil.htm)

(一八)矢島文夫訳『ギルガメシュ叙事詩』ちくま学芸文庫、一九九八年

(一九)ギルガメシュ叙事詩に語られ、旧約聖書でも数多く言及されるレバノン杉は、かつてエジプトの王の棺に使われ、ソロモン王の神殿建設に用いられたと伝えられるが、乱伐により現在は、世界文化遺産の「カディーシャ渓谷と神の杉の森」地域を中心に、1200本ほどが残るにすぎない。(http://ja.wikipedia.org/wiki/カディーシャ渓谷と神の杉の森)

(二〇)前掲『旧新約聖書神学辞典』、五五頁

(二一)一五〇〇年後に、このパウロの思想は、マルティン・ルターに大きな影響を与えた。ルターは教会に依らず、内面的な信仰によって、人はイエスの霊性に到達できると説いた。プロテスタンティズムは、キリスト教がユダヤ教から分岐したときに宿していた、内面的な信仰による現世の超越という傾向性を徹底化したと言えよう。宗教改革においては、教会すら、世俗の権力にまみれているとして、批判されたのである。もちろん、ここで現世の超越と言っても、たんに浮世のすべては幻であるとするような、禅的な意味での達観のことではないことに注意する必要がある。マックス・ウェーバーがプロテスタンティズムの倫理と資本主義の精神との関係を示して見せたように、むしろ、信仰によって自らの内に神に至る道があると確信することで、プロテスタント的な主体は、現世においてもっとも活力に満ちた、勤勉な活動主体となるのである。

(二二)前掲『旧新約聖書神学辞典』、五七頁

(二三)弘文堂『カント事典』、「生命」の項より

(二四)ギリシア語の真理を追究する知的態度を意味する「観照」θεωρία は、「見る」θεωρεῖν に由来する。

(二五)樫山欽四郎『哲学概説』創文社、一九六四年、七頁

(二六)樫山、同右、三五頁

(二七)樫山、同右、一〇一-一〇二頁

(二八)W.K.G. Guthrie, *Orpheus and Greek religion: a study of the Orphic movement* (1952), Princeton University Press, 1993, p.206.

(二九)レナル・ソレル『オルフェウス教』脇本由佳訳、白水社、二〇〇三年 (Reynal Sorel, *Orphée et l'orphisme*, Presses Universitaires de France, 1995)

(三〇) http://web.kyoto-inet.or.jp/people/tiakio/antiGM/orpheus.html
(三一) レナル・ソレル、前掲書、九頁
(三二) 同右、一六二頁
(三三) もともと、ギリシア語で真理を意味する、アレーテイア(ἀλήθεια)とは、「隠蔽」や「忘却」を意味する語λήθη(レーテー、「レーテーの泉」のレーテーである)に否定や欠如を表す接頭辞aを加えた言葉であり、字義通りには「非‐隠蔽性」あるいは「隠れなさ」を意味するという。以上の知見は、ハイデガー『真理の本質について』(細川亮一訳、創文社、一九九五年)および、『岩波哲学・思想事典』、「真理」の項による。
(三四) 筒井賢治『グノーシス――古代キリスト教の〈異端思想〉』講談社、二〇〇四年、一八四頁
(三五) アウグスティヌス『三位一体』泉治典訳、アウグスティヌス著作集第二八巻、教文館、二〇〇四年
(三六) アウグスティヌス『神の国』服部英次郎訳、岩波文庫、一九八二‐一九九一年、第一三巻、第二〇章
(三七) 同右、第二一章
(三八) アウグスティヌス『創世記注解(1)』片柳栄一訳、アウグスティヌス著作集一六、教文館、一九九四年、第八巻・第四、五章
(三九) R.K. Bultmann, *History and Eschatology: The Grifford Lectures 1955*, The Edinburgh University Press, 1957 [Reprint: Harper&Brothers, NewYork], p.94(R・K・ブルトマン『歴史と終末論』中川秀恭訳、岩波書店、一九五九年、一二一頁)
(四〇) Bultmann, *ibid.*, p.96(同右、一二四頁)
(四一) 中沢新一『緑の資本論』集英社、二〇〇二年、八二頁
(四二) ジャン・カルヴァンの旧約聖書註解については、邦訳『旧約聖書註解・創世記1』(渡辺信夫訳、新教出版社、二〇〇五年)が存在するが、入手できなかったので以下の英語訳を参照した。John Calvin, Commentary on Genesis-Volume 1, 2:9. (http://www.ccel.org/c/calvin/comment3/comm_vol01/htm/viii.htm)
(四三) Immanuel Kant, *Kritik der praktischen Vernunft*, 1788, [V 131-132](カント『実践理性批判』樫山欽四郎訳『世界の大思想11カント〈下〉』河出書房新社、一九六九年、一一二頁)。カントの原典引用については、[ ]内ローマ数字がアカデミー版巻数、アラビア数字が頁数を表わす。
(四四) 宗教哲学者ルードルフ・オットーは、『聖なるもの』(一九一七年)において、カントが理性的な道徳律と神聖性とを結びつけたことを、近代的思考に特有の顚倒として批判している。「**私たちには「聖なる」という語を全く転用された、断じてその根源的でない意味で使うことに慣れてしまったところがある。すなわち通常それを全くの倫理的な述語として、つまり完全に善いという意味で理解している。たとえばカントは**[『実践理性批判』という著書で]、**義務の動機から動揺することなく道徳法則に従う意志を聖なる意志と名づけている。**[中略]**しかし「聖なる」という**

語のこうした用い方は厳密ではない。確かに「聖なる」は道徳的なものすべてを含みはするものの、しかし私たちの感情にとっては、なおはっきりとした余り（Überschuß）を含んでいるのであって、それを選り分けることがまずもってここでは大切なのである。それだけでなく、むしろ核心はこうである。すなわち「heilig」というドイツ語、そしてセム語、ラテン語、ギリシャ語および他の古代語の中で言語上この語と等価のものは何よりも、そして勝れてこの余りだけを表していたのであって、道徳的なものの要素を表していたのではないし、もともとそればかりを捉えていたのでも断じてなかったのだ。」（ルードルフ・オットー『聖なるもの』創元社、二〇〇五年、一六頁。Rudolf Otto, *Das Heilige Über das Irrationale in der Idee des Göttlichen und sein Verhältnis zum Rationalen*, 1936[1917]）。カントの近代的・理性的な自律的意志の外にあるもの、この「余り」をオットーは、信仰や宗教心情の核心にあるものとして指し示そうとし、それに「ヌミノーゼ」（Das Numinose）という造語をあてた。それは神的なもの、聖なるものの核心にある、非合理的なもの、概念化しえないものである。

（四五）R.G. Collingwood, *The Idea of Nature*, Clarendon Press, 1945 [Reprint: Oxford University Press, 1960]（R・G・コリングウッド『自然の観念』平林康之ほか訳、みすず書房、一九七四年）

（四六）Collingwood, *ibid.*, p.14（同右、二八頁）

（四七）Collingwood, *ibid.*, p.14（同右、二九頁）

（四八）Collingwood, *ibid.*, p.7（同右、一八－一九頁）

（四九）「自然の無力」（Ohnmacht der Natur）という言葉は、Suhrkamp 版ヘーゲル全集で検索すると全部で一〇回登場する。『大論理学』に一回、『エンチュクロペディー』に七回、『歴史哲学講義』に一回、『宗教哲学講義』に一回である。（[Bd.6: S.282], [Bd.8: S.84], [Bd.9: S.34], [Bd9: S.35], [Bd9: S.35], [Bd9: S.217], [Bd9: S.510], [Bd10: S.112], [Bd12: S.89], [Bd16: S.400]）。

（五〇）Collingwood, *ibid.*, p. 8（同右、二〇頁）

（五一）A・N・ホワイトヘッド『過程と実在』山本誠作訳、松籟社、一九八四年（Alfred North Whitehead, *Process and Reality: An Essay in Cosmology* [1929], corrected edition, edited by David Ray Griffin and Donald W. Sherburne, Free Press, 1979）

（五二）P・テイヤール・ド・シャルダン『現象としての人間』美田稔訳、みすず書房、一九六九年（Pierre Teilhard de Chardin, *Le Phénomène Humain*, Édition du Seuil, 1955）

（五三）フランクリン・L・バウマー『近現代ヨーロッパの思想』鳥越輝昭訳、大修館書店、一九九二年（Franklin L. Baumer, *Modern European Thought: Continuity and Change in Ideas 1600-1950*, Macmillan, 1977）

（五四）同右、三八三頁

（五五）同右、三八四頁

（五六）同右、三八七頁

（五七）同右、三九四頁

（五八）同右、三九〇頁

（五九）シェリングの次のような言葉を読めば、シェリングが決して詩的言語の「狂熱」に頼って安易に「自然そのもの」を語ろうとしていたのではないことが分かる。これをヘーゲルが正しく理解していたのだとすれば、序章で触れたヘーゲルのシェリング批判は、シェリングのエピゴーネンに向けられていたと見るべきだろう。とはいえ、今日このシェリングの意図と構想が正確に受けとめられ継承されているとは言い難い。「**近世ヨーロッパの全哲学は、その（デカルトによる）初まり以来、共通の欠点をもっている。すなわち彼らには自然なるものは存在せず、自然に生ける根底（Grund）が欠けているということである。スピノザの実在論もこれがために抽象的であることはライプニッツの観念論と異ならぬ。観念論は哲学の霊魂である。実在論はその肉体である。両者合して初めて一つの生ける全体を形成する。後者は決して原理を提供することはできないが、しかも前者が自己を現実化し血と肉を取る時の根底であり媒介でなければならぬ。哲学にこの生きた基礎が欠けているのは、通常、その哲学にもともと理的原理の方も単に力弱くしか働いていなかった徴《しるし》なのであるが、かかる場合には哲学は、依自性とか変様とか等々のような、現実在の生命力や充実と極めて截然《せつぜん》たる対照をなしている空疎な諸概念をもつところのかの諸体系に没してしまう。しかし理的なる原理が実際高度に力強く働いてはいるが、しかも媒介し和解せしめる基底を見出し得ない場合には、それは濁った荒々しい狂熱を産み、その狂熱が爆発すると、自己の身を引き裂いたり、或いは、フリジヤの女神の司祭たちにおけるごとく、自己を去勢したりするに至る。哲学においてはこれは理性と学との放棄によって遂行されるのである。**」（シェリング『人間的自由の本質』西谷啓治訳、岩波文庫、五五－五六頁［SW VII S.356］）

第二章　カントと有機体論

明るい理性に照らされる有機体

カントがはじめ物自体を単に消極的に、時間からの独立性によって、現象から区別し、その後その実践理性批判の形而上学的究明において、時間からの独立と自由とを実際に双関的概念として取扱った後で、自体なるもののこの唯一可能なる積極的概念〔自由〕を物へも移すという考えに進み行くことをしなかったのは、いつまでも奇妙なこととして残るであろう。もしそうしたならば、彼は直ちにより高き見地に登り、彼の理論哲学の性格である消極性〔否定性、Negativität〕を超越してしまったはずである。

——F・W・J・シェリング(一)

第一節　『判断力批判』前史

本章「第二章　カントと有機体論」では、カントが啓蒙主義的な哲学の立場から有機体をどのように論じたのかを見る。カントの有機体論と言えば、周知のように『判断力批判』（一七九〇年）であるが、この『判断力批判』の内部に入り込んで詳細に論じることは本章の主眼ではない。カント有機体論は、本稿ではヘーゲルの有機体論と対照させるために、その位置と構えを確認するにすぎないことをはじめに断っておく。まずカントが有機体論をみずからの哲学体系で取りあげるに至った経緯を確認するために、十八世紀思想状況とその中でのカント有機体論の位置を見ていくが、はじめに有機体という概念の歴史を語源の観点から確認しておこう。

一　「有機体」organism の語源と概念史

有機体（英 organism、独 Organismus、仏 organisme）は小さな部分（パーツ）によって構成された組織体でありながら、機械とは異なり、自分自身で全体の構成を維持しようとする存在を指す用語として成立した。先取りになるが、ヘーゲルによれば、機械は特定の用途・目的のために全体が構成されているが、有機体は自分自身を目的としているというちがいがある。機械は壊れたら修理されるのを待たなくてはならないが、有機体はある程度の範囲内であれば自己を修復することができ、また生殖によって自己自身を再生産する。このような有機体モデルは一般に、近代科学、近代哲学がその興隆期に範を取った機械論モデルに対し、その限界を指摘するものとして登場したものと理解されている。

Oxford Advanced Learner's Dictionary (11) の現代的な定義によると、"organism" は、1. a living thing, especially one that is extremely small—see also micro-organism. 2. a system consisting of parts that depend on each other: the social organism (= society) と説明されている。2の方の定義が、もともとの organism の意味を説明している。1の方の微生物の意味は、現代生物学的な文脈で使われるものだろう。この後に、語源について詳しく見るが、もともと諸器官（諸部分）が一つのまとまった全体性をもち活動している状態を指して organism という語は使われた。それは、実験生物学の登場とほぼ時を同じくして使われるようになった語であった。しかし、分子生物学の発達した現代では、organism は生物を定義する言葉としては、もはやあいまいにすぎるということで、微生物に使われる以外は、哲学的、社会学的な意味だけが残っているのだろう。

英語では、もともと政府の機関などを表す言葉として organ という語が使われるようになり、そこから派生して生物個体を指すものとして organism（有機体）という言葉が十七世紀に生まれる。カントが十八世紀末に有機体を哲学上のトピックとして扱ったことを契機に、organism（有機体）は十九世紀ロマン主義の重要な概念となる。いったんロマン主義的な色合いを帯びた organism（有機体）が、「社会」という対象を指し示す「比喩」として使われるようになるのが、十九世紀後半である。このように、organism（有機体）という言葉に関しては、その生物学的使用と社会学的な使用は、どちらが先とも言えないような相互作用の歴史を持っている。また哲学的概念としては、スピノザやライプニッツなどの実体論の文脈もそこには反映されている。

社会を生物に喩える例を遡ると、まだorganismという言葉が誕生するはるか前、十二世紀にソールズベリのジョン（John of Salisbury、一一二〇－一一八〇年）は、国家を人体の比喩で語り、君主を〈頭〉、人民を〈足〉、教会を〈魂〉などとして、それぞれの部分の協働による健全な国家のありようを論じていたという(三)。この伝統は十七世紀のホッブズ『リヴァイアサン』（一六五一年）に継承され、彼は国家を生物の身体構造になぞらえることで、国家の構成を近代的にとらえ直す視点を提供した。この点をとらえて十九世紀の社会有機体説的な発想の根は意外にも深いと言うこともできるが、しかし、ソールズベリのジョンやホッブズの時代にはまだ、人間の身体そのものが「有機体的に」理解されていなかった点に注意が必要だろう。ホッブズはたしかに国家を「身体」になぞらえたのだが、彼の時代にはそもそも人間の身体は「機械」として理解されていた(四)。

このような背景をふまえると、十七世紀に出現した有機体（organism）という用語が機械論的な自然観に対抗して独特の生命論的、ロマン主義的な意味合いを持ち、本格的に使用されはじめるのは、やはりカントの後であると考えて良いだろう。啓蒙主義の時代に機械論的な自然観、生物観が広く支持されたのは、旧来の宗教的、知的権威に反抗し、新しい知性の時代を切り拓くという気風が満ちていたからである。一方で、この啓蒙主義の機械論的な自然観が広く滲透すると同時に、徐々に「生命」への関心が高まり、ロマン主義的な有機体論の出現する素地が整っていった。次節で見る、十八世紀中頃からはじまる生物の再生実験ブームなどは、その現象的な表れの一つであろう。

ここで有機体（英organism、独Organismus、仏organisme）という語句の語源を辞書に依拠して簡単に見ておくと、organismとは語源的には「組織されたもの」を意味し、英語では十七世紀に出現し、十八世紀に現在の意味をもつようになった。英語のorganismは、organという語から派生した。organの起源はギリシア語*ὄργανον*「道具、感覚器官、楽器」(五)、ラテン語organum「機械、道具、楽器」(六)であり、もともとは同様の意味でフランス語、ドイツ語、英語へと取り入れられた。おそらく古代ギリシアで道具一般を指す*ὄργανον*が楽器を指すようになり、次にローマ時代に特定の楽器（オルガン）を指すようになったと思われる。紀元前のアレクサンドリアで水力オルガンが発明され、古代ローマのコロッセウムにおける剣闘士の試合などの機会に演奏されたという記録があるという(七)。アリストテレスの論理学に関する著作群がのちに取りまとめられて『オルガノン』呼ばれるようになったが、これはもともとの*ὄργανον*の「道具」の意味から、思考の道具という意味合いでそう呼ばれたのであろう。中世神学徒によってアリストテレス『オルガノン』は重要な典拠として研究され、演繹によって真理を導こうとするスコラ学の基盤となった。十六世紀フランシス・ベーコンが、『ノブム・オルガヌム』（新機関）という書物を著したのは、スコラ学的思考の硬直化を批判し、観察や実験の手法の重要性を訴えるためであった。

さて、「道具」を意味していた「オルガノン」が、英語、フランス語、ドイツ語などに取り入れられる過程で、「内臓」、「器官」、「機関」という意味を強くもつようになった。英語に的を絞ると、英語organの初出は十二世紀頃であるが、これが政府などの一機関、一部署などを表す言葉ともなる。十五世紀に中世ラテン語organizatioからorganization（組織）、organize（組織化する）という語句が生まれ、十七世紀にorganism（組織されたもの）という言葉が生物有機体を指す言葉として使われはじめた(八)。これは、organ-（=organize組織化する）+ -ism（結果）=organism（組織されたもの）という派生である(九)。オックスフォード英語辞典によると、英語におけるorganismの初出はJohn Evelyn, Sylva, or A discourse of Forest Trees, 1664である。これはフランス語におけるorganismeの初出一七二九年(一〇)よりも早いので、これに依拠すれば、有機体（organism）という語が初めに使われたのは英語においてであるということになる。ジョン・イヴリンはロンドンの大気汚染問題を指摘したりガーデニングを推奨するなどナチュラリストの先駆けのような文筆家であった。なお、ドイツ語Organismusの初出についてはグリムの辞書を見ると、オーケン（Lorenz Oken 一七七九－一八五一年）やヘルダー（一七四四－一八〇三年）、ゲーテ（一七四九－一八三二年）の用例が載っている。彼らの活躍はカント（一七二四－一八〇四年）よりも一世代遅い。オーケンの著作 *Grundriss der Naturphilosophie* は一八〇二年の出版である。カントは一七九〇年に『判断力批判』で、自然目的として見なされる事物としての「有機体」を論じるが、カントは「有機体」を指す言葉として主に、ein organisiertes Wesen／organisierte Wesen（有機的存在者）やOrganisation（有機的組織）という語を使用している。カント全集CD-ROMで検索してみても、Organismusという語はヒットしない。『判断力批判』の邦訳によっては、organisiertes Wesenをたんに「有機体」と訳してしまうことがあるので、この点が曖昧になってしまうが、Organismusという語はまだカントにおいては使用されていないのである。ヘーゲルにおいては、Organismusという語はよく使われている（ヘーゲル全集CD-ROMで二二七件のヒット）。そうすると、だいたいグリムの辞書のいうとおり、カントの後の世代からOrganismusという語は使われるようになったと考えるのが妥当であろう。この時期に英語のorganismから導入されたものと推測できる。ドイツ語、ドイツ思想におけるOrganismusの語の定着は意外に遅いということになる。

二　啓蒙主義とカントと有機体

以上、辞書に依拠して有機体（organism）という語の成り立ちを見たが、思想史を調べると、有機体を哲学的に重要なトピックとして論じたのは、カントが最初である。カント以前にも、自然における目的論や実体についての議論はあったし、先に見たように有機体 organism という語句の使用例もあったが、カントほど決然とまた明晰に有機体の概念を哲学的に論じた者はいなかった。『判断力批判』の書かれた一七九〇年頃までの状況を確認すると、この頃、啓蒙主義の普及により、神学や哲学の観点から自然を論じるのではなく、個人が実際に自分の目で自然を観察し、さらには実験を加えるという風潮がインテリ層に広まっていた。特に十八世紀中葉から、生物を対象とした観察や実験が始まり、今日われわれが生物学という言葉で意味するのと同じ実験を中心とした生物科学がかたちを取りはじめる。

　一七四四年に、スイスの博物学者トレンブレーが、淡水性ヒドラの再生に関する実験報告を出版すると、これが当時の全ヨーロッパの自然研究者、哲学者に大きな衝撃を与える。トカゲやザリガニ、カタツムリなどの生物を使った再生実験が、フランス啓蒙主義者などの知識人や自然愛好家を中心として、たいへん流行したという。一七六八年にはカタツムリの頭を切り除いてもまた新しく作られるという伝承がフランスで広まり、自然愛好家やインテリのアマチュアが何千匹というカタツムリの頭を切って実験したという記録が残っているという(一一)。みずからこの実験を試みたヴォルテールは、人間の手になる実験によって個体の魂の宿る器官（頭）が再生されるかもしれないという考えに興奮したという。これらの流行は実験生物学の起源となり、同時に有機体の概念は哲学上の重要なトピックになっていく(一二)。

　一方、哲学には、スピノザの『エチカ』（一六七五年）、ライプニッツの『モナドロジー』（一七一四年）に代表されるように、中世神学から離れた新しい視点で「実体」（神、自然、精神、魂、有機生命、等々）を論じる土壌が生じていた。近代形而上学の実体論の流れと、新しい自然観察・生物実験の流行が、ときを同じくしていた。こうした状況下、みずからの哲学体系に有機体の概念を重要な要素として取り込んだのがカントである。カントにおいて有機体は、自然の合目的性を示し、人間の認識における主体性と道徳における自由とを結びつけるための重要な鍵概念となる。スピノザ、ライプニッツ以来の問題であった「実体」と「認識」と「道徳」の三者関係について、カントは新たな理論を批判哲学によって組み上げた。そしてその構造を流行の有機体論に投射し、批判哲学の構成を支える所説として『判断力批判』（一七九〇年）を仕上げた。カント以後、フィヒテ、シェリング、ヘーゲルと続くドイツ観念論の系譜に有機体概念を扱う伝統が生じる(一三)。有機体（organism）という言葉そのものは十七世紀に現われたのであるが、それが哲学的に重要なタームとして扱われるようになるのは、カント『判断力批判』（一七九〇年）の後、十九世紀に入ってからと見て良い。先に見た通り、カントにおいては、Organismus という単語はまだ使われていない。カントは、organisiertes Wesen（組織化された存在）という、従来から存在する語を組み合わせた表現によって、新しい概念、新しい問題意識を表現しようとしていたのである。カントの後にOrganismusの語がドイツ語に定着する。カントの問題意識は、この新語Organismusの導入と共に受容され、定着したといってよいだろう。

以上の流れをまとめるとこういうことが言える。第一に、「有機体」という観念が哲学的に重要な概念として台頭してくる前に、十七世紀デカルトにはじまる、神に依拠せずに実体を考える実体論の系譜があったこと。第二に、十八世紀啓蒙主義的な自然観を背景に生物観察のブームがあったことである。この二つの流れが合流して、十九世紀ロマン主義の有機体概念に結実していくのである。ロマン主義の有機的な自然観は、大きく言って、啓蒙主義の機械論的な自然観に対する反発であるととらえて良い。しかし、ある意味では、有機体概念の登場は、啓蒙主義の自然観の中で着々と準備されていたとも言える。これは、先に指摘したように、啓蒙主義的な風潮の中で生物実験がブームになっていったことや、有機体を哲学的に重要な概念として初めて取り上げたのが、啓蒙主義者カントであったことなどに表れている。啓蒙主義的、機械論的な自然観を徹底すればするほど、あるいはそれが十分に一般に浸透すればするほど、生命的なものへの関心は高まらざるをえないということがあった。

別の側面から見ると、啓蒙主義的、機械論的な世界観は教会や絶対王制権力への反発という政治的側面をもっていたが、その思想が十分に一般に浸透したときに、その「哲学的な意味」がはじめて考察されるようになったということが言える。啓蒙主義的機械論は、世界から神を排除する。それは、互いに無関心な原子的存在がビリヤードの球のように衝突しあい因果の連鎖を生じせしめる世界を描く。その時に、人間の生きる意味や目的といった倫理的な問題や、実体とは何かという認識論の問題をどのように定位するかという新たな課題が哲学の課題として生じる。この課題を哲学の課題として十分にわきまえて、啓蒙主義時代の哲学の姿を体系としてきれいにまとめたのがカントであるといえるだろう。しかし、そのカントが体系上の重要なトピックとして有機体論を取り上げる必要があった。そして、カントが有機体論を取り上げたことによって、有機体論はロマン主義の鍵概念として継承されることになるのである。本書では、カントを「最後の啓蒙主義者」として位置づける。第一章の考察の終りで、すでにわれわれはロマン主義の問題意識にまで下っていたのであった。しかしながら、ここではいま少しねじを巻き戻して、「最後の啓蒙主義者」カントが有機体論を取り上げた動機を理解するために、啓蒙主義の機械論的な自然観とその思想的な帰結について確認しておこう。

三　ニュートンによる世界の一元化

ルネサンスの人文主義と自然科学の発達のもと、機械論的な自然観が確立した。特にニュートンの力学は数式によって自然の原理が解明できることを示し、思想界に与えた影響は大きかった。ニュートン自身は、みずからの仕事を「自然哲学」であると考えていたが、それは古代ギリシア以来の思弁による自然哲学とは大きく異なり、数学によって自然のうちに隠れている真理を引き出すという思想にもとづいていた。これは、中世以来模範とされてきたアリストテレスの方法とも、それを継承したスコラ哲学の方法ともまるで異なっていた。もっともニュートンは独力で一夜にして「革命」を成し遂げたわけではない。すでにニュートン以前に、自然を新しい方法で解明しようとする多くの先達の努力があった。天文学、力学の分野でコペルニクス、ティコ・ブラーエ、ケプラー、ガリレオ、ホイヘンスらによる観察と実験、数式化の努力の蓄積があった。ニュートンはそれらの業績を整った数式で表わし、論理的に系統立てて、『自然哲学の数学的原理』（一六八七年）と名づけて出版した。これにより、新しい自然学は一躍、哲学者たちの関心の中心となった。

ニュートンの業績が思想的に巨大なインパクトとなりえた理由は、彼がじつにあざやかな手法で「万有引力」（universal gravity）の存在を示したからである。山本義隆はこの業績を「ニュートンによる世界の一元化」と呼んでいる**（一四）**。山本によれば、ガリレオやケプラーなど、ニュートンの前に優れた業績を残した先人は多くあったが、ニュートンの仕事が衝撃的であったのは、惑星の運行と月の運動、地球上の物体の運動、これらのすべてにはたらく力（重力）が、同じ数式によって表わせることを示したからだと言う。

ニュートン以前、アリストテレス以来の伝統にもとづく自然学では、天上の星と地上の物体とは異なった原理にしたがって運動するものと考えられていた。簡単に言えば、地上は地水火風の四元素からなる生成消滅、変化のある世界であり、天上は第五元素エーテルからなる永遠不変の世界である。こうした世界観は、キリスト教に継承され、スコラ哲学的な自然観を形成していた。ニュートンが登場するまで、哲学者たちはこの自然観から完全に脱出する契機をもてずにいた。質的階層性を有する自然観に対する反発は、すでにガリレオ、ティコ・ブラーエの思想にも見られるが、ニュートンはなによりも、万有引力の存在を数式で示すことによって、アリストテレス的な自然の階層性を完全に破壊した。

太陽と地球、太陽と惑星、太陽と彗星、地球と月、木星とその衛星、そして地上の諸物体と地球、これらはすべて同一の物質であり同一の「力」に支配されている――このことにこそ、〈万有引力〉の〈万有〉たる所以がある。（一五）

こうして、世界はどこまでも均質な宇宙として理解されるようになったのである。一部の自然科学に敏感な思想家たちは、ニュートン以前にもすでに無限で均質な宇宙と言うイメージをつかみかけていた。そしてまた、その哲学的なインパクトの重大さに気づいてもいた。たとえば、この宇宙がどこまでも均質でただ無限に広がる空間であると言うのならば、天上はどこにあり、神はどこにあるのか。今日のわれわれは、すでにこのような問いに十分に慣れ親しんでいる。たとえ神を信じていなくても、もし神がいるとするならば、神というのはこの三次元の宇宙とは別の異次元にいると考えられる、という風に答えるだろう。しかし、超自然的なもの、天上的なものを異次元に属するものと考えてなんら不都合がないのは、近代科学の自然像を受け入れるべき真理として前提している現代の思考法にすぎない。近代科学の勃興期、哲学者たちは、自然科学が明らかにしつつあった無限で均質な宇宙に戦慄しつつあったのである。ニュートンよりも先行するが、すでに十六世紀ジョルダーノ・ブルーノは破門され異端審問を受けながら「**単一の普遍的な空間が、空虚と呼んでもすこしもかまわない単一の無辺大な拡がりが存在する**」と叫んでいたし(一六)、十七世紀パスカルは「**この無限の空間の永遠の沈黙は私を恐怖させる**」(一七)と述べて、近代的理性の到達しつつあった世界像に畏怖を示していた。

ニュートンによる世界の一元化にともなって、神的なもの、天上的なもの、超自然的なものをどこに位置づけるのかがいよいよ問題となった。もし、自然がニュートンの示すように一元化されるのであれば、超自然的なものは自然以外の場所に求められなくてはならない。近代以前、自然学は形而上学、倫理学と別々のものではなかった。地上と天上とがそれぞれ異なった法則をもつというアリストテレス的自然観は、キリスト教の教義とも適合し、自然の意味と人間の位置とを示す統一された思想を形成していた。しかし、ニュートンの力学はこうした思想を破壊してしまった。宇宙がどこまでも均質な法則に支配されているならば、人間もまたそうなのか。人間もまた数式的な法則によって支配される機械のような存在にすぎないのか。動物や人間の「身体」についてはは機械でもよいかもしれない。じっさい、人間の身体を機械のように理解し扱うことによって医学も進歩しつつあった。しかし、精神や魂の存在はどう理解されるべきなのか。また、神のあるべき天上はどこにあるのか。このような問題が新たに哲学の問題として生じたのである。

もっとも、ニュートン力学の帰結は、必ずしも思想的な危機をもたらすものとしてのみ受取られたわけではない。十八世紀には、ニュートンが世界を一元化したことを哲学の「解放」と受取る者も出てくる。世界に質的な差がないというニュートン力学の帰結を大いに歓迎したのは啓蒙主義者たちである。ニュートン的一元化は、アリストテレスの階層的自然像を破壊する最後の鉄槌であった。このことは、自然学を教会の支配から解放することを意味した。いまや自然は教会の権威や指導を離れて探究しうるものとなったのである。啓蒙主義者たちにとっては、自然が一元化されたことは恐怖や幻滅をもたらすものではなかった。彼らは、自然のもつ理性的な規則性を信じ、人間の内なる理性は自然の法則を明らかにしうるのだと信じていた。自然の法則は、もともとは創造者である神の意図として探究の対象となっていた。自然の中に神の痕跡を見出すという信仰的情熱に支えられて、中世、近世における自然科学の先駆者たちは自然を探究してきた。近代の啓蒙主義者たちも、意識せずとも、基本的にはこの情熱を受け継いでいたと言える。だからこそ、彼らは自然が機械的な法則に従うものであるというビジョンに、虚無や恐怖を覚えなかったのである。十八世紀啓蒙主義がまったく非宗教的だという理解は、正確ではない。啓蒙主義者たちの中には無神論を標榜する者もいたが、啓蒙主義のムーブメントを支えていたものは無宗教への積極的な情熱というよりは、既存の教会権力による知と道徳の独占に対する反発であった。啓蒙主義は世界の秩序や規則性に対する信念は保持していた。啓蒙主義者たちが熱中していたのは、神が自然に残した法則を今や自分たち自身の手で明らかにしうるという事実だった。

啓蒙主義以前、十七世紀的精神の一つの典型であるパスカルは、その恵まれた才能によって、みずから峻別した二つの精神、「幾何学的精神」（esprit géométrique）と「繊細な精神」（esprit fin）をともに具えた人物であった。パスカルは数学的な精神がもたらす認識、一元化された無限な宇宙という認識がもつ意味を十分理解していたからこそ、その帰結に戦慄し、「繊細な精神」の優位を力説した。無限の宇宙空間における一本の葦にすぎない人間は、信仰を抜きにしては立つことのできない存在であるというのがパスカルの結論だった。

パスカルが擁護しようとした命題は、理性は自らの力だけではいかなる種類の確実性にも到達できず、従って理性は自分自身に対する絶望と信仰への無条件の帰依によって初めて真理に到達しうるような絶対的に無能力な存在である、ということだった。（一八）

十八世紀啓蒙主義は、十七世紀の信仰も理性も、ともに継承していた。ただ啓蒙主義は両者の優先順位を変えたのである。十八世紀になるとパスカルが強調した信仰と理性との優先順序はあっけなく逆転されてしまう。フランス啓蒙主義の旗手ヴォルテールは、処女作『哲学書簡』（一七三四年、別名『イギリス書簡』）で『パンセ』に詳細な注釈をつけ、パスカルの天才を認めつつも、その人間蔑視の精神を批判する。

この卓越した人間嫌いに対抗して、私はあえて人類に味方しよう。（一九）

ヴォルテールは一七二六年に国外退去の処分を受け、イギリスに渡った。そこで彼が見たものは、ブルジョアジー（都市富裕層）が先進的に台頭した国家において発達する人間の理性であった。これに感激したヴォルテールは帰国後、『哲学書簡』を著し、イギリスの政治や宗教そしてロックやニュートンをフランスに紹介するとともに、ニュートン的知性がいまだ開花しない、フランスの旧態依然とした政治体制、知的風土を批判している。一七三七年にはヴォルテールは『ニュートン哲学要綱』を著した。また、恋人シャトレ夫人に『自然哲学の数学的原理』（プリンキピア）を仏訳させている。一七八九年に始まるフランス革命に向けて啓蒙の機運が高まりつつあったフランスにおいて、ニュートンの自然学はイギリスに市民革命をもたらした「理性の光」を象徴するものとして受容された。

四　哲学の解放と課題

ニュートンが示したのは、科学的方法によって誰もが自然に隠された真理に到達することができるということだった。中世においては、真理は教会に属するものであった。しかし、いまやニュートンが示したやり方によって、真理を求める者が教会の権威に従属する必要はなくなったのである。人は自分の内なる理性の力によって真理に到達できる。中世の暗闇を抜ける、明るい道が万人に開けたのである。十七世紀は、まだこの理性のもたらす帰結に戸惑っており、人間的理性によっては解決できない問題の答えを最終的には神に頼っていた。しかし、十八世紀の精神はニュートンの業績に感動し、この躊躇を振り捨てた。ニュートン的一元化はこうして自然の解放をもたらし、そのことによって哲学の解放をもたらした。と同時に、哲学はみずからの力によって、自然の中における人間の位置を見出す課題を負うことになったのである。

ここで、ニュートン的一元化を経験した啓蒙主義の時代の哲学が負うことになった課題を確認しておく。啓蒙主義によって、「自然」は「人間の理性」によって解明されるものとなった。これは、科学と哲学の教会からの解放を意味する。自然は、たとえば、古代ユダヤ教ではつねに「神の意志」を表わしていたことをわれわれは第一章で確認した。しかし、いまや自然には神の気まぐれな意志は反映されていない。自然は（おそらくは神が定めた）自然法則に従うのであり、神自身もこの自然法則を変更することはできない。啓蒙主義は教会の権威を退け人間理性への信頼を謳うとともに、自然を理性化したと言ってよいだろう。この場合の理性化とは機械化と言い換えても良いような意味である。近代科学の自然法則は、機械論的、因果論的なものであり、自然は人間理性によって解明されるのを待つ存在である。そこには超自然的な意志の表出があってはならない。神はたしかに世界を創造し自然に法則を付与したが、その後の自然の探究は人間に任されたのである。こうした自然は理性によって解明できるものであるという啓蒙主義のテーゼは次のような二つの課題を哲学に与えることとなった。

（1）科学が自然法則を探究する任を担うのだとすると、哲学にはなにか固有の課題は残るのか。

（2）自然が法則に従う機械のようなものであり、また神の意志がそこに表出することはないのだとすると、機械論に適合しないような現象をどのように理解したら良いのか。たとえば、人間の意志や目的性、また生物にも観察される機械を越えた性質（生命）などはどのように解釈されるべきか。

ニュートンによる自然の一元化は、このような問いに応えうる哲学の登場を促すことになる。第一章で筆者は、キリスト教の影響のもとで西欧は生命を知性化する道を歩んできたのだということを述べた。その道筋のもとでは、本来、人間の意識や意志とはまったく異なるものであったはずの生命が、人間の意識、意志、知性などと結びつけられて考えられるようになる路線があったのだと述べた。それは、キリストという媒体を通して神がこの地上にその生命をもたらしてくれるという思想から芽生えた発想であった。このような傾向性は、「自然は人間の理性によって解明される」という十八世紀啓蒙主義のテーゼによって完全に開放されたと言える。なぜなら、人間はもはや神に頼ることなく、「生命的なもの」を説明することができなくてはならなくなったからである。自然が一元化されることによってかえって、自然に存在する「生命的なもの」が問題になるという、ある意味では「逆説的な構造」があることが注目されるべきである。一方、この自然の一元化による「生命の湧出」は、古代から存在した生気論や物活論的な思想への回帰ではないのか、という疑問が生じるかもしれない。しかしながら、神につながる通路としての理性から、人間が世界を解明するための道具としての理性という理性概念の変化はあっても、近代西欧は基本的に「理性」を中心に自然と人間をとらえる構えを確立してきたことに注意する必要がある。このような経路を経たうえで、自然に存在する生命が再び問題にされるとき、それは単なる生気論には回帰し得ない。

こうした「生命的なもの」に対する問題意識が徐々に成長し、やがてロマン主義の運動となって噴出する。その契機を作ったのは、これも逆説的ではあるが、啓蒙主義の哲学の完成者カントである。ニュートン力学による自然の解明は哲学的にどのような意味をもつのか、この課題に挑戦して大きな成功を収めたのがカントの批判哲学だった。「批判哲学」は、筆者の見解によれば、「力の哲学」である。「力」というのは、万有引力としての「自然的な力」のことでもあり、判断力や構想力とカントが呼んだ人間の「理性の力」のことでもある。啓蒙主義的な機械論は世界を一元化し、均質な自然観をもたらすが、そうであるからこそ、自然に遍在する「力」とは何かが問題となる。このような啓蒙主義と「力」との関係について、もう少し論じておこう。

五　「力」とは何か

ニュートンは、万有引力という「力」が自然界に遍在することを示した。しかし、実は、その点ではニュートン力学はデカルト的な機械論的自然観とは対立していた。デカルト的な機械論では、世界はビリヤードの球のように衝突の連鎖によって運動する諸物体によって構成されている。そこでは、運動の原因は原初における「神のひと突き」によってもたらされたものと考える。ニュートンの言うがごとき、万有引力なるものが自然界においてつねに働いているという考え方は、厳密なデカルト主義者に言わせれば、機械論哲学の理念に反するものであり、古いアリストテレス・スコラ哲学的な自然学の残滓をとどめる中途半端な代物であったのである。実際、ニュートンは、万有引力とは何かを説明できなかった。彼はただそれが遍在することを数式で示したのみである。ニュートン以後、万有引力とは何かをめぐって哲学的な論争が起る。十七世紀の幾何学的精神にとって、理説は必ずその根拠を十分に説明できるものでなくてはならなかった。しかし、ニュートンは万有引力を説明しようとはしなかった。彼は、ただその仮説をおくことによって、物体の運動を説明する数学的力学理論の領域が切り開かれることをもって十分としたのである。そして、結果としては、このニュートンの「哲学的には不十分な態度」を多くの自然科学者たちが踏襲することで、近代自然科学は飛躍的に発達を遂げたのである。

ここまでの説明の中では、ニュートンを啓蒙主義の代表であるかのごとく扱ってきたが、大陸とくにフランスにおいては、もともと啓蒙主義はデカルト的な機械論を支持する者たちによって担われてきたことに留意する必要があるだろう。デカルト的機械論が十分に浸透したところに、世界の一元化を徹底するとどめの一撃としてニュートン力学が英国より来場した。ニュートン力学の思想を導入することによって、フランス啓蒙主義はいっそうの興隆を見る。ところが、奇妙なことにこのニュートン力学は、自然に遍在する「力」を携えて登場したのであった。先に見たヴォルテールの例のように、多くの啓蒙主義者はニュートンの業績を諸手を挙げて歓迎したが、一部の者はその機械論として不十分な点、すなわち万有引力という仮説に難色を示した。

その後の歴史を見れば、結局はニュートン力学の「機械論的に不十分な理論」こそが、その後今日に至るまで怒濤のごとく進行する物理学の発展をもたらした。デカルト機械論は物そのものがみずから動こうとする力をもつというアリストテレス・スコラ哲学に反発して、自然界から「力」を除去した。しかし、ニュートン力学は「力」を（近代的なかたちに整えて）ふたたび自然界に挿し戻した。こうした意味で、ニュートン力学は「力」の思想なのである。

この事実は、啓蒙主義的な機械論の運命を象徴しているようで興味深い。一元的で均質な世界観を徹底すればするほど、自然界にあふれる「力」の存在が目に付いてくる、ということがある。啓蒙主義の浸透したフランスにおいて、十八世紀中葉に生物の再生実験が盛んになってくる現象も、こうしたことを背景としてふまえれば理解しやすい。生物が機械であるならば、なぜ「再生」などということが起るのか。これは機械であるはずの生物が、みずからを修復する「力」をどこかに内蔵していることになる。したがって、再生の事実があるとすれば、それは生物機械論に対する挑戦である。このように人びとは考えて、再生の事実を確かめようと実験に駆り立てられたのであろう。

この点について、カッシーラーは大著『啓蒙主義の哲学』の中で、本書とはやや異なった観点をとるが、結論としては似たところに行き着いている。彼によると、十八世紀啓蒙主義というのは一般に機械論全盛であったかのように捉えられているが、実際には機械論的自然観と幾何学的精神が極まったのは十七世紀であり、十八世紀にはライプニッツのモナドに発する有機体的な自然観が静かに浸透しつつあったのだという。啓蒙主義では、自然の数量化、計算化、体系化への欲求は矛をおさめ、自然をあるがままに純粋に記述しようとする動きが出てきていた。そして、自然の中に「統合」や「力」や「関係」を見出そうとする傾向が生じてきていた。十七世紀が「分析」の精神であったとすると、十八世紀は「分析」と同時に「総合」が見出されはじめた世紀である。両者の違いは、「総合」をどのように見出すかという点にある。十七世紀のデカルトやパスカル、ライプニッツらにおいては「分析」の精神が徹底しているが、一方で、彼らは「総合」の問題も同じように重要な問題として扱っていた。人間においては動物的身体と精神や霊魂の結合の問題、自然においてはその機械的構成の分析とともに全体性や統一や調和の問題が論じられていた。しかし、デカルトやパスカル、ライプニッツら十七世紀の思想家たちにおいては、結合、全体、統一、調和といった「総合」の問題は、いつも神によって解決されるべき問題として論じられていた。神でなければ、神的実体や超越的基体において解決されていた。しかし、十八世紀はちがう。十八世紀の精神は「分析」と「総合」のどちらをも人間の理性が行いうるものとする精神なのである。それは自らの手によって対象をばらばらにし再び組み立てることによって、初めて対象を理解したと信じる精神である。カッシーラーは、十八世紀は理性の概念それ自体を十七世紀とは大きく変容させたと主張する。

　デカルトやマールブランシュ、スピノザやライプニッツなどの十七世紀の形而上学的体系では、理性は「永遠な真理」の——すなわち人間の精神と神的な精神とに共通な真理の領域であった。それ故われわれが理性によって認識するものを、われわれは直接的に「神において」見るわけである。理性のすべての機能は、われわれを神の本性に参加せしめることによって叡知的・超感性的な世界をわれわれに開示する。ところが十八世紀は理性をそれとは違った、もっと謙虚な意味で用いる。もはや理性は、一切の経験に先立ってわれわれに事物の絶対的な本性を開示する「本有観念」の総体ではない。理性は継承されるものではなく獲得されるべきものである。理性は、さながら真理を鋳貨のようにして貯える精神の金庫ではない。むしろ理性は、真理を発見しそれを確定する過程を導く精神的な根元力である。
……十八世紀全体は理性をこのように理解した。すなわち知識や原理もしくは真理などの固定的な内容としてでなくエネルギーとして、換言すればその機能とその効力の面において初めて完全に理解されうるような力として理解したのである。(二〇)

　十七世紀は「分析」については理性の力を信じていたが、「総合」については神にまかせていた。十八世紀の理性は「分析」も「総合」もみずからおこなう。対象を分解しまた組み立てるプロセスをひとりで進むことのできる「力」、それが十八世紀の理性なのである。ニュートンの方法はその典型なのであり、彼の方法は十八世紀に普遍化された。興味深いことに、ニュートンの方法の特徴とは、それが「相対的・一時的な停止点」をもつところであるとカッシーラーは言う。

　同様にニュートンも彼の根本理論である万有引力の法則を、単にそれ自体さしあたっての停止点とみなしたにすぎない。すなわち彼は引力が普遍的な自然現象であることの立証で満足し、その究極的な原因を追求しようとは考えなかった。彼は明らかに引力についての機械論的理論を斥ける。現に経験はわれわれに、このような理論を立てるための十分な証拠を与えていない。だが彼はそれと同じ意味で引力についてのいかなる形而上学的な根拠をも斥ける。このような推測もまた物理学者には決して許されない越権行為である。(二一)

この慎重にして大胆な態度、「相対的・一時的な停止点」

を保有する態度こそが、ニュートンの「力」の思想を表現している。このことはまた、ニュートンの力学が、彼自身によって「流率法」として、またライプニッツによって「微分法」として発見された「方法」を実用的な科学の方法として大胆に起用したことにも現れている。

微分法というのは、数学的に厳密に言えばある関数の導関数を求めることであるが、簡単な言い方をすれば、曲線の一点における傾きを求めるものである。物体の落下運動は、横軸を時間、縦軸を落下距離とした座標上において、二次曲線（放物線）として表わすことができる。この放物線の一点における傾きを微分法によって計算すれば、その時点における物体の速度を求めることができる。この物体の速度の変化を取り出して、横軸を時間、縦軸を速度とした座標上にグラフ化すると、直線となる。この直線の傾きが重力加速度であり、この重力加速度がつまりは重力という「力」である（地球上の物体に働く重力は、地球と物体間に働く引力と地球の自転による遠心力との差である）。速度というのは距離の変化を時間で微分したもの、加速度は速度の変化をさらに時間で微分したものである。

ところで、一点における傾きという表現は、本来は成り立つはずのない表現である。「傾き」というものは「幅」を取らなければ測ることができない。だから微分法というのは成り立つはずのないことを成り立たせている詐術だと批判することもできる。これは数学の方法が論理学に還元されないことを示す一例である。このような微分法のトリックを使い、幅を取って観測された速度の変化を一点に押し込めることにより、ニュートン力学の加速度（＝力）という概念は成り立っている。論理的に考えていけば、「力」という概念は、そもそも関係であるものを実体視することによって成り立っていると言えるだろう。

実際、あいまいな極限の概念をもちいた微分法は論理的にまちがっているという批判もなされた[二二]。ジョージ・バークリー（Geroge Berkeley、一六八五－一七五三）は一七三四年に著した*The Analyst*において、ニュートンもしくはエドモンド・ハレーを「不信心な数学者」と指して、流率の論理的破たんを批判している[二三]。この批判に対して、断固として微分法およびニュートンの方法を支持したのはダランベールであったことも銘記されて良いだろう。ちなみに、本書では主題とはしないが、右記のような微分法に対する「哲学的」な批判の系譜を承けて、ヘーゲルも『大論理学』初版、第二版（一八一二－一八一六、一八三二）の「量」の章において、長い注釈（Anmerkung）を付して、ニュートン、ラグランジュ、オイラーらの名を引きながら、微分法における無限小概念を批判的に論じている。

「相対的・一時的な停止」を特徴とするニュートン的な方法は、自然界に偏在する「力」を見出す。そしてニュートン的方法を模範とした十八世紀啓蒙主義は、人間の理性を「分解し結合する力」として見出す。十七世紀まで理性は神に通じる力であり、神に通じることによって人間は内容のある真理を受取ることができた。しかし、いまや理性は分離と結合、分解と構築の過程を推進するエネルギーとして理解されるようになった。実体の存在に接続する直観ではなく、実体的なものを組み立てる機能として理解されるようになった。これによって、自然現象界における「力」と人間の内なる理性という「力」、この二つの力が一元化された世界の中に見出されるようになった。これは、神学や哲学が十七世紀まで問題にしてきた神的なもの、天上的なもの、超自然的なものが、「力」として自然と人間主体のうちに見出されるようになったものと考えてよい。このような啓蒙主義の思想的な背景が、十八世紀半ばの生物再生実験のブームに寄与していると言えるだろう。機械として理解されてきた自然の中に、みずから全体を再生し結合を実現する「力」や「エネルギー」があるのではないかという疑問が人々の心に生じたのである。ある意味では、それは古代の生気論、物活論的な関心の復活とも言える。ライプニッツ的モナドの現象界への浸出と言ってもよい。この「浸出」が十八世紀啓蒙主義の底流を流れ、十九世紀ロマン主義を準備したと言える。

カッシーラーは、有機的統合の意識は、ロマン主義をまたなくとも、すでに十八世紀にも存在していたと指摘する。それは遡れば、ライプニッツのモナドロジーにおいてすでに語られていたのであり、啓蒙主義はライプニッツの学説に潜んでいた部分と全体の関係についての知見を掘り出し、具体化する道を歩んでいたのだとカッシーラーは言う。本書の立場は、カッシーラーの主旨は認めつつも、しかし、やはり十八世紀啓蒙主義の時代はまだ有機体的思想の時代ではないと位置づける。十八世紀は何よりも自然における「統合」や「総合」の問題を理性の問題として考えていた。そこには、自然に存する「力」が人間主体のもつ理性の「力」と調和するもの、もしくはどこかで通底するものであるという確信があった。前段の言い方を使えば、十八世紀啓蒙主義は自然現象界へ浸出した「力」について楽観的な見解をもっていたと言ってよい。

一方、対照的に、十九世紀ロマン主義の有機体論は、自然界に見出される「力」をなにかしら人間理性によっては割りきれないものとして受取るのである。たしかに十七世紀機械論と比べれば、十八世紀啓蒙主義は自然界に「力」を見る点で、有機的統合の思想へ向っているといえよう。しかし、本書では、十七世紀機械論に対して十八世紀啓蒙主義を有機的な思想ととらえるカッシーラーのように先走りはせず、啓蒙主義をあくまで「力の思想」と位置づけておく。もうすこし丁寧に言うならば、十八世紀啓蒙主義はたしかにカッシーラーの言う通り、知の有機的な統合を目指す思潮であったかもしれないが、まだ世界に有機体を見出すには至らなかったのである。世界を理性的な統合のもとに見出そうとする啓蒙主義的な自然観の限界が意識されるようになったとき、はじめて「有機体」(organism)という対象は自然界に見出されるようになる。なぜならば、(ロマン主義的な意味での)有機体という対象は、人間理性からはみ出た独自の「力」をもつ存在だからである。

六　カントの批判哲学

さて、カントに戻ろう。十八世紀の状況と思想の系譜を正しく理解して、啓蒙主義の「力」の哲学を体系化したのがカントの批判哲学である。先にカントを「最後の啓蒙主義者」と呼んだが、それは彼があくまで有機体論を啓蒙主義的に、自然界への人間理性の浸出として理解したからである。彼はこの浸出を食い止めようとした。そして、有機的な対象はあくまで人間の能力である理性の所産であることを哲学者の立場から定式化しようとした。簡単に言えば、カントは自然界における「力」の存在を否定し、人間主体における「力」の存在を肯定したのである。カントのこの定式化は、先に確認した、啓蒙主義の世界観が哲学に突きつける二つの課題を見事にクリアーしている。くり返すとそれは、

（1）科学が自然法則を探究する任を担うのだとすると、哲学にはなにか固有の課題は残るのか。

（2）自然が法則に従う機械のようなものであり、また神の意志がそこに表出することはないのだとすると、機械論に適合しないような現象（自然のもつ統合性や目的論性）をどのように理解したら良いのか。

という二つの課題である。カントによれば、自然に見られる機械を越えた統合性や合目的性は、人間理性の所産である。自然はあくまで機械であり、自然みずからが「力」をもつということはない。この点で、カントは十七世紀機械論の定式を継承している。自然現象界に「力」を開放してしまえば、哲学の役割が、つまりカント的な言い方をすれば形而上学の役割がなくなってしまうことをカントはよく知っていた。だから、自然界における「力」をカントは否定した。カントは、ライプニッツがモナド論において、現象を物そのものと考えたことを批判する（二四）。ライプニッツはまず物そのものがあり、その物がもつ表象力によって物のもつ諸性質が表現されるという風に考えた。しかし、カントによればそれは「転倒」である。カントは、現象界における引力・斥力などの「力」は、空間における実体を表わしているが、現象界における実体とは**「まったく単なる諸関係の総括」**（ganz und gar ein Inbegriff von lauter Relationen）（二五）でしかないと言う。わかりやすく言えば、現象界においては物そのものは決して見えないのであって、見えるのは「力」としてのみである。この「力」と言うのは、現象界における実体の「痕跡」のようなものである。引力・斥力などの「力」は、認識論の側面から見れば、物質一般の可能性のアプリオリな構成的原理であると言えるが、形而上学的には、自然の体系的統一のための理性の理念に根ざすものである。つまり、本当に「力」の意味について考えたければ、現象界にその根源を求めても無駄なのである。

一方でカントは、「力」を人間主体のうちに移す。これによって、カントは十七世紀デカルト、パスカルのような宗教的解決をも回避することができた。統合性や合目的性は人間が有する理性という能力の所産である。この理性の人間性を強調することで、カントはパスカル的な「人間嫌い」とは無縁である。カントは、宗教によって基礎付けられなくても人

間の理性は独り立ちできるという、啓蒙主義的な確信に満ちている。カントにおいては、逆に、理性こそが宗教を基礎づけるのである。

このように十七世紀からの哲学的課題と、十八世紀の啓蒙主義の精神を継承したカントが作り上げたのが、批判哲学と呼ばれる体系であった。その最初の作品は、『純粋理性批判』（一七八一・一七八七年）である。その後、『実践理性批判』（一七八八年）、『判断力批判』（一七九〇年）と続く。カント自身の言によれば、批判哲学の三部作は、哲学の真の課題である形而上学（実在について語ること）へと向かうための準備であった。批判哲学そのものは、形而上学ではない。カントの意図はおそらく、先に述べてきたように、理性とは何かという問題が啓蒙主義の諸思想において紛糾してきた経緯をふまえ、理性を「超自然的なものをとらえる力」として再定式化するということであったろう。ニュートンが示しているような自然認識は、真の理性によるものではないことを哲学者は主張しなければならない、とカントは感じたのであろう。哲学者がきちんとニュートン的、啓蒙主義的な自然哲学の意味を定位し、同時に哲学固有の仕事の意味を示すことができなければ、哲学は自然学に吸収されてしまうという危機感をカントは持っていた。実際、啓蒙主義者たちの楽観的な見通しでは、人間の道徳も自然の摂理も同じ理性の名のもとに明らかにされるものと期待されていた。

カントはこのような期待に異を唱えた。カントがまず、『純粋理性批判』で着手したのは、理性の種類を区別することであった。人間の能力を「感性」「悟性」「理性」という具合に区別することをカントは唱え、科学的な認識を主に「感性」と「悟性」によるものと位置づけたのである。「悟性」は広義には理性であるが、「感性」と結びつく理性である。下級の理性であるといってもよい。「悟性」は感性と結びつくことによって認識を構成する。また「悟性」を感性との協働から切り離し、単独で用いるとそれは「理性」になり、自然現象界の認識を離れた超越的な理念をもたらす。それは、認識ではない。理念を認識と混同すると、二律背反（アンチノミー）に陥る。理念は、ほんらい人間が持っている道徳的な判断に関わるものなのであり、こういう超越的なものを構成する理性の力は人間の道徳能力として、認識能力から区別されなければならない。啓蒙主義は、悟性と呼ぶべきものと、理性と呼ぶべきものとをごっちゃにして、同じ一つの理性の名のもとに、自然法則も道徳法則も解明できるかのように考えてきたが、これらはきちんと区別された上で、その機能の上から位置づけされなくてはならない。このような理論をカントは構成した。

「理性」とひと括りにされてきたものを区別すること、これがカントの批判哲学である。そして、巷で注目を浴びつつある生物の再生機能のような不思議な現象も、批判哲学の図式を使えば、きちんと人間理性の所産として説明できる、というのがカントの主張であった。カントにおいては、有機体というのは真の「認識」ではない。カントは自然の中に生命と呼ばれるような「力」があることを決して認めなかった。

『判断力批判』の理論によると、有機体というのは目的論的判断力という人間理性の一種によってもたらされる認識であるのだが、目的論的判断力は認識の「統制的」(regulativ) 原理であり「構成的」(konstituitiv) 原理ではない。早い話が、生命をもって活動している有機的な対象が存在しているかのように見えるのは、世界を秩序立ったものとしてみようとする人間の道徳性がそこに投射されているがゆえなのであり、決して、自然界にそのような対象が本当に存在しているわけではない、とカントは言ったのである。カントが有機体について、このように主張することになった理由を次にカント批判哲学の構成を見ながら検討する。

第二節　カントの批判哲学体系と有機体論

カントが、『判断力批判』において、有機体を統制的概念として位置づけたこと、このことの意義を、カントの批判体系の構成を確認しながら論じてみることにする。本書では、カントの批判哲学の基本構成はほんらい『純粋理性批判』と『実践理性批判』のカップリングにあり、『判断力批判』はやや特殊な位置づけにあるものとしてとらえる。いわば、認識と道徳を表裏一体の理論で論じた『純粋理性批判』と『実践理性批判』の「二批判体系」に、『判断力批判』は後から挿入されたものとして位置づけられると考える。そのことを以下、確認してみよう。

一　カントの二批判体系　「演繹」と「アンチノミー批判」を中心に

カントが、批判哲学を打ち立てるために必要としたのは、感性と理性とを媒介し、同時に切断するものである「悟性」という中間媒体である。感性的な存在である人間と、理性的な存在である人間、この二つの人間像を結ぶ媒介項として、カントは純粋悟性概念という中間者を発明し、その発明を正当化するための「演繹」(Deduktion) つまり、「証示」に腐心した。

『判断力批判』が執筆される前、『純粋理性批判』と『実践理性批判』が構成していた二批判の体系は、（図1）のように図示できる。（図1）は『純粋理性批判』の構成を焦点とし、その『実践理性批判』への接続を示したものである。この図は、『純粋理性批判』の核である「超越論的分析論」（純粋悟性概念の演繹）と「超越論的弁証論」（アンチノミー批判）が、『実践理性批判』の道徳論へと接続される構成になっていることを示している(二六)。

悟性は感性による知覚を受容し、概念を形成する。概念は判断を形成し、普遍客観的な「認識」を成立せしめる。また一方で、悟性は感性と切り離されて使用されることもできる。このように、純粋悟性概念は感性と結びつかねばならず、同時に、理性とも結びつかねばならない。あるいは純粋悟性概念は感性と結びつく理性であると言ってもよい。純粋悟性概念を経験を超えた推論に用いれば、それは弁証的推理となり認識論的には誤謬を導く。しかし、そうした経験を超えた領域における推論は、道徳的な判断を形成するものとして掬い上げられていく。悟性は感性から切り離されて使用されたときに、「純粋理性」となる。それは、実は道徳的判断に使用されるべき、「実践理性」であることが、『純粋理性批判』『実践理性批判』の二つの批判によって示されていく。

悟性は、感性と理性の間に割って入り、同時にそれらをつなぐ。つまり、ぴったりとくっついていた二つの磁石を引き離し、N極とS極を向かい合わせて固定するようなものである。そのような操作をするから、「力」が生まれる。この「力」を人間の夢見る力（構想力、判断力、そして実践理性）として掬い上げていったのがカントである。批判哲学の批判（Kritik）という語は、ギリシア語の*κρίνω*に起源をもち、原義は「分かつ」である。現象界と叡智界とを区別しながら、その両者が表裏一体となっているという巧妙な体系構成を、カントは純粋悟性概念という媒体の導入によって示すことができた。そのために彼は、特殊な方法で二重に純粋悟性概念の出自を擁護しなければならなかった。これが『純粋理性批判』における「純粋悟性概念の演繹」（Deduktion der reinen Verstandesbegriffe）と呼ばれるものである。『純粋理性批判』の叙述で言えば、「概念の分析論」（Analytik der Begriffe）がまるごとそれに当たる(二七)。彼は、「演繹」という法律用語を哲学に導入し、新しい意味で用いた。

演繹には、「形而上学的演繹」（metaphysische Deduktion）と「超越論的演繹」（transzendentale Deduktion）の二種類がある。形而上学的演繹とは、理性（判断）の側から純粋悟性概念の必要性を説くものである。それに対して超越論的演繹とは、感性（直観）の側から純粋悟性概念の必要性を説くものである。悟性は、両方向から必要とされていることを示されて、その地位の正当性を得る。

純粋悟性概念の演繹、特に超越論的演繹は、『純粋理性批判』の核心部分であり、その執筆に費やした一〇年の歳月においてカントが最大の労苦を払ったと告白している箇所であり、また第一版と第二版において大きく書き改められた箇所でもある(二八)。

第一版と第二版の叙述にズレがあることが、この「演繹」

（図１）カント二批判体系の構造

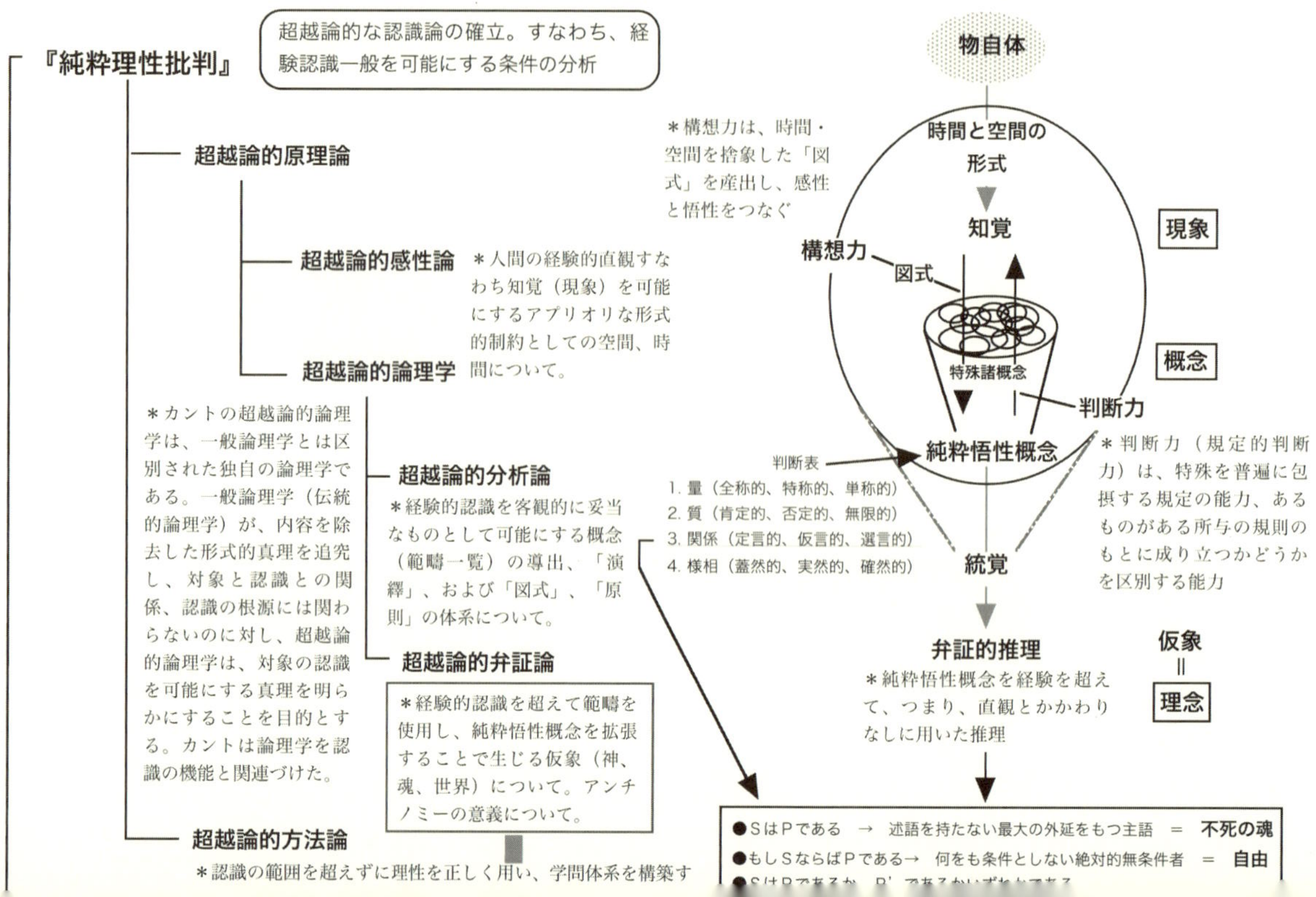

（図１）カント二批判体系の構造

『実践理性批判』

感性から解き放たれた理性（推理能力）は、人間の道徳的能力としての意義をあらわにする。実践理性批判は、行為を規定すべき道徳原則について明らかにすることを目指す。われわれの行為は、われわれの「意志」による。意志は認識を超えた理性的なものであるが、空虚なものとならないためには、悟性概念に対応した範疇をもたねばならない。また同時に、感覚的に触発される有限な理性的存在者であるわれわれ人間の意志は、その主観的原則である「格率」がすべての理性的存在者の意志に妥当する客観的法則と一致するとは限らない。それゆえ、最高の道徳原則とは、その一致を命ずるものである。すなわち、本来理性的なものでありながら、感覚的なもののしっぽを引きずるわれわれの「意志」をさらに形式的に、内容捨象的に普遍化することが要求される。認識の原則を規定した超越論的論理学では制限された、古典的、一般論理学的な形式的推論は、むしろ実践理性の領域で解放されるとも言える。

これら超越論的「仮象」は「現象」ではない。その背後には物自体がないからである。これら仮象は、すなわち、魂も自由も神も理論的にはその存在は認められない。

「超越論的仮象とは、カテゴリーの経験的使用を全面的に越え、われわれを純粋悟性の拡張という幻想で釣る、自然的で不可避な理性の傾向である。一般論理学は、認識の内容にはまったく関わらず、悟性の形式的条件のみに関わるために、これを「機関」として用い、経験の限界を超出すると、「仮象の論理学」（B86）となる。ここで問題とされるのは、中世から連なる神、魂、世界という三つの存在論的形而上学的概念である。カントは霊魂については「誤謬推理論」、世界については「アンチノミー論」、神については「理想論」を展開し、経験を越えこれらへの認識の拡張をはかることを＜仮象の論理学＞として戒める。これら三つの理念には、構成的使用は許されず、悟性認識の体系的統一をめざすにすぎない統制的使用をだけを認めた。」（弘文堂『カント事典』pp.344-345）

しかし、これらの仮象は、人間の願望、行為と関わっている。

「人間の理性は、このような推理が不当な推理であり、したがってそれの導出するものが単なる仮象にすぎないことが理解されても、なおかつそのような「仮象」を「仮象」であるからといって否定し去ることはできず、何らかそのような究極的な統一的無条件者の存在を信じ承認することなしには、「知識」の形式を内容と一致させて「知識」を完成すべき目標を、いわば経験を全体として組織したいと願う私たちの願望のよりどころを、得ることができないことに気付く」（高峯一愚『カント講義』論創社、p.132）

という仕事の困難さを示しているとともに、いかにそれがカント批判哲学の体系にとって枢要であるかを示していると考えられる。第一版と第二版とでは、感性と悟性の接合の仕方に違いがある。第一版では、「構想力」（Einbildngskraft）という第三の力を導入して、感性と悟性の両者を区別しつつ繋げようとした。第二版では、構想力は第三の力というよりは、悟性へと吸収される傾向にあり、代わりに純粋統覚が強調されるようになる。岩崎武雄は、「演繹」によって、特に構想力を廃した第二版の叙述によって、純理の出発点であった感性と悟性の二元論は修正され、感性と悟性は限りなく近づいたと言う(二九)。逆にハイデガーのように、第一版の構想力の積極性をこそ評価する考え方もある。ハイデガーによれば、超越論的構想力こそは認識の根源的統一をもたらすものであり、したがって一般形而上学を根拠づける「第三の根本能力」である(三〇)。ハイデガーの解釈では、むしろ、感性と悟性とは構想力という同じ一つの根から生じ枝分かれした二つの幹であるようなイメージである。

この根源的な、超越論的構想力に「根ざす」人間の本質体制は、カントが「われわれには不可知な根」について語ったときに彼が覗きこまなければならなかった「不可知なもの」である。なぜならば不可知なものは、けっしてわれわれがそれについて端的に何も知らないものではなく、認識されたものにおいてわれわれを不安ならしめるものとして押し迫ってくるものだからである。しかしカントは超越論的構想力のより根源的な解釈を遂行しなかった。いや、彼自身によってはじめて認識されたこのような分析への明瞭な予備的指示にもかかわらず、けっしてその解釈に着手さえしなかった。その反対にカントはこうした不可知な根から退避している。

純粋理性批判の第二版において超越論的構想力は、それが最初の企投の情熱的筆致において明らかにされたのと同じように、——悟性にとって好都合なように、押し除けられ解釈し直されている。(三一)

筆者は、超越論的構想力と呼ばれるものが「不可知なもの」であり、認識においてわれわれを不安に誘うものであるというハイデガーの解釈には同意する。本書が「生命の樹」「意識ならざるもの」「地のエレメント」という言葉で呼ぶものとおそらくは同根のものが、ハイデガーにおいてはこのような手つきで扱われている。しかし、ここではハイデガー的な問題構成には深入りはせずにおこう。われわれが注目するのは、カントが感性と悟性という全く異質な二つの能力が分離されているという前提からはじめて、両者を接合しなければならないという課題に直面したときに、「力」という表象が必要になったという事実である。カントがそこで行おうとしているのは現象界と叡知界の「切断」と「接合」であり、そのために「力」という仮象が生じてきていると本書ではとらえる。カントが「構想力」という「力」に出逢ったことは、「分解」と「総合」の思想である啓蒙主義、すなわち対象をみずからの手によってばらばらに分解し再び組み立てることではじめて対象を理解したと確信する啓蒙主義がニュートン力学の「力」に出逢ったことと同じ構造をもった事件である。本書では、たとえばこの「構想力」と呼ばれるような「力」を実在的な「力」であるとは考えない。先にニュートン力学に即してみたように、あるいは現代の量子力学の観点からもなお明確なように、「力」というものはほんらい関係性である。それはないものではないが、あるものでもない。

さて、今日でも、カントの「演繹」が本当に説得力をもつものであるかどうかについては議論がある。一つだけ確かなことは、この「演繹」を受け入れさえすれば、そこからカントの超越論哲学の体系に、すなわち認識と道徳の問題とを総合的に一体化したかたちで解いた体系の世界に入ることができる、ということである。

「演繹」によって得られる成果は次の二点である。まず第一に、「演繹」は、人間の認識というものが感性によるセンス・データの受容に留まらず、それが必ず高度普遍的な概念形成や推論の能力へと結びつけられていることを示しているから、そこに認識における普遍客観性と、人間の主体性を示すことができる（超越論的演繹）。第二に、感性と結びつかない悟性の使用は、人間理性の越権行為であり、それによって得られる「理念」は認識としての確実性を主張する権利は持たないが、逆に、そこにこそ、此岸の世界を超えた人間固有の道徳法則の世界、自律の領野が可能性として開けてくる。このことも、純粋悟性概念が、高次能力としての判断を準備するものとして「演繹済み」だからこそ、言えることなのである（形而上学的演繹）。カント批判哲学とは突きつめて言えば、人間主体のもつ諸能力をきっちりと区別しつつ接合するという仕事にほかならない。この点でカントの仕事は、対象を分解しまた組み立てなおすことで理解するという啓蒙主義の精神を見事に体現している。『純粋理性批判』における純粋悟性概念の「演繹」はその全仕事の土台となる要石の設置作業であった。

人間主体のもつ諸能力を区別しつつ接合すること、この「批判」の仕事のもたらした最大の成果は、『純粋理性批判』の「純粋理性の二律背反」（Antinomie der reinen Vernunft）（三三）で示されたアンチノミー批判であろう。アンチノミー（Antinomie）とは、感性、悟性、理性という人間の諸能力のそれぞれの役割を混同して用いるところから生じる仮象である。アンチノミーの分析は人間の認識に理性の働きが含まれていることを明らかにする。誤謬推理としてのアンチノミーがどうして生じるのかと言えば、人間主観に対する現象でしかない「世界」を、真の世界＝物自体と見なすために生じるのである。これは物自体という人間の主観には手の届かない領域があることを示すとともに、その手の届かない領域への「志向性」が人間にはあることを示している。世界の完全性、世界の全体性を認識したい（推理していきたい）という欲求、現象界を超えていく志向性を人間が持っていること、アンチノミーの存在はこのような理性的存在者としての人間のあり方を示す証拠なのである。理論理性の立場からは、感性との結びつきから離れて理性の推理能力（判断力）を行使することは、認識ではなく仮象を招く行為として区別（批判）される。だが、この純粋理性の能力は、のちに「実践理性」として道徳性の根拠として掬い上げられていく。『純粋理性批判』とはまさしくアンチノミーの批判であると言っても過言ではなく、アンチノミーという弁証論的対立の中に超越論的認識論の根本テーゼと、実践理性の根拠を見出すための区別＝批判であった。

逆の立場から言うと、われわれ人間は通常、現実と理念とが重なり合ったアンチノミー的混乱の中に日常生活を送っている。ここに、純粋悟性概念という「切断」の契機を持ち込み、感性（現実）と理性（理念）とを切り離し、同時に「演繹」によってそれら諸機能の正当なかたちでの「接合」を解明すること、これによって、何が現実的な認識の世界であり、何が叡知的な道徳の世界であるかを明確に区別できるようにした、これがカントの『純粋理性批判』＋『実践理性批判』の二批判体系のなした仕事である。

社会が近代化する中でキリスト教による道徳の支配は弱体化し、また近代科学の勃興によって世界認識にも革新が起こりつつある中で、人間理性による道徳と認識の原理を打ち立てなければならないという哲学への要請があった。カントは、認識と道徳の原理が表裏一体をなした見事な体系構成を示すことで、その要請に応えたと言える。しかし、この体系構成にも問題はあった。

二　二批判体系の問題と、『判断力批判』の誕生

第一に、認識論的には、カントの『純粋理性批判』＋『実践理性批判』の二批判構成は、「物自体」という設定にまつわる疑惑を招いた。さらに、ニュートン力学をその認識論のベースとしているために、当時勃興しつつあった、化学や生物学といった新しい自然認識のかたちに対応できないという欠点があった。カントの後の世代のシェリング、ヘーゲルは当時話題となった化学反応や磁石・電気の諸現象に刺激を受けて、機械論とはちがう「対立物の統一」という思想を得ていると言われる。加藤尚武は、特にヘーゲルの「無限性」の概念はこれらの現象から着想を得ているだろうと指摘している(三三)。

カント哲学の原則に従えば、近代物理学的、機械論的な自然認識を超えるものは、すべて道徳の世界に持ち越すことになる。だが、人間が理性的な能力を現実に世界（現象界）の認識のために用いていることは、否定できない。カントが言うところの、仮象としてのイデーを世界に投影しながらわれわれは生きている。誰も、純粋に機械論的な視点で日常を生きてなどいない。カントみずからが『判断力批判』序文（Vorrede）で、「**判断力（その正しい使用ははなはだ必要であり、また普遍的に要求せられるのであって、常識の名のもとに意味されているものはまさにこの能力〔判断力〕にほかならない）**……」(三四)と述べている。物自体を見る視点が、われわれの日常的な視点には混入している。その混入を純粋悟性概念によって分断して見せたのは、それによって認識と道徳を区別しつつ接合するという、カントの体系構築上の要請に則ってのことにすぎない。だからこそ、『純粋理性批判』

の構成においても、構想力、判断力など、人間の諸能力を接合する「力」（Kraft）が要請されていた。「力」は、現象界から排除された物自体の残滓とも言える。たしかにカントは、物理学的な力の概念（引力、疎力）を、現象界における「関係」を実体視するものだと批判した。しかし、そのかわり、カントにおいては人間主体のうちに「力」が措定される。そして、前二批判の欠点を補うべく書かれた第三批判では、まさにその「力」の役割が大きく取り上げられることとなった。

第二に、道徳論的には、カントの道徳思想は厳格主義であるとの批判を受けた。カントは『純粋理性批判』第一版（一七八一年）のあと、『実践理性批判』（一七八八年）への布石として、『道徳形而上学原論』（一七八五年）を書いた。この中でカントは、人間の自由を意志の自律として定式化し、かの定言命法「**君は、〔君が行為に際して従うべき〕君の格律が普遍的法則となることを、当の格律によって〔その格律と〕同時に欲し得るような格律に従ってのみ行為せよ**」(三五)を導いた。シラーの著名な風刺にあるように、感情的な喜びを道徳的行為から排除するカントの道徳論は、非人間的であると言われた。また、カントの自律の「自由」は空虚な自由であり、現実を無視する自己満足的な態度や、理想追求の無限な過程に主体を巻き込むとして批判された。カントの実践理性が、その起源を感性と切り離された悟性の使用にもつことを考えれば、カントの道徳論が厳格なものとなってしまうのは当然の帰結である。つまり、人間の論理的推論の能力を認識とは切り離して、純粋に使用したのが、実践理性であるということだからだ。カントの道徳論は、論理的な推論を原理としている。そこでは、喜びの享受や実利的な成果などを目的とせず、ひたすら道徳法則に従うことが唱えられる。内面の真理に従うという心情は、きわめて近代的、またプロテスタンティズム的な自律の道徳であると言えるが、世俗的な倫理、習俗、法、経済や、社会的正義の実現（つまり後にヘーゲルが人倫や市民社会と呼んだもの）などには関心を払わない道徳であるという欠点をもつ。

こうした、認識論的、道徳論的問題点に応えようとして生まれたのが、第三批判である『判断力批判』であろう。そこでは、自然の中に美や目的を見出す能力が判断力であるとされ、「判断力」は、認識の対象を構成することはないが、人間が知識を体系的な学問にまとめ上げていくのに役立ち、また、世界の美しさや目的があるかのように見える自然の秩序を契機として、道徳的な世界へと人間精神を促すのだと言う。カント自身の言を引けば、判断力を論じる意義は以下のように説明される。

悟性は、自然に対するその先天的法則の可能によって、自然がわれわれにただ現象としてだけ認識せられることについての証明を与え、したがって同時に自然が超感性的な基体をもつことを指示してはいるが、この基体はまったく未規定のままに残される。判断力は、自然をその可能な特殊的法則の上から判定する自己の先天的判定原理によって、自然の超感性的基体（われわれの内および外の）に知性的能力による可規定性をもたせる。ところ

が理性はその先天的な実践的法則によって、まさしくその同じ超感性的基体に規定を与える。かくして判断力は自然概念の領域から自由概念の領域への移行を可能にする。(三六)

ここでは、自然から自由への移行が言われている。判断力と理性とは根が同じ、人間の上級能力であることが、ここで宣言される。当初、『純粋理性批判』では、このような「判断力」の高次な役割については言われていなかった。『純粋理性批判』で弁証的推理を導いた判断力の機能は、ここでは反省的判断力として、統制的原理としての役割が明らかにされる。（反省的）判断力は、悟性（認識能力）、理性（欲求能力）と並ぶ、三大上級能力の一つで、「快と不快の感情」に関係する。反省的判断力のアプリオリな原理は「自然の合目的性」であるが、この原理は、純粋悟性概念、理念のように客観ないし意志の規定には関わらず、もっぱら主観の反省を司る「主観的原理」である。この批判は新たな体系を基礎づけないが、体系一般の構築術に関する考察であり、認識の体系的統一の可能性を問うものとして、哲学体系構築には不可欠である、とされる。

『判断力批判』は、『純粋理性批判』と『実践理性批判』の分断された世界をつなぐものであり、カントのバランス感覚の発露であるとするとらえ方も多い。カント自身が、『判断力批判』序論で自然概念から自由概念への「移行」(Übergang)を語った(三七)。しかし、そもそも、批判という言葉が「区別」を意味する用法で使われていることからも分かるとおり、また、前二批判の構成を見ても分かるとおり、カント批判哲学の要諦は、現象界と叡知界との区別にこそあったはずである。また両者を区別しながら、同時に関係づけることができる、このような優れた媒介である純粋悟性概念の導入こそが、その最大の特徴である。この「切断」によって、アンチノミー批判が可能になった。そもそもアンチノミーが生じる理由とは、人間の中に、感性、悟性、理性とカントが呼んだような異なった性質をもつ諸能力が併存し、それらの組み合わせが人間に、現実と理念とが混成された表象をもたらすからである。そうした中、悟性を「演繹」という特別な定位の仕方で、理性と感性との両者を区別しつつ結びつける、つまり、距離を取らせつつ関係させるという特異な媒体として導入したからこそ、「混成」は認識と倫理とに切り分けられた。原的混成は、「物自体」という仮設と、判断力、構想力などの「力」の仮象に、その残滓をとどめている。

ところが、先にも言った通り、カントは『判断力批判』で、判断力は超感性的基体（物自体）を可視化すると言い、自然から自由への移行を可能にすると言って、判断力を積極的に肯定している。これでは、せっかくの「批判」がもとの黙阿弥である、と言えなくもない。ここで『判断力批判』を、『純粋理性批判』と『実践理性批判』の分断された世界をつなぐものとして、カントのバランス感覚を示すものとして、簡単に評価することはできない。そもそも、「切断」こそが、『純粋理性批判』＋『実践理性批判』の見事な二体系構成を可能にしたものであるからだ。

あるいは、ヘーゲル的に、こういう言い方もできよう。三批判における『判断力批判』の位置を、簡単に「接続」もしくは「統合」として評価することは、実は、二批判における「切断」を暗黙的に前提しつつ、「接続」を評価するという矛盾した態度を取ることになるのである、と。一方では、認識と道徳の「切断」による二批判体系を評価しながら、もう一方では、それに対する批判への対応として、『判断力批判』による「統合」を用意しておく。カントの三批判をあくまで、整合の取れた体系としてまるごと評価しようとすると、このような矛盾した態度に陥りがちである。本当に『判断力批判』は二批判を「統合」するものなのであろうか。

最後に書かれたこの「批判」を、カントは前二批判をつなぐものとしてではなく、前二批判の「前提」として書いたように思える節がある。カントは序文で、判断力の批判は、悟性と理性という二つの能力をつなぐ能力についての吟味として批判哲学の中で一部門を占めても良いのだが、判断力の原理は、理論哲学と実践哲学の中間の部門を形成することはないと述べている。また判断力とは「常識」という名のもとに意味されている能力にほかならないと言う。

判断力の原理は純粋哲学の一体系において理論哲学と実践哲学の中間の特殊な部門を形成することはできず、やむをえねば両者のいずれかへ臨機に合併されうるものではあるが。(三八)

判断力（その正しい使用ははなはだ必要であり、また普遍的に要求せられるのであって、常識の名のもとに意味されているのはまさにこの能力〔判断力〕にほかならない）……。(三九)

教説的部門のうちに判断力に対する特殊な部門の存しないことは自明である。なぜなら判断力に関して役立つものは理論でなくて批判であるからであり、哲学を理論哲学と実践哲学とへ区分し、純正哲学をもまさしくそうした部分へ区分した後には自然の形而上学と道徳の形而上学とがそれの全領域を形づくることになるであろうからである。(四〇)

こうしたカントの言明を確認すれば、『判断力批判』執筆の時点においても、あくまでもカントの思想の中心は、認識論と道徳論であったことがわかる。『判断力批判』の世界とは、要するに、認識作用に、理性による統一の働きが被さっている世界である。世界を断片的な認識の寄せ集めとしてではなく、秩序ある、統一あるものとして見るヴィジョンの話である。ところで、そうしたヴィジョンとは、我々の日常生活に他ならない。つまり、本来は、『判断力批判』の世界が事実として先にあり、そこからの遡行／分解の結果として、『純粋理性批判』＋『実践理性批判』の認識・道徳表裏一体の世界が導かれる、はずだ。その遡行／分解をカントは「批判」と呼んだのである。『判断力批判』はあくまで、確実な認識と純粋な道徳の二世界へと未だ区分されていない世界、つまりわれわれの日常生活を取り上げ、そこにおける美や目的といった表象が生じてくるところの源泉を「判断力」として定位し、それに悟性と理性とをつなぐ接着剤としての役割

（図２）カント二批判の関係

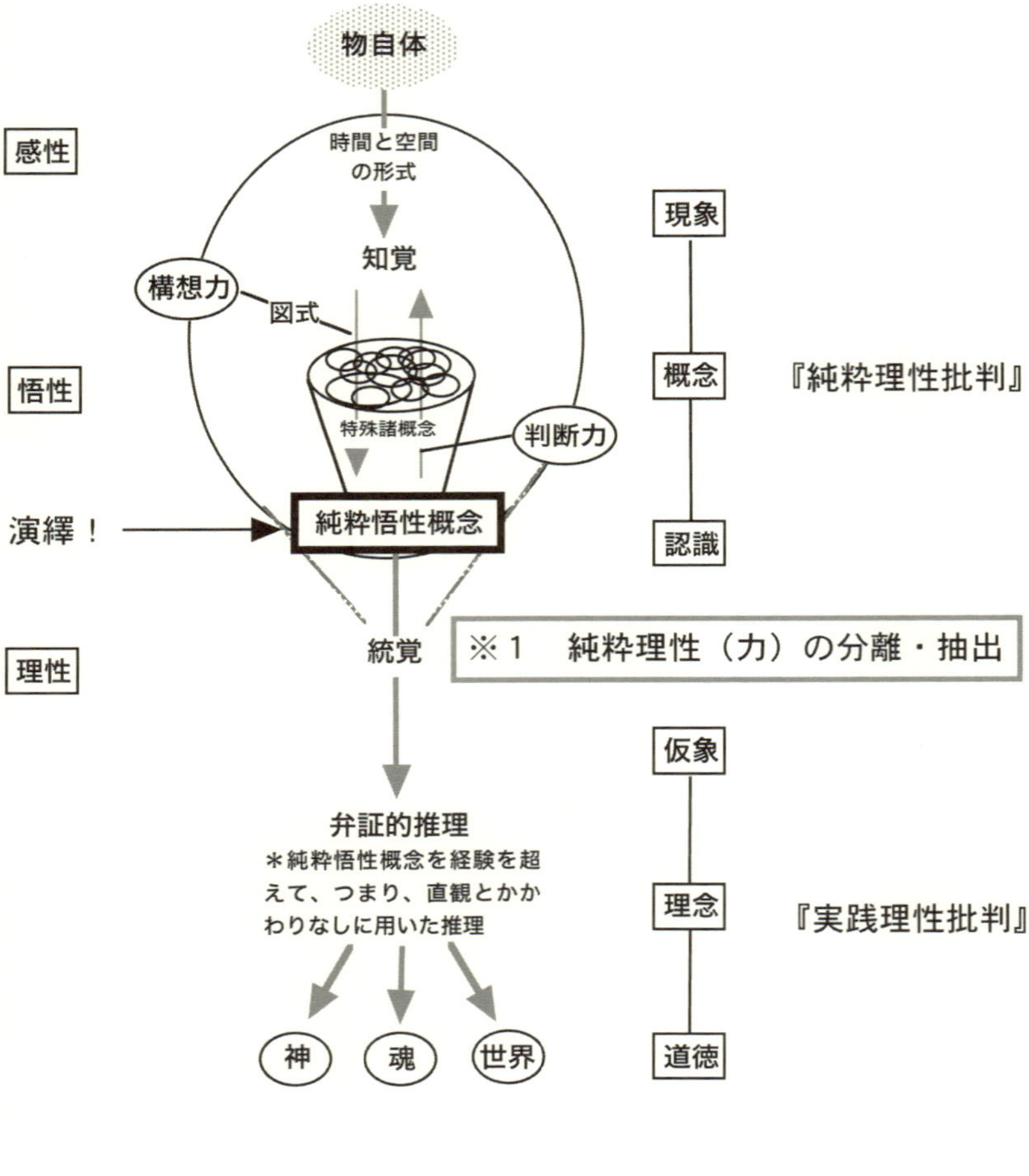

を準備しておき、そこから二批判の「切断された世界」へとわれわれを導くための布石として書かれた、と解釈できる。

しかし、その遡行／分解には「ねじれ」があると言わねばならない。なぜならば、実際には『判断力批判』は二批判の後に書かれ、その作業は、批判による「切断」の結果を先取りして行われているからである。常識と言いつつも、カントが描いたのは、美と目的の世界である。それは、もちろん、神、世界、魂などの理念へと話を接続することが意図されているから、また純粋に理性として使用されればそうした道徳的理念をもたらすはずの判断力の産物として世界を描くから、美や目的の話になるのである。だが、批判と切断以前にわれわれが日常において経験している、諸能力の重層の世界は、いわば、自然美と有機体的目的論の世界に限られるだろうか。このような疑問から、ヘーゲルのカント批判が始まる。

三　三批判体系の成立

ヘーゲルの主張に移る前に、先に述べた、『判断力批判』の導入によってカント批判哲学体系に生じた「ねじれ」を図解を使って示しておこう。

もともと『純粋理性批判』第一版の執筆時点では、カントは認識論と道徳論、すなわち『純粋理性批判』と『実践理性批判』の二批判を中心に考えていたと思われる。(**図2**)は、先に示した(**図1**)における『純粋理性批判』と『実践理性批判』との関係をもう少し簡単な図にしたものである。

認識を人間理性によるものとして位置づけ、自然界における人間の主体性を確保する一方で、悟性という中間能力を措くことで認識の客観性を保証すると共に、悟性とは区別された「純粋理性」を分離・抽出して、それを人間の道徳的能力として論じていく構成が示されている。(**図2**)は『純粋理性批判』第一版執筆時の、カントの二批判構想を表現したものと言える。

認識論を基礎づけることが実は道徳論への布石となっているというカントの二批判体系は、これはこれでまことによくできた構成だと言わざるをえない。実際、今日に至るまで、認識と道徳とをわけて論じるカント批判哲学のスタイルは、科学者などにはわかりやすい哲学として人気がある。しかしながら、『純粋理性批判』を第二版において書き改めるうちに、また『実践理性批判』を準備するうちに、カントは「力」の問題をどうにかしなければならないと考えたのであろう。『純粋理性批判』第一版において素朴に措定していた構想力の叙述を控えめにし、純粋悟性概念の演繹によって感性と悟性の接続を説明するように改めたところに、その布石がうかがえる。構想力を背後に退け、また判断力は認識の統制原理として位置づけるという『判断力批判』執筆の構想がこうして膨らんでいったものと推測できる。

『判断力批判』への布石はまた、『実践理性批判』のラストの文章にもうかがうことができる。『実践理性批判』の構成は(**図3**)に示したが、『実践理性批判』の締めくくり「純粋実践理性の方法論」では、『判断力批判』への接続を意識していると思われる表現が出てくる。ここでカントは、行

（図３）『実践理性批判』の構成

『純粋理性批判』

『実践理性批判』

『純粋理性批判』と『実践理性批判』の関係について

『純粋理性批判』と『実践理性批判』は純粋理性のアンチノミーを通して表裏一体の構造をなしている。人間にとって世界は論理的なもの（肯定判断／否定判断）としては現れず、弁証論的なもの（無限判断）として現れる。純粋理性のアンチノミーという誤謬が生じることは、理論理性の文脈からいえば認識の形式が主観的なものであることの証拠であり、物自体（世界そのもの）は決して認識できないと言う超越論的認識論の根本を支える。一方、実践理性の文脈からいえば誤謬推理は人間が理性的な行為者にして道徳的存在者であることの証拠となる。

純粋実践理性の原理論

＊当然のことながら、『実践理性批判』の「原理論」に「感性論」はない。実理は感性の触発から解き放たれた理性の働きについて明らかにする論だからである。

純粋実践理性の分析論

＊純粋実践理性の「原則」、「概念」（自由の範疇表）、「動機」について。自由の範疇表は純粋悟性概念の範疇表に対応して導かれる。

純粋実践理性の弁証論

＊純粋実践理性の弁証論について。純粋理性は与えられた被制約者に対して制約されない総体を求めるために、認識においても実践においてもつねに弁証論を持つ。実践においては、感性界における実践者である人間が純粋理性の実践法則に従って行為する際にアンチノミーが生じる。このアンチノミーの解決は、純粋実践理性の「要請」として、「神」と「魂の不死」を導く。人間が理性的行為者として制限されてあるという事実が、崇高なもの（宗教）の必然的な要請へと人間を導く経路と

純粋実践理性の要請としての霊魂の不死

「世界に最高善を実現することが道徳律によって規定される意志の必然的対象である。さらにこの意志においては心が道徳律に全く一致することが、最高善の最上の制約である。だから、この一致は、対象を実現すべしという命令の中に含まれているから、その対象と同じように可能でなければならない。だが、意志が道徳律に完全に一致することは神聖性であり、完全性であるが、感性界の理性的存在者はその存在のいかなる時点においてもそれをもつことはできない。それにも拘わらず、神聖性は実践的に必然的なものとして求められるゆえ、例の完全な一致に向かって無限に進んでいく推移の中でのみ出会うことのできるものである。そしてこのような実践的進行をわれわれの意志の質料的対象として受け入れることは、純粋実践理性の原理からいって必然的である。

だがこの無限の推移は同一の理性的存在者の無限に持続する存在と人格（これは霊魂の不死と呼ばれる）とを前提してのみ可能

（図３）『実践理性批判』の構成

な道徳性となるためには教育と訓練が必要である。
の行為はたとえ道徳法則に適っていても適法性を充たすのみで、道徳性を充たしたとは言えないからである。道徳的な正しさを示す行為に道徳性を見出す訓練（悟性と判断力の強化）と、傾向性から独立し自律の自由を得ることで生じるわれわれ自身に対する尊敬の念を通して道徳法則を受け入れていく訓練である。

「幸福とは、理性的存在者がこの世で自分の存在の全体においてすべてのものを自分の意のままにしうるという状態であり、したがって自然が自分の全目的に、同じように自分の意志を本質的に規定する根拠に、一致することに基づいている。ところで道徳律は自由の法則として、自然とわれわれの欲求能力（動機としての）に対する自然の一致とから全く独立であるべき規定根拠によって命令する。だが、世界において行為する理性的存在者が同時に世界と自然そのものとの原因であるわけではない。だから、道徳律の中には、世界の一部であり、したがって世界に依存している存在者の道徳に比例する幸福と道徳との間を必然的に一致させるような根拠は少しもない。それゆえこの存在者は自分の意志によってこの自然の原因であることはできない。そして自分の幸福に関して、自分の力ではこの自然と自分の実践的原則とを絶対に一致させることができない。それにも拘わらず、純粋理性の実践的課題の中には、すなわち、最高善への必然的な働きかけの中にはこのような関連が必然的なものとして要請される。われわれは最高善を促すように努むべきである（だから、それは少なくとも可能でなければならない）。それゆえ、このような関連の、つまり、道徳と幸福との正確な一致の根拠を含むところの、自然とは異なった、全自然の原因の存在も要請される。……すなわち神である。」（224-225、邦訳106-107頁）

『実践理性批判』と『判断力批判』の関係について

理論理性の立場からは、判断力は認識の体系を構築していく統制的原理として必要であるとされた。では、実践理性にとって判断力はいかなる意義を持つのか。「純粋実践理性の方法論」においてカントは行為の中に道徳性を見出していく訓練は、われわれが「われわれの認識能力を拡げて使うことが感じられるようなものを結局われわれが好きになる」（285、邦訳132頁）ために促されるであろうと述べている。この箇所でカントは、自然の中に目的や美を見出す判断力が道徳教育においても大事な働きをすると言っているようである。（参考：高峯一愚『カント実践理性批判解説』論創社）

「くりかえし、じっと反省すればするほど常に新たにそして高まりくる感嘆と崇敬の念をもって心をみたすものが二つある。わがうえなる星の輝く空とわが内なる道徳律とである。……この世界と（だがこれによって同時にまた例の目に見えるすべての世界と）わたくしは、前の場合のように偶然にではなく、普遍的に必然的に自分が結びついていることを知る。」（289、邦訳133頁）

『判断力批判』

＊『実践理性批判』からの引用は、（）内最初の数字がアカデミー版頁数、邦訳頁数は樫山欽四郎訳『世界の大思想―カント〈下〉』河出書房新社。

為の中に道徳性を見出していく訓練は、われわれが「**われわれの認識能力を拡げて使うことが感じられるようなものを結局われわれが好きになる**」(四一)ために促されるであろうと述べている。自然の中に目的や美を見出す判断力が道徳教育においても大事な働きをすると言っているように読める箇所である。そして、あの有名な「輝く星空」と「人間の内なる道徳律」とを賛美する一節が登場する。

くりかえし、じっと反省すればするほど常に新たにそして高まりくる感嘆と崇敬の念をもって心をみたすものが二つある。わがうえなる星の輝く空とわが内なる道徳律とである。……この世界と(だがこれによって同時にまた例の目に見えるすべての世界と)わたくしは、前の場合のように偶然にではなく、普遍的に必然的に自分が結びついていることを知る。(四二)

またここでカントは、ライプニッツを引き合いに出して自然の合目的性について語り、自然の中に美を見出す判断力が、道徳的意志の力を見出すきっかけとなることを述べている。

自然観察者は初めのうち自分の感官をそこねていた対象でも、その組織に偉大な合目的性のあることを発見し、かくて自分の理性をそのものの観察に向けるならば、結局は好きになるものである。ライプニッツは顕微鏡で注意深く観察した昆虫を、観察によって教えられたことに気づいたし、それにこの虫からいわば恩恵を受けたというので、も一度やさしくもとの葉にかえしてやった。(四三)

こうして判断力のもつ道徳的な意義がここで初めて明らかにされる。判断力の役割がシフトしたことについては、前にも述べたように、『純粋理性批判』第一版(一七八一年)と『実践理性批判』(一七八八年)のあいだに発表した『道徳形而上学原論』(一七八五年)の定言命法が、非人間的であるとして不評だったことも影響しているのかもしれない。『道徳形而上学原論』(一七八五年)の後、『純粋理性批判』は第二版(一七八七年)に書き改められ、『実践理性批判』(一七八八年)が『判断力批判』(一七九〇年)への伏線を含んで、出版される。このような経緯で、二批判の体系に『判断力批判』が挿入され、カント三批判の体系が完成することになる(**図4**)。これによって、当初『純粋理性批判』では認識を構成する背景的な能力の一つにすぎなかった「判断力」が、「悟性」「理性」と並ぶ人間の三大上級能力としてにわかに脚光を浴びるようになる。しかしながら、これによって(**図2**)のごとく、自然界(現象界)から「力」を分離・抽出して道徳界(叡知界)へ持っていくという、文字通り「批判」(区別)=「分析」の原理によって成立していたカントの批判体系は、「総合」を抱え込むことになる。体系に「総合」の原理が導入されたことは、カントの批判哲学の切れ味を鈍らせることになったのではないか。この問題を以下、考察してみる。

四 『判断力批判』のポジション

先に『判断力批判』を前二批判の分裂を総合するものとし

て評価する向きも多いことを指摘した。現代でも、カントの判断力を社会に正義や秩序をもたらす理想的な能力として位置づけようとする試みは多い。

たとえば、牧野英二は、カントの哲学の体系はあくまで二区分であることを強調しながら、『判断力批判』全体を「第三批判」と解する見方に疑問を呈している。牧野の主張は意表を突くもので、『判断力批判』前半の美的判断力の批判を「第三批判」とし、後半の目的論的判断力の批判を「第四批判」とするものである。これは、アーレントが美的判断力を政治的判断力として読み替え高く評価しながら、目的論的判断力を、個を抑圧し類としての人類を称揚する歴史哲学につながるとして厳しく退けたこと、また一方で、ピヒトのように後半の目的論的判断力に歴史理性批判の可能性を見いだして評価する者もいること、このように前半と後半とが相反するものとしてそれぞれ評価される傾向を受けて、牧野は判断力批判をさらに二つの批判に分断するという解釈を出したわけである(四四)。

確かに、アーレントや牧野が指摘するように、『判断力批判』における美的判断力と目的論的判断力は、同じ判断力と呼ばれながら、そのもたらすものは大きく異なる。美的判断力の批判は趣味判断にまつわって共通感覚の議論を提供する。これは間主観性の問題を考えようのない『純粋理性批判』＋『実践理性批判』構成の欠点を補って都合が良い。一方、目的論的判断力の批判は、ある意味で、人間主体からは離れた自然の組織性を語ることになる。この点で、アーレントの懸念は正鵠を得てはいるが、しかし、カントがあくまで有機体を目的に従って活動する「かのように」に見る人間の判断力の所産として位置づけたことを忘れなければ、そこに人間の主体性が失われることはない、とカントを擁護できる。あくまでカント自身の判断力の位置づけに従えば、美的判断力と目的論的判断力が反目するようなことも起こらない。美にしろ、目的にしろ、人間主観がそのように見ているだけのことである。

ところが、牧野が紹介しているように、この目的論的判断力の批判を、歴史理性批判へ展開できるとして評価しようとするピヒトがいたり、また、望月俊孝のように目的論的判断力を「自然の技術」を見いだす能力として評価し、現代の技術理性の超克に役立つとする考え方があるので、話がややこしくなる(四五)。歴史や自然が人間主観の意図を越えた法則性なり組織性なりをもち、逆にそこに、人間主観の沿うべきものがある、という話になれば、やはりそれは、カント哲学の圏外であると言わねばなるまい。歴史哲学や自然哲学に話を及ぼしたいのならば、ヘーゲルやシェリングを論じればよい。ヘーゲル、シェリングは、カント『判断力批判』に歴史や自然の哲学の大いなる可能性を見、同時にカント哲学体系の限界を乗り越えようとして、それぞれ独自の哲学を構成した。ヘーゲル、シェリング的な問題意識をあえてカント哲学の圏内に持ち込むことの危険が自覚されねばならない。カントはあくまでも人間主観の能力としての「力」を論じた。しかし、その「力」の議論は、細分化せざるを得なかった。そ

（図４）カント三判体系

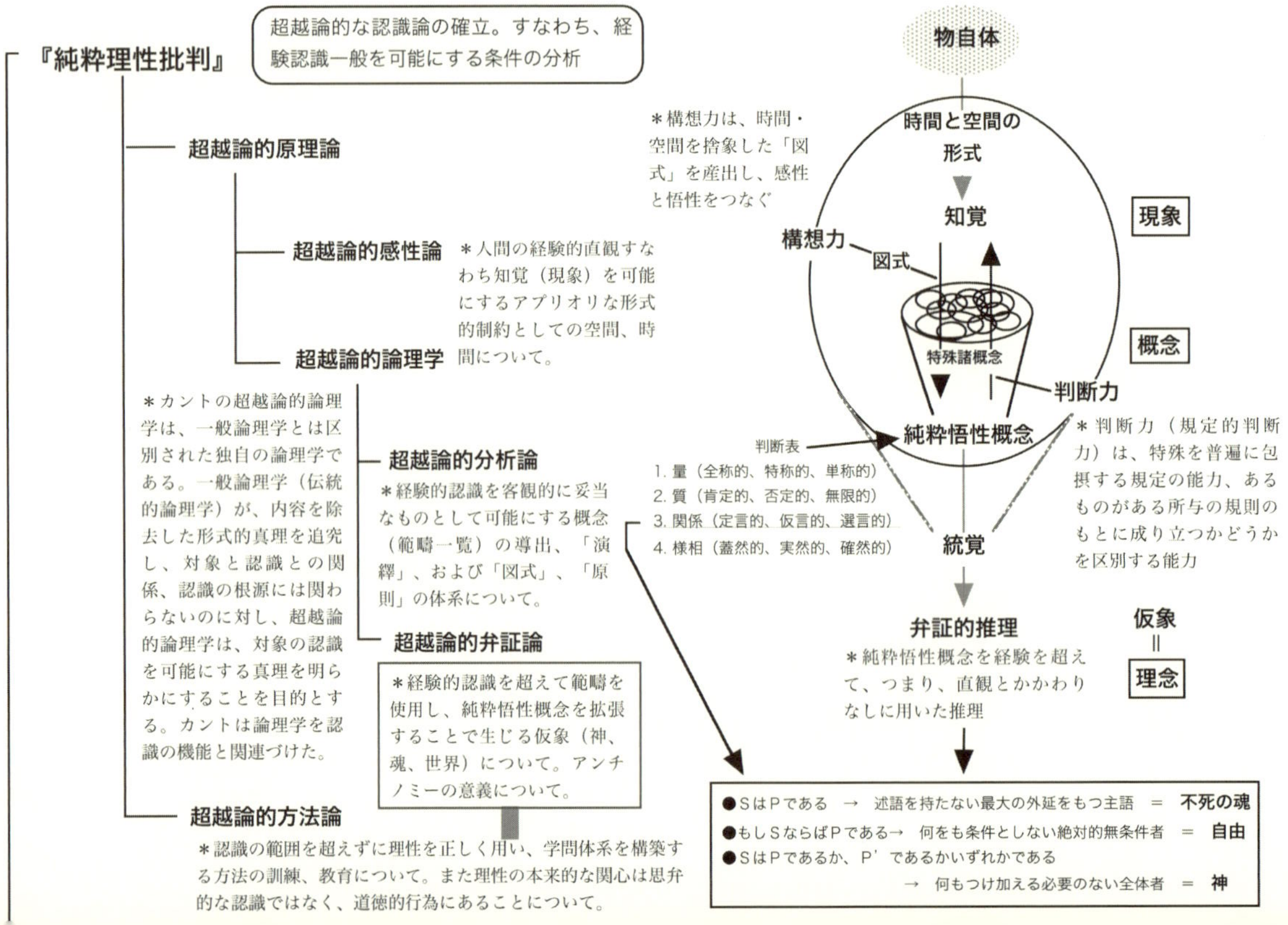
『純粋理性批判』
超越論的な認識論の確立。すなわち、経験認識一般を可能にする条件の分析
超越論的原理論
超越論的感性論
＊人間の経験的直観すなわち知覚（現象）を可能にするアプリオリな形式的制約としての空間、時間について。
超越論的論理学
＊カントの超越論的論理学は、一般論理学とは区別された独自の論理学である。一般論理学（伝統的論理学）が、内容を除去した形式的真理を追究し、対象と認識との関係、認識の根源には関わらないのに対し、超越論的論理学は、対象の認識を可能にする真理を明らかにすることを目的とする。カントは論理学を認識の機能と関連づけた。
超越論的分析論
＊経験的認識を客観的に妥当なものとして可能にする概念（範疇一覧）の導出、「演繹」、および「図式」、「原則」の体系について。
超越論的弁証論
＊経験的認識を超えて範疇を使用し、純粋悟性概念を拡張することで生じる仮象（神、魂、世界）について。アンチノミーの意義について。
超越論的方法論
＊認識の範囲を超えずに理性を正しく用い、学問体系を構築する方法の訓練、教育について。また理性の本来的な関心は思弁的な認識ではなく、道徳的行為にあることについて。
物自体
時間と空間の形式
知覚
現象
＊構想力は、時間・空間を捨象した「図式」を産出し、感性と悟性をつなぐ
構想力
図式
特殊諸概念
概念
判断力
＊判断力（規定的判断力）は、特殊を普遍に包摂する規定の能力、あるものがある所与の規則のもとに成り立つかどうかを区別する能力
純粋悟性概念
判断表
1. 量（全称的、特称的、単称的）
2. 質（肯定的、否定的、無限的）
3. 関係（定言的、仮言的、選言的）
4. 様相（蓋然的、実然的、確然的）
統覚
弁証的推理
＊純粋悟性概念を経験を超えて、つまり、直観とかかわりなしに用いた推理
仮象
＝
理念
●ＳはＰである　→　述語を持たない最大の外延をもつ主語　＝　不死の魂
●もしＳならばＰである→　何をも条件としない絶対的無条件者　＝　自由
●ＳはＰであるか、Ｐ’であるかいずれかである
→　何もつけ加える必要のない全体者　＝　神

（図４）カント三判体系

感性から解き放たれた理性（推理能力）は、人間の道徳的能力としての意義をあらわにする。実践理性批判は、行為を規定すべき道徳原則について明らかにすることを目指す。われわれの行為は、われわれの「意志」による。意志は認識を超えた理性的なものであるが、空虚なものとならないためには、悟性概念に対応した範疇をもたねばならない。また同時に、感覚的に触発される有限な理性的存在者であるわれわれ人間の意志は、その主観的原則である「格率」がすべての理性的存在者の意志に妥当する客観的法則と一致するとは限らない。それゆえ、最高の道徳原則とは、その一致を命ずるものである。すなわち、本来理性的なものでありながら、感覚的なもののしっぽを引きずるわれわれの「意志」をさらに形式的に、内容捨象的に普遍化することが要求される。認識の原則を規定した超越論的論理学では制限された、古典的、一般論理学的な形式的推論は、むしろ実践理性の領域で解放されるとも言える。

物自体がないからである。これら仮象は、すなわち、魂も自由も神も理論的にはその存在は認められない。しかし、これらの仮象は、人間の願望、行為と関わっている。

「人間の理性は、このような推理が不当な推理であり、したがってそれの導出するものが単なる仮象にすぎないことが理解されても、なおかつそのような「仮象」を「仮象」であるからといって否定し去ることはできず、何らかそのような究極的な統一的無条件者の存在を信じ承認することなしには、「知識」の形式を内容と一致させて「知識」を完成すべき目標を、いわば経験を全体として組織したいと願う私たちの願望のよりどころを、得ることができないことに気付く」（高峯一愚『カント講義』論創社、p.132）

『判断力批判』

反省的判断力について。認識論（純理）では弁証的推理を導いた判断力の機能は、ここでは反省的判断力として、統制的原理としての役割が明らかにされる。（反省的）判断力は、悟性（認識能力）、理性（欲求能力）と並ぶ、三大上級能力の一つで、「快と不快の感情」に関係する。反省的判断力のアプリオリな原理は「自然の合目的性」であるが、この原理は、純粋悟性概念や理念のように客観ないし意志の規定には関わらず、もっぱら主観の反省を司る「主観的原理」である。判断力は悟性と理性ともちがい対象を構成しない。だから構成原理ではなく、統制的原理であると呼ばれる。この判断力の批判は新たな体系を基礎づけないが、体系一般の構築術に関する考察であり、認識の体系的統一の可能性を問うものとして、哲学体系構築には不可欠である。判断力は自然的対象の中に美や目的といった調和を見出すことを可能にすることで、世界と人間の理性能力の双方に崇高の念を抱かせる。それによってこの世界と私との普遍的必然的つながりが意識され、自然概念の領域から自由概念の領域への移行が遂行される。

こにシェリングやヘーゲルが「自然」や「歴史」の問題を論じる余地があった。このようにカント哲学の課題をとらえておくことが重要である。

「判断力」とは何なのかを、あらためて考えてみよう。

もともと『純粋理性批判』第一版の時の構想では、「構想力」は図式の産出によって感性と悟性とを接続するもの、「判断力」は特殊諸概念と普遍的概念とを結びつけて判断を構成する働きをするものと位置づけられていた。いずれも、「感性＋悟性＝認識」という図式の中で背景的に働く力であり、感性や悟性といった人間の諸能力の産出するそれぞれの部品を結び合わせて統合された認識をかたちづくるための「接着剤」のような役割を果たしていた。カントの構想では、こうした接合の役割を果たす「力」の類いは、人間がもともともっている「理性」から滲み出たものであると考えられている。たとえば、プラスティック・モデルを作るときに使用する「接着剤」は、基本的には部品相互を少しだけ溶かすことによって張り合わせている。適量を用いればきれいに接着できるが、あやまって大量に接着剤を塗布してしまうと、部品が汚く溶けてしまうことになる。カントの理性はこのような「接着剤」のイメージでとらえると良いだろう。「理性」は感性や悟性を組み合わせるための「接着剤」として適切な分量を用いれば科学的な認識を構成するわけだが、度をすぎて本来の用途を忘れて使いすぎれば、認識という構成物を溶かして歪めてしまう「溶剤」のような働きをする。感性と悟性のもたらす部品を張り合わせるという本来の役割を忘れて理性を単独で用いれば、もたらされるのはアンチノミーという仮象であり、現実の認識ではない。ただし、道徳的な判断というものは、感性を超越した領域のことがらであるので、理性を道徳的判断に用いるかぎりにおいては、認識論的仮象の発生を心配する必要はない。とはいえ、そのような感性を超越してしまう能力としての理性（純粋理性、実践理性）を行為の導き手とすることは、感性的な存在である人間にとってはつらいことである。こうして徳と幸福の追求は有限な存在である人間においては一致しないという実践理性のアンチノミーの問題が生じる。

実践理性のアンチノミーの問題は、いわば、もともと認識を構成する「接着剤」のような働きをするものであった理性を単独で用いてなにか有意義なものが産み出せるのか、という問題に置き換えられるだろう。カントはこの問題を解決するために、「神の存在」や「霊魂の不死」という「要請」（Postulat 公理・公準）が必要であると述べた。

この「要請」「公理」というカントの考え方は興味深い。Postulat がユークリッド幾何学の「公理」から来ているであろうことは容易に推測できる。ユークリッドが『原論』（紀元前三世紀頃）で展開した幾何学の体系はよく知られたように五つの公理をその初めに置く(四六)。これはたまに誤解されるように、体系の土台を保証する絶対的な真理といったようなものではない。「点と点を直線で結ぶ事ができる」「線分を延長して直線にできる」「一点を中心にして任意の半径の円を描く事ができる」「全ての直角は等しい（角度である）」

「直線が二直線に交わり、同じ側の内角の和を二直角より小さくするならば、この二直線は限りなく延長されると、二直角より小さい角のある側において交わる」。以上がユークリッドの「五つの公理」であるが、これらは平面幾何学の世界に入るために確認される約束事であるにすぎない。紀元前三世紀のユークリッドの時代には、すでに、古代エジプト以来数千年の歴史をもつ平面幾何学は一定の豊かな内容をもった学問分野として成立しており、ユークリッドはその幾何学の世界で前提されている約束事を論理的に抽出して、命題のかたちに整えたにすぎない。無意識に先達の数学者たちが従っていた約束事を抜き出して、それを体系の出発点にすえて見せたのがユークリッド『原論』である。公理（Postulat）というのは、すでになされている実践の事実から導かれるものなのである。

カントの「要請」（Postulat）も基本的にはこれと同じものである。われわれ人間が動物と同じく感性的な存在であると同時に、動物とは異なった道徳的行為の領域をもつ存在であることはカントにとって自明の事実であった。超感性的な存在として、あるいは善意志の主体としてふるまう人間の事実において前提されている命題を抽出すれば、そこには「魂の不死」や「神の存在」といった超越的な仮定が見出だせることをカントは指摘したのである。したがって、「魂の不死」や「神の存在」は絶対的に正しい真理なのではなくて、つねにすでに道徳的な存在である人間を理解するために「要請」されるものなのである。さきほどの「接着剤」の比喩に戻るならば、世界が現に秩序立ったものとして構成されているという事実からカントは「接着剤」の存在を演繹し、それによって、われわれ人間が何者かによって組み立てられた存在であるだけではなく、みずからもまた組み立てる存在であること、すなわち世界からの人間の「超越」と、世界に対する人間の「能動性」を主張したといえる。

以上が、カントの『純粋理性批判』と『道徳形而上学原論』、あるいは『純粋理性批判』と『実践理性批判』のもつ構造である。この構造においては、人間のもつ「能動性」は、認識の成立という半ば受動的な事実からかろうじて引き出されているにすぎない。人間の能力が世界を組み立てるとカントは主張するわけだが、それはすでに組み上がっている世界を人間能力の諸要素に置き換えて分解することで、それらを相互に接着しているはずの接着剤を無理やり単体として抽出している感がある。そのようにして「純粋」に「批判」された接着剤、つまり単独で取り出された接着剤のごときものが、本当に能動的に使えるものであるといえるのかどうかは疑問が残る。

『実践理性批判』におけるカントの主張によれば、実践理性というものは、「神の存在」や「霊魂の不死」という「要請」（Postulat 公理・公準）にのっとって人間が超越的に使用する能力である。つまり、それは現実とは何の関わりもない。人間は、現実の認識の世界と、人間的道徳公理によって仮想された道徳の世界と、二つの世界に二重に存在して生きるのである。この二つの世界が直接につながることはない。

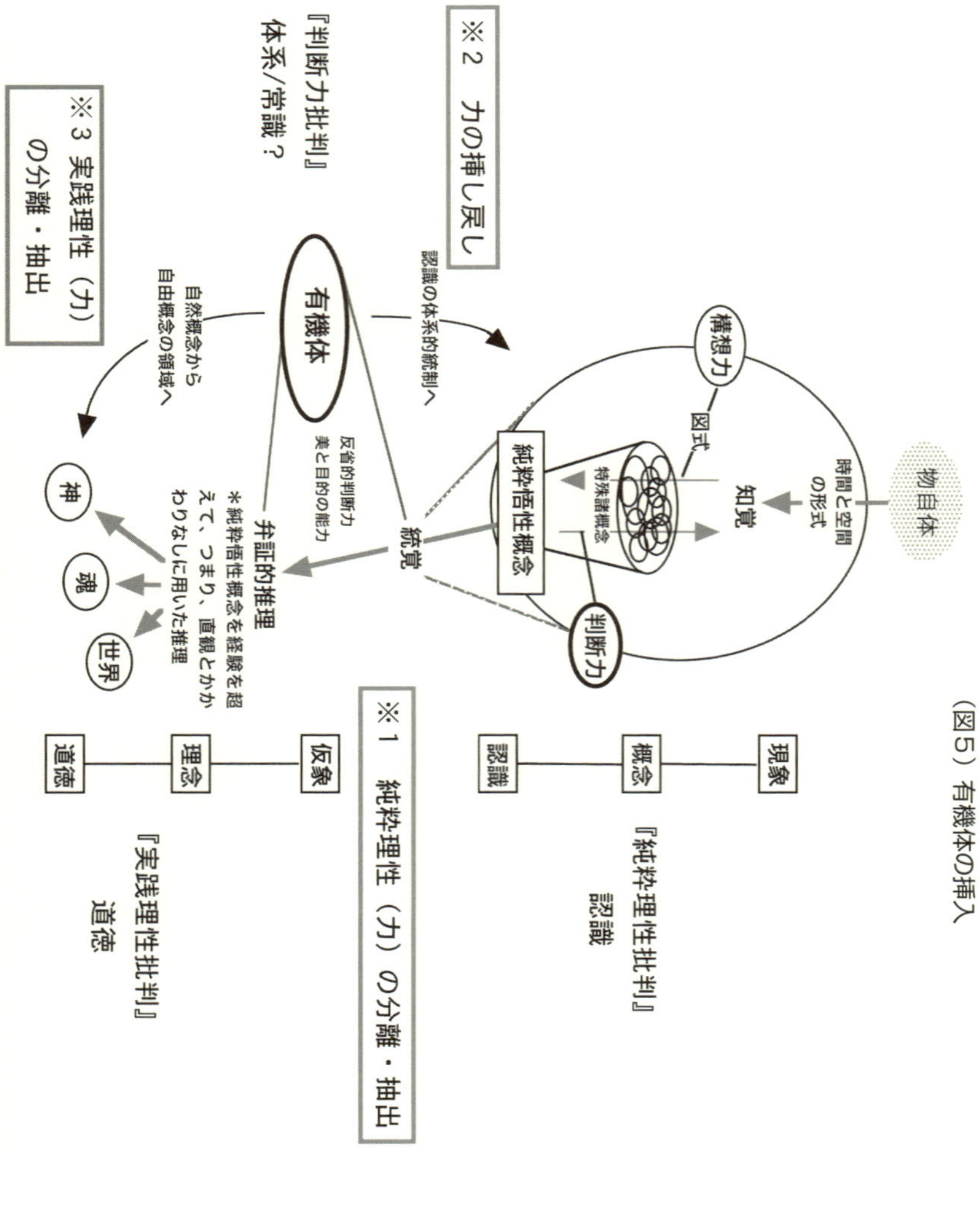
（図５）有機体の挿入
物自体
時間と空間の形式
知覚
構想力
図式
特殊諸概念
判断力
純粋悟性概念
統覚
※２　力の挿し戻し
認識の体系的統制へ
反省的判断力
美と目的の能力
有機体
『判断力批判』
体系/常識？
弁証的推理
＊純粋悟性概念を経験を超えて、つまり、直観とかかわりなしに用いた推理
自然概念から自由概念の領域へ
神
魂
世界
※３ 実践理性（力）の分離・抽出
現象
概念
認識
『純粋理性批判』
認識
※１　純粋理性（力）の分離・抽出
仮象
理念
道徳
『実践理性批判』
道徳

それらはそれぞれ異なった「次元」であり、この二つの次元にまたがって人間は生きる。これが、『純粋理性批判』＋『実践理性批判』の二批判体系の描く人間像である。

しかし、ここに『判断力批判』が入ってきてしまうと、話がちがってくる。『判断力批判』では（図5）が示すように、認識と倫理の間に「有機体」（自然美と目的論的世界）という固有の領域が挿入されてくる。先ほど確認した、『実践理性批判』の末尾の叙述から考えれば、『判断力批判』の対象とする「美」と「目的」の世界は、『純粋理性批判』の描く機械論的な自然認識と、『実践理性批判』の描く超越的な道徳的世界とを橋渡しする領域であるかのように位置づけられる。

カントの説明では、判断力の構成するものはあくまで認識の体系化を統制するために役立つものであるにすぎず、認識を構成するものではないとされていることも確認した。この説明にのっとれば、有機体のごときものが見えてしまうのは、人間が道徳能力として使用されるべき理性を自然界にわれ知れず投射してしまっているからである、ということになる。したがって、自然の中に存在する「生命」はけっして認めない、というのがカント体系の帰結となるのである。このことをふまえれば、有機体のごときものが見えるというのは、いわば認識を構成するための「接着剤」である理性（判断力）をわれわれがオーバードーズ（過剰使用）してしまっているために起ることである。自然は機械的なものなのであり、それが有機的なものに見えてしまうのは、接着剤の使いすぎによってプラモデルが溶けてしまったようなものである、と言うことになる。だから、接着剤の使用にはよく注意して、まちがってもそれを現実世界の構成に過剰に用いたりしないようにしなければならない、このような判断力の正しい用法の定位こそが、『判断力批判』という書物に本来課せられた役割であったはずである。

ところが、実際には、『判断力批判』はそのような本来のポジションから微妙に外れてしまった感がある。カントが、『純粋理性批判』の当初において考えていたように、認識を構成する「接着剤」として裏方である判断力の位置づけを守るならば、『判断力批判』をわざわざ書く必要はなかったはずである。しかし、実際にはカントは、『純粋理性批判』第二版で注意深く「力」の存在を認識の後景に退けるとともに、『実践理性批判』の末尾と『判断力批判』の序文において、「美」的世界と「目的論」的な世界が人間的世界の一領域であることを認めてしまった。これはおそらくは『純粋理性批判』のアンチノミー批判と『道徳形而上学原論』の定言命法が厳格主義にすぎることを意識したためであろう。そしてまた『純粋理性批判』第一版における「構想力」の問題を気にしたためであろう。これによって、「純粋理性批判」と「実践理性批判」の間に、すなわち現象界と叡知界との間に有機体の世界が出現してしまった。くり返しになるが、カントは有機体を判断力の所産による仮象と位置づけ、認識としては認めなかった。あくまで、「力」を現象界から排除して叡知界に位置づけること、すなわち人間主体の「力」として定位することがカントの主眼であった。だが、そのことを徹底しようと意識したために、『純粋理性批判』第一版では裏方的に接着剤として位置づけられていた「判断力」が、今や固有の力として自立してしまった。そのことによって、**（図5）**に示したように、有機体の領域が出現してしまったのである。

カントにおける有機体的領域の出現は何を意味するだろうか。それは力の実体視と有機体の理性化を意味する。カントは認識から「力」を排除しようとして排除しきれずに人間主体の判断力の所産とした。『純粋理性批判』と『実践理性批判』ではあれほど慎重に、単独で何らかの構成力をもつような類いの「力」を注意深く排除した叙述を心がけていたにもかかわらず、最後になって「判断力」という大きな力を人間主体のうちに措定してしまったことになる。それは、叡知界においてのみ働く実践理性とはちがって、現象界において作用し構成する「力」である。そしてまた判断力は理性という根から発しているものとされるから、それによって認識される有機体は理性的な構成物であるということになる。ここにおいて、現象界に能動的な働きかけをすることが可能でかつ理性的な「力」が出現してしまったことになる。

（図5）において示したように、ほんらい『純粋理性批判』当初の構想では、理性という力は批判的に、すなわち分離・抽出によって確保されるものであった（**※1 純粋理性（力）の分離・抽出**）。そして、純粋理性として抽出された理性は、その使用を叡知界にかぎるというかたちで制限されるべきものであった。ところが、いまやそのような経緯を経て抽出された理性が、現象界に挿し戻される（**※2 力の挿し戻し**）。そして、カントは判断力によって見えるような美と目的論の世界は、要するに、われわれ人間が常識的に経験している世界なのだと『判断力批判』序文で言明する。その一方で、判断力のもたらす有機体等の表象は、認識ではないのだとカントは強調する。

こうしたカントの玉虫色の態度を前にして、われわれは「判断力」の位置をどのように理解したらよいのであろうか。

一つの考え方はこうである。われわれ人間が日常において経験している世界はつねにすでに理性のオーバードーズ（過剰使用）によってもたらされた「力」にあふれた世界である。正しい認識に至るためには、われわれの「経験」から「力」の過剰分を差し引いて、機械論的認識に至る必要がある。これは、『判断力批判』（常識）－『実践理性批判』（道徳）＝『純粋理性批判』（認識）という構図である。

だがこれは、「常識」を擁護しすぎだといわなければなるまい。これでは、われわれはつねにすでに「美」と「目的論」的な世界に生きているのだということになってしまう。それがわれわれの常態であるならば、そもそも認識論も道徳論も必要ないだろう。もともと、『純粋理性批判』は科学的認識の構造を分析したものである。そこでは、科学的認識は理性的に秩序立ったものであるという確信があるからこそ、そこから感性を差し引いた残りの部分が「純粋理性」であり、実はそれが道徳的な能力であるという主張がされていたわけである。すでに理性的なものであると信頼のおける科学的な認識からさらに「感性」という夾雑物を取り除くことによって、われわれは純粋理性に至れるのだというのが、もともと『純粋理性批判』の主旨だったはずである。カントが初めから科学的認識の話をしているのだということは、『純粋理性批判』序文において「ア・プリオリな総合判断」の問題を重要な課題として論じていることからも明らかである。ところが、それが、いつのまにか、「常識」から「道徳」を差し引いたものが「認識」だという話になってしまっている。

五　メビウス的円環

上記の式『判断力批判』（常識）－『実践理性批判』（道徳）＝『純粋理性批判』（認識）は、変形すれば、『純粋理性批判』（認識）＋『実践理性批判』（道徳）＝『判断力批判』（常識）ということになる。Ｃ－Ｂ＝Ａであるならば、これを変形して、Ａ＋Ｂ＝Ｃとすることは数式的操作としては何の問題もないように思える。しかし、三批判の意味することを考えれば、二つの式は相互に置換可能ではない。両者はわれわれ人間のおかれている状況について異なった認識を表現することになる。これを**（図5）**で示すと、先の二つの式は図中**「※3　実践理性（力）の分離・抽出」**と**「※2 力の挿し戻し」**いう二つの矢印に対応する。**「※3　実践理性（力）の分離・抽出」**は「Ｃ－Ｂ＝Ａ」に対応し、**「※2 力の挿し戻し」**が「Ａ＋Ｂ＝Ｃ」に対応する。この二つの矢印の方向は、矛盾する。それは、判断力批判の描く美と目的論の世界は、「認識」に「道徳」を重ねて自然の「体系」化をめざすという意味でのゴールなのか（**「※2 力の挿し戻し」**の方向の矢印）、あるいは、われわれ人間はつねにすでに「常識」において判断力における美的、目的論的統一に出逢っているという意味でのスタートラインなのか、という問題を提起する。**「※2 力の挿し戻し」**の方向性は『純粋理性批判』が当初書かれていたときのベクトルであり、**「※3 実践理性（力）の分離・抽出」**の方向性は後から附加されたベクトルである。前者を**ベクトル①**とし、後者を**ベクトル②**としておこう。二つのベクトルは実は矛盾するのだが、カントの三批判体系においては、この二つベクトルが併存している。この二つのベクトルをわかりやすく抜き出して図解したものが、**（図6）**と**（図7）**である。

後に附加された**ベクトル②**に従うならば、つまり、カントが『実践理性批判』末尾や『判断力批判』序文で述べているように、われわれがつねにすでに自然における美的、目的論的統一に出逢っているのならば、『判断力批判』がスタートラインとなるべきである。すなわち、批判体系の序列は変更されるべきであり、『判断力批判』は「第一批判」となるべきである。だが、実際にはカントがそのような「変更」を考えていた形跡はない。推測すれば、カントは「総合」を「所与」ではなく「課題」としたかったということだろう。つまり、認識は人間の高次の能力である理性によって統合されるべきであるという**ベクトル①**を保存したかったということである。

カントは、「総合」が「課題」であることを示したかった。

（図6）ベクトル①

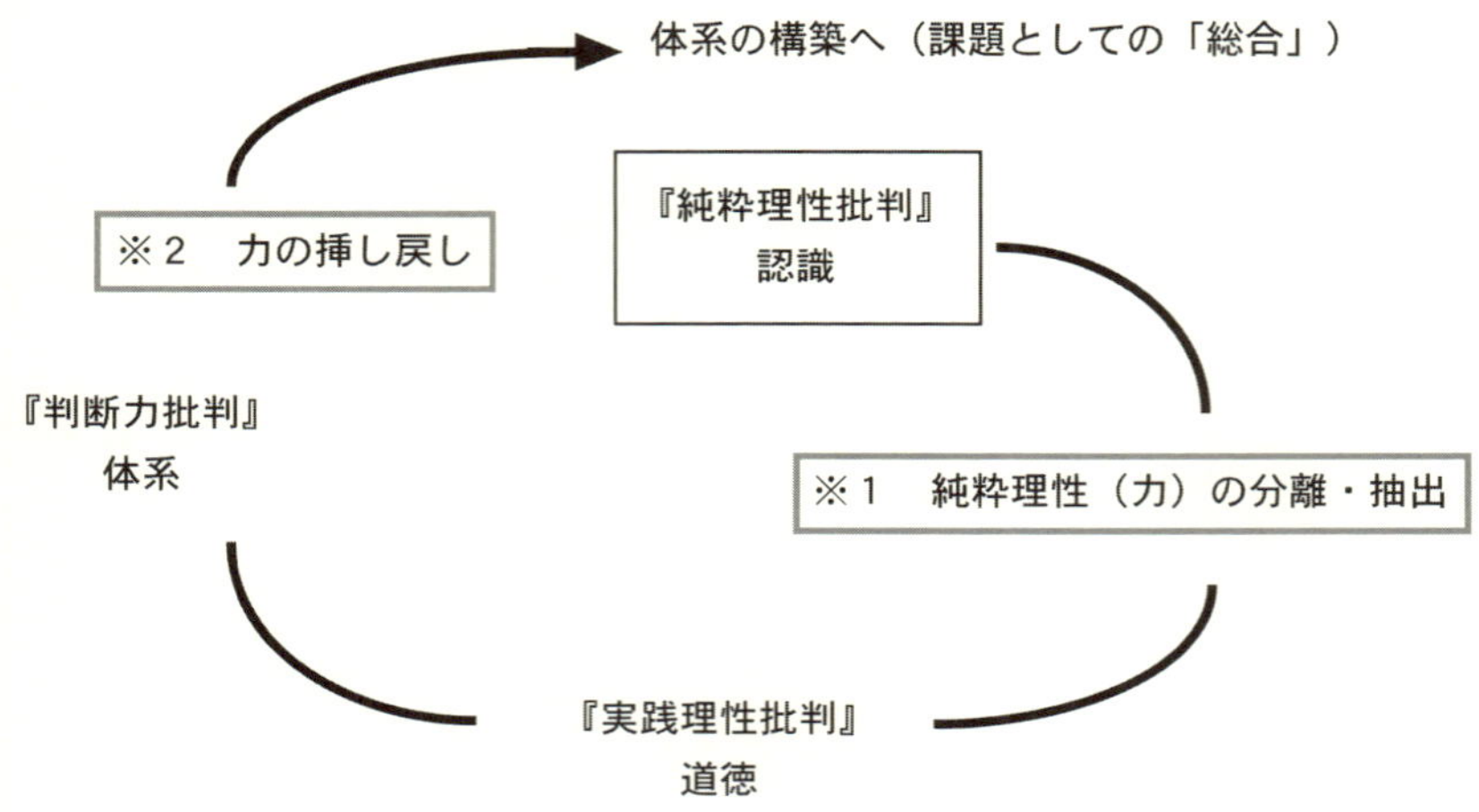

（図7）ベクトル②

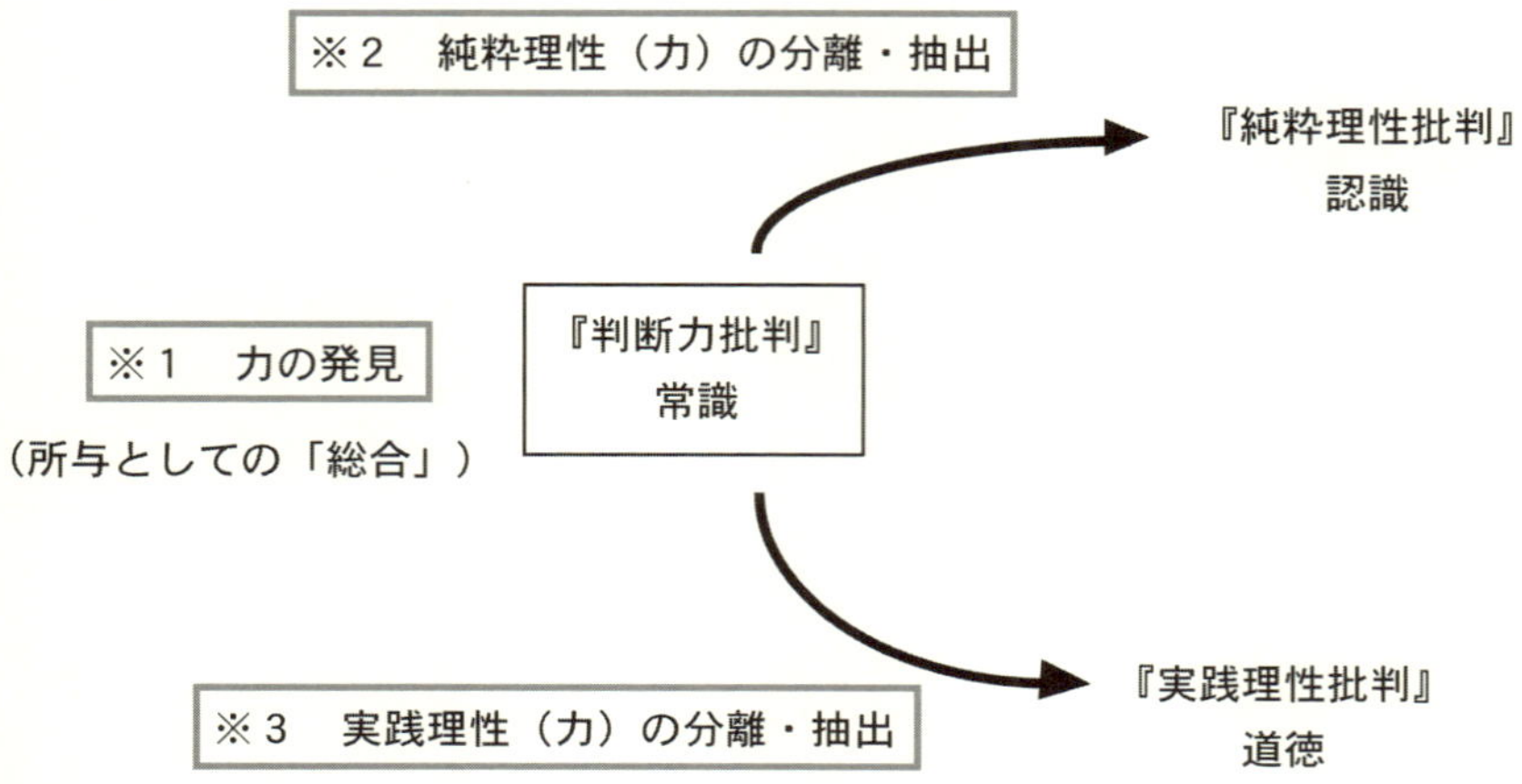

それこそが、批判哲学を始動した動機の一つであっただろう。ところが、三批判を書き終えたとき、結論としてカントは、「総合」がある意味で「所与」であることを否定できなかった。これは、『判断力批判』は終点なのか始点なのかという、カント批判哲学体系を理解するうえでの根本問題を提起する。判断力は終点であるとするのが、ほんらいの批判哲学の意図に沿っているように思える。だが、くり返しになるが、カントは、われわれはつねにすでに「美」と「目的論」に出逢っているのだという言明を抑えることができなかった。前節で確認したこの時代の状況をふまえると、カントは生物学の再生実験などが啓蒙主義者たちのあいだで流行っている事実を無視できなかったのだろうと推測できる。人びとは「有機体」の不思議に出逢いはじめていた。このすでに遭遇されてしまっていた有機的なもの、すでに経験されてしまっていた総合をカントは大急ぎで「課題」として再構成するする必要があったのである。それこそが、三批判体系全体を貫く動機にほかならない。判断力は始点なのか終点なのか。この問いに、カント主義者ならばこう答えるのかもしれない。判断力は始点であり終点なのである、それは発端であり課題なのである、と。ここにわれわれは、世界をみずからの手によって分解し再び組み立てることを欲する「啓蒙主義の精神」の典型を見出すことができるだろう。

　啓蒙主義の精神は、実は、対象を分解し組み立てなおす前に、組み立て後の理想像を期待している。しかし、人がみずからの手で組み立てたものが予期していた通りのものになるとは限らない。人の手を経た結果、思わぬ怪物が生まれてしまわないとも限らない。あるいは、組み立てなおそうとする対象が、人の意図の通りに組み立てなおされてくれるとは限らない。それは、人間の組み立てに反抗するかもしれないのである。この問題は、「判断力」の位置づけの問題と関連する。**ベクトル①**と**ベクトル②**で使用されている判断力、つねにすでに働いているものとしての判断力と、世界の秩序付けのために投与される判断力ははたして同じものであろうか。この問いはまた、かたちを変えて問えば、つねにすでに働いている判断力は理性的なものであると言いきれるのかどうか、という問いになる。有機的なものの表象をもたらしている判断力は理性的な能力であるとは限らない可能性がある。カントはそれを、人間の能動的で理性的な能力であると位置づけた。そして、有機的なものの表象を人間理性の所産であると分析した。だが、本当にそうなのであろうか。

ベクトル①と**ベクトル②**の併存、判断力は発端であり終点であるというカント批判哲学体系の奇妙なねじれは、ヤコービによって「物自体」の問題としても指摘されている。

> **「物自体」なくしては、われわれはカント哲学に入ることは出来ず、また「物自体」が残存するがゆえに、われわれはカント哲学にとどまることができない。**(四七)

　ヤコービはスピノザに代表される大陸合理論の哲学は、悟性を中心にする哲学であり、空虚しかもたらさない古い形而上学であるとして批判した。そして、啓蒙主義やカント哲学を内容のある真理を語れないニヒリズム（nihilism）であるとして批判した。彼によると、感官（Sinn）こそが直観し、真なるものを把握するという。ヤコービの感官（Sinn）は感性という意味と、洞察力のような精神的な直観能力とがともに意味されておりあいまいであるが、彼の主張のポイントは、悟性による推論の系列は真理に到達することがないというものだった(四八)。悟性による推論以前に、「もの」そのものがもっている「統一」を人間は感じ取っており、むしろ統一は「もの」によってもたらされる部分があるのに、カント哲学はそれを語ろうとしない。ヤコービのカント哲学論駁はフィヒテ、シェリングの思想形成にも影響を与えた。この章の冒頭に引用したシェリングの言葉は、物自体を積極的に語る道があるのではないかという立場からカントを批判したものである。シェリングの問題意識によれば、能動性は自然のほうにあるかもしれないのである。

　本書の文脈に置き換えれば、ヤコービやシェリングの指摘する「物自体」の問題とは、世界の「総合」の問題ととらえても良いし、「有機的なもの」の問題であるととらえても良い。カント哲学の構造においては、そういうある種の「総合」が人間には到達できないものとしてはじめに設定されているのであるが、ある意味では、何らかの方法でわれわれはすでにそれがあることを知っており、それへの到達を「課題」とする、という具合になる。この到達の課題を、人間の積極的な能力である理性の課題と位置づけたのがカント哲学である。したがって、批判哲学において、理性とは初めから人間に備わっているものであると同時に、われわれが到達すべき目標でもある。このねじれた構造を、人間の置かれた状況として表現するために、カント批判哲学の体系は構築された。ヘーゲルのように、理性は非理性的なものから徐々に成長するものであるかもしれないという発想はカントにはなかった。そのために、カント批判哲学は、メビウスの輪のようにねじれた循環の構造をもつことになったのである。

　カント的構成の問題点は、次の点につきる。われわれが「理性」という名のもとに「見出したもの」が、「初めからあったもの」と同じであるとは限らない、と言うことである。初めからそこにあったものは、非理性的なものであったのかも知れず、われわれはそれを理性化してしまったのかもしれない。だが、非理性的なものはわれわれの理性化の努力に関わらず、非理性的なものに留まっている可能性はないだろうか。あるいは、非理性的なものは、理性化の企図に対して反抗する可能性はないだろうか。カントは有機体を理性的なものとして見出したが、それは本当にそうだろうか。『判断力批判』の仕事は、本来理性的ではないものを理性化してしまった可能性はないだろうか。

　この「可能性」に気づいたのがロマン主義である。ロマン主義は、人間の理性が怪物を産み出してしまう可能性に気づいていた。世界を理性的に把握しようとする啓蒙主義の試みが、非理性的なものに出逢ってしまうことに気づいていた。たとえば、それを象徴する作品の一つが、メアリー・シェリー『フランケンシュタイン、すなわち現代のプロメテウス』（一八一八年）(四九)であろう。夫の詩人パーシー・シェリーやバイロンとの交流に刺激されて書かれたこの作品は、ロマン主義の問題意識をよく表現している。『フランケンシュタイン』では、メスメルの動物磁気（一七七四年）やガルヴァーニの筋肉電流の実験（一七九一年）をヒントに、死体から生きた人間を再構成する科学者の姿が描かれる。十七世紀にニュートンが見出した「力」、すなわち重力は人間の意のままになるものではなかったが、十九世紀になると電磁気学が発達し、電気が人間の操作できる新たな「力」として注目を浴びるようになった。『フランケンシュタイン』の副題の意味は、プロメテウスが人間を土と水から造ったこと、また神から火を盗んで人間に与えたことにちなみ、新しい「力」を手に入れた人間を表現している。当時は、動物磁気などとの連想から、電気を手にした人間が生物に生命を与えることができるかもしれないという発想があった。そのようなことが実現すれば、人間が造物主である神と同等の立場に立つことになる。フランケンシュタインによって生み出された生き物は、造物主である人間に反抗し、絶望し、復讐し、みずからの運命を呪って北極海に消える。啓蒙主義者たちの生物再生実験の行き着いた先は、フランケンシュタインの生み出した怪物だったのである。

　もっとも、フランケンシュタインの怪物はフィクションであり、実際に生み出されたわけではない。自然を支配できるとうそぶきながら環境破壊をもたらしている現代文明こそがフランケンシュタインの怪物なのである、という現代文明批判もできようが、筆者の力点は別のところにある。フランケンシュタインの物語が意味しているのは、啓蒙主義的理性の光にはなじまないもの、啓蒙主義の光が産みだす「影」を何処かにわれわれが感じているというわれわれの洞察の表明であると解釈できるだろう。この種の洞察こそが、われわれに、カント批判哲学体系に潜む「ねじれ」を見出させるものである。

　ベクトル①と**ベクトル②**は重ね合わせられ接続されると、ねじれた円環、つまり一種の循環構造を産みだす。**ベクトル①**において、『純粋理性批判』、『実践理性批判』、『判断力批判』という過程を経る中で分離・抽出された「力」は、認識を秩序づけ体系構築をみちびくはずである。そのようにして構築された体系は、後のヘーゲルに見るように人間精神の発展的所産となるはずである。しかし、カントはそのような「発展的所産」が産みだされることを好まなかった。おそらく、体系の産出が新たになされることであるという構図をカントは構築したくなかったのである。そこで、**ベクトル①**に**ベクトル②**を重ね、秩序はもともと判断力の所産として自然の中にあるという構造を作った。このねじれた円環構造をカント自身がどれだけ意識していたかはわからない。カント自身はそれをねじれだとは思っていなかっただろう。結果として「メビウスの輪」のようなカント的円環がここに産みだされることとなった。

　われわれがカント批判哲学体系のもつ「ねじれた循環」もしくは「メビウス的円環」から脱しようとするならば、それを切断し、ヘーゲル的「開かれた螺旋」に移行するしかない。

カント的円環の問題を哲学的に克服するために必要な視点は、理性という「力」は構成されたものであり、仮象であるかもしれないという視点である。そして、理性の出自は非理性的なものにあるのかもしれないという視点である。こうした視点を哲学に導入したのがヘーゲルである。ヘーゲル『精神現象学』では、理性もまた現象にすぎない。このヘーゲルの視点は、カント批判哲学の構成を根底から破壊することになる。

まとめてみよう。カント批判哲学体系では、自然の中に美や目的を見出す能力が判断力であるとされ、それは認識の対象を構成することはないが、人間が知識を体系的な学問にまとめ上げていくのに役立ち、また、美しさや目的があるかのように見える自然の秩序を契機として、道徳的な世界へと人間精神を促すのだとされていた。有機体という対象は、あくまで人間主体の能力である「判断力」によってもたらされるものであり、実体ではない、とされる。実体と呼ばれるべきものは、すべて現象界からは取り除かれ、叡知界に移動された。ごく簡単に言えば、カントは近代形而上学の実体論は人間の道徳性の領域に分類される話だと位置づけたのである。この区別は、「純粋悟性概念の演繹」と「アンチノミー批判」という二つの道具だてを活用して行われた。現象界と叡知界の区別と接合による批判哲学の体系は、人間主体における感性的傾向／理性的傾向、認識における多性／一性など多くのことがらをうまく説明する。しかしながら、現象界から排除された実体は、叡知界における「物自体」と人間主体における「力」に姿を変えて残ることとなった。これら残存した「物自体」と「力」という表象をも、すべて「現象」として解体しようとするのが、ヘーゲル『精神現象学』の試みであったと言える。

六　ヘーゲルのカント批判

『精神現象学』については次章で詳しく論じるが、ここではカントとの関連で簡単に触れておく。『精神現象学』の各ステージ（章）において、ヘーゲルはカントの批判哲学を批判している。『精神現象学』は、カントの三批判の構造をベースにしながら、その構造を形態変化させたものだと言うこともできる。カント批判として際だっているのは、そのうちの二箇所である。一つは、「意識」章の「力と悟性、現象と超感覚的世界」の箇所、それから「精神」章の「自分自身を確信している精神　道徳性」の箇所である。あえてわかりやすく言えば、前者は認識論としてのカント批判、「物自体と力という仮象についての批判」であり、後者は道徳論としてのカント批判、「イデオロギー批判」ということになる。

ヘーゲルが言っていることは、およそこのようなことである。そもそも、純粋な悟性概念などというものはなく、あったとしても、それは抽象的な構成物、もしくは人工的な抽出物として創り出されたものにすぎない。世界に元々あるのは、あるいは、世界そのものとしてあるのは、概念の運動である。これはカントの言う純粋悟性概念としての概念ではなく、感性や理性の働きをつねにすでに含んだものとしての「概念」の運動のみなのである。その運動に、純粋悟性概念などと言う、感性からも理性からも独立の中間物を挿入するから、「物自体」という空虚な実体が生じたり、判断力、構想力などという「力」の仮象がいくらでも生じてくるのである。カントに対するヘーゲルの批判とは、せんじつめれば、そういうことである。概念の運動しかないと言うことを認めること、そしてその概念の運動が「意識」という場を通って現象するときに、「力」という表象も、「物自体」という表象も、「理念」という仮象も生じると言える。このような着想から、『精神現象学』は書かれた、ということができる。

このようなヘーゲルの立場からすれば、たとえば、同じ有機体という概念一つを取ってみても、カントとは異なった説明の仕方をするであろうことが、容易に予測できる。ヘーゲルは、『精神現象学』の「理性」章、「観察する理性」の最後で有機体について論じるが、それはカントの論じ方とはまるでちがう。カントは、『判断力批判』で、道徳論に話をつなげる伏線として有機体論を準備したため、有機体論は目的論として論じられている。ところが、ヘーゲルは、『精神現象学』で、有機体を盲目的な理性の運動であるといい、概念の重層的な運動が生みだす現象の一つであると考えている。ヘーゲルの哲学を、簡単に有機体的、目的論的な思想であるなどと言うことがいかに乱暴であるかが分かる。彼は、目的論的に、道徳論を準備するものとして論じられるカントの有機体を批判し、有機体を「現象」としてとらえることを主張したのである。

もちろん、本章において何度も確認したように、カント『判断力批判』においても、有機体は認識ではないことが言われていた。また人間精神の諸能力の重なり合いが「有機体」という表象を生むとカントが説明しているととらえれば、それはほとんどヘーゲルの世界にまで肉薄していると言えないこともない。しかし、カントの有機体は、認識と倫理の世界への遡行の原点であり、原点でありながら結果である理念を先取りした表象である。その意味で、カントにおいては有機体という概念は、「目的を先取りした出発点」というポジションを批判哲学体系において占めるものとなっている。同時に、「目的を先取りした出発点」というのは、有機体の概念内容そのものでもある。**ベクトル②**をとるならば、有機体から進むべきは「常識」という統一から導かれた「認識」と「倫理」の切断（区別）でしかない。あるいは**ベクトル①**をとるならば、「認識」と「倫理」とが結合された統一の世界、理性的な自然が現われる。この二つのベクトルが接続され、相互に補完しあって円環をかたちづくるのがカント有機体論の特徴である。

ヘーゲルの考えはカントとは大きく異なる。ヘーゲルの場合は、有機体から人倫や体系（システム）、歴史へと、話がさらに先へと展開する。それは、人倫や体系、歴史をヘーゲルが有機体的に考えているという話ではない。逆である。有機体という表象を克服することによって、精神は人倫や歴史へと至るということが言われているのである。そこで見出されているのは、個人の主体よりも大きなものである。個人の期待に沿った世界ではなく、むしろその中で個人の「意志」

や「理念」を規定するようなものである。理性の見出す有機体という表象には、そうした個人の主観を越えたものが現われてしまっている。理性もそれが見出す有機体も、ヘーゲルの「精神」の観点から見れば、精神に至るための通過点、一時的な現象にすぎないということになる。

七　カント有機体論の評価

最後に、カント『判断力批判』における有機体論の意義を評価しておく。

『判断力批判』の意義はなんといっても、近代科学の影響下で芽生えはじめた実験生物学という新しい領域にいちはやく哲学者の立場からコメントし、しかもそれをデカルト以来の近代哲学のいわば集大成とも言える批判哲学の体系に組み込んだ点にあるだろう。なによりも重要なのは、カントが「有機体」や「生命」といった事象が観察される事態を分析して、それが感性、悟性、理性といった人間諸能力の複合によってもたらされるものであると考えていた点にある。ここに、カント『判断力批判』が現代の生命論にまで伸びる射程をもつ所以がある。

「生命」とはいったい何であるのか。第一章では、「生命」という概念が、古代ユダヤ民族の自然への憧憬に起源をもち、キリスト教によってイエスを通じて神から与えられるものへと変形され、転じて神への信仰そのものが人間の「生命」であると考えられてきた経緯を見てきた。今日、キリスト教的信仰とは切り離されたかたちで近代西欧科学を受け入れ、生命科学の発達した現代日本に生きるわれわれの多くは、漠然と「生命そのもの」があると考えている。なるほど、キリスト教的に独特の意味をもつ「生命」があるのはわかるが、それとは別に、地球生命の三十五億年の歴史があり、キリスト教的生命はむしろ、そういう地球生命に対する一つの解釈、歴史的、地域的な限定を有する一つのローカルな概念にすぎないと言えるのではないか。今こそ、そうしたローカルな制約を脱した視点で「生命そのもの」が見出されてもよいのではないか。このように考える者がいても不思議はないだろう。しかしながら、自然の中に「生命」を見出すという営みが、近代科学、啓蒙思想を産みだした西欧近代においてこそ始まったという経緯をわれわれは忘れてはならないだろう。そして、この第二章でわれわれが確認してきたことは、十八世紀、近代科学の機械論的な自然理解が普及するのと時を同じくして「生命」を見出す視点が形成されてきたということ、そして、早くも十八世紀のうちにカントによって、それが人間の道徳的意志や理念の投射によって観察される事象であると「批判」されていたということであった。

筆者は、「有機体」や「生命」という事象がすべて人間の思いこみや妄想にすぎないと断言しようとしているのではない。「有機的なもの」、「生命的なもの」はあるであろう。しかしながら、それを語ろうとするわれわれは有機的なものそのもの、生命的なものそのものから外れてしまっている部分がある。われわれは知恵の実を食べてしまったからである。第一章で、人間の描かれている状況を旧約聖書の失楽園の物語に即して理解してきたが、考えてみれば、西欧文明はキリスト教以来ずっと、有機的なもの、生命的なものから距離をとる路線を歩み、文明を築いてきた。その頂点が、十八世紀啓蒙主義であった。しかし、それが頂点に達したのと同時に、啓蒙主義の目に入ってきたのは、機械論には組み込めない有機体的なものであった。逆に言えば、機械論には組み込めないものが目に入ってくるほどまでに機械論を徹底したのは、西欧近代が初めてであったのだろう。ここにおいて初めて、「有機体」や「生命」という対象の対象化が成立したのである。これは一面からすれば、ずっと離反の路線をとってきた自然そのもの、生命そのものへと西欧文明が回帰したとも言える。ただし、その「回帰」は、途中の経過で得てきたものを捨て去ったうえでの回帰ではない。西欧近代文明は資本主義経済という基盤にのって地球上を席巻した。この文明は、地球上のあらゆる地域、文化、社会を近代化する強力な浸透作用をもっている。近代化とはなによりもまず、機械論的な理解によって自然や社会や人間主体を扱うことである。それによって、どのような地域もこの文明に接続し、物質的繁栄を享受することができるようになる。

第一章の初めで見たように、現代を生命の時代だと言う人々がいる。近代の限界を生命の理念によって克服できるのだと考える人々がいる。しかし、そのように言う人々の中に、西欧近代文明の成果をすべて捨て去って、本当の意味での自然そのもの、生命そのものへと回帰しようという人は見当たらない。われわれは機械論を捨て去ってはいない。機械論を片手に維持したまま、その機械論が出会う機械論的に処理できないものを「生命」として捉えようとする。そのような「生命」は、われわれが片方の手に保持したまま決して離そうとしない機械論の「光」によって産みだされた「影」であると言えるだろう。それは、機械論の行くところどこにでもついていく影である。だからこそ、キリスト教的信仰とはおおよそ無縁のはずの現代日本人が、現代社会の限界を克服する新しい理想として「生命」を語るというようなことが起こる。近代西欧文明を輸入した日本人であるわれわれもまた、影につきまとわれ始めている。現代において、「生命」を新しい原理として見出そうとしたり、近代を超克する原理と見なすような思想が語られるとき、そこで語られる「生命」は、近代を超克する思想なのではなく、いぜんとして近代的な思想の圏内にある。このような構造の中にわれわれがとらわれていることが自覚されなくてはならない。これが本書において筆者の主張するところである。

後に論じるが、機械論に機械論自身が排除した影を組み込むと、「自律的に運動する機械」の思想が生まれる。これが現代の社会理論である「社会システム論」などで論じられている「システム」の思想である。この思想は、世界にはみずから運動するシステムのみがあるのであり、人間的主体だとか自然そのものだとかいう表象はすべて幻想である、もしくは、システムの所産にすぎないと考えていく。そこでは「運動」のみが考えられていて、道徳や美や目的といった「崇高なもの」が見出される余地がない。こういうシステム論的な考え方の始祖はヘーゲルであるが、とにかく、カントはこういう「自律的に運動する機械」といった発想とは無縁であったということができる。少なくも人間主体が幻想であるとか、現象にすぎないという発想はカントにはなかった。彼にとって人間主体は崇高なものであり、人格性はその自律によって神聖なものであり、その人間性の発露が理性という「力」なのである。おそらく、このように人間の人格性を神聖不可侵のものとしたことが、本章で指摘したカント批判体系の「ねじれ」を産みだしている。

カントは、有機体という表象は、理性という人間能力が投射された結果として産みだされた混成物であることを見出した。そして、この混成物を切り分けて論じることが重要だと考えた。この切り分けにおいて、投射されていたものは、道徳的な意志として確保される。だが、悟性的な世界把握に加えて人間が世界に投射する「統一」の力、その起源が「理性」であるかどうかはわからない。仮にそれを理性と呼ぶとしても、啓蒙主義や大陸合理論の伝統が期待するような実体や絶対者に到達するためのア・プリオリな超越能力である保証はない。言い換えれば、有機体という表象が理性的なものである保証はない。悟性を越えるもの、悟性的な認識に反抗しようとするもの、すなわち「生命的なもの」が理性的なものである保証はない。しかし、カントはあくまで有機体を理性的なものであると理解した。人間的生命である理性が投射されているために生じた表象であると考えるから、カントにおいて有機体は明るい啓蒙的理性に照らし出される有機体となった。カントにおいては生命は理性化されている。彼の問題意識においては、「生命的なもの」は理性化されなければならなかった。

今日、「生命」を近代の合理主義や悟性主義、機械論を乗り越えるための規範概念として用いようとする問題意識は、「生命的なもの」と「理性化された生命」を同じと見る、カント的なねじれた円環に陥いる危険性を有している。このように考えると、カント『判断力批判』は、啓蒙主義の時代に芽生え始めた生命という思想をいち早く哲学的に論じたという点で評価することができ、同時にまたそこに生じている「ねじれ」を反面教師とすることができるという点で今日でも有意義であると評価することができる。

次章、われわれはカント哲学の構成を批判して独自の構成に組み換えたヘーゲルの『精神現象学』を検討することによって、理性化される以前の「生命的なもの」を見出す道筋を探る。

[註]

(一) F.W.J. Schelling, *Philosophische Untersuchungen über das Wesen der menschlichen Freiheit*, 1809 [SW VII, S.351-352]（F・W・J・シェリング『人間的自由の本質』西谷啓治訳、岩波文庫、一九五一年、四八頁）[ ] 内は野尻による補填。

(二) *Oxford Advanced Learner's Dictionary*, Oxford University Press, 2000

(三) 柴田平三郎『中世の春——ソールズベリのジョンの思想

世界』慶應義塾大学出版会、二〇〇二年、二三七―二六一頁。柴田は、ソールズベリのジョンが中世の国家有機体論の創始者であるという定説に異議を唱え、ジョンの人体と国家のアナロジーは彼の独創ではなく、遠く古典古代から連綿と続いて来た有機体的社会・国家の伝統を抜きにしては生まれえないものだったと論じている（二四五頁）。筆者は柴田のジョン研究に関しては何ら異議を差し挟める立場にはないが、この柴田の論は「国家有機体論」という用語に関して問題があることを指摘しなければならない。これは柴田にかぎらず、「国家有機体論」、「社会有機体説」等の概念に関して、わりに広く定着している誤りなので、ここで指摘しておく。まず第一に、本文で確認したように、この時代には「有機体」（organism）という語は登場していない。したがって、古典古代から中世にかけて国家を人間の身体になぞらえる国家＝身体論の伝統は、確かに柴田の言う通り連綿と存在したのであろうが、それを「国家有機体論」と呼ぶことには慎重を期さなければならない。後世の視点から古代・中世の思想にはなかった「有機体」の観念を読み込んでしまう懸念があるからだ。古代・中世の人々が人間の「身体」を近代的な意味で「有機体」と考えていたのでないとすれば、国家＝身体論は「国家有機体論」ではない。本書では、第一章で論じたごとく、「生命」を内蔵する近代的な有機体の概念は十九世紀、思想史的にはカントとヘーゲルの間において生じたと考えている。筆者のこの主張は、M・フーコーもまた、別の視点から支持してくれるはずである。フーコーによれば、「生命」という概念を西欧の「知」が対象化するのは、十九世紀の初めという時点であり、このことは、「生」を制御の対象として囲い込む体制が近代社会の空間において完成されたことを意味する。フーコーについては、本書の第四章と終章で論究しているので参照されたい。

（四）フランクリン・L・バウマー『近現代ヨーロッパの思想』鳥越輝昭訳、大修館書店、一九九二年（Franklin L. Baumer, *Modern European Thought: Continuity and Change in Ideas 1600-1950*, Macmillan, 1977）、一七二頁

（五）Henry George Liddell, Robert Scott, *A Greek-English Lexicon; A New Edition by Henry Stuart Jones*, 1940, Oxford at the Clarendon Press

（六）P.G.W. Glare, *Oxford Latin Dictionary*, Oxford at the Clarendon Press, 1982

（七）http://ja.wikipedia.org/wiki/ オルガン

（八）英語初出時期については、J.A.Simpson, E.S.C.Weiner, *The Oxford English Dictionary; Second Edition*, Clarendon Press, 1989による。

（九）大修館書店『ジーニアス英和大辞典』（二〇〇一―二〇〇二年）による。

（一〇）Paul Robert, *Le Grand Robert de la langue française*, Les Dictionnaires ROBERT, 1985

（一一）岡田節人「生き物のしなやかさ」『季刊 生命誌 通巻1号』ＪＴ生命誌研究館、一九九三年

（一二）渡辺祐邦「ドイツ観念論における自然哲学」『講座ドイツ観念論第六巻・問題史的反省』弘文堂、一九九〇年

（一三）加藤尚武「有機体の概念史」、『シェリング年報'03第11号』晃洋書房、二〇〇三年

（一四）山本義隆『重力と力学的世界』現代数学社、一九八一年、九八頁

（一五）同右、九八頁

（一六）アレクサンドル・コイレ『閉じた世界から無限宇宙へ』横山雅彦訳、みすず書房、一九七三年、三一頁（Alexandre Koyré, *From the Closed World to the Infinite Universe*, The John Hopkins Press, 1957）

（一七）パスカル「パンセ」二〇六節、前田陽一責任編集『中公バックス世界の名著29 パスカル』一九七八年、一五六頁（Blaise Pascal, *Pensées*, 1670, §206）

（一八）カッシーラー『啓蒙主義の哲学』中野好之訳、筑摩書房、二〇〇三年、上巻二三三頁（Ernst Cassirer, *Die Philosophie der Aufklärung*, Verlag von J.C.B Mohr, 1932）

（一九）ヴォルテール「哲学書簡」、串田孫一責任編集『中公バックス世界の名著35 ヴォルテール、ディドロ、ダランベール』所収、一九八〇年、二一四頁（Voltaire, *Letters Concerning the English Nation*, 1734）

（二〇）カッシーラー、前掲書、上巻三七－三八頁

（二一）カッシーラー、前掲書、上巻九七－九八頁

（二二）Stuart Hollingdale, *Makers of Mathematics*, Pelican Books, 1989, p.304-305（スチュアート・ホリングデール『数学を築いた天才たち（下）』岡部恒治監訳、講談社、一九九三年、一三一－一三三頁）

（二三）http://en.wikipedia.org/wiki/George_Berkeley

（二四）Immanuel Kant, *Kritik der reinen Vernunft*, 1781(A), 1787(B), [B320]. カント『純粋理性批判』については慣例にしたがい、［］内に第一版、第二版原本の頁数を記した。以下同様。

（二五）Kant, *ibid.*, [B321]

（二六）（図1）から（図5）の作成にあたっては以下を参照した。有福孝岳ほか編『カント事典』弘文堂、一九九七年。高峯一愚『カント講義』論創社、一九八一年。

（二七）Immanuel Kant, *Kritik der reinen Vernunft*, 1781(A), 1787(B), [A65-130, B90-169]

（二八）『カント事典』弘文堂、一九九七年、石川文康・湯浅正彦による「演繹」の項を参照

（二九）岩崎武雄『カント「純粋理性批判」の研究』勁草書房、一九六五年、一三六－一三八頁

（三〇）Martin Heidegger, Gesamtausgabe, I. Abteilung: Veröffentliche Schriften 1910-1976, Band 3. *Kant und das Problem der Metaphysik* (1929), Vittorio Klostermann GmbH, 1991, S.134（マルティン・ハイデガー『カントと形而上学の問題』門脇卓爾ほか訳、創文社、ハイデッガー全集第三巻、二〇〇三年、一三六頁）

（三一）Heidegger, *ibid*, SS.160-161（同右、一五九－一六〇頁）

（三二）Kant, *op. cit.*, [A405-567, B432-595]

（三三）加藤尚武「無限性の概念史の試み」ヘーゲル〈論理学〉

研究会編『ヘーゲル論理学研究 第一〇号』天下堂書店、二〇〇四年、六九頁

(三四) Immanuel Kant, *Kritik der Urteilskraft*, 1790, Vorrede, VII.（カント『判断力批判』坂田徳男訳『世界の大思想11 カント〈下〉』河出書房新社、一九六九年、一五〇頁）

(三五) Immanuel Kant, *Grundlegung zur Metaphysik der Sitten*, 1785, [IV 421]（カント『道徳形而上学原論』篠田英雄訳、岩波文庫、一九六〇年、八五頁）

(三六) Immanuel Kant, *Kritik der Urteilskraft*, 1790, Einleitung, B LV-LVI（カント『判断力批判』前掲書、一七二頁）

(三七) Kant, *ibid.*, Einleitung, B LVI（同右、一七二頁）

(三八) Kant, *ibid.*, Vorrede, VI（同右、一五〇頁）

(三九) Kant, *ibid.*, Vorrede, VII（同右、一五〇頁）

(四〇) Kant, *ibid.*, Vorrede, X（同右、一五一頁）

(四一) Immanuel Kant, *Kritik der praktischen Vernunft*, 1788, [V 160]（カント『実践理性批判』樫山欽四郎訳『世界の大思想11 カント〈下〉』河出書房新社、一九六九年、一三二頁）

(四二) Kant, *ibid.*, [V 161]（同右、一三三頁）

(四三) Kant, *ibid.*, [V 160]（同右、一三二頁）

(四四) 牧野英二「カントの目的論――「第四批判」と目的論の射程――」『カントの目的論』日本カント協会編、理想社、二〇〇二年

(四五) 望月俊孝「カントの目的論――技術理性批判の哲学の建築術――」『カントの目的論』日本カント協会編、理想社、二〇〇二年

(四六) http://ja.wikipedia.org/wiki/ ユークリッド原論

(四七) フリードリヒ・ヤコービ『デイヴィド・ヒュームの信仰について』一七八七年（F. H. Jacobi, *David Hume über den Glauben, oder Idealismus und Realismus. Ein Gespräch*, 1787）。この書物の内容及び引用については以下のサイトを参考にした。http://plato.stanford.edu/entries/friedrich-jacobi/

(四八)（参考）http://en.wikipedia.org/wiki/Friedrich_Heinrich_Jacobi

(四九) メアリー・シェリー『フランケンシュタイン』森下弓子訳、創元推理文庫、一九八四年（Mary Shelley, *Frankenstein; or, the Modern Prometheus*, 1831）

第三章　ヘーゲル『精神現象学』の有機体論

暗い理性の見出す有機体

ヘーゲルは、かれの時代の科学と、かれがみずからの方法によって達成した結果との総合をもたらそうと苦闘していた。それは機械としての自然という構想と、過程によって浸透されているものとしての全実在という構想との総合をなし遂げようとする苦闘であった。……ヘーゲルは、じっさい自然科学の未来の発展でありうるほかないものを哲学によって先取りしようと試みた。かれの先取りは、われわれが現在みることができるように、多くの点で驚くべく的確であった。

――R・G・コリングウッド(一)

第一節　『精神現象学』のポジション

本章では、ヘーゲル『精神現象学』の有機体論を検討するが、はじめに本節において『精神現象学』という書物の内容、性質、構成などについて概観する。

一　『精神現象学』とはどういう書物か

『精神現象学』は一八〇七年、ヘーゲル三十七歳のときの著作であった(一)。この書物の原典の扉には「学の体系第一部」という表記があり、当初ヘーゲルは後に構築する体系への導入としてこの書物を位置づけたと一般に考えられている。

『精神現象学』は、カントの批判哲学と比べるとかなり変わったスタイルの書物である。カントは批判哲学の第一書である『純粋理性批判』を認識論として、今日風の言い方をすれば、自然科学基礎論として書いた。そして同時に『純粋理性批判』は、道徳論、すなわち倫理学の基礎付けへの伏線も張られているという巧みな構成になっていた。認識論と道徳論の礎石となる原理をしっかりと確かめ、その上に両学問の構造を組み立てていくというのがカントのやり方だった。その一方で、前章で指摘したように、認識と道徳の各領域がどちらもストイックに描かれてしまった嫌いがあり、おそらくカントもこの点を気にして、『判断力批判』という両方の中間領域についての論を付加したのであろう。

『精神現象学』は『純粋理性批判』と比べると、はじめから この中間領域を対象にして、叙述を開始している感がある。科学基礎論というよりは、もっと日常的な経験を対象にしている。そこでは、「感覚的確信」だとか「物と錯覚」だとか「主人と奴隷」だとか「教養」だとか「宗教」だとか、そういう章立てのもとに、人間が日常経験するさまざまな「世界の見えかた」が叙述されている。そして、そういう人間の経験するさまざまな「視角」もしくは「ビジョン」が批判の対象とされ、そこにおいて働いている「概念の運動」が明らかにされていく。人間の経験においてつねにすでに働いている「概念の運動」に注目し、その本質を抽出するとそこから学問基礎論としての『論理学』が生まれ、論理学によって整理されたカテゴリーを適切に使えば、自然と精神という、いわば世界を構成する二大領域を解明することができ、学の体系（システム）を記述できる。ヘーゲルは『精神現象学』に、このような学の体系への導入部としての役割を与えた。いわば学問以前の人間の経験の諸相をいかにして学問の基礎論へとつなげるか、これがヘーゲルの『精神現象学』の問題意識だった。この点で、『精神現象学』は、カントにおいて認識と倫理の中間領域が始まりであり目的であるというかたちで抱えていた矛盾を最初から回避したスタイルになっている。どうやって回避したかといえば、ヘーゲルはいわば、「日常経験」と「学問」という二つの領域を区別し、「日常経験から学問へ」というベクトルを明確に自己の哲学の問題意識として定めたことによって回避したのだと言える。

『精神現象学』ではカント批判哲学の構成は文字通り換骨

奪胎されてヘーゲル流に組みなおされていると言えるのだが、あえてカントの図式と用語を用いてこの書物の基本スタイルを叙述すれば以下のようになる。カント批判哲学の基本はまず、「感性」と「理性」という人間の二つの能力を厳然と区別することにある。身体という器に制約され此岸的欲望や傾向性に左右される部分と、それらを超越して彼岸的な道徳原理に従う部分という二つの部分をもつ人間像がカント哲学の基本である。そして、そこに両者を接続する「悟性」という中間能力を挿入し、この三者の連関で認識や道徳を論じるという構造になっていた。これに対してヘーゲルは、カントのように人間の諸能力を並べ立ててそれらの組み合わせ配置図を考えるという手法をとらない。ヘーゲルにおいては、「感性」も「悟性」も「理性」もすべて現象なのである。『精神現象学』では、「感覚的確信」、「力と悟性」、「理性の確信と真理」といった標題のものと、カントが人間の基本能力であると考えていた事柄がすべて、ある特定のスタイルで世界を見るひとつの「視角」、もしくは「態度」として描かれる。そしてそれら各視角の特徴が論じられ、欠点や限界が明らかにされて次の視角へと論が移るという構成になっている。

「感性」や「悟性」や「理性」が現象であるという言い方は、カント批判哲学の原理にのっとれば言語道断であり、錯乱もはなはだしい言い方であることになる。それら諸能力は現象を構成する能力なのであり、つまり現象の構成原理であり、現象とは厳然と区別されなければならない。こういう現象を構成する原理を現象から区別して明確に示すことこそがカント批判哲学の最大の眼目だった。現象そのものとは異なる「原理」があるからこそ、そこに理性という現象を超えた能力を見出し、超感性的な領域、すなわち道徳の領域について論じることができるというのが批判哲学の論理である。ライプニッツやスピノザの実体論の系譜では、認識と道徳は実体において一致するという構図になる。しかし、そのような実体という収束点についていくら論じても、近代科学の発達や、現実の生活を生きる人間の道徳を基礎づけるような原理や知見を提供することはできない。おそらくはこのような問題意識のもとで、カントが批判哲学において実行したのは、現象界と叡知界という二世界の区別であり、これら二世界と人間の「感性」「悟性」「理性」という諸能力との関わりを示すことであった。こうして批判哲学によって認識と道徳を区別し、それぞれの原理を論じる道筋が開かれたわけである。

そうしたカント的な「道筋」の観点から見れば、ヘーゲル『精神現象学』は、カントが苦労して成し遂げた「区別」を再びごちゃまぜにしてしまったところがある。そこでは、感性、悟性、理性等々と呼ばれるものは「原理」ではなく、意識と、意識を通して実現する概念の運動とが織りなす「現象」にすぎないとされ、「原因」ではなく「結果」の地位に落とされる。しかも、これらの諸結果はいずれも「精神」という大きなものの運動の一側面にすぎないということになっている。

『精神現象学』を、カント批判哲学と比較して決定的に異質なものとしている点は、「精神」(Geist)ということをヘーゲルが言ったことである。ヘーゲルの「精神」(Geist)は起源をたどれば、キリスト教や神学の追求してきた神や、スピノザ、ライプニッツなど近代実体論の実体、またドイツ・ロマン主義にもその根はあるだろうが、要するに、個人よりも大きなものでありながら「人間的なもの」「人類的なもの」である。個人の意識よりも大きな概念の運動というものがあり、個人の意識はむしろその中で生まれ消えていく泡のようなものにすぎない。しかし、意識は概念の運動の中で生じたものでありながらこの概念の運動をさらに促し、構造化するのに寄与する。そうして概念の運動は展開し、その運動全体は「精神」と呼ばれる巨大なものを生み出す。このようなことが『精神現象学』では考えられている。この、「概念の運動」と呼んでも「人倫」と呼んでも「精神的なもの」と呼んでもよいが、こういう個人の意識よりも大きなものでありながら、けっして個人の意識と無縁ではなく、個人の意識の「場」のようなポジションを占めるようなものをヘーゲルが考え出したことは画期的であった。

ヘーゲルがこのような「意識」と「精神的なもの」との相互作用を考えたことは、今日われわれが「個人」と「社会」との相互作用によって人間的な営みの総体、文明や歴史と呼ばれるものを考える考え方のルーツとなっている。ヘーゲル以前にもホッブズやヒューム、ルソーなど社会哲学の祖と呼ばれるべき思想は幾多もあったが、今日、無意識、社会意識、共同性、構造、社会システム、リゾーム等々と呼ばれるような領域、個人の意識よりも大きくその中で個人の意識が形成されるものでありながら、個人の意識を媒介として運動を展開するような領域を「認識」したのはヘーゲルがはじめてであったと言ってよいであろう。彼は「人倫」や「市民社会」という用語で、それまでの哲学的な理性概念ではとらえられない、人類的なもの、社会的なものの運動を感じ取り、そうした領域と個人の意識とが相互に絡み合うことで、精神と呼ばれるものが現象するという発想に『精神現象学』で到達したのである。

ヘーゲルは「精神」(Geist)というものを考えているために、彼にとってカントの言う「理性」(Vernunft)は通過点にすぎない。『精神現象学』において、「理性」の章は書物の半ばほどで論じられている。ヘーゲルの叙述は「理性」で止まらない。「理性」の先にまだ語るべきことがあるのである。あるいは逆に、理性よりも原理的により深いものがあると考えられていると言っても良い。そうした「深いもの」、「非-理性的なもの」、いわば「原-精神的なもの」から「理性」は現象してくる。このように考えられているために、ヘーゲルにおいては「理性」は原因ではなく結果なのである。非常に単純化して言えば、『精神現象学』という書物は、こういう「原-精神的なもの」と「意識」とが関係することによって、さまざまな意識の諸形態、ならびに精神の諸形態が展開するという仕組みになっている。この「原-精神的なもの」こそが、前章の最後で言っていた、理性化される以前の「生命的なもの」のことである。それは、意識によって徐々に意識化されながらも、なかなかすぐには意識化されず、いつも意識に対して意識化しきれない「残余」を保留する。だから、「原－精神的なもの」「生命的なもの」は、「非－意識的なもの」すなわち「意識ならざるもの」であると言ってもよい。こういうものがつねに意識に働きかけ、意識をうながすがゆえに、意識とその「残余」との組み合わせはさまざまな意識の形態を生み出していく。『精神現象学』では、この「残余」は「否定的なもの」（das Negative）と呼ばれる。それは意識の意識化に抵抗するものである。

二　否定的なもの

いま意識に対して抵抗するものが「否定的なもの」と呼ばれていると言った。しかし、そもそも意識とは否定性をもつものであるということが第一に『精神現象学』では言われる。そして第二に、そういう意識の否定性に対抗する否定性を、意識の対象が意識に対して示すことが言われる。このようにヘーゲルが『精神現象学』の中で言う否定性は多義的である。

第一に、意識は自分に対して抵抗するもの、自分にとって他的な対象として現われてくるものを「否定」する。この「否定」は単に他的なものを無視したり、疑ったりすることからはじまって、最終的に他的なものを自分に取り込む、あるいはそれを自分自身であるとして他的なものへと浸透してしまうようなところまで含んだ意識の作用である。これは意識というもののもつ流動性や浸透力として考えることができる。この意識のもつ流動性や浸透性が『精神現象学』の叙述の上で大きな役割を果たしていることはまちがいがない。しかし、第二に、意識がこのような「否定」の作用であることは、意識がつねに自分とは異質な「否定的なもの」に出逢うことによってであると考えられている。否定しても否定しても意識は、否定すべきものに新しく出逢う。こういう否定すべきものに間断なく出逢うことによって意識は否定性であることができる。こういう意識が否定すべきものがもっている否定性は意識自身の否定性とは異なった種類の否定性である。哲学のタームを使えば、「他者性」とか「存在」とか呼ばれるべきものであるが、ヘーゲルはこれも「否定性」と呼ぶので話がややこしい。ヘーゲル自身が否定性という用語を多義的に使い、必ずしも明確に説明してくれていないので不明点は多々ある。この二つの否定性が、どちらも同じ出自に端を発すると言うようなことを、時にヘーゲルは語っているように思われることもある。対象が意識に対してもつ否定性は、ある意味では、意識の否定性を誘発しているところがある。このような、意識に対して「否定的なもの」が「精神」の源である。言ってみれば、この意識と意識に抵抗するものとの争いの全過程を描こうとするのが、『精神現象学』という書物であると言うことができる。

意識が最終的にみずからの否定性と対象のもつ否定性とを融和させたときに、絶対知という学問的な視点が成立するのだとヘーゲルは考えている。その時に、いったい意識のもつ否定性と対象のもつ否定性のどちらが勝ったと言えるのかは微妙なところである。なぜならば、対象のもつ否定性がじつは意識自身のもつ否定性であったとして、対象のもっている否定性と意識のもっている否定性とが融合してしまうような境地をヘーゲルは考えているからである。自分が「この私」よりも大きなもの、いわば「われわれ」とでも呼ぶしかないようなもの、つまりそれはヘーゲル的な言い方をすれば、「人倫」(Sittlichkeit)と呼ばれるものであるが、そういうものへと自分自身の根拠を見出し、「私」というものもそういう大きなものの運動の一部にすぎないことを悟るような境地が絶対知である。そのような境地において本当に「私」を失わずにいることはできるのか、あるいは逆に言えば、「私」を失わずして本当に絶対知の境地に到達したといえるのかは大きな問題である。絶対知に到達したと思っても、また「私」というものがその中で再生されてしまい、そこに引き戻されてしまうのではないか。あるいは、絶対知というものに到達したら「私」の意識は二度と取り戻せないのではないか。このような疑問が『精神現象学』という書物に対して生じる。これはかたちを変えて問えば、絶対知というのは一度到達されたらもうそれで後戻りすることはない安定した境地なのか、あるいは、くり返し到達されなければならない境地であるのか、という疑問である。

この問題が大きな問題であるのは、それが体系の問題と関わるからである。『精神現象学』の叙述では、絶対知の境地に達した意識は、学の立場に到達し体系の展開を行うことができるということになっている。『精神現象学』がもともと「学の体系第一部」と名付けられていたことを考えると、この絶対知の箇所まででようやく学の立場というものが何であるかが示され、この後、壮大な体系が展開される構想であるとも読める。そして、実際、ヘーゲルがここで言っていた体系というのは、後の『エンチュクロペディー』のことであると言う者もいる。問われなければならない問いは、ヘーゲルが体系というものを一度展開されたらそれで完成されるものであると考えていたかどうかである。この問いに対する答えは、おそらく否である。ヘーゲル自身の当初の体系構想がどうであったかははっきりしない。しかし、結果を見れば、ヘーゲルは完成された体系というものを作ることはできなかった。われわれはつねに体系(システム)を構築し続けなければならない運命にある。そうだとしたら、絶対知というのは到達されてしまったらもう後戻りすることのないような境地ではないことになる。

こうした問題は、ヘーゲル哲学研究の分野では「体系問題」だとか「絶対知の問題」だとか呼ばれるものであるが、本書ではこうした問題そのものの追及は主眼ではない。体系や絶対知の問題が本書と関わってくるのは、絶対知の境地への進行をうながすもの、体系の展開をうながすもの、それは先に「否定的なもの」と言ったものであるが、そうしたものが何であるかということを考える契機となるという一点においてのみである。体系というのはなぜはじめから「完成」されていないのか、絶対知というものはなぜ「到達」されなければならないのか、精神の現象というのはなぜ「展開」するのか、という問題を考えるとき、体系や精神の現象をうながすものとしての「否定的なもの」の問題が浮かび上がってくる。逆に言えば、「体系問題」だとか「絶対知の問題」だとか呼ばれる問題も、それ自体を問題として考えるのではなく、『精神現象学』の過程の駆動力となっている「否定的なもの」とは何であるかを追究することによって、はじめて解明されるものであると考える。

「否定的なもの」もしくは「非‐意識的なもの」とは一体なんであるのかをヘーゲルは『精神現象学』で明言はしなかった。そういう根源的なものについて語ることを可能なかぎり避けた、というのが『精神現象学』のスタイルである。そこでは、意識が「意識ならざるもの」と出逢い、自身とそれとの関係を意識し、それによって新たな意識の形態が次々と構造化されて出現するという叙述になっている。このような意識の形態化の「展開」がなぜ進むのか、ということはときにはひどくあいまいである。読者はしばしば章間のつながりがスムーズに理解できずに立ち止まることになる。よく読めば、ヘーゲルの展開の論理がわかってくるときもある。ときにはわからないままのこともある。ここに、『精神現象学』の構造とその成り立ちについてのさまざまな解釈が生じてくる理由がある。人によっては、叙述のつながりがスムーズでないところに、後に叙述された『大論理学』や『エンチュクロペディー』の構成、または『精神現象学』以前の体系構想を読み込むことによって、その「つながり」を読み解こうとする。『精神現象学』と『大論理学』、そして『エンチュクロペディー』と呼ばれる体系がどういう関係にあるのかという問題は、『精神現象学』という書物の性質を掴んでおくためにも重要な問題である。以下、この問題について概観しておく。

三　完成されなかった体系

まずヘーゲルの「体系」について今日ではどのように考えられているかを見ておく。ヘーゲル哲学については、以前には、近代哲学の完成者、最後の体系哲学完成者などといったイメージがあった。しかし、体系の哲学者ヘーゲルという像は虚像にすぎないということが、近年研究者の間では常識となりつつある。

実際、ヘーゲル生前の刊行著作は四冊にすぎない。『精神現象学』（一八〇七年）、『大論理学』（一八一二‐一八一六年）、『エンチュクロペディー』（一八一七年初版、「小論理学」「自然哲学」「精神哲学」）、『法哲学』（一八二一年）である。このうち、『エンチュクロペディー』と『法哲学』は講義のための要綱として刊行したものであり、初めから口頭で補填する意図で書かれている。したがって、完成した論述とはなっていない。ヘーゲルが、きちんと最後まで著作として記述を仕上げた著作は『精神現象学』と『大論理学』にすぎない。他の著作は、『エンチュクロペディー』、『法哲学』を含めて、『美学』、『哲学史』、『歴史哲学』、『宗教哲学』などすべてヘーゲルの自筆ノート、学生の講義ノートなどが弟子たちの手で補填・編集されて作り上げられたものである。ヘーゲル死後に刊行された「全集」は、整った体系に見せかけるように家族や友人たちが作為した形跡が顕著であり、

「増量」がその著しい特徴である。「自然哲学」などは、弟子の付けた補論が本文の四倍もある。こうしたヘーゲル哲学「体系」の実情をまとめて加藤尚武は次のように指摘している。

> 1　時間的に異なる講義内容を完成された体系というイメージにあうように、完成体として、一個のテクストに組み上げようとした。イェーナ時代の草稿が竄入されるということ（自然哲学）もあった。要約すると、時間的経過の平板な永遠化。
>
> 2　編纂に使った資料を編纂後に保存しなかった。
>
> 3　不注意による内容の変更、もしかすると意図的な変更があった。
>
> 4　分量を増やすために、他人の文章の引用を長くする。表現などの異なる異文を分散して採用し、増量している（例えば『美学講義』）。哲学史では出典不明の引用文（ドイツ語訳）が存在するが、これも増量のための補充である可能性がある。(三)

ヘーゲルは、イェーナ期（一八〇一－一八〇八年）の後期、「論理学」、「自然哲学」、「精神哲学」などの講義を行いながらメモを蓄積しつつ、『精神現象学』の執筆を進めていた。その時の構想では、『精神現象学』が「学の体系第一部」として体系の導入の役割を果たし、その後に「学の体系第二部」として「論理学」「自然哲学」「精神哲学」と三部構成の体系を完成させる予定だったと思われる。一般的には、学の体系とはそれ自体で完成自立するものであり、体系に導入が必要だというのは本来おかしいとも言われる。ヘーゲルも求職のためなど諸々の事情から、『精神現象学』の出版を急いだが、後に体系著作が揃うにしたがってこのおかしさに気づいていた可能性はある。

『大論理学』初版（一八一二年）では『精神現象学』はまだ「体系第一部」と呼ばれているが、その後の『エンチュクロペディー』初版（一八一七年）では『精神現象学』は縮められて「精神哲学」の一部に編入されている。ヘーゲルはこの事情について次のように説明する。

> 以前に私は精神現象学、すなわち意識の学的な歴史を哲学第一部として扱った。それは、現象学が、学の概念を生みだすものであるがゆえに、純粋な学に先行しなければならないという意味だった。けれども同時に、意識とその歴史は、他の哲学的な学と同じように、絶対的な端緒ではなくて、哲学の円環のうちにあるひとつの項なのである。懐疑主義は、有限の認識のあらゆる形式をとおして遂行される否定的な学としては、同時に学への導入部としてあらわれることになるだろう。けれども、それはよくないやりかたであるばかりでなく、余計なことであると言える。なぜならば、弁証法的なモメントそのものが肯定的な学の本質的なモメントだからだ。(四)

ここでヘーゲルは現象学は懐疑主義のスタイルを取ると言っている。ヘーゲルが言っていることは、現象学とは「否定的なモメント」にうながされる方法であり、この現象学の経験する否定的なモメントを弁証法の「肯定的なモメント」に変換することが、学の立場の確立であるということであろう。『精神現象学』は絶対的な端緒ではなく円環の一部であるという言いかたは意味深い感じもするが、うまくはぐらかしているともとれる。

　こうしたヘーゲルの微妙な態度を見て、『精神現象学』は、体系をはみ出てしまった中途半端な著作であり、後にヘーゲルが体系を完成させるにしたがって、むしろ扱いに困るものとなっていったのだとする解釈もある。(五)

　しかし、ヘーゲル自身は表現を変えつつも『大論理学』の最後の版まで『精神現象学』が体系の導入であるということは言い続けたし、死の間際まで『精神現象学』の改訂を続けようとしていた（死の前年一八三一年に『精神現象学』改訂準備に取りかかる）。また、そもそも当の体系であるはずの『エンチュクロペディー』にしても、改訂に次ぐ改訂でヘーゲルは当時の最新の自然科学の成果を盛り込み続け、そのありさまはとうてい緻密に完成された体系とは言い難いものとなっているとも言われる。緻密な体系を膨大な著作によって完成させた思想家であるというヘーゲル像は崩れつつあるということである。

　ヘーゲルという哲学者のイメージは変わった。大規模な著作の完成者ではなくて、完成度の低い乏しい著作のメモを残し、膨大なおしゃべりを学生に書きとらせた人へと変わった。(六)［中略］

　ギムナジウムで講義をしているときに、学生にノートをとらせて、それに自分で加筆したものを素材に次の講義をしたということが伝わっている。ヘーゲルは書くということに一度も情熱を感じたことのない人間である。メモ風の話の糸口があればとめどもなくしゃべる。ときどき泥臭いジョークを交えて、得意げにしゃべる。それがヘーゲルの自己表現であり、どんな議論でもこまかく細部をつめて文字という素材を精密に組み立ててカードのお城のような観念体系を作ってみせるということは一度もしていない。(七)

　そもそも「ヘーゲルの体系」と呼ばれるものが存在せず、虚像であるというのならば、『精神現象学』が体系にとって「はみだしもの」であるという見方は考え直されてもよい。事実としてヘーゲルは後年、リジットな体系を作ることには失敗した。しかし、『精神現象学』という書物には一定の完成度を認めていた節がある。『精神現象学』は、もしかしたら体系以上のものを示しているのかもしれない、と考えることはできないだろうか。もともとヘーゲルは体系をきっちりと作りたいという構想はずっともっていた。このことは『精神現象学』の直前に書かれた草稿群、『イェーナ体系構想』などからも明らかである。しかし、おそらくはその構想を突き破る勢いで『精神現象学』の著述は迸ってしまったという面があるのかもしれない。それは、おそらくはヘーゲル自身が驚くほどの勢いであったのだろう。そして、そこになにかしら、認めるべきものがあったために、ヘーゲルは『精神現象学』をそのまま残したのではないだろうか。

四　『精神現象学』の成り立ち

そもそも『精神現象学』ははじめから『精神現象学』として書かれたのではない。原典を見ると、この書物には二つのタイトルが付けられており、また章だての名付けも二重になっていることがわかる。これは、ヘーゲルがこの書物を書いているうちに、当初の見通しを越えて後半の叙述が大きく膨らんでしまったことを意味する。この書物は、はじめ「意識の経験の学」というタイトルであったのだが、書き終わったときには「精神の現象学」という書名になっていた。はじめは、意識が「理性」に到達した時点で、すなわち概念の運動というものがあり、そのなかで自分の意識もあるというかたちで自分のポジションを認識したところで執筆は終る予定だったと思われる。学の立場を確立するというのがこの書物の目的であったから、ヘーゲル的な意味での「概念」の存在を見出した地点で、学問的立場への導入というこの書物の役割は終ると考えていたと思われる。簡単に言えば、個人の意識が「概念」という自分よりも大きなものの運動の存在に気づいたところで話は終るはずだったと思われる。ところが、理性の章は思いがけず分量が膨れ上がり、その後、精神章以降は概念の運動がどのような人類の共同的な意識形態をもたらすかという、社会哲学と歴史哲学の入り交じったような叙述が大きく展開されることとなった。

金子武蔵は、岩波書店刊の『精神の現象学』を上・下二冊の分冊にするにあたって、この執筆時の事情を考慮に入れたと言う。

原典には「意識の経験の学」と「精神の現象学」という二重の書題があり、両者はむろん統一をえているにしても、また両者間には相違があるが、今回の上巻は前者にあたるもので、ひとつの全体を形づくっている。(八)

さて精神の現象学は同時に意識経験の学であり、意識経験の学は同時に精神の現象学である。このことはⅧにおいても「意識の経験」について再論せられていることによって明らかである。しかしこれは両者の本質の観点からすることであって、直接には両者間には相違はある、即ち意識経験の学が意識の諸形態を問うものであるのに対して、精神の現象学は意識の諸形態であると同時に世界の諸形態でもあるところのものを問うものである。そうして意識の諸形態であるにすぎなかったものが同時に世界の諸形態となるのは、Ⅵの「精神」からのことであるが、下巻はまさにここから始まっている。だから上巻が厳密に言えば意識経験の学であったのに対して、下巻こそ本来の意味における精神の現象学である。(九)

筆者は金子のように、前半が「意識の経験の学」として一つの全体をかたちづくっているとは思わないが、二重のタイトルや二重の章立てなどの状況証拠から、理性章あたりからおそらく本人の思惑を越えて叙述が膨れ上がり、思い掛けない後半の壮大な展開になってしまったことは事実であろうと思われる。したがって、理性章をターニングポイントとして、『精神現象学』の前半と後半はある種の異質性をおびていると考えることができる。以上述べた『精神現象学』の二重構造を目次を使って示したものが（図8）である。

図中、左端に各章の（ページ数）を記してある。また右側に（主題）としてゴシック体で記したのは各章のテーゼを筆者なりにまとめたものである。これを見れば、理性と精神の章の分量がアンバランスに大きいことがよくわかるだろう。原崎道彦は、『精神現象学』がその構成として抱えるアンバランスを次のように四点にまとめる。

> **①「理性」章から章の分量がなぜか突然ふくれあがっていること。オリジナルのページ数で言えば、「意識」章が七九頁で「自己意識」章が六一頁なのに、そのあと「理性」章がいきなり二一四頁にふえて、さらに「精神」章は二四九頁にふくれるが、ややへって「宗教」章は一一七頁となり、そのあと「絶対知」章がぐんとへって二四頁となっている。……こうしたアンバランスのことは（あとで見るように）ヘーゲル自身も認めていた。②「緒論」と「序文」のあいだにずれがあること。いちばん最初に書かれた「緒論」では『現象学』の展開がいわゆる〈真理と知の弁証法〉で説明されているのだけれども、本文のおわりのほうで〈実体は主体〉というシェーマがあらわれてきて、いちばん最後に書かれた「序文」ではこのシェーマのほうが強調されているのだ。このふたつは対立するような異質のものではないとしても、そのようなずれは目につかないこともないし、ここに『現象学』の変質を見ようとすればできないこともない。③書名そのものが変化していること。本の名前はもともと「意識の経験の学」だったのだけれども、いつのまにか「精神現象学」に替えられていたのだった。④「目次」が二重になっていること。『現象学』の本文のなかでは「感覚的確信」から「絶対知」までにⅠからⅧまでのローマ数字がふられているだけなのに、最後に印刷された「目次」ではそれにアルファベットによる区分がならべてそえられている。たかが「目次」と言えばそれまでなのだけれども、そこにひょっとしてなにか重要な事情がかくされているのではないかと、やはり気になるのである。（一〇）**

原崎は、新たに発見された草稿断片をもとに『精神現象学』の構成を解釈する。彼の解釈は、次のようなものである。

ヘーゲルは、『精神現象学』と平行して論理学を書き進めていた。もともとのヘーゲルの計画では、『精神現象学』と『論理学』とは一冊の本として書かれる予定だったが、論理学の部分の執筆が間に合わなくなり、断念した。そこで彼は、論理学にあてる分だった頁を『精神現象学』の展開をふくらませることにあてたのである。このふくらみのなかで「実体は主体」のシェーマも生みだされた。しかし、それにもかかわらず、このシェーマは『精神現象学』前半部にとってそう異質なものではない。だから、後半部において現象学は変質していない。発見された新資料、断片「C・学」によると、もともと『精神現象学』は「論理学」ときれいにパラレルになるトリアーデ構造を持っていた。これをヘーゲルがなぜ変えてしまい最終章をふたつに分割する操作をほどこしたかは

（図８）『精神現象学』の構造

（ページ数）		（主題）
	序文	真理と知の弁証法
	緒論	「実体が主体である」
(79)	（A）意識 I. 感覚的確信、或はこのものと私念 II. 知覚、或は物と錯覚 III. 力と悟性、現象と超感覚的世界	「物は物である」
(61)	（B）自己意識 IV. 自分自身だという確信の真理 A. 自己意識の自立性と非自立性、主であることと奴であること B. 自己意識の自由、ストア主義とスケプシス主義と不幸な意識	「物は私である」 「物は私たちである」
	（C）（AA）理性	

意識の経験の学

（図８）『精神現象学』の構造

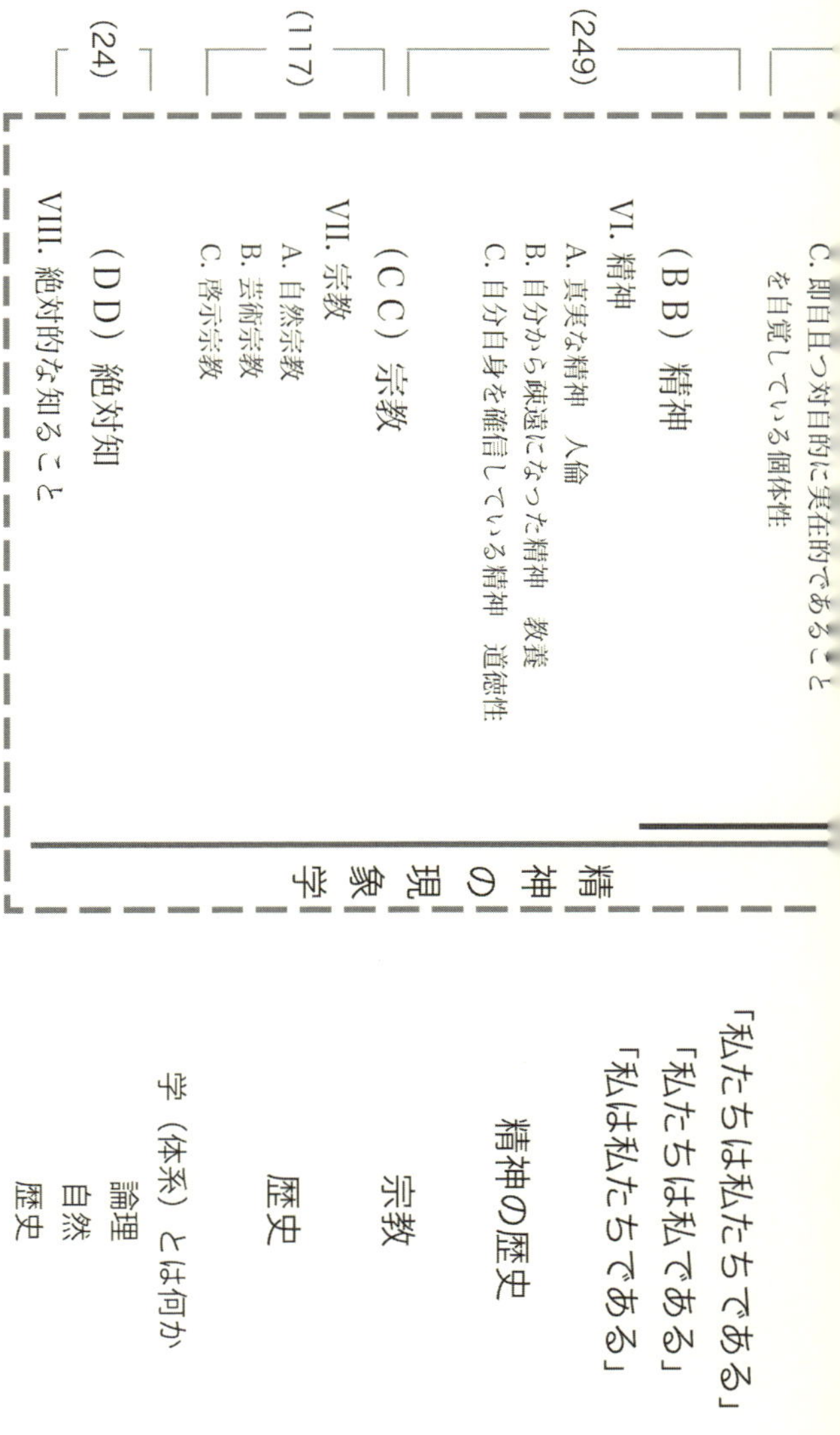
C. 即自且つ対自的に実在的であること
を自覚している個体性
(249)
（ＢＢ）精神
VI. 精神
A. 真実な精神　人倫
B. 自分から疎遠になった精神　教養
C. 自分自身を確信している精神　道徳性
(117)
（ＣＣ）宗教
VII. 宗教
A. 自然宗教
B. 芸術宗教
C. 啓示宗教
(24)
（ＤＤ）絶対知
VIII. 絶対的な知ること
精神の現象学
「私たちは私たちである」
「私たちは私である」
「私は私たちである」
精神の歴史
宗教
歴史
学（体系）とは何か
論理
自然
歴史

わからない。しかし、断片という証拠が示すように、現象学はもともときっちり構想されたひとつの体系として書かれたのであり、この最終章の操作によってもその体系としての本質は変化していない。現象学というのは「論理学」をまるごとひとつの意識の経験の物語として読みかえるというアイデアによって書かれたのである。それは意識の背後ではたらく論理という現象学の叙述の特徴を見てもあきらかである。こう考えないと読者の素朴な疑問、なぜ、意識の経験は進むのかという疑問は解消されない。そしてまたこのアイデアの肝は視点を経験のさなかにいる意識のポジションにおくということである。さらに、『精神現象学』は体系への導入などではなく、体系自体のもつ「外化」の必然性から生みだされる「歴史哲学」なのである。このことは、現象学の最後、「絶対知」において「論理学」から「現象学」が派生するということが言われていることからわかるのである。

以上の原崎解釈は一つの事例にすぎないが、『精神現象学』の「展開」もしくは「進行」の背後に「論理学」を読み込んでいくという解釈の典型である。しかし、『精神現象学』を論理学だといってしまうのは、もっとも不毛な解釈の一つであると筆者は考える。

五　重層性と四次元

原崎の解釈は要するに、『精神現象学』は当時ヘーゲルが進めていた体系構想、論理学構想の構造をなぞっているのであり、「意識の経験」という斬新な視点をとっているものの、『精神現象学』は実質的に「論理学」であり、「体系」であり、「歴史哲学」である、というものである。このような解釈は、確かに、**(1)なぜ意識の経験は進むのか、(2)『精神現象学』と体系や論理学、歴史哲学はどうつながるのか、**という二つの読者的疑問に同時に答えることを可能にする。この二点をうやむやにしないで応えようとする原崎の問題意識は正しいと思う。しかし、『精神現象学』がすなわち体系であり論理学であるという解釈は、読者的二問題を解決したいという動機がもたらした、都合の良い解決であるとしか言いようがない。たしかに『精神現象学』＝論理学、体系、歴史哲学であるならば、相互の関係を説明する必要もないし、『精神現象学』に特有の進行の困難を説明する必要性も解消するだろう。だが、そのような解釈は、『精神現象学』の具える、『エンチュクロペディー』にも『論理学』にもない醍醐味や魅力を少しも説明しない。そのような解釈は、いいかえれば、『精神現象学』の叙述の進行を駆動する「否定的なもの」の問題に少しも触れない。

『精神現象学』が面白いのは、意識のもつ「重層性」を解きほぐし、それを意識のいろいろな形態や知の諸形態、共同体、社会の諸形態に対応させていくところである。われわれの意識は、その深部に複数の層をもち、ふだん意識していない構造がそこには折り込まれている。そして、そういう構造がわれわれをして、種類の異なったさまざまな世界の見え方を経験させるのである。このわれわれの経験を分析していくことで、われわれよりも大きな精神という存在が運動しており、われわれもその中にいるという認識が形成されていく。そういう『精神現象学』の過程のことをさしてヘーゲルは、先に『エンチュクロペディー』から引用したように「**有限の認識のあらゆる形式をとおして遂行される否定的な学**」ということを言っている。そこではまさしく精神が現象しているのであり、その現象から「論理」や「体系」は生まれると言われているのだから、精神の現象はそれ自体、体系とも論理とも区別されなくてはならない。意識を通して精神が現象するときに体系（システム）が生じる、意識のもつ諸形態の重層性から論理が生まれる。『精神現象学』の叙述を素直に読むならば、このように解釈されるべきであろう。そこには論理ではないものから論理が生まれるというダイナミズムがある。『精神現象学』はもともと論理学なのであるといってしまえば、そのダイナミズムは消えてしまう。

ヘーゲルは意識の重層性を可能にしている否定性の起源が何であるかは説明しなかった。彼は、存在、もしくは意識の重層性は所与のものとして前提したのである（そこに、のちにハイデガーが「存在」を問題にする余地があった）。そのため、「理性」以前の意識の諸形態を説明する箇所は、私見によれば、意識が自分自身がつねにすでにはらむ重層性を内省的に遡行していく記述とならざるを得ないはずだが、ヘーゲルはそれをもっとも単純な感覚的確信から知覚、悟性、自己意識へという順番で記述した。そのため、特に意識、自己意識の章は、節から節への移行が強引になっている。だから、敏感な読者はなぜ、次へ進むのかを疑問に思うのである。そして、原崎解釈のようにその背景に論理学を読み込んだり、また一般によく言われているように、ヘーゲルが自身の論理学的な類型（普遍、特殊、個別）やキリスト教の三位一体（父と子と精霊）の類型にこだわり、それでもって強引に話を進めようとしている、などと理解されてしまう。

たしかにそういう面もあろうが、そうした外挿的解釈で済ませてしまっては、『精神現象学』の真相に迫りえないように思う。ヘーゲルの『精神現象学』における叙述は未熟であったとか、いや実はよく読めば論理学としてきちんとした構造をもっているだとか、そのような「解釈」は、『精神現象学』という書物の執筆中にヘーゲルがまさに経験しつつあったであろう「哲学的な経験」について何も説明しない。前章で問題にしたような、カントがつきまとわれた「力」の問題、そしてこの論考の文脈になおせば、「意識ならざるもの」の問題をヘーゲルは考え続けていた。そのヘーゲルが、はじめ「真理と知の弁証法」を主題として書き始めたにもかかわらず、いつのまにか、「実体が主体である」という主題が浮上してしまった事態を哲学的に本質的な問題としてとらえることが重要なのである。ヘーゲルが『精神現象学』において経験した問題について考えることによって、はじめてわれわれはヘーゲルと同じ水準で哲学をすることができる。

感覚的確信から知覚、知覚から悟性、悟性から自己意識への移行をヘーゲルはなんとか「必然的な移行」として語ろうとしたが、そこはそれら意識の諸形態を意識の「諸機能」として並列したカントに分があると思う。感性は感性、悟性は悟性というように、異なった機能として説明する方がわかりやすい。ただし、カントの場合には、これら諸機能はなぜ分化したのか、そしてなぜ諸機能は関係しているのかが問題となり、最終的には諸機能をつなぐ「力」とはなんであるかが問題となる。一方、ヘーゲルの場合には、なにが意識を次の形態へと押し進めるのかが問題となる。

カントとヘーゲルの対比で言っておくと、『精神現象学』において観察する理性の有機体論から行為する理性の道徳論へと話が展開するところは、カントにおいて目的論的判断力の所産である自然の合目的性が実践理性への橋渡しとなっていることと一見、重なるようにも見える。しかし、そこではカント批判哲学の構成が解体されていることに注目するべきである。ヘーゲルは、現象界と叡知界という区別を認めない。また、物自体も認めなければ、現象としての「力」はもちろんのこと、理性としての「力」も認めない。意識にとって実体と見えるあらゆるものは、ことごとく解体されていく。すべては、精神の現象であるということになる。しかしながら、いかなる実体もなく現象しかないとは、いったいどういうことなのか。現象しかなければ、その現象の総体が、つまり、精神と呼ばれるものが実体ではないのか。現象しかないとされるとき、現象はなぜ現象として現象するのかという疑問が生じる。意識の諸形態と呼ばれるもの、意識の経験と呼ばれるもの、精神の現象と呼ばれるもの、こうした過程なり展開なりがなぜ生じるのであろうか。これは『精神現象学』の根本問題であり、ヘーゲル哲学の根本問題でもある。

おそらく、ヘーゲル自身も、何が意識の展開もしくは精神の現象をもたらす「推進力」であるのかという問題は意識していた。それは言い換えれば、精神の現象の「根底」には何があるのか、という問題である。『大論理学』を読むと、「根底」にあるのは論理であるとヘーゲルが言っている箇所がいくつかある。同時に、ヘーゲルは論理は精神的生命(geistiges Leben)であるとも言っており、微妙なニュアンスである。以下は『大論理学』第一版序文(Vorrede)でヘーゲルが『精神現象学』と『大論理学』の関係を説明しているところである。

『精神現象学』の中では、このような方法で意識を叙述することを試みた。意識は、具体的な、しかも外面性のなかに囚われているところの知識としての精神である。……現象する精神としての意識はその展開の道程において、その直接性と外的な具体的形態から解放され、これらの純粋本質性そのものをその即かつ対自的な相において対象とするところの純粋知識となる。これらの純粋本質性は純粋思想であり、自分の本質を思惟するところの精神である。その純粋本質性の自己運動こそ、それの精神的生命であって、これがすなわち学(論理学)を構成するものなのである。つまり論理学とは、この精神的生命の叙述である。

以上によって私が『精神現象学』と名づける学問の論理学に対する関係が明らかにされた。(一)

『精神現象学』では、論理も体系も歴史もすべて精神の現象から生じると言われていた。上の説明はその前提を守っているように読める。しかし、続く『大論理学』の緒論(Einleitung)では、論理が神であるというようなことも言う。自然と精神とが創造される以前の、永遠の本質においてある神の叙述である、と言っている。

したがって、この論理学の内容は、自然と有限的精神との創造以前の永遠の本質においてある神の叙述であると言うことができる。(一二)

ここでヘーゲルは、自然と精神の創造以前に「論理」があるというようなことを言ってしまっている。ここでのヘーゲルの真意は解釈の余地があるところだ。この表現を文字通りに受け取れば、論理がまずあって、そこから自然と精神が創造されるということになる。ここに、精神の現象をもたらす力は論理だ、という解釈が生まれる余地がある。だが、筆者はこのヘーゲルが論理学の内容を説明した部分をあくまで比喩として受け取りたい。ヘーゲルはこの箇所の直前で、『精神現象学』と論理学との関連を次のように言っているからである。

純粋な学の概念とその演繹については、精神現象学がまさにその演繹に他ならなかったわけだから、この著作ではすでに前提されているのである。絶対知は意識のあらゆる様式の真理である。というのは、意識のあの歩みが絶対知を生み出したが、それはただ絶対知の中で対象と自分自身の確信との分離は完全に消え去っており、その確信の真理は、真理の確信とまったく同じになったということだからである。(一三)

意識が絶対知にまで上っていく精神の過程において意識はその対象性を克服する。絶対知というのは、物や自己自身を対象とする対象的な意識がすべて消えてなくなった状態である。そのような状態が知の力によって本当に可能であるかどうかはともかく、理論的には、そのような状態に到った意識は神の領域に到達している、とヘーゲルは考えているのだろう。

この理論的な可能性を天地創造以前の話ととるか、それとも来るべきものとしてとるかは考え方次第だろう。どちらも可能だ。三次元世界を超えた四次元世界の話をしているのと同じである。宇宙物理学的に考えれば、宇宙は現在の三次元的な時空間の秩序を生み出す前は、全く異なる状態にあったと考えられる。現代のビッグバン宇宙論にのっとって言えば、宇宙の開始点ビッグバン以前の状態をわれわれが現実的に想像することは難しい。しかし、不思議なことではあるが、物理学や数学の助けをかりることで、そういう現在の宇宙の秩序とは全く異なった状態からこの宇宙が生じたということだけはわかる。そういう認識を発展させていって、われわれがいつかこの宇宙の構造そのものを超越するような技術、たとえば、SFで描かれるようなタイムマシンや超光速航法などを実現できるのかどうかはわからない。いうなれば世界は四次元から生まれたが、われわれがふたたびなんらかの科学的方法で四次元に到ることができるかどうかはわからない。それを「戻る」と称するのか、「進む」と称するのかは考え方次第である。否、そもそも三次元世界と四次元世界の関係を時間的継起においてとらえるのがまちがいであろう。それらは文字通り次元がちがうのであるから、時間的継起の関係などはない。では、四次元世界が三次元世界の「原動力」であるということは言えるか。これも言えないだろう。だとしたら、論理が精神の原動力であるなどということは言えないはずである。論理と精神は次元が違うのである。どちらかが原因でどちらかが結果であると考えたり、両者を時間的継起においてとらえるのはあくまで三次元的な思考にすぎない。四次元とは、三次元世界のもつ対象性、限定性の否定である。三次元の世界を「精神の現象」、四次元の世界を「論理」だと考えるとわかりやすいのではないだろうか。ヘーゲルは、一八〇五／〇六年の草稿、「精神哲学II」の結論部で次のようなことを述べている。整理されていない叙述であるが、「精神の現象」と時間との関わりについて参考になる箇所である。

世界と人間、両者は同時に一撃（Ein Schlag）のもとに創造される。この時間以前には何が存在していたのか。時間の他者（das Andere der *Zeit*）が、すなわち、別な時間ではなく、永遠性が、時間の思想があったのである。この点において、上の疑問は止揚されている。というのは、この疑問は別の時間（eine *andere Zeit*）を想定していたからであるが、そういうふうに考えると、永遠性そのものが時間のうちにあることになってしまう。永遠性は時間の「以前」（Vorher）となり、それゆえ、それ自体が過去となる。「以前」は存在していたのであり、絶対的に存在していたのであって、存在しているわけではない。時間は純粋な概念である。空間が静止のうちにあるのに対して、時間は、運動における直観された空虚な「自己」（*Selbst*）である。充たされた時間が存在する以前には、時間は決して存在しない。時間の充実は、空虚な時間から自己のうちに還帰した現実的なものである。この現実的なものの自己直観が時間であり、それは非対象的なものである。しかし、われわれが「世界以前」と言うとき、充実のない時間のことである。時間の思想は、まさに思惟するもの、自己のうちへ反省したものである。［以下は欄外書き込み］……時間の思想へと越え出ることが必然である。（一四）

「充実した時間」つまり三次元世界というものは、「自己」すなわち「意識」の発生と関わりがあるとヘーゲルは考えている。意識がないときは時間もない。少なくとも時間は意識されない。意識が自分自身を意識するという還帰、すなわち自己意識の発生が時間の中で展開する「精神の現象」（ここでは「世界」とされている）をもたらすということが述べられているのだろう。

　問題は、なぜ三次元世界のなかにありながら、われわれが三次元世界を「対象化」して見ることができるのか、ということだが、それについては、なんらかの意味でわれわれの意識は四次元性を少しはらんでいる、ということが言える。この四次元性がヘーゲルのいう否定性のことである。とにかく、三次元世界にありながら、三次元世界を「現象」としてとらえられるような場にわれわれは立っている。気がつくと立っていた。この3.5次元（3.1次元ぐらいかもしれないが）という場が、0.5（もしくは0.1）という余剰をはらむために、われわれはこの三次元世界という「現象」が発生する根源としての四次元世界を考えようとする。しかし、それは、ビッグバンという開始点の以前を思考することが困難であるのと同じように、困難である。開始点という概念は、どうしても時系列的発想を呼びよせてしまうが、すでに述べたように、それは三次元的発想である。4−1で3になったのではなく、単に3が余剰をはらむということにすぎない。もしかすると、この余剰が＋1にまで発展し、3＋1＝4で四次元に至れるかもしれない、と考えてもいいのである。＋1の高次元がはじめからあると措定すれば、これはカントの「叡知界」もしくは「物自体」の考え方ということになる。たんに3が余剰をはらむというかたちで解釈すれば、ヘーゲルの「精神の現象」という考え方になる。

六　循環か螺旋か

話をもどすと、『精神現象学』と『大論理学』の方々に繰り返し見られる叙述を信じるかぎり、概念の自己運動たる精神の現象、その本性を純粋な本質において記述したものが論理学である。論理が精神や自然に先立つとする叙述は、ただ一箇所、「神の叙述」という先の引用の箇所だけなのだから、そこを過大に受けとめる必要はないだろう。したがって、精神の運動がまず先にある。そして、それがなぜあるのかは分からず、いかにしてあるかということだけが説明される。これが『精神現象学』と『大論理学』との関係であるということになる。あるいは、もしかすると、これが一番妥当な解釈かもしれないのだが、ヘーゲルは『精神現象学』と『大論理学』で矛盾することを言っていると考えることもできる。『精神現象学』では精神の現象から「論理」が生じるといい、論理学では「論理」が自然や精神の現象の根底にあるという。これでは、「現象」と「論理」が循環の関係になってしまい、原理としてどちらが先なのかということはわからなくなってしまう。ヘーゲルはこの循環問題についてはあいまいなままにして、解決しなかったととらえることもできる。

この論考では、一つの解釈として「現象」と「論理」の循環問題について、次のようにとらえておく。

現象学の最後では「体系の概観」がなされる。そこでは「α論理学或は思弁哲学」、「β絶対的な知ることの外化　その一　自然」、「γその二　歴史」という順番で、『精神現象学』に続くべき体系が概観される。その最後の「歴史」のなかで精神現象学がまた現われる。『精神現象学』の後に続くべき体系の概観において、また精神現象学が現われている。精神の現象を考察することから、概念の立場に導かれた意識は、そこから、純粋な概念の体系、論理学を導くが、論理は実在を必要とする。ここのところのヘーゲルの説明はややわかりにくいが、論理の体系というものが成立するためには、相互に外在的な認識の体系というものがなければならないという問題が絡んでいると思われる。認識が（一応）成立していないと、論理の話は、A＝Aで終りである。あるいはまた、有るものは有る、有らぬものは有らぬで終りである。そうすると、論理学そのものの存在理由はなくなってしまう。論理というのはその存在のために論理外のものを必要とするのである。精神の経験から論理は生成され、その論理にしたがって経験（現象）は再構成される。再構成された経験（現象）が、いわば学の体系であるということになる。この体系が一度確立されたら終りなのか、それとも体系は変化を蒙りそこからまた新たな経験（現象）が出てくるということをヘーゲルが考えていたのかは、ヘーゲル自身の叙述からはわからない。かりに経験（現象）から抽出された論理が経験に適用されたときに、また新たな経験が生まれ新たな論理が生み出されるのだとすると、現象と論理との関係は循環ではなく「螺旋」であることになる。おそらく、これがヘーゲルの思想の全体を統合的に解釈できる視点であると思われる。

こうしたことを考えるうちにわかってくる重要な点は、論理と現象との関係が「循環」であるにしろ「螺旋」であるにしろ、ヘーゲルは論理と現象を異質なものとしてとらえていた、ということである。現象もしくは経験は論理とは異質な過剰なものを何か孕む。そして、論理も実は、そのような論理以外のものに依拠しなければ論理たりえない。そういうことをヘーゲルが認識していたのでなかったならば、「否定的な学」としての現象学を体系や論理への「導入」として書く必要はなかっただろう。はじめから、体系の第一部として論理学を書けば良かったのである。

『精神現象学』執筆以後、『エンチュクロペディー』や『大論理学』へ向ったヘーゲルの問題意識は、この「論理以外のもの」をいかにふりはらって学の透明性へ向うかというベクトルをもっていたように見える。しかし、『精神現象学』を出発点とし、またそれをあくまで学の「円環」の一つとして捨てなかったからこそ、ヘーゲル哲学は、「論理を支える論理以外のもの」を示唆できるだけの深みをもつことができたと言える。この「余剰」、ヘーゲルの言い方をすれば「否定的なもの」の問題を、われわれは『精神現象学』の根本問題というかたちで考えることができる。こうしてわれわれは再び「否定的なもの」の問題へと戻ってくることになる。

次項で論じるが、ヘーゲルは『精神現象学』執筆直前の「イェーナ体系構想」では、自然からいかにして精神が生じるかという問題を懸命に考えていた。その時にヘーゲルは「意識」を媒介にして自然が精神化され、人倫という人間社会のシステムへと移行するという構想を考えていた。「イェーナ体系構想」の内容を見ると、いわば「自然哲学」から直接に「法哲学」に移行するような構成となっている。しかし、ヘーゲルはどうやら、自然からいかにして「意識」が生じるかという問題についてうまい解決法が見出せなかったのではないかと思われる。そして、ヘーゲルは一八〇五年から一八〇七年までのどこかの時点で、はじめから「意識」を主人公にした『精神現象学』の叙述の方法を思いつく。「イェーナ体系構想」と『精神現象学』の間には、このような方法上の断絶がある。意識がはじめから現象の場であるならば、いかにして意識が生じるかという問題については触れる必要がない。これはまた後年、フッサールによっても再発明された「現象学」の方法でもある。この現象学の着想を得て、ヘーゲルは『精神現象学』を書き始めたのだろう。

ところが、そのようにして書き始められた「意識の経験の学」は書き進められるうちに、「理性」章のあたりから「精神の現象学」に転化してしまった。「意識の経験の学」というものであるならば、体系の導入部としてあっても良い気はする。しかし、「精神の現象学」ということになってしまうとどうなのか。これは体系への導入部というよりは、体系を生み出すような原的な運動の全体を叙述するようなものになってしまっている。『精神現象学』で描かれる「精神」は、体系や論理の母体となるような、体系よりも大きなもの、論理にはない過剰を含むものとしての趣をそなえる。『精神現象学』は体系を越えるような「部分」をもつものとなってしまった。「転化」の原因については、ヘーゲル自身の明確な説明がない以上は、いずれにしても推測するしかない問題であるが、筆者はいくつかの状況証拠から「意識の経験の学」から「精神の現象学」への転化は「理性」の章を書くうちに起ったと考えるのが妥当であろうと考える。目次の構成を見ても「理性」の章のページ数の伸びは目を引くし、内容としても「理性」の章は「有機的なものの観察」の節を含み、有機体論を中心としてカント的なもしくは啓蒙主義的な「理性」を乗り越えようとするヘーゲルの努力の跡が窺えるからである。

ほんとうに「意識の経験の学」から「精神の現象学」への転化が「理性」の章を書くうちに起ったかどうかという問題は、それ自体、事実問題として確認できるような事柄ではない。それはただ『精神現象学』という書物が本質的に提起する問題をどのようにとらえるかという解釈者の問題意識とともに解釈が示されるべき事柄である。

七　「ロマン主義」と「形而上学」

以下では、本書の課題である『精神現象学』の有機体論を評価するために、さしあたり『精神現象学』をどのような視点で解釈するかを述べる。そのためにここで「ロマン主義」と「形而上学」の二つのキーワードを用いてみる。ヘーゲルの思想形成のプロセスを大きくつかむには、『精神現象学』以前、『精神現象学』、『精神現象学』以後と三つに大きく分けるのが良いと考えられる。『精神現象学』以前のヘーゲルの方向性を「ロマン主義」的なベクトル、『精神現象学』以後の方向性を「形而上学」的なベクトルと位置づけ、『精神現象学』をこの二つのベクトルの「継ぎ手」として考える視点である。

『精神現象学』を書く前、ヘーゲルはテュービンゲン神学校時代（一七八八－一七九〇年）以来から続くシェリングやヘルダーリンらとのロマン主義的な雰囲気に満ちた交流に身をおき、「宗教と愛についての断片」（～一七九八年）、「キリスト教の精神とその運命」（～一七九九年）などを執筆していた。この時期のヘーゲルは、悟性や理性を越えた愛の原理を模索していたといえるだろう。どちらかというと、ヘーゲルはシェリングとはちがい、自然ではなく人と人との精神的なつながりに「原理」を求める傾向であったと言えるかもしれない。一七九七年には、シェリングが『自然哲学論考』、ヘルダーリンが『ヒュペーリオン』を出版してヘーゲルよりもひと足早くデビューしている。一七九九年にヘーゲルは父の死を転機として学者として立つ準備をはじめ、一八〇一年に私講師の職を得てイェーナに移る。おそらくこの頃、ヘーゲルは「形而上学としての論理学」を構築してそれを学の基礎としたいという構想を思いついた。イェーナに移った頃から、ヘーゲルは「論理学」、「形而上学」、「自然哲学」、「精神哲学」の四つを組み合わせた体系構想を練り始め、数多くの草稿を試みている。ここで「論理学」と「形而上学」は「形而上学的な論理学」として一つにできそうだし、「自然哲学」と「精神哲学」も自然と精神を実在の二大領域として実在哲学の体系にまとめられそうだった。問題は、「論理学としての形而上学」と、ロマン主義的な「自然哲学」、「精神哲学」とをどのように接続するかということだった。一八〇〇－一八〇六年まで、ヘーゲルは「論理学」、「形而上学」「自然哲学」、「精神哲学」の四つの色々な組み合わせパターンを試みており、その「接続」に苦心している様子が窺える。『精神現象学』を書く前のヘーゲルは、イェーナ期以降に芽生えた「形而上学的論理学」を軸とした体系構想と、イェーナ期以前からの「ロマン主義」的な体系構想とを、どう調和させるかという大きな課題に直面していた。

加藤尚武のまとめ(一五)を参考にすると、この時期のヘーゲルの体系構想は、次のような三パターンに分類される。これは、ヘーゲルがこれらの草稿の執筆時期にイェーナ大学でおこなっていた講義の科目名をもとにホフマイスターが『実在哲学Ⅰ』、『実在哲学Ⅱ』と名づけたものと、その二つのあいだに挟まれる『ＬＭＮ』（Logik, Metaphysik, Naturphilosophie）と呼ばれる草稿とを、『イェーナ体系構想Ⅰ～Ⅲ』として整理したものである。なお、この整理においては、『ＬＭＮ』における論理学と形而上学をのちの観点から「論理学」と一つにみなしている。

一八〇三／〇四年（イェーナ体系構想Ⅰ）いわゆる『実在哲学Ⅰ』＝『自然哲学Ⅰ＋精神哲学Ⅰ』(一六)

一八〇四／〇五年（イェーナ体系構想Ⅱ）いわゆる『ＬＭＮ』＝『論理学＋自然哲学Ⅱ』(一七)

一八〇五／〇六年（イェーナ体系構想Ⅲ）いわゆる『実在哲学Ⅱ』＝『自然哲学Ⅲ＋精神哲学Ⅱ』(一八)

早熟な友人たちの早いデビューを横目で見つつ、このような構想をくりかえし練り直しながら、独自の哲学を打ち立てようと苦闘していたヘーゲルが突破口を得るのは、『精神現象学』（一八〇七年）においてである。ここでヘーゲルは、

「論理学」、「自然哲学」、「精神哲学」をどのような順番で組み合わせるかという問題に画期的な解決を与える。彼はいわば問題そのものの枠組みを変えてしまう着想を得たのである。

『精神現象学』以前のヘーゲルは、自然からいかにして精神が発生するか、自然はいかにして精神へ移行するかという問題に悩んでいた。一八〇三／〇四年の「イェーナ体系構想I」では、「意識」を媒介にして自然は精神へ移行するというような構想を考えている。しかし、おそらくヘーゲルは自然からいかにして「意識」が発生するかという問題にうまく答えを与えられなかったのではないかと考えられる。またそれとは別にヘーゲルは、存在論を盛り込んだ論理学を構想し、それを学の基礎としたいと考えていたが、この論理学をどうやって自然哲学や精神哲学と接続するかについても悩んでいた。こうした問題に悩むうち、ヘーゲルはおそらくは一八〇五～一八〇六年のどこかの時点で、突如として、「現象学の方法」を思いついた。それはこれまでのやり方とはちがって、はじめから「意識」を主人公とし、「意識」を場として精神が現象するという記述のスタイルだった。これによって「論理学」、「自然哲学」、「精神哲学」による体系以前の、体系がそこから発生してくるところの精神の運動を描いて学への導入とする、という道が開けることとなった。

この『精神現象学』という書物のポジションを冒頭の「ロマン主義」と「形而上学」という二つのキーワードを使って簡明に言えば、「ロマン主義」から「形而上学」への移行を可能にする重要な「継ぎ手」、もしくは「橋」であるということになる。『精神現象学』という書物によって、つぎのような学の構想が可能となった。「意識」の濾過作用によって、自然や精神の実在から存在のパターンを抜き出して論理学を構築し、その論理学を使って自然や精神についての学の体系を作るという構想である。『精神現象学』以後、ヘーゲルはロマン主義的な、自然そのものの実在に形而上学の根拠を求めるという方向性とは異なった独自の路線を歩むことになる。

『精神現象学』以後のヘーゲルに見出されるのは、若き日にテュービンゲン神学校でシェリングやヘルダーリンと共有していたロマン主義的な神秘主義から抜け出して、「学」（Wissenschaft）の原理を打ち立てようとする、形而上学者としてのベクトルである。「ロマン主義」と「形而上学」というのは、シェリングの例を見れば分かるように、人によっては相反するものではない。しかし、ヘーゲルの「形而上学」は「論理学」であった。古くからの単なる思考の形式としての論理学ではなく、またカントのように認識の原理となるような超越論的論理学でもなく、存在論を含む論理学を打ち立てることで、形而上学の課題を果し、かつあらゆる学問の基礎づけを可能にするというのが、ヘーゲルの構想だった。この存在論を含む論理学というところに、ロマン主義の影響が残っていると言える。しかし、あくまで論理学は論理学であり、自然や精神そのものではなく、自然や精神のパターンである。そのパターンは意識を媒介として、精神の現象から抽出される。その過程が『精神現象学』である。『精神現象学』という書物の意義をヘーゲルが最後まで認めていたことはまちがいがない。『精神現象学』という「橋」を残しておくことで、彼は自分の「論理学」が実在の在り方にもとづくものであり、空虚な形式ではないことを主張できる余地を残しておいた。『精神現象学』というのは、いわばロマン主義が形而上学的な論理学へと変換される「場」である。この「場」を学の一環として残しておくという措置によって、ヘーゲルはいつでもロマン主義的な情熱や神秘主義の源泉へと立ち返ることができた。だが、ロマン主義的な情熱は源泉として確認されると同時に「意識」によって濾過される。そして、論理学的形而上学としての「学」の立場が目指される。このように、『精神現象学』という「場」にあっては、「ロマン主義」から発したベクトルが「形而上学的」なベクトルへと変換されているのである。

八　「自然」の断念

それでは、『精神現象学』以後のヘーゲルは完全に「ロマン主義」を捨て去り、「論理学的形而上学」へと移行したのかといえば、そうではない。たとえば、『歴史哲学講義』（一八二二―一八三〇年）を見れば、そこにはノヴァーリス、ヘルダー、カーライルらと同様に、歴史をみずからの力によって生成し発展するものととらえる思想、すなわちロマン主義的な歴史主義を見ることができる。『精神現象学』以後のヘーゲルを、それ以前のヘーゲルからはっきりと隔てる特徴は、自然に対する見方である。多くの思想史家が指摘するように、ヘーゲルは歴史に関してはロマン主義者であったが、自然に関してはロマン主義者ではなかった（一九）。もともと、テュービンゲン大学でヘルダーリンやシェリングと交流していたときから、ヘーゲルのロマン主義的熱情は、自然との合一というよりは、人間的な「愛」（Liebe）へとむかう傾向があったということは言える。ローゼンクランツによれば、一七九一年にヘーゲルの記念帖に自分の標語として「一にして全」（*Ἓν καὶ πᾶν*）と記入したヘルダーリンは、古典ギリシアへの情熱を抱き、自然のうちの永遠の生命、歴史を貫く愛の原理と一体化しようとする「合一」（Vereinigung）の思想をもってヘーゲルに影響を与えた（二〇）。しかし、ヘーゲルはヘルダーリンから影響を受けつつも、ヘルダーリンとまったく同じことを考えていたのではなかった。ヘルダーリンの『ヒュペーリオン』第一部刊行の半年後に執筆されたとされる一七九七年の「愛」に関する断片では、愛を「合一」という観点から捉える点でヘルダーリンの強い影響が見られるが、この時点でもすでに、ヘーゲルは「愛」をヘルダーリン的な自然との一体性に求めるよりは、人間関係における融和、調和に求める傾向にあったという（二一）。

　それでも、イェーナ体系構想期には、シェリング自然哲学からの影響は大きかったと見られ、「イェーナ体系構想Ⅰ」（一八〇三／〇四年）の「自然哲学Ⅰ」はシェリングのそれにいくらか独自色を加えたものという構成であった。ここでは、ヘーゲルは自然の領域を「ポテンツ」に応じて区分し、「有機体」をもって最高のポテンツとするというシェリングの図式を踏襲している。そして、これに続く「精神哲学Ⅰ」

では、「自然の有機体」から意識を媒介にし、いかにして「精神の有機体」である国家が生じるかを説明しようとしている。いわば、「自然哲学」のすぐ後に「法哲学」が接続されるかのような構想である。「イェーナ体系構想Ⅱ」（一八〇四／〇五年）の「自然哲学Ⅱ」では、表現的にはシェリング色は薄くなり、ヘーゲルが独自の自然哲学を模索しはじめた形跡が窺えるが、冒頭の一行目では「**自然はみずから自分自身に関係する絶対精神である**」と述べている(一二)。これは微妙な表現であるが、ここではまだヘーゲルは自然と精神の絶対的同一性を主張するシェリングの路線を踏襲しているように思える。「イェーナ体系構想Ⅲ」（一八〇五／〇六年）の「自然哲学Ⅲ」では、のちの『エンチュクロペディー』とほぼ同様な、「Ⅰ力学」、「Ⅱ化学」、「Ⅲ有機的なもの」という構成ができ上がっている。特に「有機的なもの」の箇所は詳細に論じられている。ここでヘーゲルは、植物有機体と動物有機体を論じ、特に動物有機体の神経系、消化系、循環系、感覚系、生殖系における動的な循環を念を入れて論じている。こうした動物有機体の示す「円環」は個体性を越えて存在する普遍的な「類」の実現であると言っている。ここからヘーゲルは精神の普遍性へと移行できると考えて、力を入れて有機体論を論じているようである。ところが、これに続く「精神哲学Ⅱ」では有機体にはまったく触れず、自然から精神への移行は話題にされない。そこでは精神ははじめ夜の闇のうちにあるが、自己自身を直観し対象化して、それに言葉を与えることによって分裂を経験して、その夢想から目覚めるといったことが述べられている。そして精神はこの分裂によってみずからを自我として産出し、自我は意志や意欲や衝動をもち、他者による承認の契機を経て法的状態、国家、宗教と言った契機を経て、自己自身を知る精神となるという内容になっている。ここでは、精神が自己自身を知るという『精神現象学』的なモチーフが語られており、自然からの精神の産出という問題はテーマとなっていない。「精神哲学Ⅱ」は、「自然哲学Ⅲ」と連続する内容になっていない点が異様である。

そして、この後の『精神現象学』（一八〇七年）では一転して、はじめから「意識」が主人公であるというスタイルの叙述が採用され、意識の諸形態、精神の諸形態を経るうちに精神が絶対的な精神としてみずからを知るという内容になり、自然についての叙述はこうした精神の現象のプロセスに組み込まれた副次的なものとなっている。端的に言って、ヘーゲルは自然から精神が産出されるというモチーフを断念したところから『精神現象学』を書き始めたと考えられる。『精神現象学』はロマン主義に対する批判、特にシェリングの自然哲学を揶揄する叙述が至る所に見られ、「**ロマン主義との決別を宣言する書**」であるという位置づけもされる(一三)。しかし、より正確には、ヘーゲルは『精神現象学』において自然に関するロマン主義に決別をしたと言うべきであろう。そして、『精神現象学』以後、『大論理学』（一八一八－一六年）や『エンチュクロペディー』（一八一七／一八二七／一八三〇年）では「自然の無力」(Ohnmacht der Natur)(一四)

を語るようになる。この自然への「断念」は、あえて場所を特定するならば、「自然哲学Ⅲ」と「精神哲学Ⅱ」の間において起こったと考えるべきだろう。これ以後、ヘーゲルは自然の産出性に期待することをやめたのである。これは、ヘーゲルがシェリングの思想とはっきりと袂を分かった分岐点でもある。

九　「自然」と「精神」のちがいとは何か

では、『精神現象学』を経て、その後に書かれた『エンチュクロペディー』（一八一二―一八三〇年）では自然と精神の関係はどうなっているか。『エンチュクロペディー』では、もはや自然から精神への「移行」は説明されない。いやたしかにそこでは「移行」が語られているのだが、自然から精神が産出されるというような話しにはなっていない。『エンチュクロペディー』は「論理」、「自然」、「精神」というそれぞれの学問領域を円環的な構成の中に位置づけることを狙いとした書物である。これらすべての学問領域は、精神の運動に根ざすものであり、その運動の全容はすでに『精神現象学』で語られた。すでに絶対知という学問的立場は達成されたので、あとは「論理」（存在者のパターン）、「自然」（存在者の外的な存在の姿）、「精神」（外的な存在から自己自身に戻った精神）というかたちで、各学問領域の意義と位置が叙述さればいい。これが『エンチュクロペディー』のポジションである。そこでは、自然は精神が自己自身に戻るための契機にすぎないのであり、自然から精神が生じるのではないということが強調される。したがって、ヘーゲルの叙述は、自然と精神がいかにちがうかという点に強調が置かれる。

精神が自然から生じるのでないならば、精神はどこから生じるのかが考えられなくてはならないが、その問題についてヘーゲルは『エンチュクロペディー』では語らない。精神の生成（現象）が語られるのは『精神現象学』である。ただし、『エンチュクロペディー』の「自然哲学」末尾と「精神哲学」冒頭、および「論理学」の各所で述べられる自然と精神のちがいは、ヘーゲルが精神が精神になるためには何が必要と考えているかを把握するのに有用である。『精神現象学』の有機体論に移る前に、それを確認しておこう。

『エンチュクロペディー』第三版（一八三〇年）における「自然哲学」と「精神哲学」の接続を見てみると、次のようになっている。まず「自然哲学」では、イェーナ期「自然哲学Ⅲ」と同じく第三部で有機的なものを論じており、後半で動物有機体の円環としての過程を詳しく論じている。その末尾三七五、三七六節には、「個体のおのずからなる死」（Der Tod des Individuums aus sich selbst）という見出しが付けられ、個体の死という契機を通じて有機体のもつ個別性と普遍性とが止揚されて精神となることが論じられている。ここで言われる「おのずからなる死」というのは、老衰による死のことである。ヘーゲルの考えかたによると、動物有機体というのはみずからの内に「類」という普遍性をもっていて、この内なる普遍性が動物個体に死をもたらすのであるという。個体は生殖によって個体を再生産し、みずから死にゆくことによって、類の円環過程を維持する。動物個体は普遍に対して不適合であるということをヘーゲルは言う。

三七四

……一般に、個々の不適合性（Unangemessenheit）を克服しやり過ごしても、個体が背負った普遍的な不適合性が止揚されるわけではない。普遍的な不適合性とは、すなわち、個体が示す理念は直接的なものであり、個体は動物として、自然の内部に置かれており、その主体性はたんにもともと自体的には（*an sich*）概念であるが、まだ単独の在り方ではない（*nicht für sich selbst ist*）ということである。そこで内部の普遍性は、自然としての生命体がもっている個別性にたいして、否定的な威力にとどまり、個体はこの威力から暴力（Gewalt）を受けて没落してゆく。というのは、現存在そのものとしては、それ自身このような普遍性を自己のうちにもたず、したがって普遍性にふさわしい実在ではないからである。（二五）

三七五

個別的なものとしての動物を有限な現存とするよりどころは普遍性である。この普遍性は、動物の内部で行われるそれ自身抽象的な過程の終末に当たって、抽象的な威力として、動物の身についた形であらわれる。動物が普遍性に適合しないということが、動物の根源的な病気（*ursprüngliche Krankenheit*）であり、生まれながらの死の萌芽（*Keim des Todes*）である。この不適合性の止揚は、それ自身この運命の達成である。個体は、自分の個別性を普遍性に合わせて想像することによって、この不適合性を止揚する。だが、しかしその普遍性が抽象的で直接的なものであるかぎり、たんに抽象的な客観性に達するだけである。個体の活動は、そのなかで鈍化し硬化してしまい、生命は、過程のない習性となってしまう。こうして個体は、みずから自発的に自分自身を殺す。（二六）

ヘーゲルは、動物個体が事故や病気による死は避け得たとしても、いずれは必ず迎えることになる老衰による死を、動物がもともと内にもっている普遍性の実現だと考えている。三七四節では、個体が普遍性の暴力を受けて没落するという表現が面白い。三七五節では、動物が抱える根源的な病気としての普遍性への不適合性だとか、生まれながらの死の萌芽だとかいった表現が、キルケゴールやハイデガーを彷彿とさせる。この次の三七六節（最終節）を見ると、個体の死を契機として主体性への移行が生じると述べられている。

三七六

しかし普遍者とこのような同一性に達しても、それは、直接的な個別性と個体性のもつ普遍性との形式的な対立の止揚である。しかもこの止揚は、自然的なものの死というたんなる一面、しかも抽象的な一面にすぎない。しかし主体性（Subjektivität）は、生命の理念の中では概念である。したがって主体性は、もともと自体的には（*an sich*）、現実性の絶対的な内的核心であり、具体的な

普遍性（die konkrete Allgemeinheit）である。主体性は、その実在性の直接性を、いま示したように止揚することによって、自己自身と合致するに至る。すなわち、自然の最後の自己外存在は止揚され、自然のなかにたんにもともと自体的に存在しているにすぎなかった概念は、いまや単独に（*für sich*）なった。――自然はこうしてその真理へ、すなわち、概念がもっている主体性へ移行した。この客観性（*Objektivität*）そのものは、それ自身個別性の直接性が止揚されたものであり、具体的な普遍性である。こうして概念が措定される。こうして概念が、自分にふさわしい実在性をもつ。すなわち概念が概念をその現存在としてもっている。――これが精神である。（二七）

こうした表現を見ると、一見、ヘーゲルは自然の中に自然そのものを越えていく普遍性があり、それが主体性を実現していくのだ、と述べているようにも受取れる。だが実際にはそうではない。ここで語られている普遍性や主体性は、この『エンチュクロペディー』では第一部の「論理学」（いわゆる『小論理学』）で用意されていたものである。ヘーゲルが、「**主体性は、もともと自体的には、現実性の絶対的な内的核心であり、具体的な普遍性（die konkrete Allgemeinheit）である。主体性は、その実在性の直接性を、いま示したように止揚することによって、自己自身と合致するに至る**」と言っているのは、「論理学」ですでに論じられていた「理念」のもつ主体性が、その外面的、定在的な実現である自然から、自分自身へ戻ってきたということを言っているのである。

『小論理学』では、主観的な概念と客観性との統一として「理念」が語られ、その理念の最高の形態として「生命」が語られていた。生命は多くの論者が言うように概念では捉えられない神秘などではなく、まさしく概念そのものであるとヘーゲルは言う。そして、生命体は「推理」であるともいう**（二八）**。これは奇妙な言明である。普通は、生命体（有機体）というのは自然物であると考える。また、「推理」というのは人間主観の行うことだと考える。この二者がどうして同じことであると言えるのか。そのことを考える前に、ヘーゲルにおける「推理」の意味を確認しておく必要がある。

一般に「概念」（例：ソクラテス、人間、死すべきもの）の結合が「判断」（例：人間は死すべきものである、ソクラテスは人間である、など）であり、判断の結合が「推理」（人間は死すべきものである、ソクラテスは人間である、ゆえにソクラテスは死すべきものである）であるとされている。ソクラテスをA、人間をM、死すべきものをBと記号で表わせば、M＝B、A＝M、∴A＝Bという三段論法になる。ここでは、Mという中項を介してAとBが結合されている。しかし、ヘーゲルはこうした伝統的な三段論法による推理を「悟性的推理」にすぎないと言い、外面的な結合にすぎないとする。そこでは、本来の推理がもつ理性的なものが捨象されて形式だけが残っていると言うのである。これに対して、ヘーゲルのいう「推理」とは、主語が媒介によって自己自身と結合することであると述べられている。

一八二

無媒介の推理では概念の諸規定が抽象的な規定として外的に関係しあっているにすぎない。その両端項は個別と普遍であり、概念は両者をつなぐ中項なのだが、それも抽象的な特殊であるにすぎない。だからここでは両端項は、互いに対しても中項に対しても関係を持たない、独立したものとして現れている。したがって、この推理は概念のない理性的なものであり、形式的な悟性推理（*Verstandesschluß*）である。——そこでは主語は、他の規定と推論的に結びつけられる。あるいは、普遍はこの媒介を介して自己の外にある主語を包摂する。それに対して理性推理というのは、主語がその媒介を介して自己を自己自身と結びつける推理である。このようにしてはじめて主語は主語（主体）なのであり、主語はそれ自体において理性推理となるのである。（二九）

ここでヘーゲルが言っているのは、ふつう判断なり推理というのは、それぞれ別々に存在している概念を結びつけるかのように考えられているが、実は、そういう「結合」（Schluß）ということが純粋に成り立つ局面などない、ということである。概念というのはすでに判断を含み、判断はすでに推理を含む。それらをばらばらの要素に還元しつつ結合すると称するのが、悟性的な推理である。悟性的な推理は結論としての結合を先取りしておきながら、結合を実現するために要素への分解をおこなうという作業をしている。分解の作業が無駄なわけでは決してない。「分解」を経ることによって、隠されていた「結合」がよりいっそうあらわになる。このよりいっそうあらわになることを指して、ヘーゲルは「主語が自分を自分に結合する」と言うのである。「推理」のこのような性質を理解した立場が、理性的推理の立場であり、それは悟性的な推理の本質を見抜いているという意味で、悟性的推理よりも上の立場だとヘーゲルは考えている。

ここでは、ヘーゲルの推理論そのものの評価は措いておく。重要なことは、このような「推理」についての考えを前提に、ヘーゲルが「生命体は推理である」（Das Lebendige ist der Schluß）と述べている点である。生命体が推理である理由は、生命体が「過程」（Prozeß）であるからだ。ヘーゲルが『エンチュクロペディー』の「自然哲学」で生命体すなわち有機体ということで考察している自然物は、地質学的な自然（Die geologische Natur）すなわち地球（Erdkörper）、植物的な自然（Die vegetabilische Natur）、動物有機体（Der tierische Organismus）の三つである。はじめの地球については、地球は有機体ではあっても生命体ではないとヘーゲルは言っているが、それにしても地球が有機体であるというのは、奇異な考え方にも聞こえる。しかし、ヘーゲルは変化を経験しながらも一定の自己を保つものを有機体として考えている。大気圏における気流や、海洋における海流の循環、大陸の移動などの運動をおこないながら、恒常的な環境を保っている地球を有機体であると考える視点は、今日の「ガイア仮説」や「宇宙船地球号」といった概念を見れば、むしろヘーゲルには先見の明があったと思える。地球や植物や動物といった有機体は、基本的に「過程」をその特徴とする。それはみずからの外にある過程の一環でもあり、またみずからのうちにも過程を抱える存在である。すなわち、外部の環境からの影響によって変化を受けながら自分自身を維持し、自分自身へと戻ってくる存在である。この過程の流動性がよりわかりやすく激しいのが、動物である。環境の変化やさまざまな条件により柔軟に対応できるのが動物であり、地球や植物と比較するとその過程としての自立の度合いは高くなっている。環境からの独立性が高まることを、ヘーゲルは自分自身への関係性の度合いが高まることだと考えており、すなわち、主体性の増大であると考えている。

自然における有機体の示す「過程」を、ヘーゲルは「推理」だと考えている。これは、部分部分や特定の時点では一つの特殊的性質を示す有機的個体が、実は背後に普遍として自己を持っていて、特殊にとらわれずに普遍に戻るという、そういう特殊と普遍の総合（重層）としての個体性を示すからであろう。そして、地球から植物、動物と有機体のレベルが上がるにつれて、この特殊と普遍の重層性がより柔軟で反応の速い「過程」として現れてくる。この過程の流動性が高まれば高まるほど、生命としての普遍性に近づくといえるが、同時に生命としての普遍性に近づきすぎると、個体としては滅してしまうことになる。これが個体が死によって類としての生命を実現するということの意味であり、先の三七五、三七六節で言われていたことである。こういうふうに、有機的な個体が死によって、みずからのうちに持っていた普遍に到達する姿をヘーゲルは、「推理」だといっている。それは、概念のもつ理性的推理という本質を具体的かつ直接的に現実として示してくれているのが自然における有機体であるという意味だろう。有機体という自然物には、個々の部分がすでに相互の結合をはらんで存在しているという意味で概念の理念性、すなわち重層性が現れているとヘーゲルは考えているのである。

では、この「自然哲学」の末尾で言われているのは、自然の有機体の「過程」としての性質から概念の主体性が、つまり自然から精神が生まれ出てくるという話であろうかというと、そうではない。ヘーゲルは精神が自然から生まれるとは考えておらず、あくまで自然は精神の所産だと考えているのである。このことがはっきりするのは、そのすぐ後の「精神哲学」の冒頭で、自然から精神が現れるのではないとヘーゲルが言っているからである。

三八一　補論（Zusatz）

……精神が自然のなかから生まれるということは、あたかも、自然が絶対的に直接的なもの、最初のもの、根源的に措定するものであり、それに反して精神はたんに自然によって措定されたものであるかのように解されてはならない。むしろ自然が精神によって措定されており、そして精神が絶対的に最初のものである。［中略］**現実的かつ自覚的な精神は自然のたんなる成果ではなくて、真実には、精神自身の成果である。精神は自己自身を自分が設ける諸前提から、論理的理念と外的自然とから産出**

し、そして論理的理念と外的自然との真理である。すなわちたんに自己内にある精神とたんに自己外にある精神との真理である(三〇)

ここでヘーゲルは、自然が根源であるという考えや、自然から精神が生まれるという考えをはっきりと棄却している。精神こそが最初のものであり、むしろ自然は精神から生じ、論理的理念と外的な自然という二つの契機を通して、精神は自己自身を産出すると言われている。

またヘーゲルは先の三七六節で、主体性はもともと自体的(an sich)には「具体的な普遍」(die konkrete Allgemeinheit)であるが、この具体的普遍としての主体性が、実在のもつ直接性を止揚することで自己自身と合致し、自然は概念のもつ主体性へと移行すると言っていた。しかし、主体性に移行するといっても、それは動物有機体において実現することではないという。先に「具体的な普遍」が自然にはもともと自体的(an sich)にあると言っていたが、これが独立して(für sich)くると精神になるのだが、それは動物においては決して起こることではないとヘーゲルは言う。まず、この「具体的な普遍」と呼ばれるものが一体何であるかが問題である。それから、それが動物においては、「für sich」になることがないのはどうしてだろうか。ヘーゲルは次のように説明する。

三八一　補論(Zusatz)

……動物は類をたんに感覚するにすぎず、類について知るのではない。動物においてはまだ心が心に対して存在するのではなく、普遍的なものが普遍的なものとして普遍的なものに対して存在するのではない。類過程においては両性の特殊性が廃棄されるのであるが、動物はこの廃棄を通して類の産出に到達するのではない。この過程を通して産出されたものはふたたびたんに個別的なものにすぎない。こうして自然は、有限性に対する超越の頂点においてさえも、つねにふたたび有限性に戻ってしまい、そして、こういう仕方で絶えざる循環(Kreislauf)**を表現する。個別性と類との矛盾によって必然的にもたらされた死もまた、同様に、自体的かつ独立的に存在している普遍性**(die an und für sich seiende Allgemeinheit)**、または自体的かつ独立的に普遍的な個別性**(die an und für sich allgemeine Einzelheit)**、すなわち自己自身を対象としてもっている主観性**(die sich selbst zum Gegenstande habende Subjektivität)**を産出するのではない。なぜかといえば、死は個別性の否定ではあるが、しかしこの否定はそれ自身直接的個別性の形態において現れるところの空虚でかつ破壊的な否定であって、個別性を維持する止揚**(Aufhebung)**ではないからである。したがって、自然が自己を高めて生ずるもっとも完結した形態、動物的生命においてもまた、概念は自己の心的な本質に等しい現実性、すなわち自己の現存在の外面性と有限性の完全な克服に到達するのではない。この克服は精神においてはじめて起こるのである。精神はまさに自分の中で現れるこの克服を通して、自分自身を自然から区別する。だからこの区別は精神の本質についてのたん**

なる外的な反省の働きではない。(三二)

動物においては「心」(Seele)が「心」に対してあるということがなく、「普遍的なもの」が「普遍的なもの」に対するということがないと言われている。「普遍的なもの」が「普遍的なもの」に対するということがあって、「普遍的な個別性」、すなわち「自己自身を対象として持っている主観性」が生じるのだと言う。そしてそういうことは、「精神」において初めて起こるのだとされている。

また、三七六節で「具体的な普遍性」(die konkrete Allgemeinheit)と呼ばれていたものが、精神において、自体的かつ独立的に存在している普遍性(die an und für sich seiende Allgemeinheit)自体的かつ独立的に普遍的な個別性(die an und für sich allgemeine Einzelheit)として産出されると言っている。この「具体的な普遍(性)」というものが一体なんであるかが問題である。「具体的な」とわざわざヘーゲルが言っているということは、意識の抽象作用によってもたらされるような、彼岸的な普遍ではない普遍をここでヘーゲルは考えているということである。すなわち意識の結果ではなく、意識による意識化以前に存在するものをヘーゲルは考えている。おそらくそれは、本書が追求してきた「意識ならざるもの」であり、「否定的なもの」であり、精神の現象をもたらす根源としての「原‐精神的なもの」であるはずだ。重要なのは、それは「自然」ではないとヘーゲルが考えている点である。

先の引用の末尾では、精神と自然の区別は外的な反省の働きではなく、精神は自分自身を自然から区別するといわれている。だから、自然と精神とを並べて比較できるような「外部」がどこかにあるのではない。また、自然から精神が出て来るのでもない。はじめから精神しかないのであり、精神は自分の主体性を産出するために、自分自身の中で自然を産み出し、そして自分でそれを克服するのである。ヘーゲルにおいては、自然ははじめから精神的なもののうちにある。自然は精神が自己自身の主体性に戻るために、一度、自分を自分でないもの、外在的な自己として実現しておくというステップにすぎないのである。自然から精神が出て来るのではなく、精神はたんに自己自身へ戻るだけである。一度、自己自身を外面性において、つまり自然として実現した精神が自己自身へ戻るために必要とされるのが、「自体的かつ独立的な普遍的個別性」(die an und für sich allgemeine Einzelheit)という場である。この場の中で、概念の運動は類と個別性とを止揚する。この場こそが、精神であるとヘーゲルは言う。

三八一　補論(Zusatz)

……いま述べられたことのなかにすでに、精神への自然の移行はまったくの他者である或るものへの移行ではなくて、たんに自然において自己の外部に存在している精神が自己自身へ到達することにすぎないということが含まれている。しかし同様にこの移行によっても、自然と精神との明確な区別が廃棄されはしない。なぜかといえば、精神は自然の中から自然的なしかたで出て来るのではないからである。『エンチュクロペディー』第

二二二節において、たんに直接個別的な生命体の死は精神の出現であると言われた。そのときこの出現は肉体的なものではなく精神的なものである。すなわちこの出現は、自然的出現として理解されるべきではなくて、概念の発展として理解されるべきである。概念は、十分な実現に到達しない類、むしろ死の中で自分をあの現実性に対する否定的な威力として明示する類がもっている一面性と、それに対立する、個別性に拘束されている動物の現存在がもっている一面性とを、自体的かつ独立的な普遍的個別性の中で（in der an und für sich allgemeinen Einzelheit）、または同じことであるが、普遍的な仕方で独立的に存在している普遍的なものの中で（in dem auf allgemeine Weise für sich seienden Allgemeinen）廃棄（aufhebt）する。この普遍的なものが精神なのである。[三三]

先の引用の内容と合わせて考えると、こういう「自体的かつ独立的な普遍的個別性」（die an und für sich allgemeine Einzelheit）という「場」は、「具体的な普遍」（die konkrete Allgemeinheit）が an sich から an und für sich になることによって実現されると言うことができるだろう。この「具体的普遍」とはそもそも何なのか、そしてそれが an und für sich になる「場」（Element）とは何であるのかが考察されなくてはならない。なぜならば、そのような「場」において初めて、概念の運動は概念の運動としての真実、つまり精神に到達すると言われているからである。そのような「場」はまた、「推理」を可能にする場でもあるだろう。生命体は推理であると言われていたのであるが、それは生命体が潜在的（an sich）にであれ、「具体的な普遍」の働きに基づくものであったからである。したがって、こうした「具体的な普遍」の働きを対自化（für sich）することが、悟性的推理とはちがった理性的な推理の実現であることになる。カントにおいては、それは判断力の作用であるということになる。理性的といったが、ヘーゲルの理性はカントのそれとは色合いが異なることに、ふたたび注意が必要である。先に推理に即してみたように、ヘーゲルにおいては、推理は理性の働きであるにしても、その働きは当初から潜在してある（an sich）と考えられているところが特徴である。わかりやすく言えば、それは意識の圏外で、意識とは異質なものとして働くのである。

『エンチュクロペディー』では、「具体的な普遍」は初めからあるものとされている。それは前提としてあるのであり、それが für sich になることこそが、精神の真実の実現であるという話になっている。しかし、その「具体的な普遍」がそもそもいかにして生じるのか、またいかにして für sich になるのかということについては、『エンチュクロペディー』では詳しく語られない。言ってみれば、「具体的な普遍」の精神における für sich が語られるために、自然における an sich が用意されたような感もある。ただ、動物の話が出ていて、動物は「類」を感じるだけで、「類」を知ることはないということが語られていた。動物的個体はその死によって「類」を実現するが、それをみずから意識することはない。これはつまり、動物は死を意識することがないということであろう。

それが動物有機体と人間精神の差異であるということになる。そこから考えれば、死を意識するということが、「類」を意識することであり、このことが「具体的な普遍」を für sich にすることと関わりがあるのだと考えることもできる。これは、第一章で検討した、人間が知恵をもつことによって死すべき存在となったという『創世記』の叙述との類似があり興味深い。それでは、その人間が死を意識するということはどのようにして起こるのかという疑問が生じる。ヘーゲルは、それについては『エンチュクロペディー』では語らない。

一〇　具体的な普遍が für sich になるのは何処においてか

『エンチュクロペディー』の展開を検討して確認されたことは、ヘーゲルは自然に「根底」を求める自然的なロマン主義を明確に退けているということである。精神というものが達成されるには、「具体的な普遍」が für sich になるということが起らなくてはならないが、それは自然では起こることがない。このようなことが言われていた。

ヘーゲルのロマン主義は、反自然的ロマン主義、もしくは精神的ロマン主義とでも呼ぶべきものである。「反自然的ロマン主義」といま言ったが、それは語義矛盾ではないかという疑問がただちに浮かぶかもしれない。ロマン主義というのは、精神と自然、すなわち人間と自然という二大区分で見るならば、人間ではなく自然に根源を求めるものであったはずだ。そもそも啓蒙主義的な理性に対する反動として生じたのがロマン主義であると言えるのだから、人間の「精神」を根源にすえてしまったら、それは啓蒙主義と変わりがなくなってしまうのではないかという疑問もあり得る。しかし、例えばカントの啓蒙主義哲学と比較すれば、ヘーゲルには明らかに違いがある。ヘーゲルは「精神」を理性とはちがう、非理性的なものに根ざすものであると考えていた。先に「ロマン主義」と「形而上学」という二つのキーワードをヘーゲル哲学の特徴として挙げたが、この「非理性的なものに根ざす精神」という要素があるからこそ、ヘーゲルにおいては「形而上学」でさえ、明るく透明な理性の光をイメージさせるカントの形而上学とは異なり、どこか暗い闇を感じさせるものとなっている。

『エンチュクロペディー』でヘーゲルは、精神は自分のうちで自分自身の真実態を実現するということを強調していた。自然から精神が出てくるのではないとしたら、精神は自分自身のうちにその根源をもたなくてはならない。その「根源」、精神を精神たらしめる「非理性的なもの」こそが、先に指摘した「具体的な普遍」なのである。

この「具体的な普遍」が何であるか、それはどのようにして発生するのかということは、『エンチュクロペディー』では語られないと言ったが、それは、『エンチュクロペディー』のポジションを考えれば、当然のことである。「論理」、「自然」、「精神」というそれぞれの学問領域を円環的な構成の中に位置づけることが、『エンチュクロペディー』の課題であった。そこでは、精神の運動はすでに発生し、絶対知という精神自身の真実態はすでに到達せられている。あとは、この到達せられた精神の立場から、「論理」（存在者のパターン）、「自然」（存在者の外的な存在の姿）、「精神」（外的な存在から自己自身に戻った精神）というかたちで、各学問領域の意義と位置が叙述されればいい。これが『エンチュクロペディー』という書物のポジションであった。したがって、そこでは自然は自然、精神は精神として述べられるだけであり、両者の差異こそが強調される。自然ははじめから在る精神が自分自身に戻るためのステップにすぎず、自然も精神なのである。

「精神」というものが達成されるには、「具体的な普遍」が für sich になるということが起らなくてはならないが、それは自然では起ることがない。それならば、どこで「具体的な普遍」が für sich になるということが起こるのか。それが起こる「場」はどこなのか。『エンチュクロペディー』では、はじめから精神が前提されているから、そのような「場」についてはいっさい語られることがない。精神が精神として生成するメカニズムについては、そこでは語られない。しかし、われわれが確認したところでは、精神が精神となるために何が必要であるかについては、ヘーゲルは語っていた。それは、「具体的な普遍」が für sich になるということである。したがって、その「具体的な普遍」が für sich になるということが起こる「場」とはどこかということが問題となる。その「場」とは、『精神現象学』である。

『精神現象学』は「意識」を主人公とする。そこでは、「意識」というまだ精神ではないものが精神となっていく過程が語られている。「意識」は「意識ならざるもの」と出逢い、それによって、精神となっていくのである。この意識ならざるものは「自然」ではない。なぜなら「自然」というものは、意識が「意識ならざる」ものと出逢い、それを自己の中に取り込み、折り込んでいくことではじめて認識されるものであるからである。そして、そのようにして認識された自然が、実は自己自身の「投射」にすぎないということを意識が悟ったとき、意識は精神として自己を実現していくのである。精神は自己自身しか経験しない、とヘーゲルが『エンチュクロペディー』でくりかえし述べるのは、このような精神生成の機構をふまえて言っているのである。このメカニズムが語られるのが『精神現象学』であり、そこでは、精神が精神として生成する仕組みが語られているといえるだろう。とりわけ特徴的なのは、「意識」を主人公とした叙述の方法をとることで、意識が精神となっていく過程が、個人の意識が人類的な精神に目覚めていく過程を描いているとも読める点である。このいわばビルドゥーングス・ロマン的な構成が、多くの読者を引きつけてきた魅力の一因ともなっている。

しかし、後の『大論理学』や『エンチュクロペディー』の叙述のトーンを見ていると、どうもヘーゲルは、ことのはじめから「精神」というものがあり、精神こそが世界の全体であり、宇宙であると考えているように思える。だとしたら、個々の意識が精神になるということを言うけれども、個々の意識がどうなろうともはじめから「精神」というものはあるのではないか、ということが指摘できる。そのように考えていくと、精神の現象というのはいったい歴史全体の過程のことなのか、それとも個体的意識の発生過程なのか、という疑問が生じる。これについては、おそらくヘーゲルは「**個体発生は系統発生を繰り返す**」と言ったヘッケル（一八三四－一九一九年）と同じようなことを考えていたようである。ヘッケルはヘーゲルの死後、チャールズ・ダーウィンと同時代に活躍した人物だから、ヘーゲルのほうがヘッケルよりも早い。しかし、実はチャールズの祖父のエラズマス・ダーウィン（一七三一－一八〇二年）がすでに同様のことを言っていて、ドイツの自然哲学にも大きな影響を与えたというから、ヘーゲルはそれを読んでいた可能性もある。人類における意識獲得の歴史が個体発生においてくり返されることを、ヘーゲルは『エンチュクロペディー』の「論理学」、「予備概念」の章で述べている。ここでヘーゲルは、本書でも第一章において考察した旧約聖書「失楽園」のエピソードを引用し、意識の精神への目覚めについて、次のように述べている。

二四　補論三（Zusatz 3）

さてモーゼの伝説によれば更に、人間が最初の統一を去るようになった誘惑は、外部から（蛇によって）人間へやってきたことになっている。しかし実際は、対立へ足をふみ入れること、すなわち意識の目ざめは、人間自身のうちにあるのであって、このことは、あらゆる人間のうちで繰返されている歴史である。（三三）

この意識の目覚め、すなわちそれは意識が精神への道を歩みはじめる出発点であるといっても良いが、ここから始まり、個々の人間において繰り返される「歴史」の叙述こそが『精神現象学』である。

『精神現象学』の「方法」の新しかったところは、「意識」を主人公に設定して叙述を開始することで、自然から精神への「移行」を説明しなくても良くなったという点である。と同時に、『精神現象学』では、「精神」が初めから完成した状態にあるのでもない。初めから完成していては、精神はその内容としての諸形態を豊かに展開できなくなってしまう。「意識」は目覚めたときにはまだ未熟であり、精神としての自己に徐々に気づき、成熟していくという過程をたどる。このような個的意識の発生論的な手法をとることによって、精神が自己のうちでみずからを獲得していくという叙述の方法をとることができた。この方法によって、ヘーゲルは自然からの精神の発生について直接に論じることを回避することができたのである。

分子生物学、脳神経科学が飛躍的に発展した現代では、「意識」の発生とは何かという問題に対して徐々にアプローチの道筋が見えてきた感があるが、それでもいまだにこれは難問である。ヘーゲルの蔵書目録などを見ると、彼は当時最先端の科学的知識を蒐集していたようだが、先に指摘した、イェーナ体系構想期のいずれかの時点において、おそらくヘーゲルに「自然への断念」が訪れた。自然からの精神の発生を説明することは、同時代の知識では無理だと判断したのだろう。ヘーゲルがこの問題に答えることを回避し、未熟な精神である意識が徐々に精神になっていくという方法を採用したことは、結果としては、この書物のもつ射程を大きく伸ばしたと言える。『精神現象学』はマルクス、コジェーヴ、アドルノ、ラカンなど後の多くの思想家に、人間精神についてのインスピレーションを与えることになった。誰も自然史における意識の発生の現場を見たものはいない。われわれはわれわれ自身の「意識」の経験から、それについての知識と理解を深める以外にない。このような、われわれの「意識」の置かれた状況を巧みに哲学の「方法」に変換したことが、『精神現象学』の方法的発見であった。

　意識が自己自身の経験を通して精神となっていく記述の方法をとることで、ヘーゲルは、精神は精神のみを経験すると言いきることができるようになった。ここにヘーゲルの「自然」の断念を見ることができる。『精神現象学』においては、「意識」は「自然」を経験するということはない。いや、あるいは「自然」は経験されているのかもしれないが、自然に「知」の根拠が置かれることはない。それゆえ「意識」は確実な「知」の根拠を求めて、自分自身を掘り下げていくことになる。意識が外的な自然の秩序だと思い観察していたものが、実は意識自身の深層にほかならなかったというかたちで、意識は精神に目覚めていく。「知」の根拠は自然にはなく、「原‐精神的なもの」にあるとされる。それは、意識がまだ自覚してはいないが、意識自身の根底にあるようなものである。

　ヘーゲルは、意識が「自然そのもの」を経験することはまったくないと考えていたのだろうか。これは大問題であるが、少なくとも「精神」の発生と成熟ということに関しては、ヘーゲルは、精神は精神自身を経験するという枠組みにこだわった。根底としての自然を断念したがゆえである。意識は自然を経験することによってではなく、「原‐精神的なもの」を経験することによって、精神として成熟する。先の旧約聖書に論究した箇所で、ヘーゲルは人間と自然との関係についてこう述べる。

　さてその次には、神が人間に投げかけた呪いがある。このうちで強調されているのは、主として自然にたいする人間の対立である。男は額に汗して働き、女は苦しんで子を生まねばならない。労働というものをよく考えてみると、それは分裂の結果でもあり、また分裂の克服でもある。動物はその諸要求を満たすに必要なものを直接目の前に見出すが、人間とその諸要求を満たす手段との関係は、人間と人間自身によって作り出されたものとの関係であり、人間はこうした外的なもののうちにあっても、自分自身と関係しているのである。（三四）

個的な人間の意識は、自然そのものを経験しているつもりで、実は「精神」を経験している。このようなヘーゲルの認識が述べられている。

　本章の冒頭には、自然科学の未来の発展でしかありえなかったものを、ヘーゲルは哲学によって先取りしようとした、というコリングウッドの言葉を載せた。『エンチュクロペディー』において、力学、物理学、有機体論という三部構成を考え、物理学において当時興りつつあった化学や電磁気学を力学とは異なった浸透性をもつ領域として描こうとヘーゲルは苦心した。もし彼が、二十世紀以降の相対性理論や量子力学の発達を見ることができたら、欣喜雀躍したのかもしれない。しかし、ヘーゲルにはそれは為し得なかった。そういうことをコリングウッドは言っている。二十世紀の自然科学を先取りし得なかったヘーゲルは、彼の時代の自然に関する知識を見渡した上で、自然に「知」や「精神」の根拠を置くことを断念したのである。

こうして、ヘーゲルの「反自然的ロマン主義」とでも呼ぶべきものが誕生する。この「反自然的ロマン主義」は、思わぬ巨大な副産物を伴った。それは後に、フロイトが「無意識」と呼ぶことになる領野である。「反自然的ロマン主義」は、自然に人間精神の根底を見出すということをしない。すると、どうなるか。当然の帰結として、そのようなロマン主義は、人間精神のうちにロマン主義的な「根底」、すなわち、「非理性的なもの」を見出すことになる。のちに多くの思想家たちが、すなわち、マルクスが「類的意識」として、コジェーヴが「欲望」として、ラカンが「大文字の私」として、個的な意識の「根底」にあるものをくり返し『精神現象学』の中に再発見してきた。それがなぜ「再発見」されなければならなかったかと言えば、ヘーゲル自身は、この「根底」が何であるかを積極的に探究しようとしなかったからである。その理由についての解釈は幾通りかありうる。当時の科学知識ではそれは解明し得ないと考えて、ヘーゲルはあえて仮説を立てずに後代の課題として残したとも考えられるし、あるいは、先に指摘した「ロマン主義的」と「形而上学」のベクトルのうち、『精神現象学』がまさっていたためとも考えられる。おそらくはその両方なのではないかと思われる。意識の根底にあるものがそれ自体で何であるかを解明しようとすると手間がかかるし、解明できるかどうかもわからない。それよりも、それを巻き込んだ形で「精神」の現象が展開するという話しにしてしまい、その現象のパターンを「論理学」として学の基礎に据えるというベクトルの方が、ヘーゲルにとっては優先されるべきことだったのだろう。当時は、学の体系をいかに基礎づけるか、いわばこの哲学の天下取りを哲学者たちが競っていた時代であり、じっさい世俗的な基準から言えば、ヘーゲルは『精神現象学』以後、『大論理学』と『エンチュクロペディー』の出版、およびそれに基づく諸講義が人気を博したことで、この哲学の天下取り競争に圧勝したと言って良いだろう。ヘーゲルの在命中および死後しばらくは、彼の名声に貢献したのは彼の「形而上学」のベクトルであった。しかし、十九世紀も後半になると、マルクスやキルケゴールによるヘーゲル哲学の批判的継承の中で、ヘーゲル哲学の「形而上学」のベクトルは批判の的となり、むしろ彼の「反自然的ロマン主義」のベクトルの方が、高く評価されるようになる。

一一　『精神現象学』の有機体論へ

以上、本節では、ヘーゲル哲学における『精神現象学』のポジションを確認してきた。ヘーゲルはその思想の形成期において、自然を根底とすることを断念し、意識を叙述の主人公とする『精神現象学』の方法を思いつくことによって、「反自然的ロマン主義」＋「形而上学」という独自の哲学の方向性を見出したことを指摘した。これをふまえた上で、本書が『精神現象学』の有機体論を論じる理由は、次の点にある。

意識がいったん自分のうちに取り込んだ「意識ならざるもの」と、「認識」を通してふたたび出逢うということ。こういう構造を描いた『精神現象学』の有機体論は、十九世紀以降の人間や社会の「在り方」と、その「自己認識」がどのようなものになるかを正しく言い当てた。十九世紀以降、人間は自己と社会とを「生命」もしくは「有機体」として理解するようになったのである。このことから、ヘーゲルの『精神現象学』を現代的な人間観、社会観の先駆的な分析として再評価し、位置づけることができる。

次に、ヘーゲル自身は、その「根底」、「非理性的なもの」、「意識ならざるもの」が何であるかを積極的に探究しようとしなかった、と指摘した。しかし、ヘーゲルは、それが意識に対してどのように作用するかについては『精神現象学』で詳しく述べている。意識が自己意識として成立するためには、「意識ならざるもの」の作用が必要なのだが、自己意識として成立した後、意識はその作用の働きを忘れてしまうということが述べられている。そして、「意識ならざるもの」の作用を取り込みそれを下意識に沈めてしまう。ところが潜在化しながらも「意識ならざるもの」は機能しており、その作用によって、意識は眼前に「有機的なもの」を見出すと言うのである。「有機体」という対象が、実は自然そのものなのではなく、人間精神の構造の投射であると説明する点では、ヘーゲルはカント『判断力批判』に大きく影響を受けている。しかし、ヘーゲルは、それを「理性」の投射だとは考えなかった。そこでは、「意識ならざるもの」「非理性的なもの」「原-精神的なもの」が潜在して機能しており、その作用の結果を意識は「理性的なもの」として理解しようとする。これが「理性」という意識の一形態なのだとヘーゲルは言った。しかし、この理性的な意識の理性的な期待は裏切られる。世界を理性的なものの所産として理解しようとする「理性」的意識の期待は充たされず、意識は「意識ならざるもの」の非理性的な働きをみずからのうちに見出すことを余儀なくされる。

本書の以降の課題は、ヘーゲルが『精神現象学』の有機体論において見出した「意識ならざるもの」「非理性的なもの」「原-精神的なもの」の働きにふたたび光を当て、ヘーゲル自身の「形而上学」のベクトルから切り離した形で、それが何であるかを解明する道筋を見出すことにある。

第二節　『精神現象学』における「有機的なもの」

一　『精神現象学』有機体論の批判性

『精神現象学』は、西洋哲学史上の諸問題を継承し、当時流行の諸思想もとりあげながら、すべてを「精神」の「現象」という構成に組み換えていった作品である。また、「実体は主体である」というテーゼのもとに、特にライプニッツ・ヴォルフ学派やカントらの提起した実体についての理説をことごとく批判し、解体していった書物であるとも言える。このような作品を出世作としたヘーゲルが、当時人気の流行思想でもあり、また哲学史上の実体問題が継承されている有機体論について、批判的な視点をもっていなかったとすれば、その方が不思議と言えよう。

ヘーゲルと有機体論との関係については、しばしば、ヘーゲルの哲学がどのように有機体論の影響を受けているか、という観点から語られる。十八世紀末から十九世紀にかけて、有機体思想が広範な影響力をもった流行の一つであったことを考えれば、それがヘーゲルの思想にどのような刻印を記したのかを検証しようという動機が生じるのは自然である。しかし筆者が本節で問題としたいのは、ヘーゲルが有機体論をいかに彼独自の問題意識において扱ったか、ということである。十八世紀有機体思想という大きな問題圏に含まれてしまうものとしてヘーゲルの思想を見出そうというのではなく、当時の流行思想を批判し有機体を「現象」として分析するヘーゲルがいるのではないか、という問題意識のもと、『精神現象学』の叙述を検討してみる。ところで、これまでの多くの解釈では、『精神現象学』の有機体論にあえて「批判性」を期待する向きは多くないように思われる(三五)。それには、およそ以下のような理由が考えられる。

理由一　**ヘーゲルの思想は有機体的であるという通念が比較的流布している。これはヘーゲルが主に『法哲学要綱』などで、国家や政治組織を論じるのにしばしば有機体（Organismus）の比喩を使ったこと(三六)に加え、マルクスによる批判(三七)の影響も大きい。ヘーゲルの哲学を目的論的、全体論的な哲学であると論じる論調は特にマルクス主義陣営に多く見られる(三八)。**

理由二　**『イェーナ体系構想』や『エンチュクロペディー』などで有機体論は自然哲学の最後におかれ、有機体は自然から精神への移行をもたらす媒介項の役割を果たしている。その点からは、ヘーゲルは有機体について肯定的な評価をしていると考えるのが自然である。ヘーゲルの哲学全体と『精神現象学』との関係の問題。**

理由三　**仮にヘーゲルが有機体論を批判していることがわかったとして、それをわざわざ取り上げて論じることの意義が問われる。有機体論「批判」の評価の問題。**

これらの問題はいずれも、『精神現象学』の有機体論を多角的に論じる際に取り組まれなければならない課題ではあるが、同時にいずれも『精神現象学』の叙述の外（そと）の問題である。なによりもまず『精神現象学』の叙述が検討されなくてはならないが、検討の方向性を定めるためにも、これらの疑問に簡単に応えておこう。

「理由一」については、ヘーゲル自身にも十分に批判される余地があったと言える問題である。本節で明らかにするようにたしかにヘーゲルは、『精神現象学』で有機体論を批判したが、同時に彼は、『法哲学要綱』で国家の組織性を語るのに有機体の比喩を安易に使用している。簡単に言えば、ヘーゲルは自然の有機体は否定したが、その代わりに精神の有機体を肯定したと言えるだろう。社会体制の中にヘーゲルは「有機的統一」を見出す。なぜならば、社会とは精神の現象にほかならないからだ。このヘーゲルの考え方が、国家や社会の体制の中に「矛盾」を見出そうとするマルクスによって批判されることとなった。マルクスの『精神現象学』批判については第四章で扱うが、本書の立場は、マルクスの批判にも理はあるけれども、まずは「有機体」は精神的なもの、社会的なものに根源をもつと見破ったヘーゲルの功績が正当に評価されるべきだと考える。マルクスの批判は正しくは、ヘーゲルの「形而上学」のベクトルに向けられるべきであったのだろう。この点で言えば、実はマルクスは、『パリ手稿』（旧称『経哲草稿』、一八四四年）で、ヘーゲルがせっかく見出した「具体的な普遍」を抽象化のベクトル（「形而上学」のベクトル）に載せてしまっていることを鋭く批判している。このベクトルゆえに、ヘーゲルは「精神」の運動を神格化することになったという批判である。マルクスの『精神現象学』批判の要点は、ヘーゲルは抽象的な「意識」から始めるがゆえに、結論が「抽象的な精神」になるというものだった。このヘーゲル批判は『精神現象学』の「方法」に対する鋭く的確な批判であり、『精神現象学』を今日的な問題意識で再評価する際に欠かすことのできない有効な視点を提供する。しかしながら、その後、マルクスの思想は、「具体的な普遍」の運動を理性によってコントロールするという共産主義革命に向かった。自由主義と比較して、このマルクスの共産主義革命思想（もしくは社会主義思想）の不利が明らかとなった二十一世紀の現在、われわれはもう一度、ヘーゲルとマルクスの関係を見直す必要がある。ヘーゲルの言う「具体的な普遍」を「生命」という表象の「根源」として捉える本書の立場から、簡単にヘーゲル／マルクスの関係をイメージしておくと、次のようになる。

ヘーゲル＝ロマン主義（非理性的）＋形而上学（抽象的）
マルクス＝啓蒙主義（理性的）＋唯物論（具体的）

本書の立場は、「具体的な普遍」を「非理性的」かつ「具体的」に捉えられないか、というものである。このヘーゲル・マルクスの関係は表にすると次のようになる。**（表1）**

このマトリックスの対角線を、啓蒙主義（理性的）＋形而上学（抽象的）と取ると、これはカントのベクトルになる。本書の探究のベクトルは、逆の対角線、すなわち、ロマン主

（表1）ヘーゲルとマルクス

ヘーゲル	**ロマン主義（非理性的）**	**形而上学（抽象的）**
マルクス	**啓蒙主義（理性的）**	**唯物論（具体的）**

義（非理性的）＋唯物論（具体的）にあたるだろう。

　マルクスは、ヘーゲルが「形而上学」のベクトルによって陥りがちであった「抽象性」を批判することには長けていた。しかし、マルクスはまた革命思想のベクトルを持っており、実はこれは啓蒙主義的なものであったと言える。この点で、マルクスは、ヘーゲルが見出しつつあった「具体的な普遍」の非理性的な性質をとらえ損ねることとなった、もしくは、その働きを過小評価することとなった。おそらくは、ここに二十世紀におけるマルクス主義の失敗の原因があるだろう。『精神現象学』有機体論の再検討を通して、「具体的な普遍」を「非理性的」かつ「具体的」なものとして捉えようとする本書の立場は、新たなヘーゲル／マルクス関係の解釈に道を開くものと考えている。ヘーゲル／マルクス関係の解釈の問題については、第四章でまた触れる。

　次に、「理由二」であるが、これは前節で十分に検討した問題である。ヘーゲルは自然を精神の根源としてみることを断念した。したがって、自然はあくまで精神が自分自身を外化したものにすぎない。その精神の外化である自然をあくまで外的な対象として見るとき、自然の有機体においては「具体的な普遍」が an sich にあると言える。しかし、それは実は、精神のもつ「具体的な普遍」なのであって、そのことが für sich になるとき、つまり意識されるとき、精神は精神として自分自身を取り戻すのである。このことは、『精神現象学』ではいっそうはっきりと述べられている。「有機的なもの」というのは、意識がその深層に持っている「具体的な普遍」を外部に投射することによって意識に対して見えているものなのである。次項でこのヘーゲルの「有機的なもの」の論理を詳しく見る。そこでは、ヘーゲルの他の著作には見られない、「意識」が見出すものとしての有機体が独特の論理で語られている。

　最後に「理由三」についてであるが、これこそがまさしく本書の目的そのものである。ヘーゲルの有機体論批判の構造を明らかにすることは、現代の生命思想、ひいてはわれわれの人間や社会についての自己認識の構造を明らかにすることであると、筆者は考えている。本書の以降の内容がその回答である。

二　転回点としての「有機的なものの観察」

　それでは実際に、『精神現象学』の有機体論を見てみよう。これまでに説明してきたように、ライプニッツ・ヴォルフ学派を経てカントへ至る実体論の系譜と、自然の中の有機体という対象を興味を持って観察する流行が重なり、ドイツ観念論で有機体を哲学的にとりあげる伝統が生じた。そうした中、ヘーゲルは『精神現象学』の「観察する理性」の章で、相当な紙幅を割いて有機体論を論じる（ズアカムプ版でおよそ三十頁）。「有機的なものの観察」（Beobachtung des Organischen）(三九)と呼ばれるこの箇所はまた、『精神現象学』の中でもとりわけて難解な叙述が続くことでも知られている。ヘーゲルはここでは一貫して「有機体」（Organismus）という言葉を使わず、「有機的なもの」（das Organische）という表現をする。この表現はのちに『エンチュクロペディー』にも継承されているが、もしかしたら、ヘーゲルはこのような言い方で、有機体への批判的な姿勢を表現しているのかもしれない。

内容を概観すると、そこでは、カント的な目的論が批判され、実体として魂や生気論的な生命を論じる所説が「内なるものと外なるものの思想」として批判され、自然を有機的生命の系列として類と種と個に分類し有機的な体系性を自然に見出そうとする博物学的な思想が批判されている。カントは、『判断力批判』で、道徳論への架橋として有機体論を扱った。それゆえ、有機体論は目的論として論じられている。ところが、ヘーゲルは有機的なものを理性の「偶然的な運動」（zufällige Bewegung）(四〇)であると言っている。また有機的なものの運動には、「全体がない」（das Ganze nicht … vorhanden ist）(四一)とも言う。このような表現を見ると、ヘーゲルの哲学を、有機体論的、目的論的、あるいは全体論的な思想である等と断じることは簡単にはできないことがわかる。

（図9）は、先に（図8）で示した『精神現象学』の構成の中に、有機体論の箇所、すなわち「観察する理性」における「有機的なものの観察」の箇所を示したものである。以下は（図9）中の説明と同様であるが、この箇所は『精神現象学』の展開の中で、概念のもつ個体性（理念性）の浮かび上がりが、有機体という対象の観察を通して指摘される箇所として重要である。このような潜在している個体性の浮かび上がりは、実は、「自己意識」においてすでに見られていた。しかし、重要なことは、すでに自己意識の後半で浮かび上がっている主体の個体性が、ヘーゲルの言う意味で真に把握されうるのは、理性の経験を通してのことだと言われていることである。どういうことか。自己意識はその最終局面において、普遍的なものと特殊なものとの結合を成就して「個別的なもの」（個体性）たることを得るが、その成就は第三者である「媒体」によって可能になっている。媒体に依拠していることによって、意識は、個別的なものであることができ、同時に認識対象が個別的なものとしてあることを確信をもって言明できる。が、この段階では意識は己れの個体性を、対象が個別的なものであることを通して確信しているにすぎない。簡単に言って、他を否定することによって自己たりえていたのが自己意識の本質だとすれば、理性は他（対象）を肯定するという態度によって自己たり得ている。このことは、理性章の冒頭で述べられていることだが、この、他を肯定することによって自己たる確信を得ている理性の態度は、他

（図９）『精神現象学』の構造と有機体論の位置

（ページ数）

序文
緒論

（79）
（A）意識
I. 感覚的確信、或はこのものと私念
II. 知覚、或は物と錯覚
III. 力と悟性、現象と超感覚的世界

（61）
（B）自己意識
IV. 自分自身だという確信の真理
A. 自己意識の自立性と非自立性、主であることと奴であること
B. 自己意識の自由、ストア主義とスケプシス主義と不幸な意識

（C）（AA）理性

意識の経験の学

「観察する理性」における「有機的なものの観察」の箇所は、概念の持つ個体性（理念性）の浮かび上がりが、有機体という対象の観察を通して、指摘される箇所として重要である。

確かに、個体性の浮かび上がりは、「自己意識」においてすでに見られる。しかし、重要なことは、すでに自己意識の後半で浮かび上がっている主体の個体性が、ヘーゲルの言う意味で真に把握されうるのは、理性の経験を通してのことだと言われていることである。どういうことか。自己意識はその最終局面において、普遍的なものと特殊なものとの結合を成就して「個別的なもの」（個体性）たることを得るが、その成就は第三者である「媒体」によって可能になっている。媒体に依拠していることによって、意識は、個別的なものであることができ、同時に認識対象が個別的なものとしてあることを確信をもって言明できる。が、この段階では意識は己れの

（図９）『精神現象学』の構造と有機体論の位置

C. 即自且つ対自的に実在的であること
を自覚している個体性

（249）

（ＢＢ）精神

VI. 精神

A. 真実な精神　人倫

B. 自分から疎遠になった精神　教養

C. 自分自身を確信している精神　道徳性

（117）

（ＣＣ）宗教

VII. 宗教

A. 自然宗教

B. 芸術宗教

C. 啓示宗教

（24）

（ＤＤ）絶対知

VIII. 絶対的な知ること

精神の現象学

れは、理性は他（対象）を肯定するという態度によって自己たり得ている。このことは、理性章の冒頭で述べられていることだが、この、他を肯定することによって自己たる確信を得ている理性の態度は、他（対象）を必要としている点で、まだ絶対的に自己たる確信を得ているとは言えないとヘーゲルは考えている。

それゆえ、理性章の叙述を通して、対象を規定している個体性が意識主体のもつ個体性であること、しかし、その個体性は恣意的なものではなく、概念がそれ自体で持つ個体性によること、それによって、意識主体自身も個体性を得ていることが自覚されていく。対象と自己意識の双方を規定している組織体として概念の存在が浮かび上がることによって、意識は「人倫」の立場に立ち「精神」となる、これが「自己意識」章以降の『精神現象学』の展開である。

（対象）を必要としている点で、まだ絶対的に自己たる確信を得ているとは言えないとヘーゲルは考えている。それゆえ、理性章の叙述を通して、対象を規定している個体性が意識主体のもつ個体性であること、しかし、その個体性は恣意的なものではなく、概念がそれ自体でもつ個体性によること、それによって、意識主体自身も個体性を得ていることが自覚されていく。対象と自己意識の双方を規定している組織体として概念の存在が浮かび上がることによって、意識は「人倫」の立場に立ち「精神」となる、これが「自己意識」章以降の『精神現象学』の展開である。

このように『精神現象学』の展開をとらえると、「有機的なものの観察」の箇所は、この書物の論述展開の中で、大きなターニングポイントとなっていることがわかる。この箇所は、精神が精神であることをみずから実現していくために必要な個体性、すなわち前節で言及した「普遍的な個体性」もしくは「具体的な普遍」の働きが明らかになる箇所なのである。「有機的なものの観察」の箇所が、重要なターニングポイントであることを示すかのように、この箇所の終わりごろには次のような密度の高い叙述が見られる。そこでは「有機体」、「生命」、「体系」、「全体」のみならず「世界史」までもが語られている。

以上のことから結論されるのは、形態化された定在（有機的なもの）の観察においては、ただ生命一般としての理性（*Vernunft als Leben überhaupt*）が生じるだけだということである。この一般的な生命（としての理性）は、区別をするときでも、理性的な系列と分肢とを決してほんとうに自身のもとに具えているのではなく、また、自身のうちに根拠をもった諸形態の体系（システム、System）でもない。

——有機的なものを構成する推理が行われるときには、個別的な個体性（einzelne Individualität）としての種（Art）とその現実態が媒語（Mitte）に該当するが、もしかりにこの媒語が自分自身において［類の］内的な普遍性（innere Allgemeinheit）と［地の］普遍的な個体性（Allgemeine Individualität）という両極を具えているとすれば、この媒語は自分の現実態の運動において、普遍性の表現と本性をともに具え、自分自身を体系化する展開となることだろう。意識はそのような、普遍的な精神とこの精神の個別性、言いかえると、感覚的な意識とのあいだに媒語として意識の諸形態化の体系を具えているし、しかもこの体系は、全体にまで自身を秩序づける精神の生命としてある。——この体系こそは、この書において考察せられるところの体系であり、また世界史（Weltgeschichte）として自分の対象的な定在をもつところの体系である。

ところが、有機的な自然はなんらの歴史をももたない。この自然は自分の普遍的なもの、生命から、いきなり定在の個別態へと転落するのである。こうして生じてくる現実態においては、単純な限定と個別的な生命性という契機が統一されてはいるが、これらの契機は生成をただ

偶然的な運動として生みだすだけである。この運動のうちでは各契機は自分の部分においては働き、また全体も維持せられはしている。しかし、この活動はそれ自体としては (*für sich selbst*) ただ各自の点だけに限定されている。

その理由はこの点には全体 (das Ganze) が現にあるのではないということであるが、全体がこの点に現にあるのではないのは、ここでは全体が全体として対自的に (*für sich*) あるのではないからである。(四二)

便宜上四段落に分けたが、以上は原文ではまとめて一段落である。ここでヘーゲルが言っていることは一体どういうことなのか。ここを中心として前後の論理展開の文脈のなかでヘーゲルの意図を明らかにしてみよう。

三　「有機的なものの観察」の論理

「有機的なものの観察」の叙述は、「(A) 意識」、「(B) 自己意識」に続く、「(C) 理性」のなかの初めの章、「V 理性の確信と真理」(Gewißheit und Wahrheit der Vernufnt)(四三)に含まれる。このV章はさらに「A 観察する理性」(Beobachtende Vernunft)、「B 理性的な自己意識の己れ自身を介する現実化」(Die Verwirklichung des vernünftigen Selbstbewußtseins durch sich selbst)、「C 即自且つ対自的に実在的であることを自覚している個体性」(Die Individualität, welche sich an und für sich reell ist) の三節からなるが、このうちの「観察する理性」の節に「有機的なものの観察」の叙述は含まれている。

「観察する理性」とはどのような意識の形態であるかといえば、端的に言って、自分自身があらゆる実在であることを確信している自己意識であること、である(四四)。「(C) 理性」に先立つ「(B) 自己意識」の形態において、意識は「媒体」を通して対象を認識することで、いっさいの対象が個別者でありながら普遍的な対象として把握できることを確信するようになった。これは世界には何か不変で永遠なものがあることと、自らの個別性により認識される対象は卑小な自己によって認識されるものでしかないこと、この両者の間で引き裂かれた「不幸な意識」がようやく見出した安心の境地である。普遍的で権威ある「媒体」を通して対象を認識することによって、意識は自分の認識が自分の卑小な恣意ではなく、さりとて世界が自分から離れて疎遠なものとしてあることからも逃れている。

ここから「V 理性の確信と真理」は始まる。意識が確信をもち、対象を自立して存在する物として見ることができること、それが媒体の力であることを意識はまだ知らない。これは意識が媒体を対象化して考えることができていないためである。媒体が媒体として働くためには、媒体と、媒体を使用する「個」が存在しなくてはならない。両者の関係の問題が未解決のままであることによって、確信を持って世界を認識する理性の確信は没落する。つまり理性としての意識は、媒体もまた流動し変化する物であるということを認識する。この没落と共に理性としての意識は「精神」となる、とヘーゲルは言う。

この理性の没落の道程において「有機体的なものの観察」は重要な転換点としての役割を果たしている。『精神現象学』全体の見地から見てもなお重要な転換点となっていると言えるだろう。その理由は「有機的なものの観察」において意識が対象を「過程」として見ているからである。このことが、意識が「精神」の境地に達するうえできわめて重要な役割を果たす。対象を過程として見ること、このような意識の形態をヘーゲルは「有機的なものの観察」と呼ぶ。この「有機的なものの観察」の冒頭で、「有機的なもの」（das Organische）について、ヘーゲルは次のような定義を与える。

> **過程を具えながら、これを概念の単純態のうちに具えているような対象が有機的なもの**（das *Organische*）**である。有機的なものとはかかる絶対の流動性**（Flüssigkeit）**であって、このうちにあっては、有機的なものがただ他者に対してのみあるような限定は解消せられている。……有機的なものとは［他者への］関係においてさえも己れ自身を維持するものである。**（四五）

有機的なもの（有機体）とは、他と関係する過程を自ら備えながら自らを保つものである。有機体は物の諸限定の中にとけ込んでいながら、これら諸限定との連続から分離し自分だけで存在している。例えば有機体と環境は分離し、対象として相互に関係しあう。とはいえ、このようなとき両者の関係はあくまで傾向性の指摘程度に留まるだろう。環境と有機体の関係は、非有機的な対象における諸限定のように、互いのうちに互いが即座に反照し、一つの普遍的な関係性に解消されてしまうような関係ではない。

「有機的なものの観察」において対象が示すこのような自立性は、われわれが対象の規定関係をある範囲の幅で区切っていることによる。そのような〈幅〉の起源を意識はまだ自覚してはいない。意識は有機的なものの統一と運動がなぜ生じるかについて解答を持たない。確実な知を見出したい意識は有機的な対象のさまざまな規定について普遍性を見出そうとする。環境と有機的個体の影響関係に法則性を求める思想、自分自身に関係する存在として有機的個体をとらえる「目的論」、有機的個体を互いに規定しあう機能連関として理解する「内なるもの」の思想、などさまざまなかたちで意識は有機的なものが有機的なものとしてふるまう理由、すなわちある規定の連関がなぜ他者と関係しながら自己同一を保つひとつの連関としてあるのか、その根拠を追究しようとする。しかし、それらの諸思想はいずれも有機的なるものの本質、「過程としてある対象」を見失っているが故に、失敗せざるを得ない。

絶対的な流動の中にありながら現象をある〈幅〉（＝普遍的な個体性）で区切って対象として観察していること、そのような〈幅〉は、限定でありながら流動するものであるという無限的／普遍的なものであること、つまりヘーゲルの言う意味での「概念」としてである。現実が目的と宥和しないのは、対象が対象として分離せられる際に働いている〈幅〉が一つの限定でありながら、しかも意識による恣意的な限定ではなく普遍的な限定であるためである。「有機的なもの」を一つの対象／一つの個体として認識しているのは、「観察する理性」が盲目的に使用しているこの普遍的な限定のためである。

ヘーゲルが「有機的なものの観察」で言う「内なるもの」(das Innere)(四六)の思想とは、目的論における目的の外在性を根本的には解消しないまま「有機的なもの」の過程をいくつかの契機に分離することである。それは「有機的なもの」の空虚な自己還帰の運動を「感受性」「反応性」「再生」などの普遍的な諸契機に分割してとらえ、また「有機的なもの」の現実の過程をそれら諸契機の「表現」としてとらえる。目的論における目的と現実との分裂が、ここでは有機体における「普遍的な機能」＝「内的な特性」と、その表現である「組織」＝「外的な形態」に転化されているのである。これは「有機的なもの」が他と関係しつつ、他との関係に解消されないで一つの対象として自己を維持するという、この抽象的な運動を「有機的なるもの」自身のもつ「部分」として構成して見せたにすぎない。

ある生物が特定の量の食物を食し、それにしたがって特定の運動能力を有し、また別の生物は別のごとくであるとして、そのような各個の諸特性の量的な相違はいずれにしろ、「有機的なもの」が一つの「有機的なもの」であるということにはなんの影響も与えない。「有機的なもの」の本質は、自己を維持することである。したがってそれが「感受性」がマイナス5、「反応性」がプラス5、「再生」が絶対値5というかたちで数値化されようとも、「有機的なもの」が「有機的なもの」として自己を維持するという一つの結果は変わらない。要するにそこには、ある量が存在するという帰結が存するのみである。「有機的なもの」においては、他との関係性がすべて自己を維持することの円環に解消されてしまうから、そのような「内なる」区別を立てても結局は無意味なのである。有機的なものにおいては「内なるもの」とは一つの円環そのものであることになり、しかも、それが個々の有機体自身が具える円環であることになる。たとえば、ゾウガメがゾウガメであること、ゾウガメとしての諸特性を有して自己維持をしていることは、カメレオンがカメレオンであることの諸特性を有して自己維持をしていることとは相互に関連がない。

非有機的なものの場合には、このようなことは生じない。非有機的なものの諸特性は、たとえば一つの本質的な特性である比重に還元される。比重は相対的な規定である。水の比重が鉄の比重と違うことには相互に関連がある。非有機的なものの場合にはそれは相互依存的な規定なのである。非有機的なものが一つの非有機的なものとして存在していることは、非有機的なものにとって本質的なことではない。化学物質の類を例に挙げるなら、一つの化学物質はもちろん一つの対象として存在しているのだが、それ自身として自己を保つことがその対象の本質ではない。その化学物質としての本質規定は、他の化学物質との連関においてこそとらえられている。それは化学変化の過程において見出される一要素にすぎないのである。このことは、非有機的なものがその外に存する過程の一部として見られていることを意味する。

非有機的なものにおける比重は、たとえ他の外的な諸性質に対して否定的であるとしても、その否定性は「単純な否定性」(die einfache Negativität)(四七)にとどまる。比重の規定自体が、諸物質間の相互関係による規定であり、そういう意味では比重の規定はたとえ他の外的な諸性質に対して否定的に振る舞うとしても、それ自身もまた、他の外的な諸性質同様、他の物質との相互連関によって規定されている規定性であり、他を否定することによって自己も消失してしまう否定性である。この消失においては、本当にあるのは諸物質相互の関係のみであるということになる。

これに対して、「有機的なもの」において「内なるもの」の関連の円環が発揮している否定性は、「純粋な否定性」(die reine Negativität)(四八)であり、これは非有機的なものの「単純な否定性」とは異質である。「有機的なもの」の「内なるもの」は一つの流動する連関として外的な諸性質に対して否定的に対峙するものであるが、しかし、この「内なるもの」自身は、相互規定的な普遍性、つまりその外部の関係において本質が見出される規定性としてあるのではなく、それ自体において普遍的であり否定的であるという規定性である。つまり「有機的なもの」は、それ自身において否定性を内蔵した対象であり、外部との関係において自分を否定するのではない。「有機的なもの」は自分で自分を否定する。他との連関において自分を否定するのではない。

有機的な統一とは己れ自身へ自同的に関係すること(das sichselbstgleiche Sichaufsichbeziehen)**と、純粋な否定性**(die reine Negativität)**との統一のことである。**(四九)

非有機的なものの場合は、他との連関において自分を規定／否定している。ということは、その他と自分との連関が一つの関係として、過程として把握されていることになり、そういう関係／過程としての普遍的なものは自分の外にあることになる。しかし「有機的なもの」はその普遍的なものを自分自身に内蔵し、しかもこの普遍性はそれ自身において普遍である。有機的なものが内蔵するこの普遍は「類」(Gattung)(五〇)と呼ばれる。

ここでの類とは一般的な生命としての流動性であると考えればいいであろう。その内容は純粋な否定性であるから無である。つまりそれは「有機的なもの」が自ら過程を備える対象として、自己を過程として展開するために必要な原動力としての否定性なのである。他との関係において自らを普遍的な関係性へと解消せしめるのではなく、それ自体において普遍的であるということは、純粋な否定性と言うしかない。このような否定性を内蔵した対象が「有機的なもの」である。ヘーゲルはこの「純粋な否定性」は、本当は「普遍的なもの」なのであるという。しかし、ここではこの「普遍的なもの」は外面的な規定性に対する内面性として理解される。外面と内面をつなぐ媒介が「種」(Art)である。

ところでしかし、過程の原理である純粋な否定性は有機的なものの外に属するのではないし、有機的なものはこの否定性を己れの本質における限定性として具えるのでもなく、個別性そのものがそれ自身において普遍的な

のであるが、しかしそれにもかかわらず、この純粋個別性は、それ自体が抽象的な、もしくは普遍的であるような諸契機において展開されて現実となっているのではない。そうではなく、現実の現れが普遍性のそとに出ており、普遍性は内面性のうちへとしりぞく。そこで現実ないし形態すなわち己れを展開する個別性と、有機的な普遍者すなわち類とのあいだには、限定された普遍者である種（*Art*）が介在することになる。普遍的なものの否定性、言いかえると類の否定性が現実存在に到達し、そうしてこの現実存在が展開された過程の運動であるにしても、この過程はただ存在する形態の諸部分にそって進行するだけのものである。（五一）

ヘーゲルの言っていることは、本当は、普遍的な個別性としての類、この抽象的なものが実在であるということである。人は「類」を抽象的と言うが、実は類のほうが具体的であるというのがヘーゲルのニュアンスである。ところが、意識は生物の個別な「部分」の方を「具体的な」現実に存在するものだと思っており、その個別性に引っ張られて、「種」という現実性を考え出してしまう。「種」というのは、差異の系列である。こうして本当に実在であり、具体であるほうの普遍性は、否定性として有機的なものの「内部」に押し込められることになる。

「観察する理性」の意識においては、非有機的なものと「有機的なもの」における否定性の相違は自覚されておらず、意識は「有機的なもの」の現実が、非有機的なものと同じように相互規定性に則った「体系」（System）に整理できるものと思ってしまう（五二）。こうして意識は、「種」の体系を生みだすのだが、その体系は結局は数的な規定の系列となる。これは、抽象性以外の何ものでもない、というのがヘーゲルの批判である。

「種」とは、一つの連関として展開された個別性の系列である。「観察する理性」は、対象を対象自体において普遍的なものとして、つまり対象自体において合法則性を具えるものとして見ようとするのであるから、「有機的なものの観察」においても「有機的なもの」の個別的な諸特性が、それら相互にある合法則的な連関を有する系列として整理できることを期待する。それが「種」の系列である。しかしこの系列への期待は裏切られる。

「有機的なものの観察」は、個別的なものの諸特性の連関それ自体が一つの普遍的なまとまりとして個別的なものの本質であることに、すでに気づいてしまっている意識の形態である。そこでは連関が、言ってみれば、ある〈幅〉で区切られて、対象として見られている。けれども、連関が、ある〈幅〉で区切られていることに、必然性はない。それは偶然的な区切りである。この区切りは、意識が対象に対し、対象が普遍的で必然的な関係をもって展開していながら、同時に意識の対象であることを期待するところから生じる。こういう特殊な期待のもとに生成する「特別な種類の対象」（eine besondere Art von Gegenstand）（五三）が「有機的なもの」としての対象なのである。実際、連関を連関せしめるのは意識自身である。それでありながら意識は、意識からは独立した連関を見せることを対象に期待している。そうでないと意識は対象の「知」としての確実性に寄りかかれないからである。だが一つの連関が対象として区切られ見られたとしても、その区切りには根拠がない。根拠がないにもかかわらず、その区切りのなかで対象は一つの連関として完結し対象として自立することを要求される。そうでないと、外的な関係性に解消されない対象を意識は観察することができないからである。そのように根拠のない自己完結性を強いられるものとしての対象は自己を保存する連関として観察されるが、そのような対象が「有機的なもの」であるということになる。

「有機的なもの」には全体が反照する。有機的な対象はそれ自身で一つの全体であることを要請されるのである。かく要請されながら同時に「有機的なるもの」は対象として、その個別性に合法則的な連関をもつことをも要請される。ここに軋轢が生じる。「対象として」合理的であるということは、その諸特性が法則的につまり他との連関において説明できると言うことでなくてはならない。そうでなければ対象は自由にそれ自身の諸特性を勝手に具え、また変更できるものとして現れてきてしまうであろう。しかし実際には「有機的なものの観察」においては対象はそのようには現れない。少なくともまだこの意識の形態においては対象は対象としてそれなりに動かしがたい個別的な諸特性をそれぞれもつものとして現れている。だからこそ意識はそこに合法則性を期待し、これを系列に並べていく。この系列が「種」である。しかし事態的には、一つの連関を区切って対象としていることは意識自身が無自覚におこなっていることであり、対象自身の法則性によるのではない。だから、対象の系列である「種」の分類は、この普遍的な個別性から「暴力（Gewalt）」を受ける。ヘーゲルが「地」（Erde）の暴力と呼ぶものである(五四)。

「有機的なもの」が普遍としてもつ個別性との間に軋轢がある。「有機的なもの」が普遍としてもつ個別性とは類のことであるが、これは生命としての自己維持というかたちで表現されている「純粋な否定性」のことである。これが「有機的なもの」には与えられている。この「純粋な否定性」としての自己維持は、本来は、いかなる大きさの〈幅〉として連関が展開されようとも、必ず自己に還帰する運動である。したがって、これはあらゆるものを自己としその自己に還帰する真の意味での全体となりうる力を持っている。この力がいま「有機的なもの」という対象において現れているのだが、あくまで対象は意識の対象として見られているためにこの力は対象としての幅の中に押し込められている。意識はこの幅のうちにおいて自己還帰する、いわば小宇宙的な全体として「有機的なもの」を見ている。

「有機的なもの」が対象として、つまり意識に対してある対象として見られるために要請される現実的な諸特性の系列が「種」の系列であり、これはいわばほんらい大宇宙である「類」が小宇宙として対象に押し込められているために、「限定された普遍」として現れているのである。これには無理がある。こういうふうに個別的なものの限定性に引っ張られて種の体系を展開する類は、しかし、本来の「普遍的な個体性」の力の方からも影響されて、中途半端な仕事しかできない。この「普遍的な個体性」の影響をヘーゲルは「地」からの暴力と呼ぶ。実は類というものの本当の力は、この、「地」という「普遍的な個体」と呼ばれるべきものから来ているということをヘーゲルは言う。

　そこで今やたんに類のいかなる分肢からも自由であるとみなされるべきであるのみならず、類の力とみなされるべきものは、普遍的な個体（das allgemeine Individuum）である。類は数という普遍的な限定にしたがって己れを諸種に区分するのであるが……、こういう区分の仕事を静かに営んでいるうちに、類は地という普遍的な個体の側から暴力をこうむる。この普遍的な個体は普遍的な否定性としてそれ自身でもっているところの諸区別を、しかもこれらが所属している実体のために、類の区別とはまた本性を異にしている区別を、類の体系化に対抗して主張するのである。そこで類のなすこの仕事はただ、あの強大な場（エレメント、Elemente）の内部においてのみ営むことを許されるまったく制限された仕事となり、この仕事はこの場の奔放な暴力によって、いたるところで中断され、隙間だらけのみすぼらしいものとなる。

　so ist es jetzt das allgemeine Individuum, welches nicht nur als frei von jeder Gliederung der Gattung, sondern auch als ihre Macht zu betrachten. Die Gattung, welche sich in Arten nach der *allgemeinen Bestimmtheit* der Zahl zerlegt…, erleidet in diesem ruhigen Geschäfte Gewalt von der Seite des allgemeinen Individuums, *der Erde*, welches als die allgemeine Negativität die Unterschiede, wie sie dieselben an sich hat und deren Natur um der Substanz willen, der sie angehören, eine andere ist als die Natur jener, gegen das Systematisieren der Gattung geltend macht. Dieses Tun der Gattung wird zu einem ganz eingeschränkten Geschäft, das sie nur innerhalb jener mächtigen Elemente treiben darf und das durch die zügellose Gewalt derselben allenthalben unterbrochen, lückenhaft und verkümmert wird.（五五）

　ここは本書においてもっとも重要な意義をもつ箇所であると考えられるので、ドイツ語原文も併記した。ここで言われている「地」の暴力とは、自然における生けるものの存在の連鎖が、実際には、「観察する理性」が期待するようには理性的な系列としては現れてこないことを意味する。キュビエやビュフォンのような博物学の試みる理性的な自然の系列は、必ず現実の自然によって裏切られ、みすぼらしい穴だらけの体系となる。自然は「有機的なもの」としてはそれ自体では理性的ではないのである。これは「有機的なもの」の存在を存在たらしめている「普遍的な個体性」が働いていることにまだ意識が気づいていないからである。個別化の力が未知のものとして働いていることにより、試みられる体系と現実の存在系列が一致しないということになる。だから、意識はここに働いている「普遍的な個体性」という原理を、はっきりと自覚することへと向かわなくてはならない。

そのためには、「観察する理性」は、対象をそれ自身で理性的であるものとして見ることをやめなくてはならない。「観察する理性」においては対象が理性的なものとして現れてはいるが、対象を理性的なるもの、普遍的なるものとして見ていることにおいて、かろうじて「観察する理性」は理性なのであって、己れ自身が真に理性なのではない。ここでは理性は己れの理性であることを、対象を通して受けとっている。現実の種と理性的な体系による種とが乖離してしまう原因がここにある。意識が真に確実な知を掴もうとするならば、「普遍的な個体性」、すなわち現実の対象を対象たらしめている個体性の原理について把握しなくてはならないだろう。その起源はどこにありそれはどのように働いているのか。それを把握しない限りは、意識は「地」の暴力に振り回されることになる。それを把握した上で意識が知を展開できるのであればそれは真の体系となるであろう。その準備として「意識の経験の学」はあるということになる。

先に示した引用箇所（SS. 224-225）で言われる「世界史（Weltgeschichte）」あるいは歴史とは「精神の現象」としての歴史であり、『精神現象学』においては「Ⅵ　精神」以降の展開に属する。「有機的なものの観察」という意識の形態において生じる体系は自然観察としての体系であるが、これは真の体系ではない。なぜならこの体系はその展開の動因を外部にもつからである。したがってそれは盲目的に展開される体系となる。体系が真に全体として展開されるためには、意識は体系の展開と消失をともに引き起こしているもの、すなわち、体系の「根源」を見すえつつ体系を展開しなくてはならない。この根源にあると見なされているものが何であるかを辿っていくと、それは「普遍的な個体」（allgemeines Individuum）としての「地」（Erde）であると言われている。

さて、ここまできて、「普遍的な個別性」（allgemeine Einzelheit）、「普遍的な個体性」（allgemeine Individualität）、「普遍的な個体」（allgemeines Individuum）、そして「地」（Erde）という具合にだいぶ用語が入り組んできた。ヘーゲルは有機体という現象の真相を表現するのに、微妙にさまざまな表現を使い分けている。これを筆者なりにここで整理しておこう。有機体という、過程として現象するような対象の根底には、類の力の根源として「普遍的な個体」（das allgemeine Individuum）としての「地」（Erde）の存在がある。この「地」からもたらされる「普遍的な個体性」（allgemeine Individualität）が、有機体を有機体たらしめる力として潜在的に働いているわけだが、この結果、有機体はその属性として、普遍的な否定性、「純粋な否定性」（reine Negativität）である、「普遍的な個別性」（allgemeine Einzelheit）を具えることとなる。このようなことをヘーゲルは考えていると捉えることができる。

以上が「有機的なものの観察」の箇所で述べられていることである。

四　自己を物とする理性、行為する理性

ヘーゲルの叙述は「有機的なものの観察」の後、「自己意識自身の観察」を経て「行為する理性」(tätige Vernunft)(五六)へと進む。この進行の必然性について、また「有機的なものの観察」が後の展開に対してもつ意味について、きちんと解説している研究はあまり多くない。ここでは簡略に述べるが、それは次のごとくである。

「有機的なもの」は一つの独立したものとして、それみずから「普遍的な個別性」を備えている。つまり他との連関的な規定によらずに自己を自己として規定できるような、しかもその規定が普遍的であるような規定を持っている対象である。この「普遍＝個別」という事態は、要するに自己還帰という円環運動を意味するのであるが、これはどこから来るのか。このような「普遍＝個別」の起源としてありうるような対象は、「自己意識」であること、すなわち自分自身(人間)であることに意識は思い至る。理性的な意識は、観察の対象を自然から人間に切り替えるのである。

ここで理性の観察は人間へと向かう。初めは自分自身の本質の純粋態を観察すること、つまり思惟の諸法則(論理学的法則、心理学的法則、個体の行動法則)を見出そうとする。思惟の諸法則は、個体が外的な世界／現実をいかに扱うか、いかにそれと関連するかについての法則の類であるが、これらの法則の試みも完全とはならない。個体の諸特性を説明するどのような法則を立ててみようとも、そのような法則はあくまでそうした傾向性や連関が見られるという程度に留まり、個体の個体として振る舞う自由を説明しきれないからである。個体が現にそう「ある」ということと、個体がなにをする「べき」であるかということの間には必然的な結びつきはなく、むしろそのような結び付きをみずからおこなうこと、そのような円環が個体である。

そこで意識は、自己意識が自分に対置せられた世界に対してもつ法則性を思惟の諸法則として見出すことはあきらめ、なんとか個体性の円環自身のうちに法則性を見出そうとし、個体の諸特性のうち個体の自己表現であると考えられるもの、つまり「身体」(Leib)(五七)の観察に向かう。身体はすでに「ある」ものとして与えられたものでありながら、また個体のものとして「作る」こともできるものであるという二重性を持っている。自分のものでありながら与えられたものであるという二重性をつなぐ必然性を見出そうと努めることのうちに、意識は自分自身の個体性が物であること、自己意識である己れが物であることを認識していく。

その過程の絶頂としてヘーゲルは頭蓋論をあげている。意識は自分のうちに自分の意志ではどうにもならない堅固な部分、しかもそれが自分の特性を表したものとなっているような部分を見出そうとして、頭蓋論にまで至る。頭蓋のかたちが我々の個体性を決めているというわけである。頭蓋論の帰結は、それ自体としては馬鹿げたものであり、我々はそれを決して真には受けないのであるが、しかし頭蓋論のようなものが唱えられるところには重要な真理が現れてきているのである。それは、前記の身体の二重性をつなぐ必然性を見出そ

うとつとめるうちに、意識は自分自身の個体性が「物」であること、自己意識である己れが「物」であることを認識するからである。しかし、ここでいう己れが「物」であるというのは古典的な意味での唯物論ではない。ここで言われている「物」とは、すでに「観察する理性」にとっての対象としての物であるのだから、普遍的な「物」である。

このとき**「自己意識は物を己れとして、また己れを物として見出した」**(Das Selbstbewußtsein fand das Ding als sich und sich als Ding)(五八)ことになる。自己意識は「観察する理性」の初めにおいては、媒体の力によって観察される対象、つまり物が普遍的なものとして観察されることの安定性に寄りかかっていた。しかしこれまでに見てきたように、意識は「有機的なものの観察」などを通して、この安定性の根拠を最終的には自分自身のうちにある「物」の普遍性に見出した。自分のうちに物として普遍な部分、自分の恣意にはならない部分があり、これが堅固な物として働いてくれることを認識したのである。簡単に言えば、意識にとって、人間としての普遍性が知の確実性の基準となったということである。物として見出された個体性は対象ではあるけれども、同時に自分自身であるから、このような個体性を普遍的なもの、堅固な知として頼みにする意識は「行為する理性」(tätige Vernunft)となる。章立てとしてはここで「A 観察する理性」は終り、「B 理性的な自己意識の己れ自身を介する現実化」(Die Verwirklichung des vernünftigen Selbstbewußtseins durch sich selbst) へと入る。

「行為する理性」とは、言うなれば、「観察する理性」の「有機的なものの観察」において、対象をある〈幅〉の過程を有する対象としてみていた意識が、自分自身をある〈幅〉であると見なすようになった形態のことであろう。この〈幅〉は、「有機的なものの観察」で現れていた「普遍的な個体性」に起源をもつと考えられる。ここでは意識は、自分自身が普遍的な物である自己意識であることを確信しているから、この自分が展開する過程の〈幅〉について確信を持っている。つまり自分の行為に確信を持ち、自分の行為そのものを確実な知と見なすのである。あるいは知とは自分の行為のことであると見なす意識である。この意識は自分の行為が「普遍的なもの」から発していることを無意識に感じ取っており、自分の行為が有徳であることに確信を持っている。しかし、この意識は、自分の有徳性がどこからやって来るのかを説明できない。この有徳な意識(徳の騎士、Die Tugend)は、世の中の成り行き(世路《せろ》、Weltlauf)には徳も理想もないと批判し、自分が有徳であることを謳《うた》うが、それだけである(五九)。世の中の成り行きには、その内奥に、普遍的な個体性がある。ここでの意識が自分が有徳であることを確信しているのは、実は、自分自身もこの普遍的な個体性から生じているからなのだが、そのことをまだ意識は自覚しておらず、世の中の成り行きに対して、自分こそが普遍性に基づいて行為していると確信して、そう言明する。しかし、こうした有徳な意識(tugenthaftes Bewußtsein)(六〇)の行為は、現実の世の中の成り行きを変えることができない。それは、彼が現実の世の中を支配している「普遍的なもの」に気づいていないからである。あるいは、こうも言える。世路において普遍性はすでに具体的にあり実現しているが、有徳な意識はそれに気づいていない。そして、有徳な意識は自分自身の確信が生じてきているところの具体的な「普遍的な個体性」を自分の敵とみなし、抽象的な普遍性（徳）を振りかざしてそれと戦おうとするのである。しかしながら、有徳な意識の行為は、世路に反するがゆえに現実性を得ることができず、目的を達し得ない。そもそも徳とは抽象的な普遍性の意識であるから、その目的が実現しないことによって、それ自身であることができる。徳は実現してしまったら徳ではない。だから徳は敗北するものなのである。意識がこのことを自覚すると、世の中の成り行きに内在している「普遍的な個体性」が意識されるようになってくる。ここで、「B 理性的な自己意識の己れ自身を介する現実化」は終り、「C 即自且つ対自的に実在的であることを自覚している個体性」（Die Individualität, welche sich an und für sich reell ist）へ入る。

五　事そのもの

意識にとって、行為の円環が「自己」であることが明らかになってくる。意識は自分自身を動かしていた「普遍的な個体性」が自分そのものであることに、ようやく気づいたのである。行為の円環とはその内容が捨象された「事そのもの」（Sache selbst）（六一）であり、世の中の成り行きを支配する普遍的な個体性である。この「事そのもの」は、現実になされる環境や手段や結果の偶然性とは独立に維持される。このような普遍的な円環と現実的な事との統一が「仕事」であり、仕事のうちに意識は自己を実現し把握する。それゆえ仕事においては、「個体性と対象性そのものの相互浸透」（Durchdringung der Individualität und der Gegenständlichkeit selbst）が実現している（六二）。あらゆる事は事そのものであることで相互に交換可能であり、諸個体間の間で置換可能である。「事」がすべての人びとに対してある普遍的なものとしてあること、この交換可能であるというかたちにおいて個体性と普遍性との相互浸透である全体が現れている。

私にとって「事」であることが他人にとっても事であること、つまり事そのものがすべての人びとにとって実在であることを見ることによって、意識は事そのものが本質的な実在であることを認識する。事そのものが本質的な実在であるということはある普遍的な〈幅〉をもって現実があるということであり、このような現実があらゆる個体にとって等しく共通のものとして経験されるということである。個々の個体的な意識は自分の事を行為しつつ、この事がまた普遍的な事であることをも意識している。個体は一つの自己でありながら普遍的な自己でもある。これはヘーゲルにおいては「絶対的な事」（die absolute Sache）（六三）と呼ばれ、また「人倫的な実体」（die sittliche Substanz）（六四）とも呼ばれるが、ここでそう呼ばれているものをわかりやすく言うならば、普遍的な人間であること、あるいは人間性とでも言うべきものであろう。それは〈人間〉という普遍的な幅である。意識はこれを対象的に考えることはできるが、それも〈人間〉として与えられた個別性としての意識がその個別性自身を考えることになるのであり、そのような意味ではこの対象を越えて出ることは意識にはできない。そうしたものとして、この人間としての幅は絶対的なこととしてある。つまり、意識はそれをただあるものとして受けとる以外にない。意識はそれを意志することも可能ではない。なぜならすでに意識はそれであるからである。

　このようなすでに与えられたものとしての幅は、同語反復（Tautologie）＝立法的理性（Die gesetzgebende Vernunft）**(六五)**の規則によっても、矛盾律（Satz des Widerspruchs）＝査法的理性（Gesetzprüfende Vernunft）**(六六)**によっても、その対象としての正当性を確認することはできない**(六七)**。同語反復は内容をまったく捨象した形式的な真理を言うものであるから、ある内容を受け入れると同時にまったく正反対の内容を受け入れることにもなる。矛盾律は矛盾しないことをもって真理と言う基準であるが、どのような範囲においての矛盾を査定するのかが任意である、あるいはその査定する範囲を矛盾律自身は指定できないから、どのようなことに対してもその対象とする範囲によっては矛盾しないと言いうる。同語反復や矛盾律は「理論的な真理」（theoretische Wahrheit）**(六八)**に対して形式的な基準であることができるのみであるが、「実践的な真理」（praktische Wahrheit）**(六九)**に対してもそれ以上のものでは決してない。言ってみれば、理論（である）や実践（べし）はすでにある〈幅〉において可能になっており、それは先にも言ったように〈人間〉という幅であるが、この幅はただあるものとしてあるのであり、これを対象にして検証することはできない。〈人間〉としての個別的な意識にとって事はつねにすでに〈人間的な事〉として起こってしまっているのであり、これを止めることはできない。そのようなことが言われている。

　こうして私にとって事がつねにすでに〈人間的な事〉として現れていることが確かで安心なこととしてあるとき、そしてそのような安心を敢えて動かそうとはしない境地にあるとき、**「正しいものが私にとって即自かつ対自的に存在するということ、このことによって私は人倫的な実体のうちにある」**（Daß das Rechte mir *an* und *für sich* ist, dadurch bin ich in der sittlichen Substanz）**(七〇)**こととなり、ヘーゲルに言わせればこの意識は「精神」（Geist）である。**(七一)**

　以上、「有機的なものの観察」でヘーゲルが語っていることと、それがその後の『精神現象学』の展開とどう関わっているのかを見てきた。ヘーゲルの言う「精神」とは、個と普遍性との相互浸透の境地、すなわち人倫的な意識を契機として実現される。人倫的な意識は〈人間的な事〉の幅が唯一の実在であることを自覚し、その〈幅〉によって展開される過程がすべての実在であること、すなわち世界であることを自覚した立場である。このような展開において、「有機的なものの観察」は意識にとって潜在して働いていた「普遍的な個体性」が、自然の観察や行為を通して浮上し意識されるようになっていく経過の端緒となっている。

ヘーゲルの「観察する理性」の論理においては、「有機的なもの」は、潜在している個体性によって体系を展開する対象、過程としての対象であることがわかった。そして、この個体性を可能にし、過程を駆動させるものとして「純粋な否定性」というものが働いていることがわかった。有機的なものの観察において述べられたこの「純粋な否定性」が、「行為する理性」における「普遍的な個体性」へとつながり、そのことが、全体が展開するということ、全体がみずからを歴史および体系として展開するということの原理となっていることも見た。有機的なものを観察する場面において、理性的な意識による自然の体系化が「地」の暴力を蒙って失敗すること、これを契機として「精神」が浮上してくるのである。

このように見てくると、『精神現象学』では、啓蒙的な「理性」の失敗がその先の「精神」につながるという叙述になっていることが明白である。ヘーゲルは、カント的な啓蒙理性の先に進もうとした。その時に、ヘーゲルは有機体論を使った。カント的な理性の破たんを示すのが、「有機的なものの観察」における「地」の暴力の叙述である。これによってヘーゲルは、有機体という表象には、啓蒙的理性によっては捉えきれない、非理性的なものが現れていることを指摘しようとした。同時に、ヘーゲルはその非理性的なものが「精神」へつながる原理となることを示そうとした。それが、「有機的なものの観察」の箇所で語られる「普遍的な個体性」と呼ばれるものである。これによって、ヘーゲルは、有機体という表象の構造を解明し、そこに非理性的なものが潜んでいることを指摘したのである。これが『精神現象学』における有機体論の特徴である。

ヘーゲルが「有機的なものの観察」において見出すのは、自然そのものではなく、同時に、意識そのものでもなく、意識が自分の一部でありながらまだ意識しきれていないもの、すなわち「精神」の片鱗であるかのようなものである。それが何であるかをヘーゲルは直接には語らずに（直接語ろうとするとシェリングになってしまうから）、ただ自然を理性の体系として見ようとする観察する理性の試みは「地の暴力」によって裏切られ、観察する理性は行為する理性に向かう、という具合に『精神現象学』の叙述を展開した。自然から精神へ向かうというイェーナ体系構想期の問題意識は、『精神現象学』では、意識を媒介者にするという方法によって、このように処理されたと言える

この「処理」は巧みである。カント的な「理性」を通過点にすぎないとし、そこから「人倫」という、啓蒙主義的理性とはまた別種のおもむきをもつ「共同性」を導き出す力業は、『精神現象学』という書物の大きな魅力となっている。意識を媒介にして「人倫」を引き出すことで、学の体系を基礎づける道筋をヘーゲルは作った。

しかし、その『精神現象学』の仕事にも「問題」はあった。それは、「根底」において働き、精神の現象をもたらす原理としての「普遍的な個体性」、もしくは「純粋な否定性」、あるいはそれらの生じる「場」と考えられる「地」のエレメントについての探究が、絶対知へ向かうベクトルの中でなおざ

りにされていることである。そこで、次節では「地」のエレメントにおいて生じる「普遍的な個体性」がどのような経緯によって有機体の現象をもたらす原理となっているのかを精査するとともに、ヘーゲル哲学全体のベクトルの中で、「地」のエレメントはどのような役割を果し、どのような位置づけをされるべきなのかを考察する。それは、逆の言い方をすれば、「地」のエレメントによってヘーゲル哲学を理解する方途を探ることにもなる。

第三節　「地」のエレメントとヘーゲル哲学のベクトル

一　過程をもたらすものとしての否定性

「地」のエレメントとヘーゲル哲学全体とのかかわりを考えるには、まず、ヘーゲルが『精神現象学』で用いている「否定性」(Negativität) という語の特殊な意味合いについてふまえておく必要がある。先に本章の第一節「『精神現象学』のポジション」のはじめで、『精神現象学』における「否定性」は多義的であると言い、大きく分けると二つの種類の否定性が考えられていると言った。第一は意識自身がもつ否定性であり、第二は意識の対象が示す、意識の否定性に対抗する否定性である。しかし、この説明は「有機的なもの」の箇所ではあてはまらない。というのは、「有機的なもの」はいわば意識そのもののもつ第一の否定性と、対象の示す第二の否定性をともにもっているような、そういう特殊な種類の、いわば第三の否定性を示すからである。これが「有機的なものの観察」の箇所で言われていた「純粋な否定性」(reine Negativität) と呼ばれるものである。これは非有機的なものがもつ「単純な否定性」(einfache Negativität) とは異なり、自分自身に戻ってくる否定性である。それは、自分自身の現実をも否定するようなものである。有機体が成長をしたり、けがや病気の状態から復帰して健康を取り戻したりするのは、未成長の状態や不健康な状態という現実の自己を否定して、本来の自己に還帰する運動であると考えられているからだ。このような、有機的なものの「純粋な否定性」を可能にしているものが、「普遍的な個体性」であると考えられる。このように考えると、ヘーゲルが『精神現象学』の原理としている「否定性」は、シンプルな否定性ではないことがわかる。哲学者が「有機体」を語るとき、ふつう人は、そこになにか実体的なものが措定されているのではないかと考える。つまり、肯定的なものの措定があるのではないかと考える。しかし、ヘーゲルは有機的なものにおいて「否定性」を考えており、しかもそれは特殊な種類の否定性である。

　『法哲学要綱』でヘーゲルが、国家や政治組織を論じるのにしばしば有機体（Organismus）の比喩を使ったことから、ヘーゲルの哲学を目的論的、全体論的な哲学であると論じる論調は早くからあり、たとえば、三木清はヘーゲルの弁証法は著しく有機体説への傾向を含むため、全体の所与性、体系の閉鎖性、歴史の不可能性をもたらし、発展や飛躍、実践の契機を失わせるものであると論じている(七二)。もし、ヘーゲルが有機体を素朴な「実体」として考えており、精神の現象の結果生じると言われている体系や歴史を実体的な有機構成として考えているならば、三木の批判はもっともである。また、これとは反対に、『精神現象学』の叙述に顕著に見られるヘーゲル弁証法の「否定」の契機を重視するならば、むしろ、『法哲学要綱』などに見られる有機体の比喩の方こそが、ヘーゲル哲学にとって「虚像」であるという解釈もある(七三)。『精神現象学』では、成立しては没落する知の形態が次々と描写され、どのような実体もないことが示されているのだから。

　しかし、ヘーゲル哲学の立脚点が「実体」の側にあるのか「否定性」の側にあるのかという問いの立てかたは本質を捉えそこなうのではないか。先の三木論文で三木自身によって言われていることだが、絶対的な肯定主義も、絶対的な流動主義も、いずれも実践を不可能にする。つまり、実体にしろ否定性にしろ、その純粋態はいずれも過程や展開を不可能にするということである。では、何が過程や展開を可能にするのか。表現に苦しむが、それは単純な実体性でも単純な否定性でもなく、おそらく「かたちをもった否定性」とでも呼ぶしかないようなものである。

　ヘーゲルは、「普遍的な個体性」が「過程」（Prozess）をもたらすのだと言っていた。そもそも「有機的なものの観察」の初めで、過程を具えた対象が有機的なものであるということが言われていた。「**過程を具えながら、これを概念の単純態のうちに具えているような対象が有機的なものである**」(七四)と言われていた。有機的なもののもつ個体性は、非有機的なもののもつ「単純な否定性」（einfache Negativität）と比較されて、「純粋な否定性」（reine Negativität）だと言われる。これは他を否定して自己を保つような個体性ではなく、自己自身に関係し、自分で自分を否定しながら、またつねに自己に戻ってくるような否定性である。非有機的なものにおいては、「比重」（Schwere）が他のいかなる限定とも対立する単純な限定として物質の本質を表現するものでありながなお一つの性質であるのに対し、有機的なもののもつ「内なるもの」（das Innere）は、どのような個別具体的な規定性においても表現できないような無限定なものであり、現実のいかなる規定性とも没交渉の「純粋な否定性」であるとされる。こうした「純粋な否定性」としての「内なるもの」を具えることによって、有機的なものは過程を具えた対象として現象するのだとヘーゲルは言う。そして、過程の原理としての純粋な否定性は、有機体に個別性を与えており、それは「普遍的な個別性」なのだと言われていた(七五)。

しかし、先に述べたように、有機的なものの具える純粋普遍的な否定性としての個別性は、有機的なものの観察では現実的な個別性としては展開せず、有機的なものの内面性へと退く、という。ここは、ヘーゲルが過程の展開の原理を説明している箇所として、興味深い。一般に、プロセス（過程）とは進むことと戻ることとの組み合わせによって認識されるだろう。流動と還帰の組み合わせといってもよい。完全な流動においてはプロセスが進むということ自体が認識されえない。プロセスがあるためには、流動と同時に自己に還帰することが必要である。ヘーゲルが、「過程の原理」（das Prinzip des Prozess）である「純粋な否定性」が「普遍的な個体性」であると言うとき、「普遍的な個体性」とはこのような「還帰」を可能にするもののことであると考えてよいだろう。こうした「普遍的な個体性」、本書の言い方によれば、「かたちをもった否定性」によって、過程は現象するのである。

こうして「普遍的な個体性」は、精神の現象そのものをもたらす原理であることになる。この原理とは何か。またそれが発生する「場」であると思われる「地」のエレメントとは何か。ヘーゲル自身はそれを直接には語らない。「かたちをもった否定性」は、どのような境位（エレメント）で発生するのだろうか。そのような境位がもしあるとしたら、それは、意識のもつ第一の否定性に対して、意識の否定性を否定する第二の否定性が作用し、意識のもつ否定性が折り曲げられて、「かたち」を与えられるような境位であるはずである。

ヘーゲルが「地」のエレメントに最接近したのは『精神現象学』であるが、そのような境位の探究をヘーゲルは『精神現象学』では行わなかったし、『精神現象学』以降、形而上学のベクトルを強めるヘーゲルはますますそこから離れていったと言える。だが、それを言えば、そもそもそれは欧米の哲学史の中でいまだ果されていない課題である。われわれが「地」のエレメントそのものの探究を行おうとするならば、『精神現象学』を離れて行う必要がある。それは本書の範囲を大きく越える発展的課題となるが、その予備的考察を第四章で行う。本第三章では以降、『精神現象学』の叙述にわずかにみられる「普遍的な個体性」の痕跡をたどり、第四章の考察へ向けた準備とする。すなわち、ヘーゲルがどのような軌跡で「地」のエレメントに最接近したのかをとらえることで、ヘーゲルの果しえなかった課題へ向かうためのスタートラインを見極めようというのである。また、ヘーゲル自身がその原理的探究へは向かわなかったにせよ、「普遍的な個体性」、もしくは「地」のエレメントを「根底」に据えた有機体論を構築することで切り開いた領野とは何かを見ていく。

二　「普遍的な個体性」の導入

「有機的なものの観察」で論じられる「普遍的な個体」「普遍的な個体性」（allgemeine Individuum）もしくは「普遍的な個体性」（allgemeine Individualität）の出自をよく見ていくと、実は「理性」の章より前に、その先駆的な姿が現われている。自己意識の章、「不幸な意識」において、「普遍的な個別性」（allgemeine Einzelheit）というものがはじめて登場する。ここで、「普遍的な個別性」は次のように登場している。

不幸な意識においては、不変なものと、変化するもの（個別性）とが二重に存在し、潜在的に統一されてあるが、はじめ意識はそのことを自覚しておらず、両者の相違を強く意識している。意識は不変なるものとの比較で、卑小な、無にひとしい自分の個別性をつねに意識している。ところが、不変なるものがみずから個別性をもつということが起こる。それによって、「個別性一般」（Einzelheit überhaupt）というものが生じる（七六）。

ここで登場する「個別性一般」（Einzelheit überhaupt）はその後、「形態をえた不変者」（gestalteter Unwandelbare）（七七）、「不変な個別性」（unwanderbare Einzelheit）（七八）、「普遍的な個別性」（allgemeine Einzelheit）（七九）等々と変化するが、こうした普遍的、一般的な個別性というものが生じ、それと関係することで、意識は自らの個別性の不幸を止揚して普遍的なもののうちに安らぐことができるようになると言われる。こうした一般的な個別性、普遍的な個別性、形態をえた不変者等々と呼ばれるものがなぜ出現するのか、その原理はヘーゲルの叙述からは自明ではない。金子武蔵の注釈は、ここにキリスト教の論理を読み込んでいる。普遍的なものが個別性をえるというのは、神の子イエスの降臨を象徴しているのであり、イエスその人への思慕、世界に働きかける欲望と労働と感謝の生活、そして媒体（die Mitte）である教会に身をゆだねた生活という契機を経て、意識は自己の個別的な現実性を滅却していく、そして、自己の行為が同時に普遍的な行為となる境地へと至るのである、と（八〇）。

どのようなかたちで普遍的なものが意識に侵入し、普遍的な個別性と呼ばれるものが形成されるのか。意識がなにかしらのかたちで普遍的な個別性と出会うことによって、普遍的なものが意識に侵入するというようなことをヘーゲルは考えているようなのだが、その具体的なメカニズムをヘーゲルは発生論的なかたちでは明らかにはしていない。ヘーゲルの関心はそこにはなかった。『精神現象学』の叙述に即すかぎり、普遍的な個別性はただ生じてくるのである、ということで受け取っておくしかない。意識はそれをただ「出来事」（Geschehen）として経験する、という言い方をヘーゲルはしている。（註八〇を参照のこと）

意識は、「普遍的な個別性」と出会い、媒体に自己を滅却することによって、理性となる。世界を虚無とするのでも、自己を虚無とするのでもなく、世界が自分の世界として、あるいは、世界が自分そのものとして存続する確信を得ることになる。章立てとしては、ここで「(B)自己意識」から「(C)理性」へ移る。

この現実的な世界は存続することにおいて自己意識の関心事なのであるが、これは先には世界はただ消失することにおいて自己意識の関心事であったのと同様である。（八一）

このような世界に対する肯定的な態度が「理性」である、と理性章の冒頭では言われる。興味深いのは、理性という世界に対する肯定的な態度は、自己意識の経た過程の「忘却」(vergessen)（八二）によって成り立っていると言われていることである。

理性が精神へと至る過程とは、つまり、その「忘却」を取り戻す過程にほかならない。自己意識という形態において世界に対する否定的な態度を有していた意識は、普遍的な個別性の侵入によって自己の個別性を滅却して普遍性を得る契機を得たが、その経過を忘却することによって世界への肯定的な意識形態である観察する理性となった。しかし、この世界への肯定性は、観察する理性が有機的なものの観察において「地」という「普遍的な個体」(allgemeines Individuum)の「暴力」にみまわれることによって挫折を余儀なくされる。これを契機に、理性は精神へと移行する。

ここで、自己意識において「普遍的な個別性」(allgemeine Einzelheit)と呼ばれていたものが、理性において「普遍的な個体」(allgemeines Individuum)や「普遍的な個体性」(allgemeine Individualität)として戻ってきている。両者を同じものであると言ってよいのか、そこに変化があるのかは、詳細な検討が必要である。前者の根源が実は後者であった、という具合にヘーゲルが遡及的に論述を展開しているようでもある。しかし、いずれにしても、自己意識の否定性を理性の肯定性に変化させるものが「普遍的な個別性」(allgemeine Einzelheit)と呼ばれるものであり、そのことが忘却されると言われ、次に観察する理性の肯定性に躓きの石を与え、止揚を促すのが「普遍的な個体性」(allgemeine Individualität)と呼ばれるものであること、以上のことは確かである。

観察する理性の「有機的なものの観察」の箇所は、忘却されていた「普遍的な個体性」が、「地の暴力」をリマインダーとして（もしかすると形を変えて）再浮上してくる過程である。あるいは、潜在していた「普遍的な個体性」が再び顕在化する場面であると言っても良い。

三　「有機的なもの」と「普遍的な個体性」

「有機的なもの」という対象は、この「普遍的な個体性」が潜在態として機能することで、意識に対して見えてくるものである。「普遍的な個体性」は、意識自身の持っている現実的な形態としての個体性とは一致しない。このズレが、有機的なものという対象を観察する視角を生み出す。そして意識は、普遍的な個体性（類）と現実的な個体性（個）とをつなごうとして、中間に「種」の系列を生み出すが、種の系列は類と個を真実につなぐことは決してできない。そして意識は、普遍的な個体性の方を、現実的個体性の内なる生命として見るようなことをしてしまう。つまり、「有機的なもの」とはこのように、普遍的な個体性と現実的な個体性との重層、もしくは複合によってもたらされた現象なのである。そのことをヘーゲルは、普遍的な個体は有機的に生けるものの外に出ていて、まだ意識そのものではない、と表現する。

> **上で規定せられたような真実の普遍性はここではただ内的な実在**（*inneres Wesen*）**であるにすぎず、種の限定**（*Bestimmtheit der Art*）**としては普遍性は形式的な普遍性としてあり、そうしてこの形式的普遍性に対してかの真実な普遍性は個別性の側面に加担して立っている。これによって個別性は生ける個別性となって、その内なるものによって種としての自分の限定を越えて立ち、これを無視している。しかしながら、またこの個別性も同時に普遍的な個体**（allgemeines Individuum）**であるのではない。というのは、普遍的な個体においては普遍性が同時に外的な現実性をもつことであろうが、個別性が同時にこういう普遍的な個体であるのではなく、かえってこういう普遍的な個体は有機的に生けるもの**（das Organisch-Lebendige）**のそとに出ている。しかしこの普遍的な個体も無媒介に自然的な諸形態化の個体であるようなときには、意識自身ではない。もしも、この普遍的な個体が意識であるとするならば、その場合には、この普遍的な個体にとっての自分の定在である個別的な有機的に生きる個体**（*einzelnes organisches lebendiges Individuum*）**が自分のそとに出ざるをえないということはないであろう。**（八三）

ここでのヘーゲルの表現は複雑である。「普遍的な個体性」は、ここでは「内的な実在」としてあり、現実の生ける「個」に、「種」としての限定を越える有機体としての生命を与えていると言われている。だが同時に、この「普遍的な個体性」はまだ無媒介な自然的形態化の個体であり、意識自身ではないと言われている。つまり、この「普遍的な個体性」も本当は意識の保有するものなのだが、意識はまだ自分でそのことを意識していないのである。「普遍的な個体性」は潜在態のまま、意識のそとで機能する。それゆえ、「普遍的な個体性」は自分の定在であるはずの、意識の対象である現実の個体とはズレる。このようなことがここでは言われている。有機的に生けるもののそとに「普遍的な個体性」が出ている、という表現がなされているが、これは「普遍的な個体性」の働きが意識のそとにあるので、現実的な生ける個体と普遍的な個体とが一致しない、という意味である。

四　人倫的実体へ

さて、このような「有機的なものの観察」の読解を通して理解できるのは、ヘーゲルにおいては、意識のうちにおける複数の普遍性、複数の個体性の重なり合いが、一見、実体や内容（内的なもの）と見えるものを現象として生み出すという説明の仕方がなされているということである。折り紙を開くように、その重なり合いを解体してしまえば、実体はない。

意識が意識自身のうちに潜在する普遍性や個体性を自覚する度合いに応じて、対象の媒介性が変化していく。

観察する理性は、「地の暴力」による挫折の後、自分自身を観察することに向かった。その後の展開を「普遍的な個体性」の行方の観点から再度まとめれば、こうなる。この「普遍的な個体性」とは自己意識が自己意識である個体性に由来するが、では、その自己意識の個体性は人間主体のどこにあるのかと追求していけば（自己意識の自己観察）、結局、人間主体と言えども、媒体によって認識された「物」であるにすぎないことが理解されていく。これが、「自己意識は物を己れとして、また己れを物として見出した」というふうに「A 観察する理性」の後に続く、「B 理性的な自己意識の己れ自身を介する現実化」の冒頭で言われていたことであった**（八四）**。対象たる個別の「物」（Ding）に個体性を与えているのは自己意識であるけれども、自己意識もまた個体性を与えられている「物」であるにすぎない。これがわかった時に、ようやく自己意識は己れの個体性が媒体によってもたらされていることを理解し、自己意識としては完成する（人倫的な意識＝精神となる）と、『精神現象学』の展開はなされる。「地」と呼ばれた自然的な「普遍的な個体性」が、「事そのもの」という人間的、社会的な「普遍的な個体性」として捉え直されていく場面であるとも言える。

そこで、「人倫的な実体」（die sittliche Substanz）と呼ばれる実体的なものが登場していた。「人倫的」な「実体」という考えかた自体が、実体論の系譜においては新しいものである。人倫が実体であるとヘーゲルが言うときには、実体の意味が変わっている。実体は人倫であることによって人間的な実体となったと言える。それに伴って、実体と関係のあった「道徳」も「認識」もともに人間的なものとなり、超自然的なものではなくなった。その時に、なぜ、現象が現象するのかとしつこく問えば、「普遍的な個体性」が忘却されたり、意識のそとで機能したりする、そういうことがあるから、意識に無媒介に対象が生じるというかたちで現象が起きる。人間諸能力の重層／複合によって現象を説明するというのはカントのアイデアだが、カントはそれらを切り分け、理性という「力」を外部（叡知界）への通路として確保することを主眼とした。ヘーゲルは実体や叡知界などの外部を必要とせず、実体や叡知界すら現象として記述する方法を思いついた。それは意識にはまだ意識していない自己があり、そのまだ意識していない自己を意識が経験していくこと、その経験を精神の現象と呼ばれるものとして記述するという方法であった。

「有機的なものの観察」の最後の箇所で、『精神現象学』後半の問題である体系や歴史について先取りした叙述が見られ、同時に「観察する理性」によって生み出される体系は「普遍的な個体性」が意識されていないために偶然的な根拠のないものとなると言われていた。本章第二節の「二　転回点としての『有機的なものの観察』」の項ではじめに引用した長い段落であるが、ここで確認のためにもう一度引用する。

以上のことから結論されるのは、形態化された定在（有機的なもの）の観察においては、ただ生命一般とし

ての理性（Vernunft *als Leben überhaupt*）が生じるだけだということである。この一般的な生命（としての理性）は、区別をするときでも、理性的な系列と分肢とを決してほんとうに自身のもとに具えているのではなく、また、自身のうちに根拠をもった諸形態の体系（システム、System）でもない。

――有機的なものを構成する推理が行われるときには、個別的な個体性としての種（Art）とその現実態が媒語（Mitte）に該当するが、もしかりにこの媒語が自分自身において［類の］内的な普遍性（innere Allgemeinheit）と［地の］普遍的な個体性（Allgemeine Individualität）という両極を具えているとすれば、この媒語は自分の現実態の運動において、普遍性の表現と本性をともに具え、自分自身を体系化する展開となることだろう。意識はそのような、普遍的な精神とこの精神の個別性、言いかえると、感覚的な意識とのあいだに媒語として意識の諸形態化の体系を具えているし、しかもこの体系は、全体にまで自身を秩序づける精神の生命としてである。――この体系こそは、この書において考察せられるところの体系であり、また世界史（Weltgeschichte）として自分の対象的な定在をもつところの体系である。

ところが、有機的な自然はなんらの歴史をももたない。この自然は自分の普遍的なもの、生命から、いきなり定在の個別態へと転落するのである。こうして生じてくる現実態においては、単純な限定と個別的な生命性という契機が統一されてはいるが、これらの契機は生成をただ偶然的な運動として生みだすだけである。この運動のうちでは各契機は自分の部分においては働き、また全体も維持せられはしている。しかし、この活動はそれ自体としては（*für sich*）ただ各自の点だけに限定されている。

その理由はこの点には全体（das Ganze）が現にあるのではないということであるが、全体がこの点に現にあるのではないのは、ここでは全体が全体として対自的に（*für sich*）あるのではないからである。（八五）

ここで言われていることを、これまでの読解をふまえて解釈すれば、次のようになる。

観察する理性の視角は、個別的な存在者のうちにその個別性を越えるような普遍性（種）が内部に宿っている、と見る視角である。それが、自然における有機的なものという対象を見出す視角となる。本当は、有機的なものが内部に宿すもののみならず、その個別性（個体性）も普遍的なものであるのだが、観察する理性である意識はそのことに気づいていない。「個別的な個体性」（種の現実態）とそれに宿る「限定せられた普遍性」（種）があるのではなく、自ら区別しつつ統一する普遍的なもの（概念）があるのである。そういう普遍的なものが時には「普遍的な個体性」として、時には「内的な普遍性」として現象する。だから、「内的な普遍性」と「普遍的な個体性」という二つの極の間に挟まれるものとし

（図10）有機的なものの観察

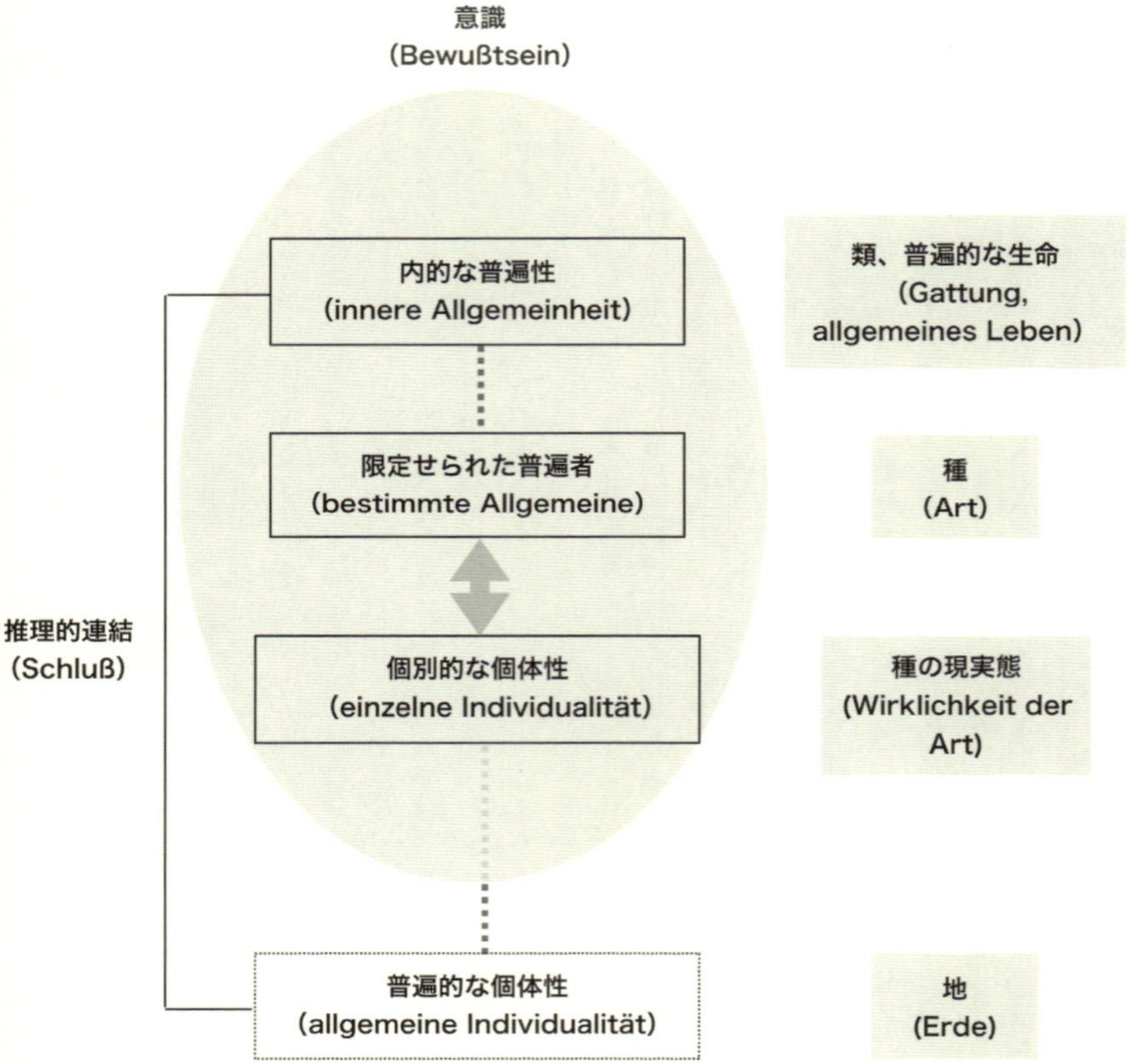
意識
(Bewußtsein)
内的な普遍性
(innere Allgemeinheit)
限定せられた普遍者
(bestimmte Allgemeine)
個別的な個体性
(einzelne Individualität)
普遍的な個体性
(allgemeine Individualität)
推理的連結
(Schluß)
類、普遍的な生命
(Gattung,
allgemeines Leben)
種
(Art)
種の現実態
(Wirklichkeit der
Art)
地
(Erde)

て、「限定せられた普遍性」（種）と「個別的な個体性」（種の現実態）とがあるということがわかっていればいいのだが、ここでの意識にはそれは意識されていない。「内的な普遍性」については、「類」として「普遍的な生命」として意識されているのだが、「普遍的な個体性」の方が意識されていない。

次頁の（**図10**）は、この事態を図解にしたものであるが、薄い地色のついた楕円の領域が、意識が意識している領域であり、同時に有機体という対象に意識が投射している内容でもある。この領域の外側で、「普遍的な個体性」は機能している。

そのため、ここでの意識は、確かに類と種と個の体系化を試み、種の系列を作るのだが、その系列の生じる「構造」について把握していない。普遍的な個体性の働きを意識していないので、個体化の原理が不明である。そして、「内的な普遍性」（類）は普遍性であるから「限定せられた普遍者」（種）の側の極であるはずなのに、なぜか反対の極であるはずの「普遍的な個別性」の側の「個別的な個体性」（個）の内に、種の形式性を越える「生命」として見出されるという結果になる。普遍的なものが反転して個別のうちに見出される。これが、有機的なものを見る意識の視角である。こうして、有機的なものは種差としての単純な限定性と個別的な生命性との「統一」として意識に現われ、その生成は偶然的な運動として生み出される。

もし、「内的な普遍性」と「普遍的な個体性」が両極としてきちんと意識されていれば、これは普遍的な精神と精神の個別性との関係であり、それこそがこの『精神現象学』で叙述されようとしているものにほかならない。その中間に生じるもろもろの中間項は意識の諸形態となり、そこから生じる体系は、世界史として自分を対象化し定在をもつ。そのような『精神現象学』の原理の原形が、有機的なものの観察が生み出そうとする体系には現れているが、まだ意識は個体化の原理を「普遍的な個体性」として把握していないので、自分のうちに根拠をもった体系を生み出すことはできない。このようなことが言われている。逆に言えば、これ以降、「絶対知」章における歴史と体系の生成に向けて、「普遍的な個体性」の把握が意識の課題となる。

五　「地」の暴力

以上、「普遍的な個体性」の出自と経過に注目する観点から、『精神現象学』の流れをもう一度辿りなおした。「普遍的な個体性」は、「自己意識」の場面において発生し、それが「理性」の場面では忘却されながらも潜在的に機能し、「精神」の場面で再び浮上してくるという経緯を辿っていた。この「普遍的な個体性」をヘーゲルは、地水火風の四元素のうちの「地」のエレメントだと言う。

「地」が個体性のエレメントであるということは、『エンチュクロペディー』の「自然哲学」でも言われている。そこでは、たしかに「**地性**（Erdigkeit）**は、統合性として、諸契機を過程へと煽り立てながら、この過程を維持する力である**」（八六）と述べられているが、それだけである。「地」のエレメントと「意識」との関連については何も語られていない。「自然哲学」では、『精神現象学』の経過はすでに前提されているのだから、当然とも言える。「地」のエレメントと「意識」とが出会う場面は、『精神現象学』をおいて他にはないのである。

ヘーゲルは、『精神現象学』以前の「イェーナ体系構想」の「自然哲学Ⅲ」（一八〇五／一八〇六）では、おそらく自然から精神が発生するという理論を組み立てようとしていたため、地水火風の四元素を色々と論じて、化学反応や電磁気のプロセスにおける四元素の役割と、植物・動物有機体における四元素の役割を連続させて論じようとしている。そのためか、無機物と植物有機体の間に「鉱物有機体」を置いているほどである。

山口誠一は、プラトン『ティマイオス』篇の四元素についての論考からヘーゲルが「四項推理」の原理を取り出していることを指摘している。火・水・空気・土の間の比例関係が、四項推理に読み替えられているという。また「自然哲学Ⅲ」では、自然における変化のプロセス、すなわち自然における推論のプロセスを可能にするエレメントとして「火」を位置づけようとヘーゲルは苦心しているという(八七)。

私見では、この試行ののち、ヘーゲルは、具体的普遍が an und für sich になる契機を自然に求めることを断念したのではないかと考える。だが、そうだとするとヘーゲルが『精神現象学』で「地」のエレメントという自然の元素を持ち出しているのはおかしいではないかという考えもあるかもしれない。自然から精神が発生したのではないならば、「地」のエレメントはなぜ、『精神現象学』に侵入しているのだろうか。難しい問題であるが、本書では、『精神現象学』で言われている「地」のエレメントは、前後の文脈から、自然の元素ではないものを表現しているという仮定のもとに、論考を行っていく。

『精神現象学』における「地」（Erde）の役割については、樫山欽四郎も注目し、再三論じている(八八)。樫山は、人間理性がどうしても克服できない実体の生起（Geschehen）の問題がここにあり、明るい啓蒙を目指す人間理性が「実体の夜」に出会う運命（Geschick）がここで語られている、と言う。

樫山の言う生起の問題とは、われわれが精神の現象、展開、過程、プロセスの問題として指摘したものである。ヘーゲルは、実体とされるあらゆるものを解消したが、そのかわり生起や過程がなぜ生じるのかについては説明しなかった。ヘーゲルにおいては、ただ生起はあるのである。ヘーゲルは、過程の原理は「純粋な否定性」だと言い、それは「普遍的な個体性」であり、「地」のエレメントであると言ったが、そのようなものがどこからやってくるのかについては説明しなかった。「地」という象徴をあまり直接的に考えると、単に物質的なものかと解釈してしまいがちだ。カントが措いた「物自体」の問題、あるいは、唯物論が提起する「物質性」（Materialität）の問題を、『精神現象学』のヘーゲルは、「地」というかたちで処理しているにすぎない、という言い方もできるだろう。

しかし、ヘーゲルは、「普遍的な個体性」をただ「地」という象徴でのみ語ったのではない。彼はそれを「純粋な否定性」だと説明していた。「純粋な否定性」は自分自身に還帰する否定性である。単純な実体性でもなく、単純な否定性でもなく、ある「かたちをもった否定性」が考えられている。また、「普遍的な個体性」は意識のそとで、つまり無意識において働くということも言われていた。こうした純粋な否定性や普遍的な個体性と呼ばれるものが、どのようにして意識に発生するのか、あるいは意識のいかなる機能によってそのようなものが生成されるのか、ということが問題となる。

「生起」の問題は、『精神現象学』固有の問題である。すべてを意識を通した精神の現象として叙述するというアイデアを核としたこの書物であるからこそ、生起の問題が問われることになる。これは、『大論理学』や『エンチュクロペディー』に対しては問われる必要のない問いである。生起や過程の原理についての問いを惹起してしまう叙述のスタイルをヘーゲルはあえて採用した。そして、現象をもたらす意識の機能については詳述せず、意識の諸形態を並べていった。それら意識の諸形態がさらに意識によって意識されることで、精神の諸形態となることを示していった。

ヘーゲルは『精神現象学』を執筆する直前の「イェーナ体系構想Ⅰ」では、意識の媒介機能について詳しく検討していた。そこでは、『精神現象学』ではほとんど語らなかった「記憶」や「言語」や「道具」といった事柄をポテンツとして論じている。また本来は絶対的なものである意識が、地のエレメントにより実在性を得て、媒体として機能する経緯について論じている。そこでは自然からいかにして意識が生じるかという問題が考察されている。

その後、ヘーゲルは、初めから意識を主人公としてしまい、意識のもつ媒介機能によって現象がさまざまに生じ、そして意識自身も諸形態をとって現象するというアイデアを思いついた。こうした意識の媒介機能の由来についての議論をすべて省略して、『精神現象学』は書かれた。おそらくこうした経緯が『精神現象学』の有機体論に、独特の傾向をもたらしたと考えられる。実在として、もしくは理念として対象を語るぶんには、自然から精神への移行はさしたる問題ではない。有機体という自然的でかつ理念的な存在、もしくはカテゴリーを移行の根拠として使えば良い。だが、すべてを意識による現象として語るというスタイルを採ってしまった『精神現象学』では事情は異なる。有機体という存在も、意識の媒介を通してもたらされる現象として記述されなければならない。

その時にヘーゲルは、「普遍的な個体性」という、あとに人倫につながるようなものがまだ十分に意識によって把握されていないために、「有機的なもの」が現象するという話にした。このときに、「地の暴力」ということをヘーゲルは言い、これによる裏切りを契機として、意識は人倫的な意識へと移行するということにした。ここに、「自然から精神への移行」ではなく、「理性から精神への移行」という『精神現象学』に特有の「移行」が描かれることになる。こうして、『精神現象学』と『法哲学要綱』の特徴である人倫の体系というトピックがヘーゲルの刊行作品に導入される。あるいは、人倫を論じたかったために、『精神現象学』の有機体論は、有機体に対して独特の批判的傾向を帯びた、と解釈しても良い。

　ここから、ヘーゲル哲学におけるもう一つのベクトル、「社会哲学」のベクトルが生じている。後で詳述するが、このベクトルは、「ロマン主義」と「形而上学」という二つのベクトルを、意識を主人公にするという『精神現象学』の方法によって接続しようとしたときに派生したベクトルである。ヘーゲルの社会哲学者としての側面は、この「有機的なもの」における「地」の暴力に端緒を現している、と言ってもよい。

　『精神現象学』における「有機的なもの」の論理と、またそこでヘーゲルが「地」というエレメントに託して語ろうとしているものに注目することで、「社会哲学」のベクトルが生みだされる場面としての『精神現象学』という読解が可能になる。

　このヘーゲルにおける「社会哲学」のベクトルについての論を本節ではこの後、第八、九、一〇項において進めるが、その前に、「有機的なものの観察」以降、『精神現象学』における「地」のエレメントについての叙述がどうなっているのかを第六、七項において見ておく。実は、理性章「観察する理性」の次の「行為する理性」と、精神章「神々のおきて」の箇所にも「地」のエレメントは登場する。その登場の仕方はさらにいっそう自然哲学とはかけ離れたものとなる。そのことはまた、「社会哲学」ベクトルの解析へと向かうわれわれの思考に深い示唆を与えてくれる。

　また、本書では扱い得なかった、「地」のエレメントについての伝記的、思想史的な研究の可能性についてもいくつか示唆しておく。

六　「地」のエレメントのその後①　地霊と神々のおきて

　「A　観察する理性」ののち、「地」という言葉が興味深い仕方で登場するのは、その次の「B　理性的な自己意識の己れ自身を介する現実化」（通称「行為する理性」）である。ヘーゲルが恋愛とその帰結について語り、ゲーテ『ファウスト』からの文句を引用している箇所である。

　正確には、この箇所では「地」（Erde）そのものではなく、「地霊《ちれい》」（Erdgeist）という言葉が登場している(八九)。それは、「快楽と必然性」（Die Lust und die Notwendigkeit）のはじめの箇所である。

　「行為する理性」でヘーゲルは、自分自身の個体性を確信するようになった自己意識が、それを行為を通して実現しようとしていくときにさまざまな契機につきあたり、そのことによって、実は自分の個体性が「人倫」的な実体という自分一人よりも大きな存在の中で可能になっていたことに気づいていく道筋を描いている。その大筋は、前節で「観察する理性」ののちの流れを追った時に一度叙述した。その際には、理論的な展開のみに圧縮して叙述したので細部は省略していた。

自分の個体性が人倫的、社会的な〈幅〉に由来することに自己意識が気づいていき、「事そのもの」という社会に流通する普遍的な個体性にみずからの〈幅〉をシンクロさせていく過程がそこでは描かれている。その中で、性愛もしくは恋愛とその社会的な帰結が描かれている叙述として読まれているのが、「快楽と必然性」の箇所である。そこに「地霊《ちれい》」(Erdgeist)という言葉が登場する。

自己意識は、自分の個体としての実在性に確信を持っていて、自己の欲望のうながすままに、他の自己意識に向かい、他の自己意識に自分自身を投影し、そこに自分が自分であることの確信を見出す。これが自己意識の魅せられる、意識相互の交歓がもたらす「快楽」なのであるが、この他の自己意識との直接的な個体性の交歓は、自己意識にとって生命であるとヘーゲルは言う。そして、この生命の悦び、つまり恋愛の悦びの前には、学問や律法や規範といった、社会における約束事の威力は消え失せ、自己意識にとっては褪色した、なんの魅力もない残骸と化す。

ここでヘーゲルは、『ファウスト』からの一節を(やや改変して)引用し、ここで自己意識に入ってくるのは、知識と行為の普遍性という天上の輝く精霊(der himmlische scheinende Geist)ではなく、個別的な意識の現実性をただそれだけで実在であると確信しているような「地霊」(Erdgeist)なのだという。

「地霊」というのは、もともとゲーテが『ファウスト』で使っている言葉である。ゲーテの作品の主人公であるファウスト博士は、学問的な方法で世界の真理を発見しようとして一生を費やしたことを老いた身で悔やみ、これまで犠牲にして顧みなかった若さと生命の享楽を悪魔との取引によって取り戻そうとする。ヘーゲルはこのような『ファウスト』のモチーフを引用しながら、自己意識が自分の個体性を実現しようとするときに経る契機、運命を叙述しようとする。

恋愛の熱情、生命の悦び、自己意識相互の交歓に身を投じた自己意識は、しかし、その悦びの実現を通して、他の自己意識との統一というかたちで自分の個別性が消えてしまうことに気づく。実は、性愛の欲望、恋愛の情熱といった、きわめて個人的な悦びの追求だと思っていたものが、人間として自然な、また社会的にも普遍な行為の一環であることに気づいてしまう。こうして自分の個体性の内に潜む、「普遍的なもの」の存在に気づき、その把握と錬磨による自己の実現を自己意識は目指していくことになる。

興味深いのは、きわめて抽象化された叙述ではあるが、ヘーゲルが恋愛について語っていると目されているこの箇所で、自己意識が他の自己意識との恋に落ちることを、自己意識に地霊が入ってくる(in es [Selbstbewußtsein] ... der Erdgeist gefahren)とヘーゲル言っている点である。地の霊にとりつかれて、個人は生命の悦びへと身を躍らせ、自分が出現したときにまとっていたところの純粋な個体性を実現することへと向かうという。だが、この普遍性のつかみ方、幸福の実現の仕方は、ヘーゲルに言わせると、直接的にすぎるのだという。それは熟した果実をもぎ取るようなものであるが、実は、熟した果実はそのもぎ取る手を待ち構えているのだ、ということも言っている。

ここで、「地霊」が意識に入ってくると言うとき、ヘーゲルが観察する理性の箇所で言っていた、普遍的な個体性である「地」のエレメントとのつながりをどれだけ意識して言っているのかはよくわからない。ひょっとすると、単に学問的真理や社会的規範に背を向けて恋の熱情に身を任せることを、天に向かうのではなく地に落ちていく、と対照的に表現したかっただけなのかもしれない。

ただし、そうとばかりも言いきれない部分もある。ヘーゲルは、自己意識が生命の悦びである恋に身を任せることを、ゲーテの表現に乗りながら、次のように表現する。

> es hat dem Teufel sich ergeben
> und muß zugrunde gehn.
>
> **それ［自己意識］は悪魔に身を委ね**
> **没落せずにはいられない**(九〇)

ここで使われている、zugrunde gehen という表現は普通には、「没落する」「破滅する」という表現である。ただ、ヘーゲルが「地霊」(Erdgeist) という表現を同じ場所にあわせてもってきていることに引っかけるならば、zugrunde の grund を Erde と同じように「大地」を表すもう一つの語 Grund と重ねて、そこに大地へ向かうという意味が投影されている、と穿って読めなくもない。

そこから数頁後では、自己意識は恋愛という個体的な情熱に身を任せたつもりでいるのだが、快楽の享受を通して、否定的な実在 (das negative *Wesen*) に引き込まれて無化され、危うく個別性を失うことを経験するということが述べられている(九一)。学問的真理や社会的規範に背を向けて、自己意識は恋愛に没落しながら、しかし生命を掴んだつもりでいた。しかし、それには「二重の意味」(Doppelsinn) が、つまり「裏」があったことを自己意識は自覚するようになる。ヘーゲルは、自己意識は生命を掴んだつもりが死を掴んだのであり、そのことを意識している、と述べている(九二)。

ごく簡単に言うならば、性愛もしくは恋愛というかたちでの生命の実現は、近代化された社会に生きる人間 (自己意識) においては、純粋な直接性のかたちでは実現不可能であるということをここでヘーゲルは述べているのだろう。近代の恋愛の逆説がここにある。自己意識は、たとえその内奥に生命そのものを抱えているにせよ、すでに近代社会的な枠組みの中でその個体性を得ている。したがって、自分の個体性の純粋な発露であるつもりの恋愛感情の発動は、快楽の追求であるように思われて、実は必然性 (しがらみ) に身を投じることである。情欲の追求は、あたりまえのように、自己意識が社会的な責任関係の鎖縛に落ち込む結果を導くだけである。

ときに絶望的な恋愛感情は、この近代の恋愛が陥る逆説を乗り越えようとするだろう。しかし、純粋だと自己意識が思っている、他の自己意識へと直接的に向かおうとするその志向が、すでにある普遍的な構造の中で形成されたものであることが意識されなくてはならない。だから、自己意識は、みずからの有する個体性の起源が社会的に普遍的なものであることに気づかなければならないのである。

　以上が、「行為する理性」の箇所に登場する「地」のエレメントを彷彿とさせるもの、「地霊」（Erdgeist）をめぐる叙述で述べられていることである。ここについては、われわれは、これが有機的なものの観察の箇所の「地」のエレメントとはっきりしたつながりがあるかどうか確信をもてるわけではないが、しかし、「地」に関係するワードと、生命と、恋愛とがここではつながりをもって使われていることは確かである。われわれは、そのことを頭の隅にとどめておこう。

　さて、その次に、「地」のエレメントが登場するのは、少し飛んで「精神」の章である。「精神」章の「人倫的世界」では、人間の共同体の基盤をなす「人倫的実体」として「家族」と「国家」の二つが考えられており、両者はそれぞれ人間の裡の異質な原理である「神々のおきて」（das göttliche Gesetz）と「人間のおきて」（das menschliche Gesetz）に基づく、とヘーゲルは言う。

　簡単に言えば、ここでの「神々のおきて」とは女性原理であり、「人間のおきて」は男性原理である。女性原理に基づく家族的な絆と、男性原理に基づく国家の人間関係は、人間が双方に足をかける異質な存在の次元であり、両者は対立する、とヘーゲルは考えている。

　興味深いのは、「神々のおきて」、すなわち女性原理による家族的共同体は、死者の埋葬という義務を果すことで、個人の死を自然的な消滅から救い、その個別性を「普遍的な個体性」（allgemeine Individualität）に高める役割を果すと言われている点である（九三）。家族による弔いによって、死者は自然の冷徹な否定の力からすくい上げられ、「地」という共同体に迎えられ、不滅の個体性である「地」の母胎（Schoß）と結ばれる（結婚させられる）と述べられている。

　家族はこの無意識的な欲望と抽象的な存在とがなす死者を陵辱する行為を死者から遠ざけ、それに代えて彼ら自身の行いを施す。そして血族を地の母胎［Schoß der Erde］と、すなわち原始的で不滅な個体性と結婚させる。これによって家族は死者を或る共同体［Gemeinwesen］の仲間とするが、死者にたいして自由となり死者を破壊せんと欲したところの個々の元素［Stoffe］の諸力ともろもろの低次の生命体たちを、この共同体がむしろ克服し拘束するのである。

　Dies ihn entehrende Tun bewußtloser Begierde und abstrakter Wesen hält die Familie von ihm ab, setzt das ihrige an die Stelle und vermählt den Verwandten dem Schoß der Erde, der elementarischen unvergänglichen Individualität; sie macht ihn hierdurch zum Genossen eines Gemeinwesens, welches vielmehr die Kräfte der einzelnen Stoffe und die niedrigen Lebendigkeiten, die gegen ihn frei werden und ihn zerstören wollten, überwältigt und gebunden hält.（九四）

ここでは、ヘーゲルが「地」を、自然的な世界とは次元を異にするある原始的な、しかし精神的な領域として考えていることがわかる。自然的な物質的元素には、Stoffeという単語を使用している（精神現象学では、Elementという単語は、ほとんどのケースで、「場」という意味で使われている）。また人間以外の自然的生命を「低次の生命体たち」（die niedrigen Lebendigkeiten）と呼んで、それと「地」の領域とを区別している。

なぜここで「地」が母胎であり、共同体であると言われているのか。金子武蔵は訳者注で、ここで「地」が共同体であると言われているのは、そこに祖霊が住んでいるからであると説明している(九五)。だとすれば、ヘーゲルはここで異教的もしくはアジア的とも言える祖霊信仰の原理に言及していることになる。しかしそれよりも本質的な問題は、そうした原理をヘーゲルがどのように位置づけているかである。

家族による死者の埋葬は、「神々のおきて」に属する行為だとヘーゲルは言う。現実的で意識的で人倫的な実体、すなわち民族の全体であるところの「人間のおきて」とは異なり、「神々のおきて」は現実性の彼岸にある個別者（der Einzelne）なのだが、それは「無力なのではない」（nicht ohne Macht）と言われる。この表現は、ヘーゲルが自然の「無力」（Ohnmacht）に繰り返し言及することと対照的である。

それどころか、この「地」という共同体から発する「神々のおきて」は、人間が現実につくり出す「人間的なおきて」による共同体の根底をなすものであるとヘーゲルは言う。

この個別者の威力は抽象的な純粋に普遍的なものであることに、境地をなす原始的な個体［das *elementarische* Individuum］であることに存する。この境地から強いて分離して民の自己意識的な現実態を形づくるところの個体性を、この原始的な境地は自分の本質であるところの純粋な抽象のうちへと引きずり戻すものであると共に、また民の現実態の根底をなすものでもある。(九六)

このようにヘーゲルは、人間が文明化された社会を形成する以前に依拠していた家族的、民族的、根底的な関係性を「神々のおきて」と呼んで、それをある実質的で個別的な存在であると考えていて、そこから抜け出た社会体においても、その力は社会を根底において支えているのだと考えている。

ここでイメージされているのは、文明化の所産である意識化された現実的な人間関係、つまり理性的な人間関係である「国家」と、文明化以前から社会性ほ乳動物としての人間存在の基盤であった愛情的な関係である「家族」とが、互いに絡み合い構造化されて、人間社会をかたちづくる様ではないだろうか。

そのときに、ヘーゲルは後者「神々のおきて」を「地」のエレメントで指している。都市文明発生以前の母系制社会や、ユダヤ・キリスト教以前の地中海・オリエント地域に広く存在したと言われる地母神信仰の水脈をそこに見出すのは早計かもしれないが(九七)、いずれにしても、都市国家ポリスの表だった政治の原理とは別種のより古い人間共同体の原理があることをヘーゲルが考えており、それを女性たちが維持する人間関係の原理として位置づけ、四元素論の「地」と連結して考えていることが窺《うかが》える(九八)。

『精神現象学』のこの箇所は、ギリシア悲劇「アンティゴネー」がモチーフとなっていると言われる。「神々のおきて」(家族の原理)と「人間のおきて」(国家の原理)は双方で一つの人倫的実体を形成するのだが、両者はそれぞれ男女という異なった自然的存在を通路として発現するために対立し、そのぶつかり合いはそれを背負う一個人の運命を翻弄する。個人はそれぞれのおきてに対して「罪責」を背負う。そして、アンティゴネーのようにおのれの破戒を知りながらもやむにやまれず一方のおきてにしたがって行為することで、他のおきてにしたがって行為するとき、つまり個人がおのれの「罪責」を「承認」し、自分の「運命」を引き受けるとき、この「人間のおきて」と「神々のおきて」という二つの原理は、一つの人倫的実体として融和するということをヘーゲルは述べている(九九)。

このような個人の悲劇と運命を通した融和の出現という構図が、のちに『法哲学要綱』(一八二一年)では、「家族」と「国家」の間に「市民社会」が媒介として入り込むという図式に発展している。「市民社会」は「家族」と「国家」を結びつける媒体であるとも言えるし、あるいは、「地」のエレメントで指される家族的で非‐意識的なコミュニケーションのモードと、社会契約的で意識的なコミュニケーションのモードとのハイブリッドが、「市民社会」という独特のダイナミズムをもつ運動体を構成しているとも言える。本書で論じることはできないが、あるいは、『精神現象学』と『法哲学』の理論構成の差異は、古代社会と近代社会の構成の差異を表現しているのかもしれない。

こうした叙述を見ていくと、『精神現象学』における「地」のエレメントは、生命的なものであり、非‐意識的なものであり、非‐自然的なものであり、非‐理性的なものであり、さらに女性的なものであるといったイメージが集積されてくる。少なくとも『精神現象学』を書いているあいだ、ヘーゲルは、「地」について一つのイメージを持っていたことはおそらくまちがいがない。それは、これまで見てきた、「地」という用語が使われる箇所の叙述を総合して、繰り返しになるが、生命的なもの、非‐意識的なもの、非‐自然的なもの、非‐理性的なもの、さらに女性的なものであると推察される。このような「地」についてのイメージが集積されたこと自体が本書における一つの収穫ではあるが、しかし、『精神現象学』の叙述そのものから得られる収穫は、このあたりが限界であろう。

『精神現象学』において、これまでに見てきたいずれの箇所においても、「地」の用いられ方は唐突で、何の説明もない。印象としては、ヘーゲルが、自分ではそれなりに思い入れがあり確信もあるシンボルを、読者にたいして何の説明もなしに、何気ないふりを装って、しかし、彼なりに深い意味を込めて使用している、という感がある。そのやり口には、稚気《ちき》すら感じる。彼なりに、わかる人にだけわかれば良いというつもりで、「暗号」を埋め込んだ気持ちだったのかもしれない。

七　「地」のエレメントのその後②　フリー・メイソンリーと錬金術と大地

本書では、次章以降、このヘーゲルのいう「地」のエレメントとは何かということと、その働きについて、現代的な視点から捉え返していく方向へ進む。しかし、これは本書の主題ではないが、伝記研究的にヘーゲルがもっていた「地」についてのイメージの源を明らかにしていく研究の方向も残されているので、それについてここでいくつかの示唆をしておく。

ジャック・ドントは、『知られざるヘーゲル――ヘーゲル思想の源流に関する研究――』(一〇〇)において、ヘーゲルと秘密結社フリー・メイソンリー（フリー・メイソン団）との関連を探求している。ヘーゲルが思想的な影響を受けた著名な人物のうち、レッシング、ゲーテ、フィヒテ、ラインホルトなどがフリー・メイソン（フリー・メイソン団員）だったことは確認されているが、ヘーゲル自身がフリー・メイソンリーに所属していたという直接の証拠はない。しかし、ヘーゲルがフランクフルト時代に親しく交際した人々に有力なフリー・メイソンが多く見られる（ヨハン＝ペーター・ゴーゲル、イザーク・フォン・ジンクレア、ヨハン・クリスチャン・エールマン、ヴィルヘルム・フリードリヒ・フーフナゲルなど）ことや、ヘーゲルがヘルダーリンに献げた詩「エレウシス」（一七九六年）に「同盟」(Bund) の語句を用いて真理や愛や歓喜について語る行句が多いことにドントは注目し、そこにフリーメイソンリー的な思想との連関を見出そうとする。

詩の中で女神ケレスに託されて語られる霊感やエレウシスの秘儀への憧憬を語るヘーゲルの言葉に、異教的な信仰、キリスト教の啓示とは相容れない、母なる大地への思慕が隠されていることをドントはつきとめようとする。ローマ神話の女神ケレスとは、ギリシア神話の女神デメテルであり、豊穣神、地母神、地下神である。またエレウシスの秘儀とはアテナイに近い都市エレウシスでおこなわれていたとされる女神デメテルにまつわる秘儀であり、紀元前一七〇〇年頃ミケーネ文明の時代に始まったとも言われている。秘儀であったためにその内容はほとんど伝わっていないが、娘ペルセポネーを探すデメテルの放浪およびペルセポネーの黄泉からの帰還の演劇的再現が一連の秘儀の中核をなしていたであろうことが推定されている。ドントは、ヘーゲルと同時代のフリー・メイソンである知識人たちが古代ギリシアのエレウシスの秘儀とフリー・メイソンリーの思想とを結びつける発言や叙述を多くなしていることを指摘し、この時期にヘーゲルが「エレウシス」と題する詩を書くことがもつ意味を読者に仄《ほの》めかしている。

ヘーゲルとフリー・メイソンリーとの関係の実際については直接的な証拠資料が見つかっていないため、ドントが行っているとおり、間接的な状況証拠による推測を行うしかないところがある。またそもそも、現在に至るまでフリー・メイソンリーは秘密結社（非公開団体）である以上、その思想内容は推測するしかなく、ヘーゲルの思想との直接的比較はできない。しかし、「神々のおきて」についての叙述にあった、血族を死の儀式（埋葬）を通して地の母胎と婚姻させるだとか、不滅の共同体の一員とするだとか、こうした表現は、その気になれば、秘密結社の入団儀式を暗示している表現とも読めなくはない。なぜ、ヘーゲルが「地」という語を使って、このような謎めいた表現をあえてするのかを明らかにするためには、同時代にヘーゲルの周辺にあった思想的なムーブメントへの理解は必要なのかもしれない。

　ヘーゲルの哲学と錬金術的な思想とのつながりを指摘する者もいる。グレン・A・マギーは、*Hegel and the Hermetic Tradition* において、ヘーゲルにおける自然と精神の関係にはパラケルスス、ベーメを経由した錬金術やヘルメス主義の概念が反映されていると指摘する。錬金術が、卑金属を貴金属に転換する技術を追求する行為は、ヘルメス主義思想では大地に満ちる霊（Earth Spirit）を自然から解放し純化する行為として象徴的に解釈される。ヘーゲルが「自然の無力」を強調することや『精神現象学』において意識の経験が精神としての自己を見出す過程として描かれていることは、こうしたヘルメス主義のモチーフに基づいて理解されなくてはならないとマギーは言う(一〇一)。

　この観点に従えば、ヘーゲルにおいて自然や「地」は単に無力なのではなく、意識によってその霊性を真に精神化されないかぎりにおいて無力であると考えられていることになる。錬金術において卑金属から貴金属を生み出す触媒として探究される「賢者の石」とは、ヘーゲルにおいては自然から精神を生みだす媒体としての「意識」であるという対応になるだろう。

　ヘーゲルは「人間のおきて」と「神々のおきて」について、「人間のおきて」は意識的なものであり、男性の精神を通して個体化しており、「神々のおきて」は無意識的なものであり、女性の精神を通して個体化しているという。そして、前者の力と成立の場面は後者であると述べている。無意識的な「神々のおきて」の原理は、女性という媒介を通して、そしてまた男性と女性との婚姻という相互浸透を通して意識化され、上昇するのだと言っている。

> ［婚姻という媒介の］一方の極は普遍的で自分を意識している精神であるが、これはその力と成立の場面とをなしている他方の極と、即ち無意識的な精神と男性の個体性を介して、推理的に連結されるのであり、これに対して神々のおきてのほうはその個体化を女性においてもっており、言いかえると、個別者の無意識的な精神はその定在を女性においてもち、そうしてこの女性を媒語として通って行ってこの無意識的な精神はその非現実態から現実態のうちへと、即ち知りもせず知られもしないものから意識せられた領域のうちへと昇って行く。(一〇二)

たとえば初期シェリングは「自然は目に見える精神であり精神は目に見えない自然でなければならない」(一〇三)というように自然と精神の同一性を唱えたが、ヘーゲルの場合、少なくとも『精神現象学』では、精神は意識という装置を通してはじめて実現されるという点が強調される。このときに、それでは意識によって変成される前の「地」のエレメントがもつ霊性とはいったい自然的なものなのか、精神的なものなのか、という問題が残ることになる。

実はこの問題は、今日われわれが「生命」について考えるとき、それが自然的なものなのか精神的なものなのかという二分法をもって問いを問うことで陥ってしまう思考の陥穽と同じものである。ヘーゲルはイェーナ体系構想期の試行錯誤の中でおそらくこの問題に出会っていた。出会ったうえで、彼の取った態度はとりあえずそれ（地）がなんであるかの追求は保留しておこうという否定的なものであったと言えるのかもしれない。「地」のエレメントについて、『精神現象学』におけるヘーゲルは、おそらくはおぼろげに一貫したイメージをもっていた。それをヘーゲルに代わって、こちらが取り出せば、先にも述べたように、生命的なものであり、非‐意識的なものであり、非‐自然的なものであり、非‐理性的なものであり、さらに女性的なものであるといったイメージが集まってくる。

しかし、ヘーゲル自身は、象徴的に、あるいは暗号的に「地」を『精神現象学』のいくつかの転回点に埋め込んだだけで、それを放置した。それ自体が何であるのかの探求には、ヘーゲルは着手しなかった。ヘーゲルは、「地」のエレメントに近づいたが、それ自体と正面から向かい合い、それと取り組むことは避けたと言えるのかもしれない。この点では、ゲーテ作『ファウスト』冒頭で、魔術の知識により地霊を呼び出しておきながら、その人智を越えた姿に怯え、それを去るがままに逃してしまったファウスト博士とヘーゲルの姿は重なる。

二〇世紀、ジョルジュ・バタイユは、『内的体験』（一九四三年）で、ヘーゲルが自身の哲学の根底に据え、それに依拠しながらそこから逃げ出したところのものを、人間精神の内奥に存在するものとし、他者との交流（交感、コミユニカシオン）の次元であるとした。それをバタイユは「大地」に喩《たと》え、また自我の消失する「極点」と呼び、この聖なる陶酔の極点にヘーゲルが触れえたことを称賛しつつ、同時に、ヘーゲルがそれを正視せずに目を背けたことを非難する。ヘーゲルの体系や歴史を構築する努力のすべては、このような極点からの逃走であるとバタイユは言う。

私の考えでは、ヘーゲルは極点にふれたのである。彼はまだ若く、自分が発狂するかもしれぬと考えた。私はヘーゲルが逃避するために体系を練りあげたのだとさえ考えている。［中略］

人間が自分を産み落とした「母なる大地」を否認する、その否認の運動自体が隷従の道を開くのである。（一〇四）

一方、オイゲン・フィンクは『存在と人間』（一九七七年）で、ヘーゲルの経験概念を主観的、自己意識的なものとして批判するハイデガーを再批判しながら、ヘーゲルの経験や存在の概念には、思考に対する通徹不可能なものとしての「大地」（Erde）が語られず‐隠されている、と論じる。

ハイデガーはヘーゲルを存在忘却の歴史の頂点、近代形而上学の完成として位置づけようとするのであるが、フィンクによれば、ヘーゲルはすでに近代形而上学の彼岸に立っており、その彼岸から形而上学を再構成しようとする点で、ベクトルこそ微妙に違えど、ハイデガーと同じ存在論的な経験モチーフから出発しているというのである。

ハイデガーは根本的にヘーゲルを近代的に規定された思想家とみなす。そのことは、ヘーゲルがすでに近代の彼岸に立っていて、古代的思考と近代的思考のそれぞれの根本モチーフを〔近代形而上学の〕極限状態から総合把握しようとしているのではないか、と問う余地をハイデガーが認めないということを意味する。（一〇五）

フィンクは、ヘーゲルにおいては、存在忘却があるどころか、まさに存在における根源的分裂が思考されており、媒介者である人間を通した、天上の光と大地の威力との闘争がヘーゲル哲学の隠されたモチーフであると言う。フィンクにおいてもまた、ヘーゲルは「地」に触れていた、ということになるだろう。フィンクによれば、大地は思考や概念の力によって通徹不可能なものである。

思想において思考されねばならないような大地とは、私たちの足下にある硬い表土、たとえば畑や牧場ではないし、岩や陸地でもない。それはそもそも存在者ではなく、つまり事物でもエレメントでもなく、むしろ閉鎖性という存在の威力なのであり、現象的な大地は、せいぜいこの存在の威力の象徴でしかありえないのである。閉ざされたものを思考することは困難である。なぜならそこでは、思考に対する存在の通徹不可能性がまさに思考されねばならないからである。（一〇六）

フィンクは、本質的、根源的に思考する哲学は、この世界契機である「大地」を何かしらの事物としてではなく、また大地のもつ通徹不可能性を何かしらの事物の性質としてではなく、捉え、考え抜かなければならないという。大地は事物でも、事物が属する場所（エレメント）でもなく、むしろ事物一般のすべての場所に、全体としてはじめて場所をあたえるようなものだという。ヘーゲルが問いの出発点に即自存在を据えたとき、この「大地」が思考されていた。だがヘーゲルにおいてさえ、「大地」という世界契機であるものが、存在者の普遍的な特質として受け取られてしまっている点で疑わしいところがあると言う。

われわれにとって残念なことに、ヘーゲル哲学と「大地」という問題を論じていながら、フィンクは、われわれが注目してきた『精神現象学』における「地」のエレメントの出現には言及していない。単に目に入らなかったのか、それとも、『精神現象学』の「地」のエレメントはあまりに事物的、性質的すぎて考察に値しないとフィンクが思ったのかはわからない。

『人間と存在』における、フィンクの「大地」についての叙述は難解で抽象的である。彼は「大地」が何であるかを決して明らかにしようとはしない。ただ、概念化できないものがあり、その概念化できないものの通徹不可能性との対決が哲学の本質であり、ヘーゲルはその本質をわかっていた、ということが述べられているだけである。もちろんフィンクの定義によれば、「大地」の定義とは「明らかにできないもの」である。とはいえ、私たちはつねに大地を知っている、ともフィンクは言う。だがそれは私たちがつねに知ってはいても決して表象することができないものであると言われる。次のような「大地」とわれわれとの関係についてのフィンクの言葉に、筆者は基本的に同感する。

私たちにとって母なるものへ直接的に歩み寄ってゆくことはもはや［古代と］同様には可能でない。かつて以前にはおそらく象徴化された直観であったものを、私たちは概念として思考しなければならない。私たちはもはや［エレウシスの］秘儀の伝授者たちEpoptenのように、大いなる母の胎内に直接手を差し込んで死と生の分かちがたい統一を身震いしつつ感じ取るというわけにはいかないのである。しかしその概念といえども、私たちはただ単純に見出すわけではなく、事物や事象に即してそれを読みとることは決してできない。私たちが大地を概念として思考するとすれば、それは、概念には通徹不可能にとどまる存在の威力として大地を受け取るときである。
（一〇七）［］内は野尻による補填挿入。

こうした認識は、本書が序章において辿った、光と闇、概念と概念ならざるものについての思考とシンクロする。もしわれわれが、事物や事象に即して大地を把握しようとするならば、それはきっと「偽のファンタジー」「合理化されたファンタジー」を語ることになってしまうのだろう。しかし、本書がフィンクと異なる点は、本書ではこの大地＝「地」のエレメントを、単に思考の極限として、思考し得ないものとしての位置にとどめておこうとはしないところである。この通徹不可能とフィンクが断じるものに、本書はアプローチしようとする。そのためには、これもやはり序章において述べたように、ヘーゲルの「概念の労苦」のかたちをトレースすることが鍵であると考える。そこで必要な視点は、おそらく伝記的視点でも自然哲学的視点でも存在論的視点でもない。必要なのは、実は社会哲学的な視点である、と本書では考えている。ヘーゲルの哲学がなぜ、今日の言い方で言うところの社会哲学の視点を形成し得たのか、この問題を有機体論との絡みで考えることをここで経由する。このことが、「地」のエレメントへの現代的な視点の可能性を拓くと筆者は考えている。

本節の残りの諸項（第八項から第一〇項）では、これまでの考察を踏まえ、この「地」のエレメントがヘーゲルの社会哲学において果たしている役割と、同時に、そのことがヘーゲル哲学全体のベクトルとどういう関係を持つのかについて、図式的に考えてみる。

その上で、次章では、「地」のエレメントそのものへ、ヘーゲル自身が行わなかった探究へと向かう。

八　社会哲学と有機体

先にも指摘した通り、ヘーゲルは『法哲学要綱』で、国家における政治体制に有機的組織体の比喩をさかんにもちいた。政治体制が一つの有機的な組織体であると言うことは、それが、個人の恣意を離れた自立性をもち、かえって個人を規定するものであることが認識されていることを意味する。言語にしろ、概念にしろ、個人とは別にそういったものが有機的な組織性をもって存在しうるとする認識は、明確にカントの圏外であると言える。それは単に、生物的な比喩を社会組織に対して用いたという以上の意義をもつ。このヘーゲル哲学の特徴は、『精神現象学』のまさしく「有機的なものの観察」における「地の暴力」の箇所を端緒としている。単なる観察に依拠した体系の構築が失敗すること、ここにヘーゲルが見出している「意識」と「精神」との距離＝ズレこそが（後にその距離は絶対知において消去されるとは言え）、決定的にカントとヘーゲルをわけ隔てるものだと考えるからである。ごく単純な言い方をすれば、カントは人間主体一般と個人との区別をしなかったが、ヘーゲルは区別をした、と言える。

このような経緯をたどる「理性」から「精神」への移行は、カント批判として出色である。また理論的には、あらゆる社会科学は、カントからヘーゲルへのこの「飛躍」によって、はじめて可能である。というのは、人間によって作られながら、個人から独立した組織性、運動性を社会が持ち、かえってその中で生きる個人を規定していくということ、これがすべての社会科学を支える根本的な「哲学」であるはずだからだ。そのような、意識と、意識よりも大きなものとの間の「ズレ」、このズレを意識が「力という仮象」や「叡智界への飛翔」によって解消してしまわないこと、その時に、「社会」という対象は可能になる。このように、カントとヘーゲルにおける有機体論の差異を読み解くことができる。

カントがあくまでも、その「ズレ」を保ちつつ「力」と「叡知界（＝物自体）」という二つのガス抜きを用意したのとは異なり、ヘーゲルの場合には、そのズレの生じる背景、つまり意識よりも大きなものへと意識が反省（Reflexion）を及ぼし、その大きなものと自分との距離をも自分の意識に含み込んで、さらに展開するというかたちで、「精神の現象」というものがあることを考えた。ここから、社会の運動も、歴史の展開も、いわば世界の全体が展開すると考えられている。

精神としての世界全体の展開の仕組みを意識がすっかり理解／反省したときには、意識はいわばその理解の中に自らを溶かし込んで、自己消失している。これがヘーゲルにおいて絶対知と呼ばれる透明な境地である。これは、現在のシステム論につながるような発想だが、ヘーゲルはそういうかたちで、「ズレ」の解決を考えた。

こうしたヘーゲル的な「解決」の仕方を、批判することはできる。たとえば、マルクスは「経済学批判への序説」において、スミス、リカードら古典派経済学（マルクスはここではそれを近代的経済学と呼んでいる）の「哲学」と、ヘーゲル哲学とを重ね合わせて批判し、有機体についても言及している(一〇八)。マルクスの経済学批判のポイントは、近代的経済学がその出発点にすえる、「労働力一般」を初めとする諸範疇（カテゴリー）は、現実の近代的経済のもとではじめて可能になるということである。このことを自覚しない近代的経済学は、近代的経済を学問的な対象として研究する実践によって、かえって近代的経済を補完し、再生産するという循環に陥る。現代風に言えば、対象をシステムとして分析し明らかにしようとする視点／意識が、かえって無自覚的に、システムを補強し、再生産するということになる。

具体的なものが具体的であるのは、それが多くの規定の総括だからであり、したがって多様なものの統一だからである。それゆえ、具体的なものは、それが現実の出発点であり、したがってまた直観や表象の出発点であるにもかかわらず、思考では総括の過程として、結果として現われ、出発点としては現れないのである。第一の道では、充実した表象が蒸発させられて抽象的な規定にされた。第二の道では、抽象的な諸規定が、思考の道を通って、具体的なものの再生産になってゆく。それゆえ、ヘーゲルは、実在的なものを、自分自身を統合し自分自身のうちへと沈潜し自分自身から運動する思考の結果としてとらえるという幻想に陥ったのであるが、抽象的なものから具体的なものへと浮上するというやり方は、ただ、具体的なものを自分自身のものとし、それを精神的に具体的なものとして再生産するという思考のための方法にすぎない。しかし、それは、けっして具体的なものそのものの成立過程ではないのである。（一〇九）

だから、近代的経済学が先頭に立てている最も簡単な抽象、そしてすべての社会形態にあてはまる非常に古い関係を表している最も簡単な抽象は、それにもかかわらず、最も近代的な社会の範疇としてはじめて、実際に真実にこの抽象において現れるのである。（一一〇）

マルクスが経済学ではなく経済学批判という立場に立とうとしたのは、この無自覚的な精神の再生産を批判したかったからである。

近代的経済学の成立は、社会を有機的な連関として見るヘーゲル的な思想から可能となる。マルクスはこのヘーゲル哲学／近代的経済学の洞察を理解し受け取ったうえで、ヘーゲル的「解決」の批判に向かった。近代的経済がその成立の前提としているような、例えば「労働一般」というような抽象は、近代的経済学が概念として明らかにする前から、ある意味で現実として成立しているわけであるが、それにも関わらず、それは学による反省によってのみ明るみに出されうる抽象性だと言える。マルクスによれば、ヘーゲルはそれをいわば「潜在する抽象性」、つまり現実の関係においてすでに前提されている「理念性」だとした。マルクスは、それを精神の再生産に先行する「具体性」なのではないかと問題提起したわけである。ヘーゲルは転倒している、理念という抽象的なものが現実の中に潜んでいるのではなく、具体的なものが現実を形作っている、というのがマルクスの主張である。

しかしながら、本章で見てきたように、「具体的な普遍」や「普遍的な個体性」といったヘーゲルの言葉を見れば、ヘーゲルは「抽象」から始めてそれを「具体」にできると主張したのではなく、実は「具体」から始め、それを原理としていたことがわかる。それゆえ、ヘーゲルは「人倫」について語ることができたのだし、マルクスの唯物論的な認識もそこに多くを負うている。ただ、ヘーゲルはその「具体的な普遍」を積極的に語ろうとはしなかったし、『精神現象学』の叙述が向かうベクトルも、この潜在する具体性を意識の作用を通して抽象化しようとする方向だった。したがって、マルクスのヘーゲル批判は、正確には、この具体的な普遍を抽象的な普遍にしようとするヘーゲルの「形而上学」ベクトルへの批判であるべきであったということになるだろう。ヘーゲル哲学は前提としては、十分に「唯物論的」であったと言うことができる。

「意識」という媒体を通してのみ概念の運動は展開するとヘーゲルは考え、その媒介性ゆえに生じるズレ（疎外）を、彼は「地の暴力」として認めていた。マルクスはこのようなヘーゲルの図式を理解した上で、生み出したズレを自ら回収してしまう「意識」の働きにも気づいていた。ズレの発生と回収という二通りの働きが、どちらも「意識」によって行われる。それをヘーゲルの『精神現象学』は、問題の提起と解決の双方にうまく利用したかたちになっている。『精神現象学』は学問論だから、それでよかった。マルクスは、しかし、その「解決」の仕方に異議を唱えた。意識による理解／反省による解決は、彼にとっては解決ではなかったからである。とはいえ、マルクスによる解決もうまくいったとは言い難い。その理由はのちほど検討するが、マルクスよりもヘーゲルのほうが「社会科学」という実践の非理性的な側面をうまくとらえていた面があることと関係があると思われる。そこには、ニュートン力学が「重力」を合理的に説明することを追求しなかったことで、近代物理学の沃野を拓いたことと類似した事情があるのではないかと考えられる。

われわれは第二章において、カントの「循環」を批判した。マルクスの批判が明らかにするように、ヘーゲルにおいても「循環」があるのではないかということができよう。おそらく「循環」というものは、哲学が形而上学たらんとするときに必然的に要請されるものではないかと思われる。しかし、ヘーゲルの場合にはカントとちがって、「循環」は意識されている。『エンチュクロペディー』という語には「円環」という意味が含まれているし、哲学を語るときにヘーゲルはしばしば、「円環」（Kreis）という語を用いた。ヘーゲルは、意識的に「循環」を哲学の方法としている。そのため、われわれはこのヘーゲルの方法をわれわれの観点から見て評価し、必要なら批判することができる。カントの場合には、われわれはカント哲学を受容するときに、知らず知らずのうちに「円環」に誘い込まれている。われわれ自身が「円環」を構成することを誘発するような構造をカント哲学は持っている。その構造の中で、われわれは「生命的なもの」、「意識ならざるもの」を理性化してしまうのである。そこから抜け出そうとするならば、カント哲学全体を相対化せざるを得ない。カントの描く「円環」を意識化し、相対化したのがヘーゲルであったと言えるだろう。そのときに、ヘーゲルは、カントの「理性」が部分となるような「精神」という「場」を考えた。

それは、意識に対抗するものでありながら自然ではない「意識ならざるもの」、「地」のエレメントの導入によって可能となったのである。われわれの対象認識に、非理性的なものがあるということ、あるいは「理性」と呼ばれるものが、非理性的なものを基盤とした一つの「現象」であることをヘーゲルは察知し、それが彼の社会哲学に繋がることとなった。

カントは有機体を認識の対象とはしなかった。そこからは、「社会」という事象を対象化する視角は生じない。すなわち社会科学のパラダイムは生じない。ヘーゲルは、有機体を精神の現象のひとつとして対象化した。ここに、社会科学の哲学への路線は仮設されていたと言える。十九世紀以降、社会学がその黎明期に、それまでは存在していなかった「社会」という事象を対象化する際にさかんに「有機体」の比喩を使用したことを考えると、ヘーゲルが有機体論を批判してこそ社会哲学は可能であると考えていたことと対照的である。現代の社会哲学に対してもなお、ヘーゲルの社会哲学が有効な批判的射程をもつのではないかと感じさせる側面である。マルクスでもなく、カントでもなく、ヘーゲルの『精神現象学』のベクトルこそが、「社会科学の哲学」でありうる素地を具えている。それは、ヘーゲルが「普遍的な個体性」という「地」のエレメントによるものを原理に据えているからである。次項でこの社会科学の哲学を可能にするヘーゲル哲学のベクトルについて、図解を試みる。

九　反自然的ロマン主義と社会哲学

先にヘーゲルとマルクスとの違いを、次のような表にまとめた。**（表1）**

ここに『精神現象学』以前のヘーゲルの問題意識のベクトルと、『精神現象学』におけるベクトルとを重ねて、検討してみたい。どういうことかというと、先の表のロマン主義（非理性的）、啓蒙主義（理性的）、形而上学（抽象的）、唯物論（具体的）の四つの要素の配置を下図のように抜き出して、座標の象限のように使う**（図11）**。そこにヘーゲルの問題意識のベクトルを置くのである。

まず『精神現象学』以前のヘーゲルの問題意識のベクトルを、**「ベクトル①（形而上学ベクトル）」**とする。これはイエーナ期以前のロマン主義的な思想から形而上学の確立へと向かうベクトルである。先にロマン主義と形而上学の二つのベクトルがあるといったが、ここでは、それはロマン主義から形而上学へ向かう一つのベクトルとして扱うこととする。また先に、ヘーゲルには「社会哲学」のベクトルがあるといったが、それもいったん忘れて、新たにこの座標の上にヘーゲル哲学のもつベクトルを引き直していくこととする。**「ベクトル①（形而上学ベクトル）」**を矢印で表現して座標上に配置すると、**（図12）**となる。

これに対して、『精神現象学』のベクトルを**「ベクトル②（精神現象学のベクトル）」**とすると、このマトリックスにおいては、具体的なものから抽象的なものへと上昇する矢印になるだろう**（図13）**。これまで見てきたように、『精神現象

（表１）ヘーゲルとマルクス

ヘーゲル	**ロマン主義（非理性的）**	**形而上学（抽象的）**
マルクス	**啓蒙主義（理性的）**	**唯物論（具体的）**

（図 11）座標軸

ロマン主義（非理性的）	**形而上学（抽象的）**
啓蒙主義（理性的）	**唯物論（具体的）**

（図 12）ベクトル①（形而上学ベクトル）

（図 13）ベクトル②（精神現象学のベクトル）

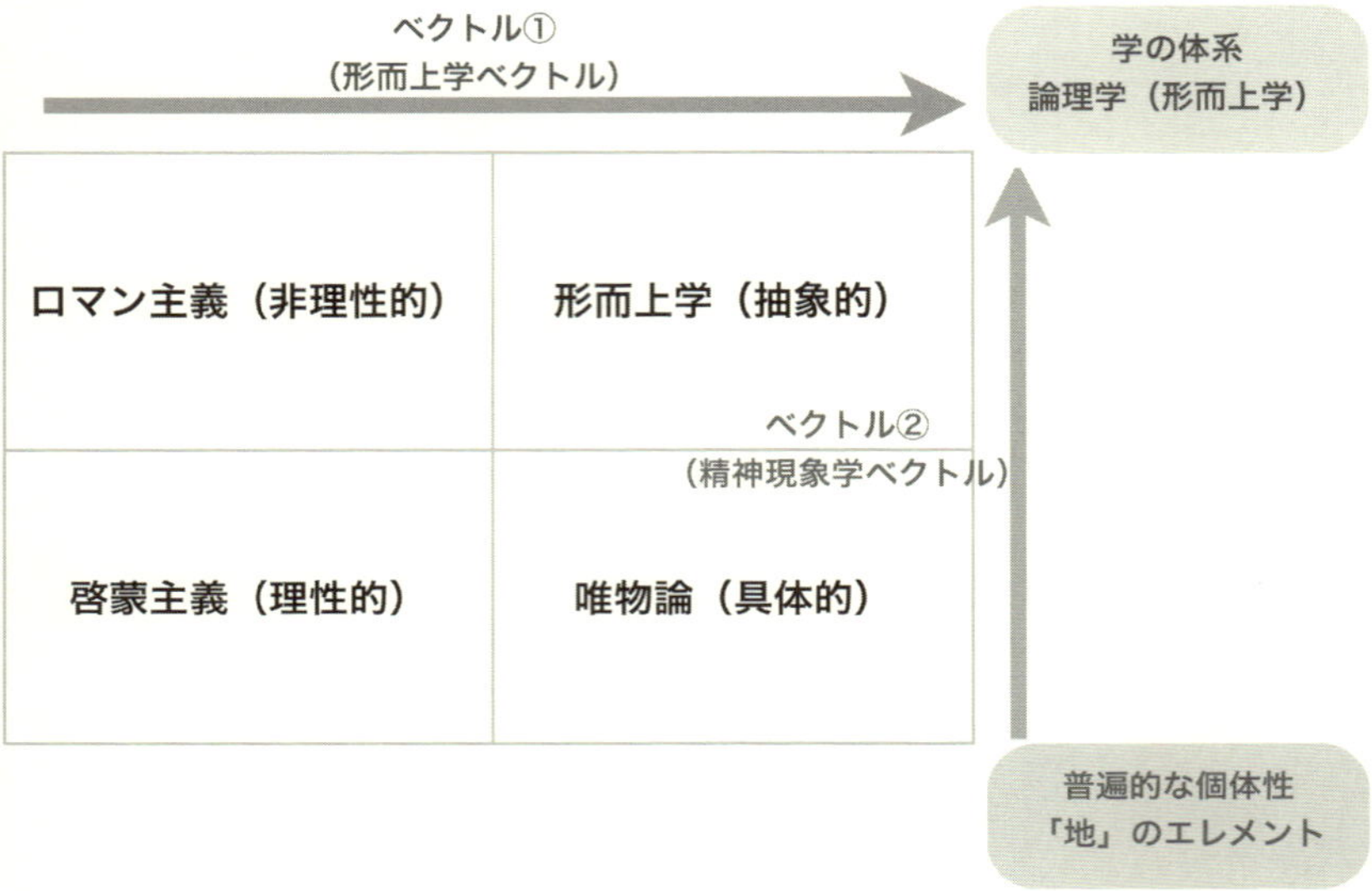

学』とは、「地」のエレメントをもつ「普遍的な個体性」という具体的な普遍を原理として現象する精神の運動を把握し、それを学の体系の基礎付けに利用するという課題をもつ書物であった。この**ベクトル②**は、**ベクトル①**とは異なったベクトルとして理解されなければならない。これは先に、ヘーゲルの体系と『精神現象学』は異質なものであると論じたことと同じである。問題はこのような『精神現象学』のベクトルがなぜ生じたかである。すなわち、具体的な普遍から始めて抽象的な普遍へと上っていく、その際に「意識」を媒介とするという『精神現象学』の「方法」はどのようにして生まれたのかという問題である。

　これは言葉を換えていうと、自然ではない「意識ならざるもの」に、ヘーゲルはどのようにして出逢ったのか、という問題である。というのは、自然ではない「意識ならざるもの」を見出し、それを起点とするのでないかぎり、**ベクトル②**は生じないからである。**ベクトル①**ならば、シェリングとほとんど同じことになるであろう（より正確には、根底としての自然を見出そうとするシェリングのベクトルは、「ベクトル①の逆ベクトル」と言うことになるのかもしれない）。ヘーゲルがシェリングとちがうのは、**ベクトル②**をもっているからである。この**ベクトル②**は一体どのようにして、生じたのであろうか。

　その答えは、図中にもう一つのベクトルを書き込むことによって明らかになる。それは、このマトリックスの左下から右上へと走るベクトルである。この啓蒙主義（理性的）かつ

（図 14）ベクトル③（カントのベクトル）

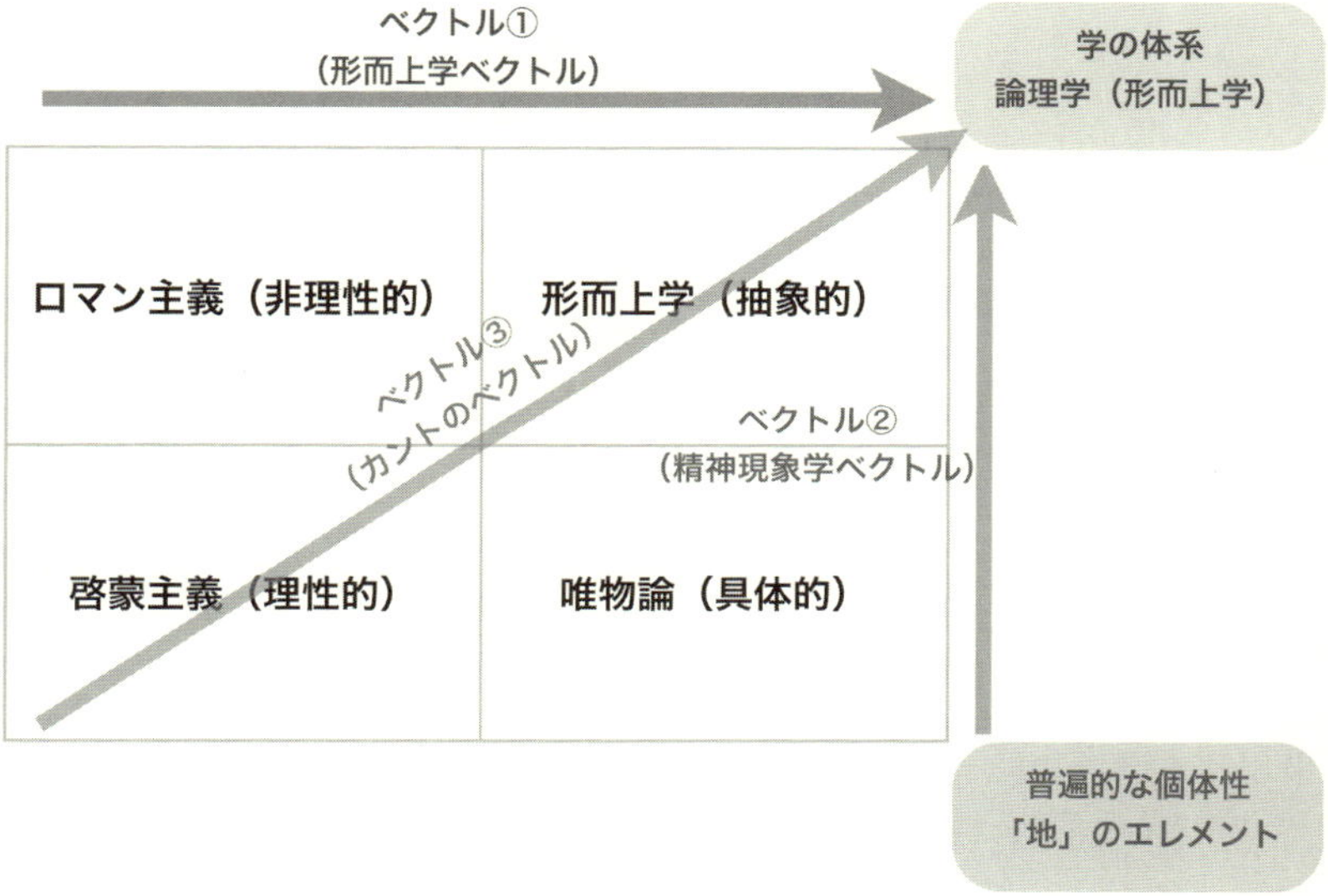

形而上学（抽象的）であるベクトルは、カントのベクトルである。これを「**ベクトル③（カントのベクトル）**」としよう（**図14**）。**ベクトル②（精神現象学のベクトル）**は、実は、このベ**クトル③（カントのベクトル）**から生じていると言える。それは、ヘーゲルは『精神現象学』で「意識」を叙述の主人公とするという「方法」をとったわけだが、このヘーゲルの「意識」（Bewußtsein）はカントの超越論的主体（transzendentales Subjekt）に起源をもつと言えるからである。

カントにおける「超越論的主体」とは、簡単に言えば、超越論的批判哲学を可能にする視点である。それは、認識の現場から一歩退いて、主体としての自分のもつ感性、悟性、理性といった能力が認識を構成している様子を眺める視点である。主体の中の主体といっても良いし、自分自身の中に後退して、自分の諸能力を対象化する視点であるといっても良い。ヘーゲルの「意識」はいわばこのカントの超越論的主体の観点を徹底し、悟性や感性といった能力すら現象として見る地点にまで後退した視点であると言って良いだろう。この視点によって、「意識」は自分自身のうちに、自分に対して「否定的なもの」、「意識ならざるもの」を基底として見出すことになる。このような視点を叙述の主人公とするというアイデアをカントの超越論哲学から得ることによって、ヘーゲルは、『精神現象学』を書くことができたのである。その時に、ヘーゲルはカントとはちがって、啓蒙主義の前提から始めなかった。ヘーゲルのバックグラウンドはロマン主義であった。ロマン主義から形而上学へ向かう**ベクトル①**に、カントの超越論的哲学から援用した「意識」という視点を重ねたとき、カント哲学のもっていた啓蒙主義的な**ベクトル③**は分解されて**ベクトル②**を生みだしたのである。すなわち、非自然的な「意識ならざるもの」を意識が濾過していくことで、形而上学に至るというベクトルが生じたのである。これは、言い換えれば、「普遍的な個体性」と呼ばれる非自然的な「意識ならざるもの」は、ベクトル③をベクトル①の路線で解釈しようとしたときに、派生的に生じたベクトル②の開始点として見出されたのである、ということになる。このことを、**「ヘーゲルはカントのベクトル③をベクトル①とベクトル②に分解した」**と表現しても良い。

「分解」と言うと、思想として後退しているようにも聞こえるが、決してそうではない。この「分解」は、非自然的な「意識ならざるもの」という**ベクトル②**の「開始点」を座標右下に設定することになる。ヘーゲル自身は、『精神現象学』でこの開始点について積極的に語ろうとしなかったが、「物自体」というカントの設定を廃し、かつ「自然」を根底として設定することも避けつつ、形而上学へ至るというベクトルを自分独自の思想として生みだした結果、この開始点は不可避的に設定されることとなったのである。ちなみに、このようにして考えたとき、「物自体」と「自然」というカントとシェリングにとっての根底は、それぞれ座標の左下と左上に位置すると言えるかもしれない（**図15**）。

シェリングとヘーゲルは、テュービンゲン時代の若き日に、ともに「カント哲学の完成」を語りあっていたが、やがて

（図 15）自然と物自体

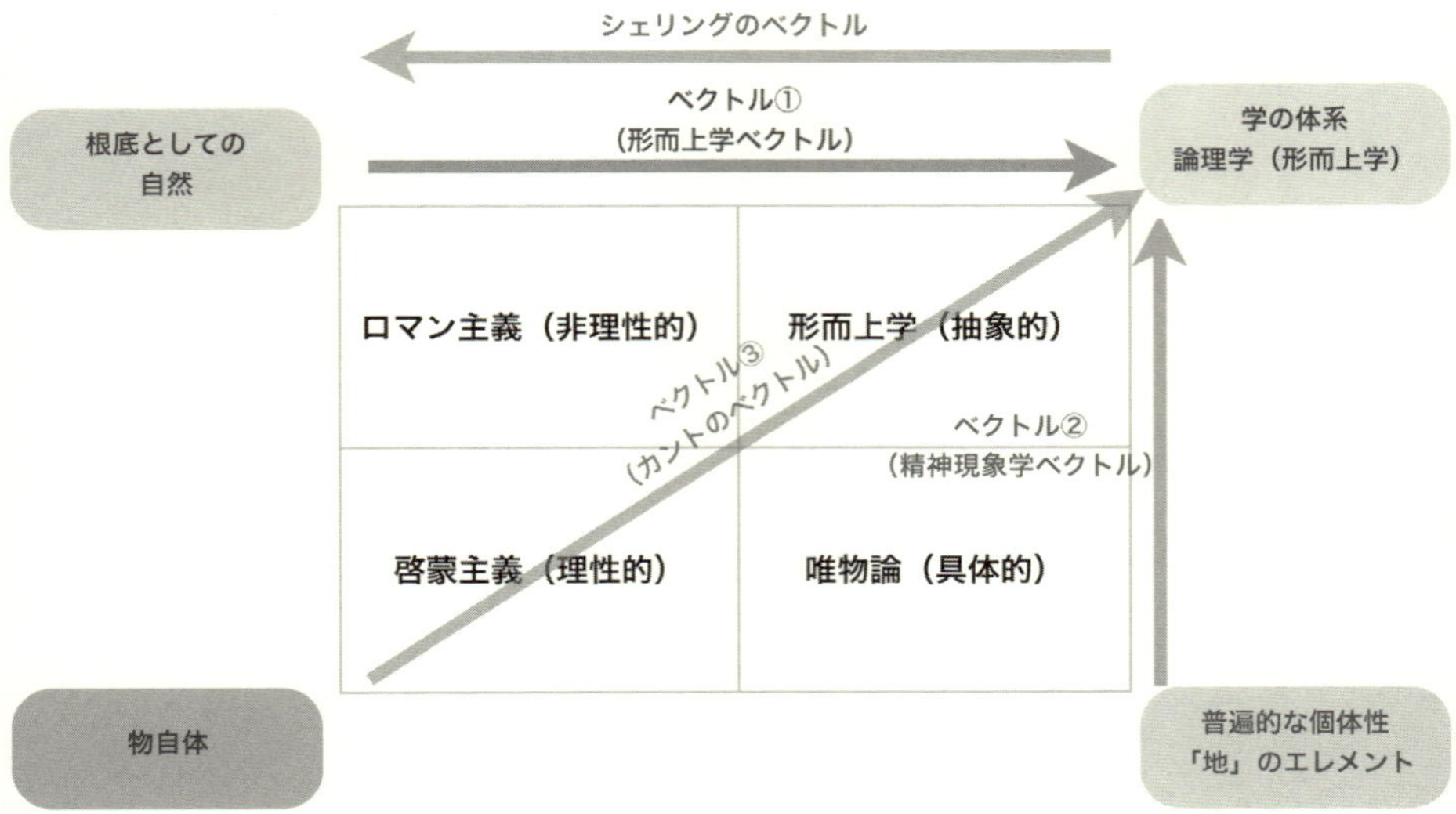

（図 16）ベクトル④（ヘーゲル哲学全体のベクトル）

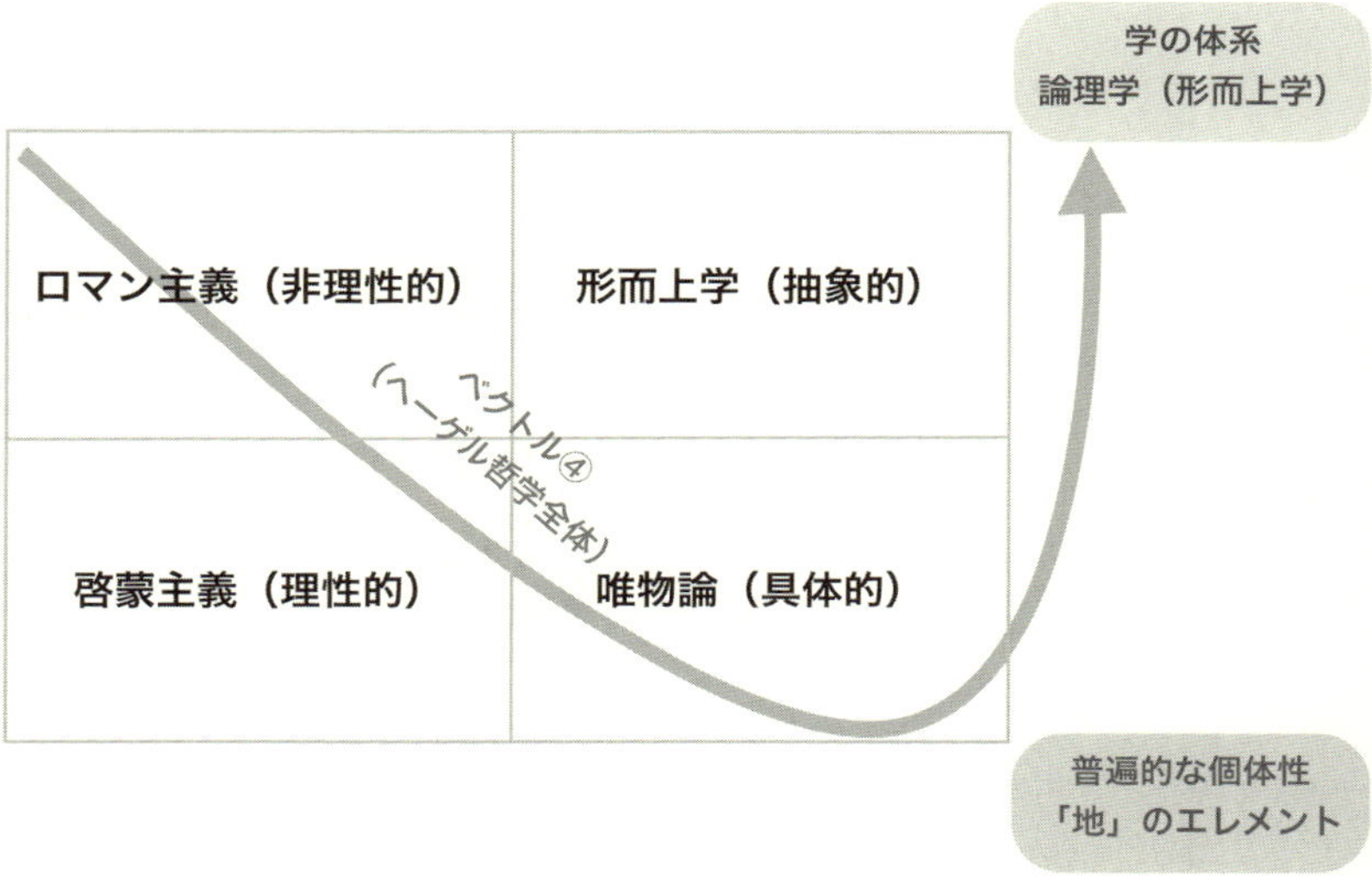

「意識」と「根底」の関係について、二人の見解は異なっていくこととなる(一一)。シェリングはヘルダーリンの「合一」の思想に影響を受けつつ、「意識」を「分裂」をもたらすものと位置づけ、意識以前の「根底」を求める方向に進んでいった。シェリングにおいては、「根底」は直観によって把握されるものであった。それに対して、ヘーゲルはカントにのっとって「意識される現象」と「現象の根底」を区別し、その上で意識に対して現れる現象の動きを、さらに意識の働きによって抽象化することによって学に至るという現象学の方法をとった。この方法の利点は、意識とそれに対して現れるものからはじめるために、根底が何であるかを語らなくても話を進めることができる点である。実際、ヘーゲルが精神現象の根底においているものが何であるのかは、本書が「普遍的な個体性」について行ったように、『精神現象学』の叙述から丹念に洗い出さなければ見えてこない。「意識」と「根底」との関係を考える上で、カントの物自体の抱える問題を克服しようとしたシェリングとヘーゲルは、このように異なった方法に行き着くこととなった。左下に位置していたカントの「物自体」という根底は、シェリングにおいては左上の「自然」に、ヘーゲルにおいては右下の「地」のエレメントにシフトしたのである。

　以上の考察を総合し、ヘーゲル哲学全体のベクトルを表現すると、(図16)のようなカーブした矢印となる。これは、ロマン主義に端を発しつつも、自然に根底を求めることを断念し、同時にカントの物自体をも避けつつ、形而上学を目指

（図17）社会科学のベクトル

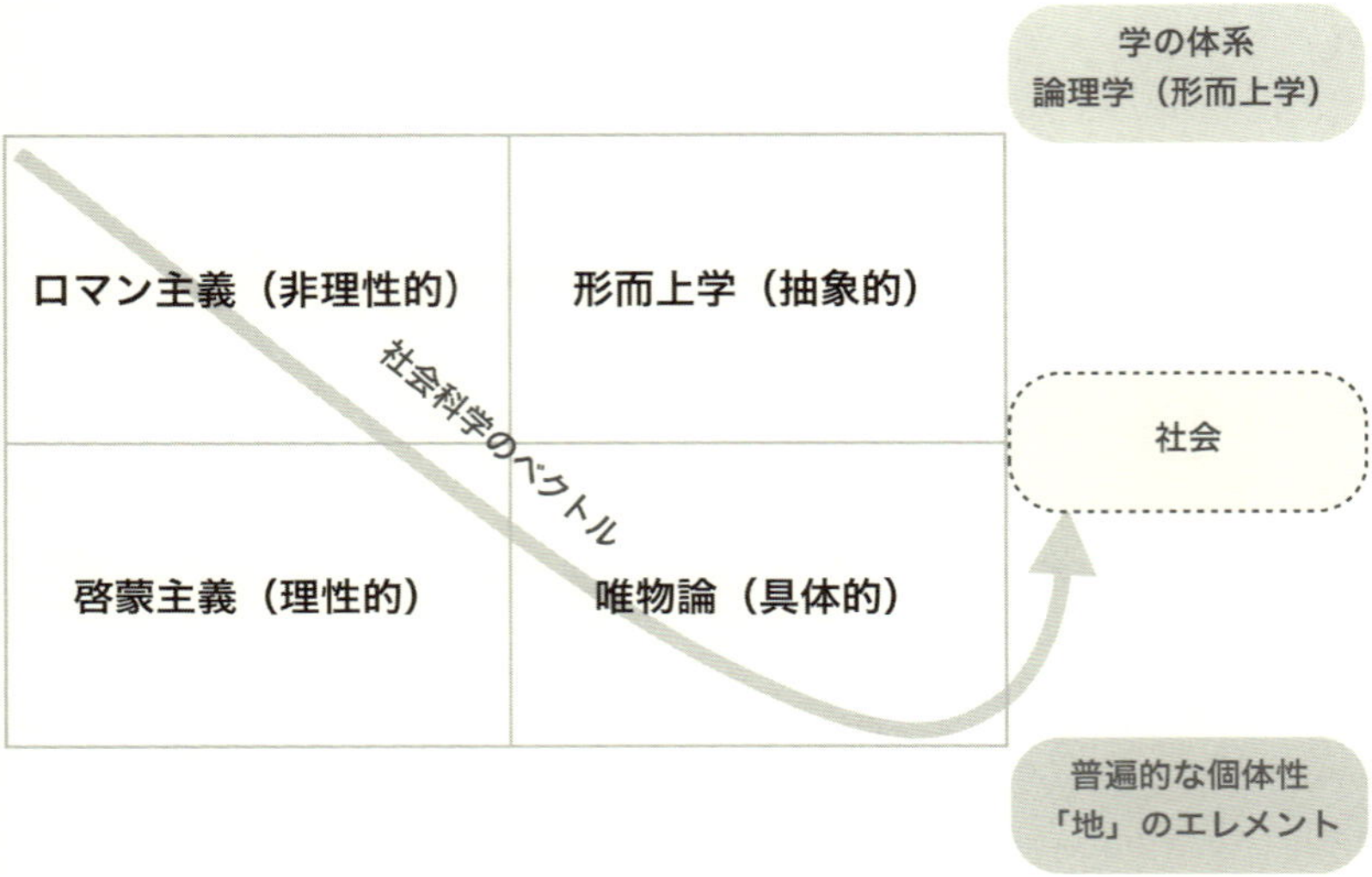

そうとしたヘーゲルが描くこととなった曲線のベクトルである。このベクトルにおいて、「普遍的な個体性」、「地」のエレメントは、ベクトルが曲がる頂点にあたる。

さて、このようなカーブしたベクトルを基盤とした哲学において、何が可能となるか。先にも述べたように、「社会」という対象を見出す視点が可能となる。ベクトル④においていったん、「普遍的な個体性」、「地」のエレメントを経由した後、形而上学に向かうベクトル、すなわち「具体」から「抽象」へ向かうベクトルを少し弛め、途中で止めるとそこに現れる対象が「社会」である。

このベクトルは、ヘーゲル哲学全体のベクトルの「部分ベクトル」であるということになるだろう（図17）。

「社会科学」という領域は本来、ヘーゲルの学の体系には含まれていない。「社会科学」「社会学」「社会哲学」等々の、「社会」を対象として研究する学問の概念がこの時代にはまだ成立していなかったからである。(一一)

しかし、ヘーゲルは、『精神現象学』を経由して学の体系へと移行する独自の哲学のベクトルを練り上げるうちに、「具体」から「抽象」へ向かう途中に、今日のわれわれが言う「社会」という領域を対象とする論が構成できることに気づいたのだろう。こうして、『法哲学要綱』に代表される、今日で言えば社会科学／社会哲学にあたる領域がヘーゲル哲学全体の構成の中にところを得た。それは、「ドイツ憲法論」（一七九九－一八〇三年）や「自然法論文」（一八〇二年）などの系譜に見られる、ドイツ社会の現状と国家について論じたいという従来からのヘーゲル自身の欲求を充たすものとなった。

「ロマン主義」と「社会哲学」のかかわりで言えば、ヘーゲルの「反自然的ロマン主義」が「社会哲学」のベクトルを生みだすことになったと言えるだろう。「反自然的ロマン主義」は、上記の座標で何処に位置するのかと問われれば、それは右下の「地」のエレメント、「普遍的な個体性」の位置になると言えるのかもしれない。ただ、ヘーゲル自身は、この右下にある「具体的」にして「普遍的」なものを積極的に語り、それを「根底」にして哲学を構築するということはしなかった。「地」のエレメントは、いわば「ロマン主義」から発したベクトルが、カントの超越論的主体を応用した、「意識」を主人公に据えるという『精神現象学』の方法を経由した結果、スピンオフするかたちで見出されたといって良いだろう。だから、ヘーゲル哲学のベクトルは、「地」のエレメントから直接には生じるのではなく、ここを「極限」とするカーブとして描かれる。あるいは、「地」のエレメントは、ヘーゲル哲学においては、その描くカーブの「曲率」としてのみ表現される、と言っても良いだろう。

一〇　自然の有機体、社会の有機体

一八一六年にヘーゲルがハイデルベルク大学正教授に就任するのと時を同じくして、ザクセン・ワイマール大公国で王と議会との間にドイツ最初の憲法が制定される。ヘーゲルは、一八一七年にハイデルベルク大学で始めた「法哲学講義」をベルリン大学に移ってからも継続し、一八三一年まで計七回の講義を行っている。『法哲学要綱』(一八二一年)は、講義のための教科書として第三回講義後に出版された。ヘーゲルの「法哲学講義」は、保守・革新双方の陣営から大きな反響を得た(一一三)。一般に、ヘーゲルの国家論はプロイセン国家の御用哲学であるという評価も流布しているが、それは後になされた(しかも事実に反する)(一一四)評価であって、同時代の不安定なドイツの政情の中では、むしろ急進的な危険思想とみなされたこともある。いずれにしても、人倫という概念を基盤に、国家における主観性と客観性双方の意義を自在に語るヘーゲルの「講義」は魅力的だったのだろう。大学の講義としてはことのほか人気を博したという(一一五)。

ヘーゲル国家論は、スピノザ、アダム・スミスなどによる夜警国家論、ホッブズ、ロック、ルソーによる社会契約的国家論、カント、フィヒテによる理性主義的国家論のすべてが前提しているアトム的な「個人」の前提を廃した、スピノザ実体論に基づく新しい存在論的挑戦であった、と加藤尚武は指摘する。その要諦は、「国家は個人にその死を要求する」という点である。他国との戦争、特に近代化された銃火器による戦争は、非人格的な死をもたらし、それによって人格の尊厳ではなく、国家という「有機体」の実在性が浮かびあがる。死は普遍性からやってきて普遍性に帰る。戦争のもたらす死によって所与の規定性(平和時の生活)の慣性が揺らぎ、人倫的な普遍性への意識が高まる、というようなことをヘーゲルは言っている。ヘーゲルの国家論に使用されている有機体モデルには、通常の有機体モデルとちがって「否定」が組み込まれていると加藤は言う（二一六）。

　本書がこれまでに検討してきたことをふまえて言えば、ヘーゲルの国家有機体モデルに組み込まれている「否定」とは、彼が『精神現象学』で「地」のエレメントの比喩を使って語ろうとしていた「普遍的な個体性」であり、それは個人の意識の根底に潜み、国家という「実体的なもの」の「認識」を可能にしているものである。ときには、その「認識」が個人を突き破って噴出し、個人を犠牲にする形で自己を実現する。社会契約論の前提とするアトム的な個人像、自己の保存と幸福を第一に考える個人像を前提にするならば、国家のためにと勇んで自己に死をもたらすような個人の「死への衝動」は理解できないことになる。このような、個人の抱える暗い衝動の存在、個人の意識の根底にありながら個人よりも大きなものの運動をもたらす存在に気づき、その表象が国家であるとヘーゲルは語ったのである。国家に実在性（リアリティ）を与えているのは、個人の意識の根底に潜むものである。

　すべてを現象として理解する『精神現象学』の観点からすれば、「国家」もまた「現象」にすぎない。「個人の死によって国家は実在性を得る」というヘーゲルの「法哲学」におけるテーゼは、しばしば個人よりも国家を肯定し、国家を実体視する発言として理解され、議論の対象となる。そのように理解される余地がヘーゲルの叙述になかったわけではない。もし、ヘーゲルが国家を「実体」として考えていたのだとすれば、あらゆる実体的なものを批判し、その意識における成立の構造を明らかにしていくという『精神現象学』の批判精神とは相いれない実体主義を、ヘーゲルが社会哲学に関しては持っていたことになる。これは『精神現象学』と『法哲学要綱』を読み比べた者が最初に抱く疑問であろう。「有機体」に即して言えば、ヘーゲルは『精神現象学』では自然における「有機体」を「有機的なもの」（das Organische）と呼び、その現象としての成立を徹底的に批判解体しているにもかかわらず、『法哲学要綱』では無造作に「有機体」（Organismus）の比喩を用いて国家組織を語っている。表層的に理解すれば、これは矛盾した態度だということになる。

　この「矛盾」は、本書が先に提示したヘーゲルの「社会科学のベクトル」に則ってヘーゲル「法哲学」のポジションを理解することで、解消されうる。

　要《かなめ》となるのは『精神現象学』における有機体批判である。ヘーゲルは、有機体というのは、人間の意識の重層性によってもたらされる「現象」であり、重要なのはそのメカニズムを理解することで、「精神」の認識に進むことだと考えていた。先に示したように、『精神現象学』のベクトルは「地のエレメント」を経過しつつも、あくまでその行く先は学の立場である。したがって、有機体というような表象は、その成立機制が理解された上で、そこに潜む「精神的なもの」が理解されたあとは、棄却されるべき表象にすぎない。このような有機体に対する鋭い批判力をもつのが、『精神現象学』のほんらいのベクトルである。ところがヘーゲルは、この『精神現象学』のベクトルの強度を少し弱め、抽象性の度合いをコントロールすることで、今日われわれが「社会」という用語で指すもの、ヘーゲルの用語では「人倫」や「国家」や「市民社会」といった領域が論じられるということに気づいた。そこでこの方法の利点を生かすこととし、「法哲学」で国家の体制を論じたのである。

　その時にヘーゲルは、「有機体」の比喩を国家組織にあてはめることを積極的におこなった。これはヘーゲルの時代には新しいことであったし、『精神現象学』における現象学の方法、『大論理学』の形而上学、『エンチュクロペディー』における自然批判といった仕事におけるヘーゲル哲学の方向性を聴衆が理解してくれていることをふまえてのことだったろう。そう考えれば、ヘーゲルが自然における有機体の概念を素朴に社会にも適用した、という理解はできないことになる。ヘーゲルは、『精神現象学』で有機体を徹底的に批判した。その同じ批判的な視点をもって、社会における「有機体」を語ったのである。このように理解すれば、「法哲学」のベクトルを、ヘーゲル哲学全体のベクトル、また『精神現象学』のベクトルと整合するものとして把握できることになる。

　実際、本書で見てきたように、「自然の有機体」に関しては、ヘーゲルは当時流布していた有機体思想に鋭い批判をおこなった。ところが、「社会の有機体」に関しては、皮肉なことにヘーゲル自身がその比喩を積極的に使用する先陣を切ることとなった(一一七)。なぜならば、ヘーゲルの時代には、まだ社会科学、社会学といった学問領域はなく、ヘーゲル自身が「社会」という対象があることを示さなければならなかったからである。もちろん、財政学や経済学、法学、君主論、統治論のたぐいはヘーゲルよりずっと以前からあったが、個人の意思を越えた運動を示すような、政治（国家）、市場経済（市民社会）、労働力の再生産（家族）の諸領域を統合的に含んだ「社会」といったものを対象とする学問はまだ本格的には成立していなかった(一一八)。

　「国家とは有機体であり、その運動を理解する学が必要だ」という言い方は、ヘーゲルにとってはたぶんに逆説的な響きをもち、その斬新な表現で人々の認識を新たにする意図を込めた表現であったに違いない。その文面を見れば、ヘーゲルの強調点は、社会的な「有機体」の根底に潜む「普遍的なもの」にあったことがわかる。そのことを確かめるために次のような『法哲学要綱』の表現を見てみよう。

二六九

政治的信念（die politische Gesinnung）**がその特定の内容をうけとるのは、国家の有機組織のさまざまな面からである。この有機組織**（*Organismus*）**は、理念がその現実性へと展開したものである。これらの区別された諸側面はかくてさまざまな権力であり、それらの職務と活動であり、これらによって普遍的なもの**（das Allgemeine）**は、絶え間なく、そしてまたこれらのものが概念の本性によって規定されているために必然的な仕方で、おのれを産み出すのである。そして同様に、普遍的なものはおのれのこうした産出の前提であることによって、お**

のれを保持するのである。——このような有機組織が政治的体制である。(二一九)

二七八

主権(Souveränität)の本質をなす観念論(*Idealismus*)は、動物有機体においてその部分と称されるものを部分ではなくて肢体、すなわち有機的契機であるとし、そして部分が孤立してそれ自身として存立することを病気とするのと、同じ規定である〔『エンチュクロペディー』§二九三〕。またこの観念論は、意志の抽象的概念において〔次の§二七九の注解を見よ〕、おのれをおのれに関係させる否定性として、したがっていっさいの特殊性と規定性とをおのれのうちで揚棄しておのれを個別性へと規定する普遍性として現れた〔§七〕のと同じ原理である。つまりおのれ自身を規定する絶対の根拠として現われたのと同じ原理である。このような規定と原理を把握するためには、そもそもその概念に通暁していなければならず、概念の実体であり真の主体性(Subjektivität)でもあるところのものに通暁していなければならない。(二二〇)

ここでヘーゲルは、政治的な信念や主権という考え方の根底には「普遍的なもの」が働いていると論じ、この「普遍的なもの」の現実的な展開が国家や行政組織であり、人々の信念や確信は人々がこうした「普遍的なもの」の展開である概念の運動の表層に生じる現象であると述べている。こうした「法哲学」の議論が、『精神現象学』の「方法」をふまえた上で展開されていることは明らかである。われわれの主観的な心情や意識の根底に「普遍的なもの」があること、そしてその現実的な展開が社会の組織であることを指し示そうとして、ヘーゲルは「有機体」という表現を使った。ヘーゲルが「有機体」という表現に込めている批判的かつ肯定的とも言える微妙なニュアンスをとらえるには、『精神現象学』の有機体論をふまえることが必要である。

人々が「社会」や「国家」を一つの生き物のような存在としてあたり前のように理解する時代は、ヘーゲルにとっては、まだ到来していなかった。しかし、ヘーゲルの死後まもなく十九世紀後半になると、新しい学問分野として成立する社会学は有機体の比喩を盛んに用いるようになった。そこにおいては、ヘーゲルが苦心して「有機体」に込めていた批判的なニュアンスは失われることとなる。

本書の立場は、ヘーゲルは『精神現象学』で有機体を現象として批判した、というものである。『精神現象学』の有機体批判の観点からすれば、「自然の有機体」とともに「社会の有機体」も意識の根底にある「普遍的なもの」がもたらす現象として、同じように理解できる。両者は、ヘーゲルが『精神現象学』の「有機的なものの観察」で用いた手法で同じように「批判」することができる。「社会の有機体」は、『精神現象学』のベクトルを最大射程まで伸ばせば、虚像として消えてしまうものではあるが、社会という現象を対象化して論じたければ、ベクトルの強度を調整して、論じることもできる、そのようなものである。「有機的なものの観察」

が『精神現象学』の叙述の半ばに位置していたように、社会現象を対象化する視点も、『精神現象学』ベクトルの半ばに位置するのである。

ヘーゲルの社会科学の手法をニュートン力学に喩えると、ヘーゲル哲学全体は、このニュートン力学を局所系として包含するアインシュタイン相対性理論に相当すると言っても良いかもしれない。

第二章で啓蒙主義を論じたときに、カッシーラーが、ニュートンの方法の特徴とは、それが「相対的・一時的な停止点」をもつところであると言っていることを取りあげた。ニュートン力学における重力、もしくは万有引力は、ニュートン力学を包含する相対性理論では、空間のゆがみとして理解される。相対性理論の観点からすれば、重力の実在性は高次の理論によって解体される。しかし、地球上の物理現象の範囲では、ニュートン力学のパラダイムでもおおよその問題は処理できる。われわれの日常生活的な経験においては、その計算値は十分な有効性をもつ。このような、ニュートン力学的な「相対的・一時的な停止点」を設定し、形而上学へ向かうベクトルを一時停止することで、社会という「場」に働く「力」を見出そうとするのが、ヘーゲルの社会科学の「方法」であったと言えるだろう。ポイントは、それが「相対的・一時的な停止点」であることをヘーゲルが承知していただろうということである。

そう考えると、この章の冒頭で引用したコリングウッドの言うように、ヘーゲルは自然科学の未来の発展でしかあり得ないものを哲学によって成し遂げようとしたと言える面があるわけだが、社会科学についても同様に、科学の実践がヘーゲルの認識をあとから踏襲したという面がある。しかしながら、先にも言ったように、社会科学については、ヘーゲルの時代にはまだ未発達であったために、ヘーゲルみずからが「相対的・一時的な停止」を演じて見せるという、ヘーゲル哲学全体のベクトルから見れば局所系に相当する営みを行うこととなった。

ヘーゲルの「方法」がこのようなものであったとするならば、ヘーゲルの哲学は、後の時代に「有機体」や「生命」の概念を社会という対象に適用した社会科学に対して、哲学的な批判をおこないうるポジションにあることになる。なぜならば、社会科学は、なぜそのような比喩が有効であるのか、その根拠についての理論をみずからにおいて持たず、ただ規範概念としてそれを用いるのに対して、ヘーゲルの哲学は「有機体」や「生命」の概念が成立する「構造」を語る方法をもつからである。先に、現代の社会科学に対してもなお、ヘーゲルの社会哲学が有効な射程をもつのではないかと述べた所以である。

しかしながら、一方で、ヘーゲル哲学のベクトル（あるいは『精神現象学』のベクトル）に批判されるべきものがあるとすれば、それはマルクスが「パリ手稿」（経哲草稿）で鋭く指摘したように、「精神」へ向かうベクトルに無理があったということだろう。このベクトルの後半は、ヘーゲルが期待したようには実現しなかった。二十一世紀のいまでも「生命」や「有機体」の比喩を使って、人間や社会を語ろうとする試みはくり返し生じている。そして、その「根底」にあるものへの探究は、まだ始まろうとしていない。『精神現象学』の構成に即して言えば、われわれはいまだに「有機的なものの観察」のステージにいる。ヘーゲルの想定を越えて、「有機的なものの観察」のステージは、長くかつ広範に展開したのである。

次章では、ヘーゲル『精神現象学』以後の有機体と生命についての言説の展開をふまえ、その上で『精神現象学』有機体論の意義を論じるとともに、ヘーゲルの残した課題である「地」のエレメントへのアプローチはどのような道筋になるのかを述べる。

[註]

（一）R.G. Collingwood, *The Idea of Nature*, Clarendon Press, 1945 [Reprint: Oxford University Press, 1960], p.132（R・G・コリングウッド『自然の観念』平林康之ほか訳、みすず書房、一九七四年、二〇六頁）[野尻訳]

（二）ヘーゲルは晩稲の哲学者だった。三〇歳ぐらいまで良家の家庭教師などをしながら、思想を鍛えた。八歳年上のフィヒテは二九歳の時にはもうカントに認められ、「知識学」の構想を展開して活発に議論していた。五歳年下の親友シェリングは優秀で、二八歳でビュルツブルク大学正教授となっている。このときヘーゲル（三三歳）はまだ私講師。同僚私講師のフリースが教授になるという話を聞いて焦り、ワイマール内閣とゲーテに嘆願書を書いたという。その後、三七歳で『精神現象学』を書き上げるが、カントはすでに没していた。『精神現象学』はほとんど注目を集めず、ナポレオンの侵略でイェーナを脱出し、その後は八年ほどギムナジウムの校長を務めている。この間、『大論理学』を書き上げ、結婚をし子供ももうけているが、薄給で結婚費用にも困るほどだった。『精神現象学』を書いてからほぼ一〇年後、一八一六年（四六歳）でようやくハイデルベルク大学の教授になった。その後、フィヒテの後任としてベルリン大学の教授となる。このころから弟子が増え始め、ゲーテとの交流が活発になり、ヘーゲルの哲学が世に認められはじめる。五九歳でベルリン大学総長となり、六一歳でコレラで死んだ。

（三）加藤尚武編『ヘーゲル哲学への新視角』創文社、一九九九年、加藤尚武による序文、p. xvi

（四）G.W.F.Hegel, *Enzyklopädie der philosophischen Wissenschaften im Grundrisse* [1817], 1956, Sämtliche Werke. Jubiläumsausgabe / Georg Wilhelm Friedrich Hegel ; auf Grund des von Ludwig Boumann ... [et al.] ; besorgten Originaldruckes im Faksimileverfahren neu herausgegeben von Hermann Glockner, Bd.6, SS.48-49. 邦訳は原崎道彦『埋もれた体系構想　ヘーゲル「精神現象学」試論』（未来社、一九九四年、二三六頁）を参照した。

（五）参考のため、『精神現象学』と体系との関係について、以下『ヘーゲル事典』から引用しておく。

……フルダ［H.F. Fulda 1965］の整理を利用して言えば、精神現象学はまず、Ⅰ「体系の部分」だという解釈者があり、その中で①体系の第一部とする解釈者［Fichte, Gabler, Erdmann, Rosenkranz, Baillie］と体系の第一部でなく主観的精神の部分［K. Ph. Fischer］、哲学史の結論部分［Michlet］、理念における反省の推理［Lasson, van der Meulen］、「もう一つの体系」［上妻、原崎］、精神とは何かの探究［山口］とする解釈者、②数を打てない体系分肢とする者［Croce, Glockner］がおり、次にⅡ「体系部分」ではなく学への「導入Einleitung」とする解釈者があり、その中で「体系への予備学」［Haering, 加藤 1990］、「体系への生成的前段階」［Fichte, Weisse］、「体系の特定贈与分 Voraus」［1831年の Hegel, 星 1981］、「学への予備学」［星 1981］に分かれる。さらに、Ⅲ「体系序論にして体系総論」［金子 1962, 1971］と双方を含ませる解釈もある。Ⅳ晩年のヘーゲルの思想とは一致していないとして体系枠から理解することを禁じる解釈［加藤 1983］もある。（3）成立史の事情（「二重題名問題」、二重の目次）等から『精神現象学』の体系的統一性を否定する解釈が多数派である（［Pöggeler 1961］、「永遠に未完の書である。」［加藤 1983］）。体系的統一性を主張する論者もいる［Fulda 1966, Bubner, 星 1981］。（弘文堂『ヘーゲル事典』、「精神（の）現象学」の項、星俊雄、一九九二年）

（六）前掲『ヘーゲル哲学への新視角』加藤尚武による序文、p. xxxvii

（七）同右、p. xx

（八）G・W・F・ヘーゲル『精神の現象学』金子武蔵訳、岩波書店、一九七一年、上巻「訳者序」、v頁

（九）同右、一九七九年、下巻「訳者序」、v頁

（一〇）原崎道彦『埋もれた体系構想　ヘーゲル「精神現象学」試論』未来社、一九九四年、五八－五九頁

（一一）G.W.F.Hegel, *Wissenschaft der Logik*, 1812-1816 [Suhrkamp, Bd.5], S.17-18（G・W・F・ヘーゲル『大論理学』武市健人訳、岩波書店、一九六〇年、五－六頁）［訳修正］

（一二）*ibid*., S.44（同右、三四頁）［訳修正］

（一三）*ibid*., S.43（同右、三三－三四頁）［訳修正］

（一四）G.W.F.Hegel, *Jenaer Systementwürfe III* (Gesammelte Werke, Bd.8.), Felix Meiner, 1976, S.287（G・W・F・ヘーゲル『イェーナ体系構想』加藤尚武監訳、法政大学出版局、一九九九年、二四二頁）［訳修正］

（一五）加藤尚武「ヘーゲル実在哲学解説」、加藤尚武監訳『イェーナ体系構想』法政大学出版局所収、一九九九年

（一六）G.W.F.Hegel, *Jenaer Systementwürfe I* (Gesammelte Werke, Bd.6), Felix Meiner, 1975

（一七）G.W.F.Hegel, *Jenaer Systementwürfe II* (Gesammelte Werke, Bd.7), Felix Meiner, 1971

（一八）G.W.F.Hegel, *Jenaer Systementwürfe III* (Gesammelte Werke, Bd.8), Felix Meiner, 1976

（一九）コリングウッド、バウマーの前掲書を参照。

（二〇）K・ローゼンクランツ『ヘーゲル伝』中埜肇訳、みす

ず書房、一九八三年、五－六頁（Karl Rosenkranz, *Georg Wilhelm Friedrich Hegels Leben*, 1844）

（二一）伊坂青司『ヘーゲルとドイツ・ロマン主義』二〇〇〇年、御茶の水書房、二三頁

（二二）G.W.F.Hegel, *Jenaer Systementwürfe II* (Gesammelte Werke, Bd.7), Felix Meiner, 1971, S.179

（二三）伊坂、前掲書、七頁

（二四）第一章の註（四九）を参照のこと。

（二五）G.W.F.Hegel, *Enzyklopädie der philosophischen Wissenschaften II*, 1830 [Suhrkamp, Bd.9], S.534（G・W・F・ヘーゲル『自然哲学・下巻』加藤尚武訳、岩波書店、一九九九年、六九九－七〇〇頁）

（二六）*ibid.*, S.535（同右、七〇一頁）

（二七）*ibid.*, S.537（同右、七〇三頁）

（二八）G.W.F.Hegel, *Enzyklopädie der philosophischen Wissenschaften I*, 1830 [Suhrkamp, Bd.8], S.374 [§217]（G・W・F・ヘーゲル『小論理学（下）』松村一人訳、岩波文庫、一九五二年、二二八頁）

（二九）*ibid.*, S.333（同右、一五九－一六〇頁）［訳修正］

（三〇）G.W.F.Hegel, *Enzyklopädie der philosophischen Wissenschaften III*, 1830 [Suhrkamp, Bd.10], S.24-25（G・W・F・ヘーゲル『精神哲学（上）』船山信一訳、岩波文庫、一九六五年、三三－三四頁）［訳修正］

（三一）*ibid.*, S.20-21（同右、二七頁）［訳修正］

（三二）*ibid.*, S.25（同右、三四頁）［訳修正］

（三三）G.W.F.Hegel, *Enzyklopädie der philosophischen Wissenschaften I*, 1830 [Suhrkamp, Bd.8], S.89（G・W・F・ヘーゲル『小論理学（上）』松村一人訳、岩波文庫、一九五一年、一二九頁）

（三四）*ibid.*, S.89（同右、一二九－一三〇頁）

（三五）たとえばドイツにおける代表的なヘーゲル研究の学術雑誌である Hegel-Studien の第一巻（一九六一年）から第四十三巻（二〇〇八年）の目次を調査してみると、「有機体」、もしくは類する語をタイトルに含む記事は、「有機体論」（Organizismus）もしくは「有機的なもの」（das Organische）を含む以下の二件のみである。（1）M. J. Petry, *Olaf Breidbach: Das Organische in Hegels Denken. Studie zur Naturphilosophie und Biologie um 1800. Würzburg Königshausen Neumann 1982. 379 S. (Epistemata. Würzburger wissentschaftliche Schriften. Reihe Philosophie. 10. in Hegel-Studien Bd. 18.*, Bouver Verlag Herbert Grundmann, 1983.（2）Michael Wolff, *Hegels staatsheoretischer Organizismus. Zum Begriff und zur Methode der Hegelschen „Staatswissenshcaft“"* in Hegel-Studien Bd. 19., Bouver Verlag Herbert Grundmann, 1984. このうち（1）は書評記事である。また（2）は『法哲学』の国家論における有機体概念について論じた論文である。（1）の書評で取り上げられている著作 Olaf Breidbach, *Das Organische in Hegels Denken*, 1982 は、ヘーゲルの有機体概念に関する比較的まとまった研究書である。ヘーゲルの同時代の自然諸学の状況とヘーゲルの有機体概念との関係についての考察、初期シェリングとヘー

ゲルの有機体概念の比較などが行なわれている。ただし、シェリングにしても、ヘーゲルにしても、時期ごとに彼らの哲学の「方法」は変化し、それにともなって彼らの哲学における「自然」や「有機体」の概念の構成や位置は変化している。しかしながら、管見では、Breidbach の研究は、（シェリング、ヘーゲルの）哲学の方法と、（「自然」「有機体」などの）概念構成との連関に無自覚であるように思われる。（1）の書評でも、この点が批判されている。評者 Petry によれば、著者 Breidbach はしばしば『精神現象学』の叙述に言及し、ヘーゲル有機体論のもつ哲学的な重要性を引きだそうとするが、ヘーゲル自身がのちにはっきりと体系への導入としての『精神現象学』の不適格を認めたのだから、『精神現象学』の叙述と『エンチュクロペディー』における自然科学論は基本的に関連しない、したがって、著者は「イェーナ体系構想」、「ニュルンベルク時代のギムナジウム講義」、『エンチュクロペディー』といった一連のエンチュクロペディー的体系構想における変化を追跡することに注力すべきであった、と評されている。しかし、Petry も、『精神現象学』においてはヘーゲルの方法は現象学であるために、有機体概念の構成や位置づけに独特な変化が生じているかもしれない、という発想には至っていない。一方、Breidbach が頻繁に『精神現象学』を参照するのは、おそらく Breidbach が『精神現象学』における有機体概念の哲学的な重要性に（無意識的にせよ）気づいているからではないかと思われるが、Breidbach の考察は現象学の方法と有機体概念の構成の相互関係にまでは及ばない。（1）（2）、および Breidbach の著作のいずれにしても、『精神現象学』の有機体論の理論構成上の意義や特異性、とくに本書で問題にするようなその現象学的な「批判性」に着目した研究ではないと言える。

（三六）G.W.F.Hegel, *Grundlinien der Philosophie des Rechts*, 1821 [Suhrkamp, Bd.7], S.414 [§269], 443 [§278], et al.（G・W・F・ヘーゲル『法の哲学』岩崎武雄責任編集『世界の名著 44 ヘーゲル』所収、中央公論社、一九七八年、四九七、五二九頁ほか）

（三七）Karl Marx, *Einleitung zur Kritik der Politischen Ökonomie* (1859), Karl Marx-Friedrich Engels Werke Bd.13, Dietz Verlag, 1961, S.625, 630-631, et al.

（三八）三木清「有機体説と弁証法」（一九二八年）『三木清全集第三巻』岩波書店所収。Louis Aluthusser, *Pour Marx*, François Maspero, 1965.

（三九）G.W.F.Hegel, *Phänomenologie des Geistes*, 1807 [Suhrk-amp, Bd.3], S.196（G・W・F・ヘーゲル『精神の現象学』金子武蔵訳、岩波書店、一九七一、一九七九年、二五七頁）［訳は野尻が適宜修正、以下同様］

（四〇）*ibid.*, S.225（同右、二九七頁）

（四一）*ibid.*（同右）

（四二）*ibid.*, SS. 224-225（同右、二九六－二九七頁）

（四三）*ibid.*, S. 178（同右、二三一頁）

（四四）*ibid.*, S. 179（同右、二三二頁）

（四五）*ibid.*, S. 196（同右、二五七頁）
（四六）*ibid.*, S. 203（同右、二六七頁）
（四七）*ibid.*, S. 221（同右、二九二頁）
（四八）*ibid.*（同右）
（四九）*ibid.*（同右）
（五〇）*ibid.*（同右）
（五一）*ibid.*, S. 222（同右、二九三－二九四頁）
（五二）*ibid.*, S. 224（同右、二九六頁）
（五三）*ibid.*, S. 196（同右、二五六頁）
（五四）*ibid.*, S. 224（同右、二九六頁）
（五五）*ibid.*, S. 224（同右、二九六頁）
（五六）*ibid.*, S. 263（同右、三五二頁）
（五七）*ibid.*, S. 233（同右、三〇九頁）
（五八）*ibid.*, S. 263（同右、三五一頁）
（五九）*ibid.*, S. 283（同右、三八二頁）
（六〇）*ibid.*, S. 284（同右、三八三頁）
（六一）*ibid.*, S. 304（同右、四一三頁）
（六二）*ibid.*, S. 304（同右、四一四頁）
（六三）*ibid.*, S. 311（同右、四二五頁）
（六四）*ibid.*, S. 311（同右、四二五頁）
（六五）*ibid.*, S. 311（同右、四二四頁）
（六六）*ibid.*, S. 316（同右、四三一頁）
（六七）*ibid.*, S. 319（同右、四三六頁）
（六八）*ibid.*, S. 319（同右、四三五頁）
（六九）*ibid.*, S.319（同右、四三五頁）
（七〇）*ibid.*, S.323（同右、四四一頁）
（七一）*ibid.*, S.324（同右、七三一頁）
（七二）三木清「有機体説と弁証法」（一九二八年）、『三木清全集第三巻』岩波書店所収
（七三）高山守「ヘーゲルにおける有機組織という虚像」、『現代思想臨時増刊「ヘーゲルの思想」』青土社所収、一九九三年
（七四）Hegel, *Phänomenologie des Geistes*, S.196（ヘーゲル『精神の現象学』、二五七頁）
（七五）*ibid.*, S.222（同右、二九三頁）
（七六）*ibid.*, S.165（同右、二一一頁）
（七七）*ibid.*, S.167（同右、二一四頁）
（七八）*ibid.*, S.170（同右、二一八頁）
（七九）*ibid.*, S.170（同右、二一八頁）
（八〇）ところで、たとえば金子武蔵はこの箇所の叙述にキリスト教の教義を読み込むのであるが、それは本当に妥当な解釈であろうか。不幸な意識が自分の不変性と個別性との融和を得るのは、本文で述べた通り、「普遍的な個別性」(die allgemeine Einzelheit) と接触することによってである。意識は不変なものが個別性の形態を得ることを、ひとつの「出来事」(Geschehen) として経験する、とヘーゲルは述べる。しかも、それは自然を介した (durch die Natur) 出来事である、という不思議な言い方をする。„Es ist hiermit für dieses überhaupt ein *Geschehen*, daß das Unwandelbare die Gestalt der Einzelheit erhält; so wie es sich auch ihm entgegenge-

setzt nur *findet* und also *durch die Natur* dies Verhältnis hat"「不変なものが個別性の形態をうるということが個別的な意識に対してそもそも「出来事」であるのも、やはりこういう次第によることであり、そうしてこれと全く同じようにして個別的な意識は自分を不変なものに対立したものとして見出すにすぎぬということにもなり、したがってまた個別的な意識が不変なものとかかる関係に立つのも自然を介してであることにもなる」*ibid*., S. 166（同右、二一三頁）。「普遍的な個別性」との接触が「出来事」として起こる、しかも自然を介して起こるという叙述を、金子武蔵は、イエスの降誕と昇天を人類が経験したことを象徴しているものと解釈する。意識は、このようにして遭遇する「普遍的な個別性」と自己を同一化することによって、現実との融和を得て、世界を自分自身として確信する理性の形態へと向かう。この「普遍的な個別性」は「媒語」として機能し、不変なものと個別なものとの統一を意識にもたらす。問題は、この「普遍的な個別性」との邂逅は現実にはいかにして起こるのか、ということである。意識の理性化を促すものがイエス、もしくはその後継者である教会を示唆しているとするならば、ヘーゲルは『精神現象学』において、自己意識が理性となる重要な契機を宗教に求めていることになる。しかし、ヘーゲル自身は、ここで実際にはイエスの名も教会の名も出していないことに注意が必要である。この「媒語」としての「普遍的な個別性」を、今日的な視点から、「言語」や「貨幣」の機能に求める解釈も可能であろう。

二〇一〇年三月四日に、駒澤大学にて、リューネブルク大学のクリストフ・ヤメ（Christoph Jamme [Lüneburg]）教授が「青年期著作集におけるヘーゲルの個体性概念」と題する講演を行なった（講演原稿は、『ヘーゲル哲学研究 vol.16』二〇一〇年に収録予定）。ヤメ教授の主旨は、次のようなものであった。ヘーゲルはイェーナ期初期の「愛」（一七九七－九八年）や「一八〇〇年の体系断片」（一八〇〇年）と呼ばれる草稿では、愛や宗教による個体性の克服、他者との一体化（合一）を理想とする考えを述べていたが、その後、哲学（学問）の立場を第一と考えるようになり、個体性は学的認識を可能にする契機として必要と考えるようになった。特に「普遍的な個体性」が学問的知の成立には必要である。このように、初期のヘーゲルにおいては一八〇〇年ごろを境に、愛・宗教と哲学、合一と個体性のポジションが逆転する。ヤメ教授の講演内容は以上のようなものであったが、これはおおむねヘーゲル解釈の標準に沿ったものである。筆者（野尻）は、講演の際、『精神現象学』の「普遍的な個別性」についての金子武蔵のキリスト教的解釈を紹介し、ヤメ教授の意見を聞いた。というのは、もし金子解釈が正しいとすると、『精神現象学』（一八〇七年）というすでに「学的な立場」を確立したはずの時期のヘーゲルが、「普遍的な個別性」という重要な契機の獲得を「宗教」に求めていることになり、おかしなことになるからである。ヤメ教授の反応は、むしろ金子のキリスト教的解釈に驚いたふうで、そうした宗教的な解釈も不可能とは言えないが、しかし基本的には賛同しかねるというものだった。さらに「媒語」としての「普遍的な個別性」を、今日的な視点で、「言語」や「貨幣」の働きによって解釈するという筆者の提案についても、すでにそうした試みがドイツにおいても見られる、と肯定的であった。筆者の今後の研究課題である。

（八一）Hegel, *Phänomenologie des Geistes*, S.179（ヘーゲル『精神の現象学』、一三三頁）

（八二）*ibid.*, S.180（同右、一三四頁）

（八三）*ibid.*, S.223（同右、一九四－一九五頁）

（八四）*ibid.*, S.263（同右、三五一頁）

（八五）*ibid.*, SS. 224-225（同右、一九六－一九七頁）

（八六）G.W.F.Hegel, *Enzyklopädie der philosophischen Wissenschaften II*, 1830 [Suhrkamp, Bd.9], S.143 [§285]（Ｇ・Ｗ・Ｆ・ヘーゲル『自然哲学・上巻』加藤尚武訳、岩波書店、一九九九年、一七四頁）

（八七）山口誠一『ヘーゲルのギリシア哲学論』一九九八年、創文社、一二四－一三八頁

（八八）樫山欽四郎『ヘーゲル精神現象学の研究』創文社、一九六一年、三〇七－三一〇、三三一－三三四頁、同『哲学概説』創文社、一九六四年、一七五、三一六頁など。

（八九）Hegel, *Phänomenologie des Geistes*, S.271（ヘーゲル『精神の現象学』、三六三頁）

（九〇）*ibid.*（同右）

（九一）*ibid.*, S.272（同右、三六五頁）

（九二）*ibid.*, S.274（同右、三六八頁）

（九三）*ibid.*, S.333（同右、七四六頁）

（九四）*ibid.*, SS.333-334（同右、七四六頁）。この箇所の翻訳は、特に前半部を大きく訳し直している。

（九五）前掲『精神の現象学』金子武蔵訳、岩波書店、一九七一、一九七九年、一一八三頁

（九六）Hegel, *op. cit.*, S.334（ヘーゲル、前掲書、七四七頁）

（九七）「母系制」（より正確には「母権制」）という概念は一般にバッハオーフェンの発見であるといわれている（Johann Jakob Bachofen, *Das Mutterrecht*, 1861. 邦訳：Ｊ・Ｊ・バッハオーフェン『母権論』岡道男ほか訳、みすず書房、一九九一年）。筆者（野尻）はここで、ヘーゲルの「神々の掟」を母権制概念の「先駆」と見ることを提唱しているわけではない。「神々の掟」という言葉でヘーゲルは、共同体における女性的原理の司る領域を示唆しているのみであり、いわゆる「母系制社会」や「母権性」を論じているわけではない。とはいえ、ヘーゲルがギリシア悲劇の読解から、女性的な原理による人間関係の次元を「地」「神々の掟」「母胎」というタームで抽出している点は興味深い。

（九八）国家的な権力規範領域の根底に別種の構成的原理があることを、日本的土壌において追究した論考に、吉本隆明の『共同幻想論』（一九六八年）がある。吉本はこの中で、古事記におけるスサノオとアマテラスの姉弟神のたどる運命が、家族的、恋愛的な「対幻想」から政治的な「共同幻想」への遷移もしくは構造変動を表わしていると論じてい

る。「対幻想」とは人間のセクシャリティを支える性的幻想の領域であるが、性交的であるとは限らず、同時に文明化された社会を支える記号的、理念的な「共同幻想」の領域からも区別される。家族という性的な関係性にありながら、自然的な性行為を伴わずに、互いに〈男性〉または〈女性〉としての人間でありうる兄弟と姉妹の関係にヘーゲルは特別な意義を与えた。吉本はここからヒントを得て「対幻想」領域の固有性を追究したと考えられる。なお、先取りになるが、本書では終章でヘーゲルの「地」のエレメントをコジェーヴの言う「人間的欲望の次元」、ラカンの言う「想像界」(l'imaginaire)、自閉症研究における「共感」(empathizing)もしくは「心の理論」(theory of mind)、脳科学における「ミラーニューロン」(mirror neuron)の働き等と結びつけて対象化しようとしている。筆者の考えでは、吉本の「対幻想」領域についての洞察は、この系譜において考察されるべきである。

(九九)『精神現象学』におけるヘーゲルのアンティゴネー論についての解釈のうち、近年のものに、ジェンダー論の視点からなされたジュディス・バトラーのものがある(Judith Butler, *Antigone's Claim*, Columbia University Press, 2000. 竹村和子訳『アンティゴネーの主張』青土社、二〇〇二年)。この中でバトラーは、ヘーゲルもラカンもアンティゴネーにおける「神々のおきて」を、既存の社会システムに攪乱を起こしうるオルタナティブな記号体系として捉え得ていないと批判する。その理由は、ヘーゲルもラカンも、アンティゴネーと兄ポリュネイケースとの近親姦による象徴秩序の組み換えもしくは攪乱の可能性を初めから思考の枠外に置くからであるとバトラーは言う。しかし、この議論の文脈では、ラカンの「無意識なるもの」やヘーゲルが指し示そうとする「普遍的なもの」を単に空虚な否定性、論理的な否定記号としてしかイメージできないポストモダン思想に典型の論型にバトラーも陥っているように思える。筆者は、「神々のおきて」が根ざす次元は、そもそも記号的、社会システム的なものなのではなく、記号的、システム的なものとは異質の領域として、しかし空虚なのではなく実体を持った領域として捉える必要があると考えている。それは、本来「記号」や「システム」を可能にしているものであるが、しかし記号やシステムに従属させられているものである。この点では、アマテラスとスサノオの神話的関係はたんなる自然的な性行為すなわち姉弟相姦の関係を象徴しているのではないとして、「対幻想」という固有の領域の機能を抽出しようとする吉本隆明の分析の方に長じたものがある。これは、身体的な欲求でもなく、また同時に社会システムの記号体系でもなく、その間にもう一つ固有の次元があること、すなわち家族の愛情や恋愛の領域、欲望の共反射の次元、吉本の言葉で言えば「対幻想」の次元に固有のリアリティを感じるかどうか、というちがいであるように思われる。バトラーの分析には、身体的な欲求でもなく、社会的な記号体系でもない領域、すなわち人間的な欲望の次元(コジェーブの言いかたでは他者に欲せられることを欲する欲望の次元）の分節化が欠如しているように思われる。とはいえ、ヘーゲルの否定性の問題をフランス二〇世紀思想における欲望論的なヘーゲル解釈と結びつけて論じ直した功績がバトラーにはある（Judith Butler, *Subjects of Desire: Hegelian Reflections in Twentieth-Century France*, Columbia University Press, 1987.)。このことと、近親姦や同性愛の「内部性」を主張するバトラーの論点から補助線を引けば、バトラーの論構成から想像界／対幻想へのアプローチを抽出することはできるかもしれない。

（一〇〇）ジャック・ドント『知られざるヘーゲル――ヘーゲル思想の源流に関する研究――』飯塚勝久・飯島勉訳、未来社、一九八〇年（Jacques D'Hondt, *Hegel secret: recherches sur les sources cachées de la pensée de Hegel*. Presses Universitaires de France, 1968)

（一〇一）Glenn Alexander Magee, *Hegel and the hermetic tradition*, Cornel University Press, 2001, p. 201, 212.

（一〇二）Hegel, *Phänomenologie des Geistes*, S.341（ヘーゲル『精神の現象学』、七五七頁）

（一〇三）F.W.J. Schelling, *Ideen zu einer Philosophie der Natur als Einleitung in das Studium dieser Wissenschaft*, 1797, [SW II, SS.55-56]

（一〇四）G・バタイユ『内的体験』出口裕弘訳、平凡社、一九九八年、一〇八－一〇九、一八七頁（Georges Bataille, *L'Expérience intérieure*, édition revue et corrigée, suivie de Méthode de Méditation et de Post-scriptum1953, Gallimard, 1954)

（一〇五）Eugen Fink, *Sein und Mensch*, Verlag Karl Alber GmbH, 2004, S.174（座小田豊ほか訳『存在と人間』法政大学出版局、二〇〇七年、一七三頁）

（一〇六）*ibid.*, S.269（同右、二七二頁）

（一〇七）*ibid.*, S.282（同右、二八七頁）

（一〇八）Karl Marx, *Einleitung zur Kritik der Politischen Ökonomie* [1859], Karl Marx-Friedrich Engels Werke:Bd.13, Dietz Verlag, 1961, S.625, SS. 630-631（カール・マルクス『経済学批判』杉本俊朗訳、国民文庫、大月書店、二八四、二九二頁）

（一〇九）*ibid.*, S.632（同右、二九四頁）[訳修正、傍点野尻]

（一一〇）*ibid.*, S.635（同右、三〇〇頁）

（一一一）久保陽一『ヘーゲル論理学の基底』創文社、一九九七年、第二章「シェリング・ヘルダーリン・ヘーゲル」を参照

（一一二）もちろんヘーゲルの「法哲学」や「精神哲学」の一部が今日で言うところの社会科学にあたると言うことはできる。しかしながら、同時に、「社会」を対象とする学問領域が一般的に自覚的に形成されるのは、十九世紀後半を待たなければならないという点に注意が必要である。ヘーゲルにおいてすでに社会科学があった、と簡単に言ってしまうことはできない。それは社会有機体論についても同様である。ヘーゲルの時代にはまだいわゆる社会有機体論は誕生していないことに留意が必要である。ヘーゲルの社会科学「的」業績は社会科学分野の一般的形成に先だってな

された先駆的なものと理解されるべきである。ヘーゲルにおける有機体論と西欧における社会科学の成立史との関係について、筆者は別箇所で論じておいた（野尻英一「ヘーゲルの有機体論と社会――現象学は有機体の夢を見るか」滝口清栄・合澤清編『ヘーゲル　現代思想の起点』所収、二〇〇八年、社会評論社）。こちらも参照されたい。

（一一三）滝口清栄「『法（権利）の哲学』の反響――十九世紀を中心に――」、『ヘーゲルの国家論』理想社所収、二〇〇六年

（一一四）ヘーゲルの「法哲学」は立憲君主制を擁護するものであるが、ヘーゲルの存命中にプロイセンがヘーゲル的な意味で立憲君主制であったことはない。前掲の滝口清栄論文の報告によれば、K・E・シューバルトはヘーゲル国家論の「反プロイセン的性格」を主張している（一八三九年）。

（一一五）K・ローゼンクランツ『ヘーゲル伝』中埜肇訳、みすず書房、一九八三年、二九二頁（Karl Rosenkranz, *Georg Wilhelm Friedlich Hegels Leben*, 1844）

（一一六）加藤尚武「スピノザの実体とヘーゲルの国家」、『ヘーゲルの国家論』理想社所収、二〇〇六年、三六頁

（一一七）これについては、アダム・ミュラーのロマン主義的な社会有機体論（『国家学要綱』一八〇九年）とヘーゲル『法哲学要綱』（一八二一年）における有機体の比喩の使用の差異をとらえておくことが有用である。私見では、ヘーゲルは『精神現象学』において有機体を現象として批判済みであるために、『法哲学要綱』ではミュラーの回顧主義とは異なり、有機体の比喩を批判的かつドライなトーンで使用している。ごく簡略化して言えば、ミュラーが市民社会（市場経済）の浸食的影響を排斥して中世封建制的な有機的な連帯を復活させようと考えているのに対し、ヘーゲルの国家論は市民社会（市場経済）を織り込んだかたちでの再編を考えている。参考：原田哲史『アダム・ミュラー研究』ミネルヴァ書房、二〇〇二年。伊坂青司『ヘーゲルとドイツ・ロマン主義』二〇〇〇年、御茶の水書房。野尻英一前掲（註一一二）論文。

（一一八）註一一二、註一一七の内容と重なるが、社会に対して有機体の比喩が使われるとき、その用法の差異に注目することは必要である。ミュラーのロマン主義的な有機体の比喩の使用とスペンサーの実証社会学的な有機体の比喩の使用とのあいだには種差がある。そして、その種差のあいだには、「社会」という対象を見る視角の成立があるのである。以下、参考までに前掲拙論文より抜粋。

ロマン主義を非理性的、無意識的、反近代的なものへの志向とすれば、近代的な市場経済の浸透に抵抗するミュラーの思想は正しくロマン主義的であり、その有機体の比喩の使用もロマン主義的であったと言えよう。このようにミュラーの思想を理解した見地からするならば、のちのスペンサーらにはじまる実証主義社会学の有機体メタファーの使用には、ひとつの「転倒」がある。なぜなら、スペンサー、デュルケムらは市民社会／市場経済をその「生命」

として取り込んだ近代国家のシステムを「有機体」として論じているからである。実証社会学の誕生に際して、有機体はロマン主義から切り離され、近代市民社会のダイナミズムを表現する表徴へと転換されたのである。その経緯は次のように理解できるだろう。アダム・ミュラーの時代には、まだ市民社会／市場経済はドイツに流入しつつある状況であった。それゆえミュラーはそれを対象化してとらえ、それを排斥したところに有機的な連帯を構想することが、まだ出来た。しかし、その後、イギリスを先頭に市民社会／市場経済は西欧の諸国家に強力な浸透力で広まり、もはやそれのもつ「力」を織り込まずして国家の構成を構想することは出来なくなった。そこで、市民社会／市場経済のダイナミズムを取り込んだ社会が所与となったとき、そのあり方をとらえるための学問がイギリスやフランスで実証的な「社会学」として興隆し、そこで有機体という語がロマン主義から換装され、「社会」という対象を示すタームとして使われるようになったのである。近代市民社会のダイナミズムは、いちど有機体という比喩を経由することで実証社会学の俎上に載せられた。社会学が社会もしくは国家への市場経済の織り込みを所与の事実とするようになると、比喩の使用は不要となった。スペンサーは「社会有機体説」のプロパガンダを展開することで実証社会学誕生の土壌を形成したにもかかわらず、その役割はすみやかに社会学史から忘れさらされた。［中略］こうして「有機体」という概念は、ロマン主義の鍵概念から近代市民社会の鍵概念へと換装された。［中略］ミュラーの『国家学綱要』（一八〇九年）からスペンサーの「社会有機体」（一八六〇年）までおよそ半世紀の時間が経っているが、この半世紀が、西欧主要国において、市場経済を国家構成に組み込んだ近代市民社会のシステムが所与の事実と化すのに必要な時間であったと考えることができる。それはまた、フーコーが「生－政治」（bio-politique）と呼ぶ、非理性的、無意識的、前近代的なものを社会の制度で囲い込む近代的な布置が成立した期間でもある。フーコーの言い方に倣えば、十九世紀以降、「生命」や「有機体」といった言葉が鍵概念となるのは、社会の構造がその根源にある「生命的なもの」を取り込み、制度を通じてコントロールし、社会の動力源とする包囲網が完成されたことを意味するのである。（野尻、前掲論文、註一一二）

（一一九）G.W.F.Hegel, *Grundlinien der Philosophie des Rechts*, 1821 [Suhrkamp, Bd.7], S.414（G・W・F・ヘーゲル『法の哲学』岩崎武雄責任編集『世界の名著44 ヘーゲル』所収、中央公論社、一九七八年、四九七頁）

（一二〇）*ibid.*, S.443（同右、五二九頁）

第四章　「地」のエレメントをめぐって

「意識ならざるもの」への接近

ぼくら人間について、大地が、万巻の書より多くを教える。
理由は、大地が人間に抵抗するがためだ。

——サン＝テグジュペリ（一）

第一節　『精神現象学』以後

カント、フィヒテ、シェリング、ヘーゲルらドイツ観念論の論者たちが有機体概念を重要な哲学的トピックとして論じたのち、十九世紀後半には社会科学が有機体の比喩を「社会」に適用し始めた。二十世紀に入ると有機体モデルは、欧米思想において拡散と浸透の様相を呈し、英米圏のデューイ、ホワイトヘッドらの哲学、ウィーナーのサイバネティクス理論、ベルタランフィの一般システム理論などを初めとして、人間から社会、経済、自然、宇宙まで、広範な対象を説明するモデルとして使用されてきた。一方で、一八五九年のダーウィン『種の起源』を発端として実験生物学が興隆し、現代の分子生物学にまで発達した。これらの思想と科学の影響の下に、キリスト教的な生命観を母体としながらそれとは異なる現代的な生命観が、西欧近代文明と共に人類社会に流布することとなる。第一章では、それを「有機体概念の開放」もしくは「生命概念の開放」であると述べた。思想史の上から見れば、この「開放」の先駆けとなったのはドイツ観念論の有機体論の系譜である。しかし、ドイツ観念論の理解と受容が広範になされたためにこの「開放」がなされたと考えたのでは、原因と結果の転倒を冒すことになろう。ドイツ観念論は、時代の動きを鋭敏に察知して「有機体」を論じたのだと考えるべきである。

とはいえ、ドイツ観念論は西欧哲学史における一つの頂点であり、また近代社会に生きる人間精神の問題を深くとらえた思想群である。そこには、生命概念開放下で生きるわれわれ現代人の生の構造を照射し、分節化するために今日でもなお有効な道具立てが埋蔵されているが、いまだその資産のすべてが汲み尽くされたとは言えない。

本節では、十九世紀後半からの有機体思想の浸透と拡散を、いくつかのフェイズに分けて簡単に叙述するとともに、これらのフェイズを理解し論じるための基盤としてドイツ観念論を位置づけること、とくにヘーゲル『精神現象学』の有機体論を再論することの意義をまとめる。その上で、「地」のエレメント探究の方向性を架設的に検討する。

一　有機体とプロセス

まず、注意しなければならないのは、現代において開放された有機体概念が、必ずしも「有機体」という表現のもとに使用されているとは限らない、と言うことである。有機体的な思想は、二十世紀、「生の哲学」や「プロセスの哲学」、「脱構築の哲学」など、いろいろな形態をとって表現された。これらの思想は、すべて反機械論的な思想であるため、有機体的な思想として一括できる。ただ、肯定態か、否定態かという現れ方の違いがあるために、異なった思想として認知されることも多い。哲学的な核心を抜き出せば、おそらくこれらの思想を一括するのに都合の良い言葉は、「プロセスの思想」ではないかと思われる。この事情を少し詳しく見ておく。

有機体の思想は、現代では多くの場合、「プロセスの思想」として現れることが多い。有機体とは、通常、部分が全体のためにあり、また全体も部分なしには存立しえない、そういう部分と全体が相応関係にある統一体のことであると考えられている。しかし、それだけならば、設計された機械とあまりちがいはない。有機体が機械ともっとも異なる点は、変化の中において自己を維持する統一体であるということである。これは、まず第一に、環境の変化の中において、環境からの入力にある程度柔軟に対応し、自己の内部構成を維持するということである。第二に、必要に応じて自己を変化させながら環境に対応し、そうでありながら、自己としての統一を失わない、ということである。ただし、自己を維持する、自己を失わない、と言っても、その「自己」をどのレベルで設定するかによって、何を有機的な統一と見なすかについては、いろいろな観点がありうる。たとえば、構成要素である個々の生物個体が生成消滅しながらも、ある地域の生態系が一定の期間、一定の範囲で維持されるとき、その生態系をひとつの有機的なシステムとして見なすということがありうる。現に、地球全体を「ガイア」と言うひとつの生命体として考える思想もある。デューイは人間の文明の営み全体が、柔軟に適応進化しながら発達していく有機体的過程を進むものであると考えたし、ホワイトヘッドは宇宙全体を有機的に発達進化していくプロセスであると考えた。

有機的な統一は、機械論的な統一とちがって固定的なものではない。だが仮に、一切のものが変化し流転するのであるとすると、有機体的統一などというものはどこにも見出せなくなってしまう。それならば、それは、有機的統一とはいったい何なのか。哲学的につきつめれば、それは、変化の中においても自己の意識を失わず、自分自身に還帰する「運動」のことであることがわかる。たとえば、われわれ人間の身体を構成する細胞はおよそ六十兆個と言われているが、これらを構成する物質は数年ですべてが入れ替わる。物質的には、われわれは数年ごとに別の存在となっているはずである。実際、幼少期、青年期、壮年期、老年期と身体機能、能力は変化し、生物存在としては別のものと言っても良い。しかし、われわれはわれわれの身体を自己のものと見なし、自己は保たれていると確信している。物質の絶え間ない流動の中にあって、自己を自己として見いだす視点がある。自己を自己として意識する意識が、自己を有機的統一として見出すことを可能にしている。このような意識や視点が、外部世界にさまざまな有機的統一を見出すという行為の基盤にある。有機的統一は、「変化」の中にあって自ら変化しながら変化を超越し、自分自身に戻ってくる「意識」によって見出される。このような意識にとって、変化は純粋な生成流転ではなく、「プロセス」として認知される。

「プロセス」とは、変化と、その変化を超越し、自己を維持している意識との組み合わせによって生じるものである。それは、「意識された流れ」であるといえるだろう。どういうことか。純粋な流れの中に意識があるときは、実は、意識は流れを意識することさえできない。時間の流れを意識する、などということがよく言われるが、そのように時間の流れを意識する意識は、ある意味では、時間の流れを超越している側面をもっている。流れていくものの中で、統一し固定する作業を行うものは、流れを超越することになる。流れているもの、流れの中にあるものは、本来、自分が流れていることさえ知らないはずである。なぜならば、自分が流れそのものだからである。

　しかし、人間の意識はどういうわけか、変化、流れを超越する性質を持っている。意識は流れの中に留まり、そこに足場を築こうとする。また一方で、人間は流れの中に棹さし、杭を打ってそこに足場を築く者ではあるが、流れからすっかり出てしまっているわけではない。流れの中に身を浸しながら、足場を築こうとしているのが人間である。流れの中にあるのだから、築いても築いても足場は流され、崩される。足場の固定性は相対的なものでしかない。だから、結局最後には、すべては流される。流されても流されても、足場を築き、もとの地点に戻ろうとする。このような性質を人間の意識はもっている。こうした人間の意識の作用によって、流れは「プロセス」として、つまり「ある幅を持った流れ」として意識されるのである。変化の中で自己を保つ有機体の思想が、プロセスの思想として表現される理由がここにある。

　プロセスの哲学を、ホワイトヘッドは、近代機械論の限界を克服する形而上学として打ち立てようとした。裏を返せば、プロセス哲学は、宇宙の中に何ら固定的なよりどころを持たない現代的な人間精神が、それでも何らかの形而上学的なものを見出そうとして行き着く思想であると言える。第二章でも論じたが、近代の初頭、パスカルは「**この無限の空間の永遠の沈黙は私を恐怖させる**」(二)と言った。自己意識に目覚めた近代的人間の自我は、あらゆるものから距離をとり冷徹に見据える視点を可能にする。このような意識に、宇宙は沈黙をもって応答する。これが近代的自我のおちいる地獄である。目覚めてしまった意識は、共同体も、神も、どのような権威、どのような支配にも無批判、没意識に依拠することはできない。このような意識が、究極的に行き着く宇宙観は、「変化とそれを意識する意識がある」、すなわち、「プロセスがある」という境地である。

　真理を見出すことを三千年の長きにわたって追求し、蓄積されてきた西洋哲学の歴史が、プロセスそのものを肯定するプロセス哲学に帰結したといえよう。その内容はせんじ詰めれば、どのような固定的な真理も宇宙には存在せず、すべては移ろい流れていくが、そのような流れとそれを意識している意識は存在する、ということである。日本人であれば、諸行無常の一言で理解しうる思想であるが、西洋哲学において蓄積された形而上学的な慣性が諸行無常そのものを肯定しようとする結果、プロセスそのものを神と見なすプロセス神学さえ生まれる。それは、無限のプロセスを生きることを肯定する思想である。

　アメリカの二十世紀前半を代表するプラグマティズムの哲学者ジョン・デューイは、ホワイトヘッドとの思想の類縁性も指摘されるが、近代科学や民主主義の営みを有機体の環境適応のプロセスに喩《たと》えた(三)。彼は人間の文明の営みを無限に続く探究の過程として捉え、固定的な真理がもはや見出されないこと、われわれには永遠に未知なるものが残り続けるのであることを肯定的に表現しようとした。「**けれども、この『永遠に知られざるもの』も、今は、冷たい、人を寄せつけぬものではなく、つねに更新されていく探求を刺激する挑戦、進歩の尽きざる可能性の保証となった**」(四)。パスカルからデューイへの変化は注目に値する。パスカルが感じた恐怖、この宇宙のどこにも固定されたよりどころがなく、虚空に宙づりにされる「恐怖」を、先へ進むという「希望」に置き換えたのが、プロセス哲学である。

二十世紀初頭に流行した「生の哲学」と呼ばれる思潮(ジンメル、ディルタイ、ベルクソンなど)もその圏内であろうし、二十世紀後半に流行となった「仏ポストモダン思想」と呼ばれる一連の思想(フーコー、デリダ、ドゥルーズ、ガタリなど)も、プロセス哲学の派生態と見ることができる。「生の哲学」や「ポストモダン思想」は「有機体」という言葉を使わないが、それはこれらの思想が、いわばプロセス哲学の「否定態」だからである。ホワイトヘッドと異なり、生の哲学やポストモダン思想は有機的統一のもつ形而上学的な肯定性を廃したかったのだろう。「脱構築」、「機械状無意識」、「リゾーム」、「差延」などポストモダン思想を象徴するタームはさまざまであるが、哲学的に核心を抜き出せば、それらは「プロセスしかない」ということを主張しようとする思想であると言える。これらは一括して、ホワイトヘッドのプロセス哲学の形而上学的肯定性を、否定性に反転させた「プロセス哲学の否定態」であると規定できる。

リオタールは、一九七九年に、高度に発展した先進国において誕生しつつある「ポストモダン」的な知の状況をまとめている。つづめて言えば、ポストモダン的な知(思想)の状況とは、科学の急速な進歩に対して意味を付与する啓蒙的な地位を哲学が果たし得なくなった状況である。「ポストモダン」とは「大きな物語」の終焉であり、ポストモダンの知は、操作性と共約可能性を基準としていたモダンの知を乗り越え、差異に対するわれわれの感受性をより細やかに、より鋭く、また共約不可能なものに耐えるわれわれの能力をより強くする知になるのだとリオタールは展望する(五)。ポストモダンの知は、ローカルな言語ゲーム、討論的な知、創造的な「小さな物語」の発明へと向かう。

だが、「ポストモダン」とはそれほど楽観的で希望に満ちた新しい社会生活の実態なのかどうか、そしてリオタールの言う「ポストモダン的な知」とは、本質においてそれほど新しい性質の知なのかどうか、筆者は疑問を持っている。そもそもそれらは「モダン」とどれほどちがうものなのだろうか。

「ポストモダン」的な知への期待は、歴史的には、七〇年代先進諸国における新左翼運動の挫折、知識人層におけるマルクス主義という大きな物語の支配力衰退への失望を裏返しに表現したものとも言える。経済哲学の視点から見れば、資本の運動を機械論的にコントロールすることはできないという認識にもとづく新自由主義の台頭と同調している。それは、一九二九年の世界恐慌に対応して形成された戦時経済体制、すなわち国家主導による社会の全面的な近代化過程が飽和しつつある、あるいは飽和してしまった状況への思想的なリアクションであると指摘することができる。問題はしかし、近代化過程の飽和は近代の終焉なのかどうか、ということである。

本書ではポストモダンと呼ばれる諸思想を詳細に検討する余裕はないが、ポストモダン思想とは、すでに一九世紀ヘーゲルに始まり、二〇世紀デューイやホワイトヘッドによって一般化されていた、近代の完成としての「プロセスの思想」の大衆的表現であると言えるかもしれない。それは考え方としてはそれほど新しいものではない可能性がある。実は、ポストモダン思想は脱近代、つまり近代を超克した思想なのではなく、すでに二〇〇年ほど前から始まっている後期近代の体制の思想的表現にすぎないのかもしれない。

現代社会では、プロセスの思想は隅々にまで浸透している。われわれは自然科学と技術の発達を無限に続く探究のプロセスとして理解し、自由主義経済を無限に富を生み出すプロセスとして理解し、また民主主義政治を無限に公正さを追求するプロセスとして理解している。

ここでは、一例だけ挙げるが、たとえば丸山真男は、日本国憲法にうたわれる「自由」の理念を解釈し、それはつねにより自由になろうと真摯に努力する者にのみ得られるものとしてあることを強調する。彼は、憲法第十二条の「この憲法が国民に保障する自由及び権利は、国民の不断の努力によってこれを保持しなければならない」と述べる個所と、第九十七条の基本的人権が「人類の多年にわたる自由獲得の努力の成果」であるという箇所とをあわせて理解し、日本国憲法が自由についてこのように述べるのは、人類史における自由獲得の歴史的なプロセスを、いわば将来に向って「投射した」宣言なのであると読む。そうして丸山は、「民主主義」の理念を次のようなものとして理解している。

自由と同じように民主主義も、不断の民主化によって辛うじて民主主義でありうるような、そうした性格を本質的にもっています。民主主義的思考とは、定義や結論よりもプロセスを重視することだといわれることの、もっとも内奥の意味がそこにあるわけです。(六)

丸山は、このように民主主義をプロセス的な政治哲学として理解し、それが西欧民主主義の真髄であると信じる。しかし、より正確には、それは西欧後期近代政治思想の真髄なのであろう。マルクス主義陣営は丸山真男を近代主義者として批判した。丸山の社会認識が非階級的、非歴史的であるという批判であった。六十年代の全共闘は戦後民主主義を「虚妄」と批判し、丸山はそれに応えて「大日本帝国の実在に賭けるよりは戦後民主主義の虚妄に賭ける」と述べた。近代主義者・丸山の希求した「近代」が「永久革命」として永続する「民主化のプロセス」を意味していたのだとすれば、丸山真男は日本国憲法の理念の中に、経済に先立って実現されていた政治的なポストモダニズムを見出していたと言ってもいいだろう。あらゆる点から言って経済的に成熟した後期資本主義社会の兆候を示している現代日本においては、丸山の言説はもはや、ありふれた、常識的な言葉としてしか響かない。プロセス的な生がすでにわれわれの現実である。ならば、哲学はその現実の根底にあるものを指し示すことができなければ哲学たりえない。すなわち、プロセスはなぜ生じるのか、有機体的な生はなぜ生成されるのかを説明できなければ、哲学ではない。プロセスをたんに肯定するか、否定するか、いずれかのかたちしかとれないものはいずれも「有機体的な思想」の一つにしかなりえず、有機体思想を批判する立場には立てない。

そのような思想は現代において哲学を名乗る資格を持たないだろう。簡単に言えば、欧米の哲学も、またそれに範をとる日本の哲学も、いまだにプロセスの根底にある「地」のエレメントを見いだせないでいる。

理由の一つは、われわれが第一章で考察してきたように、欧米の哲学が「理性」を中心とする思想として長い歴史の慣性をもつため、非理性的なものを非‐理性的なものとしてしか語る術をもたないという点にあるだろう。また、キリスト教の生命観に見られるように、ほんらい非理性的なものに根ざすと思われる「生命」を理性化してきた歴史が、欧米思想を呪縛しているとも言える。欧米の「ポストモダン」と呼ばれる思想の基本的な構造は、近代的思考を悟性的、機械論的な思考と位置づけ、それを越える理性的、生命的な思考を超近代として考えようとするものである。だが、われわれの考察してきたところによれば、悟性を越える理性、機械を越える生命という考え方は、すでに数百年来、われわれの社会を根底で支えているものなのである。したがって、上記の枠組みで考えているかぎり、哲学はたんに現代社会のイデオロギーを再生産しているだけにすぎないことになる。われわれの思想の現在はいまだ「有機的なものの観察」のポジションにあると言える。

この事態には何か、構造的な問題があるのではないかと考えられる。というのは、いま欧米の思潮を批判したが、それでは日本に住むわれわれ日本人が、この事態に対して欧米とは異なった思想的なポジションをとれているかというと、大勢においてそうした様子は見られないからである。仮に『精神現象学』の叙述に則って、われわれの現在がいまだ「有機的なものの観察」のポジションにあるのだとしよう。すると、われわれの「意識」はその発達の過程で、「意識ならざるもの」との相互作用によって「普遍的な個体性」を得るが、それを「忘却」し、下意識に沈める。そのことによって、われわれは「自然」や「社会」や、あるいは「われわれ自身」を有機体として、またプロセスとして見る視点を得る。このような「視点」を現代の社会は、その駆動力の源として生成し、再生産する機構を有しているのかもしれない。そして、このような「機構」が、現代資本主義社会の体制とともに世界中に伝播し、われわれもその威力の圏内にあるということなのかもしれない。われわれは気づいたときには、「地」のエレメントを下意識に押し込めた「自己」として形成されてしまっている。

現代社会における「自己」の形成のメカニズムを解明することは、別の機会の課題としなければならないが、筆者は現代におけるわれわれの有機体的な生を批判・解明する作業の始点の一つに、本書が行ってきたヘーゲル『精神現象学』有機体論の読解があるべきだと考える。

以上、二十一世紀初頭のわれわれの生が、プロセスの思想すなわち有機体的な思想に支配されていることを述べた。われわれの生活、われわれの社会の個々の局面を取りあげて論じることは本書の範囲を越えるが、以下、本書の有機体論の観点から論じることが必要と思われる主な三つの局面（フェイズ）を取りあげる。「フェイズI」は社会科学の局面、「フェイズII」は生物科学の局面、「フェイズIII」は現代日本という局面である。これら三つのフェイズを概観していくなかで、「フェイズ0」としてのドイツ観念論、特にヘーゲル有機体論とのかかわりを論じ、その意義を評価する。

二　フェイズI・意識とシステム（社会科学における有機体モデル）

社会科学においてはすでに十七世紀、ホッブズが「リヴァイアサン」で国家を生物の身体構造になぞらえることで近代的な国家統治論に着手していたが、十九世紀に社会そのものを対象とする学問である社会学を構想したコントが、はっきりと社会を有機体としてとらえることを提唱したと言われる。「社会」という全体を対象化するためには、有機体という比喩が必要であった(七)。コント、ミル、スペンサーらの後、社会学に実証科学としての地位を与えようと努力したジンメル、デュルケム、ウェーバーらの社会学第二世代になると有機体の比喩は使われなくなる。代わりにパーソンズ以降「システム」という言葉が使われるようになり、社会学は確定した学問分野として精度を高めていく(八)。一般に、比喩はとらえがたいものをとらえるときに使用される。比喩が使用されなくなったということは、比喩のさし示そうとする対象をわれわれが「対象」として了解するようになったことを示している。有機体の比喩が指し示そうとしていたものは、われわれ一人一人によって構成されながら、それ自体が自律性をもって運動するように見える「社会」の全体像なのであろう。こうした得体のしれないものの存在を感じ取った社会科学の先達は、それを指し示そうとして説得力のある比喩を探し、それが有機体であったのだと考えることができる。

社会科学／社会学が使用する有機体の比喩もしくは換喩に対する批判はすでにマルクスに見られる。社会科学の先人たちが有機体という比喩をもちいて指し示そうと苦心したもの、あるいはマルクスが「イデオロギー」、「生産様式」などの用語をもちいて対象化しつつ距離を保とうと格闘したものを、今日われわれはいとも簡単に「システム」として了解し納得している。しかし、システムとはいったい何であるのかと考えると、必ずしも明快にその原理が説明されているとは言えない。

ルーマンに代表される現代システム論は、単なる比喩としての有機体モデルから進んで、意識とシステムについての洞察を組み込むことで、自己言及的なシステムの理論に至った。現代システム論は、システムの本質として「自己言及性」を指摘することで、論理的には完全な理論構成を誇るが、社会変革の可能性や人間の主体的な自由についての楽観論を許さない。

社会を計画することもまた不可能である。というのは、計画を精緻化することも実行することも、つねに社会システム内部における過程として作用するからである。(九)**この（自己言及的システムについての）洞察は、主体としての個人といった公式を破壊する。**(一〇)

システムは意識されたときにはすでに作動しており、意識もシステム作動の条件である。こうしたシステムを考えるとき、システムに「外」はない(一一)。このようなとき、人はただ「システムがある」、「システムのみがある」と言い得るだけである。システムは意識されたときには作動しており、意識され続ける限り作動する。これが自己言及的システムの論理である。このような論理構成は、完全ではあっても、われわれ自身や社会についての理解に何もつけ加えない。とりわけてわれわれと社会（システム）との関係の問題、言いかえれば自由や意志の問題に何も光を投げかけない。システムからの出口はない、というのがわれわれの受け入れるべき帰結であるということになる。本当にそうであろうか。

社会科学が、すなわち社会に対する学問的なアプローチがそれ自体、社会システム作動の契機にすぎないのであれば、学的営みそのものの存在意義が疑われる。われわれが社会科学の諸分野を既定の学問分野として享受する姿勢に留まらず、社会科学の本質とは何か、またあるべき姿とは何かという問題を考えようとするならば、システムとは何かについて原点に立ち戻って深く哲学的に考え直す作業が必要となるだろう。その際に、核心となるのは、「システム」という名で言い表されているものと、「意識」との関係である。われわれ個々人の意識はシステムの中で生じる。しかし、一方でシステムはわれわれの意識によって生み出され、作動するともいえるだろう。ルーマンは、意識も「意識システム」として、生命システム、社会システムなどと並列な、一つの自己言及的なシステムとして捉えようとしている(一二)が、これには無理がある。「意識」は、あらゆる自己言及的なシステムの必要条件であるからだ。個体性はシステムであっても、意識はシステムではない。システム成立の条件である。

意識はシステム作動の「十分条件」であり、それゆえに、意識はシステムから逃れることは出来ない。しかし、同時に意識はシステムの「必要条件」でもある。意識がなければ、システムは作動しない。地球上から全人類が消失すれば、システムは消失する。少なくとも自己言及的なシステムは消失する。こう考えるとき、意識とシステムとの共犯的な関係について緻密に考えていく余地はまだあると言える。

その作業の準備として、われわれは意識とシステムとが分離し、関係した地点へ遡る必要がある。思想史的には、その地点はカントとヘーゲルの間にあると言える。ヘーゲルはカントの「超越論的主体」を「意識」へと変換し、「意識」と

「意識ならざるもの」との関係において体系（システム）が生じることを論じた。ドイツ観念論において、「意識」にこのような特別なポジションを与えたのはヘーゲルである(一三)。したがって、システム論の始祖はヘーゲルであり、それゆえ、ヘーゲルへの遡行のみがシステム論への批判を切り拓く可能性を持っている。ここにおいて「フェイズⅠ」は「フェイズ0」と接続する。

三 フェイズⅡ・個体の重層性（自然科学における有機体モデル）

有機体という概念は、生命を持った存在が自分自身を維持しようとする一つの「まとまり」を持った存在として見えてくるという現象のことを指している。つまり、有機体とは「個体性」(individuality) の現象のことである。二十一世紀のわれわれにとってこの個体性は、否定しがたい現実性(reality) をもっている。ところが、このリアリティは不思議なもので、よく考えると、観念的なものと物質的なものが重なり合ったリアリティである。こうしたリアリティを見てしまうのは近代に特有の視角である。

有機体とは個体性のことであり、観念的なものと物質的なものが重なり合った近代的な視角であるといったが、生物個体を認知する能力は当然、近代以前の人間も具えていたし、動物でも昆虫でも具えていると指摘できよう。では、有機体という視角の何が特殊かと一言で言えば、多重的(multiplex) な視角である点が特殊である。たとえば、ユクスキュルの描くように、動物や昆虫の視角は基本的に食物や敵、危険物などみずからの生存に関係するもののみを捉えているであろう。人間ももともとはそうであったはずである。しかし、現代人の視角は複雑に多重化され、あまりに多くのものを多くの見方で見てしまう。一匹の動物が食物にも見えれば、生物学的な研究対象にも見えれば、愛玩の対象にも見える、という具合である。あるいは、一人の人間をかけがえのない友情や愛情の対象としてみることもあれば、その人間の属する組織を一つの単位として見ることもあれば、より大きく社会的、経済的なネットワークに焦点を据えることもあるだろう。意識せずに視点を固定していることもあれば、視点を切り替えるのに努力や訓練が必要である場合などもあるが、いずれにしても複数の視点を切り替えることが出来てしまうということ、あるいは焦点深度を柔軟に切り替えることが出来てしまうこと、この「視角の重層性」が近代人の特徴であると言える。

対象が有機体として見えてしまうというのは、この視角の重層性と関係がある。目の前にいる生物が、内部に複雑な組織を持っていたり、変化に富んだ生長や生殖のサイクルを持っていたり、環境や他生物との広範な関係性をもっていたりしながら、なおかつ、一つの個体としておのれを維持しているということの不思議を、有機体という視角は表現している。つまり、目前の対象が一つの個体でありながら、単に一つの個体に留まらず、その内部に複雑な組織性を有していたり、背後に広範な関係性を有していたり、成長や形態変化のプランを有していることを知識として知っている、そういう視角が有機体を捉える視角なのである。

こうした視角が成立する機制を明らかにするにはまだ多くの研究が必要であろうが、大きく言って、自然に対する詳細な知識の蓄積、生物や人間個体、あるいは社会の内部メカニズムを明らかにしようとする視点の成立、個人の個体性が強く意識される経済・社会的基盤などの条件がそろっていることが必要ではないかと考えられる。ここで論じているような近代的／有機体的な〈個体〉概念の成立については、M・フーコーが『言葉と物』（一四）や『臨床医学の誕生』（一五）において行った考察も役に立つ。「生命」を操作可能な対象として見出す「視角」が近代社会の成立と同時にあったことをフーコーは論じる。ここでは、市野川容孝がフーコーに依拠しつつ行った、以下の「individual としての身体／生命」と題された論考を挙げておく。

> **細胞病理学を確立したドイツのR・ヴィルヒョウは、ギリシア語に由来する「原子（Atom）」と、ラテン語に由来する「個体（Individuum）」の違いに着目しながら、生命と非生命の違いを次のように説明した**（R. Virchow, "Atom und Individuen" in Ders. *Vier Reden über Leben und Krankheit.* 1862年、35-76頁）。
>
> > **「原子」も「個体」も、それ以上、分割することのできない存在を意味する点では同じである。しかし「原子」が、それより小さなものに分解することのできない究極の単位であるのに対して、「個体」は、われわれが目で見ても、たとえば諸器官、諸組織、諸細胞というかたちで、まだいくつかの要素に分解可能なものである。「個体は、われわれの感覚によってはそれ以上分割することのできない究極の要素というわけでは明らかにない」。**
>
> **にもかかわらず、「個体」は、次のような意味で分割不可能な存在である。「原子は、人が思弁によってもそれ以上分割できない不可分の単位である。これに対して、個体は人がそれ以上分割してはならない単位なのであり、それは分割と同時に破壊されてしまうものなのである」。相互に異なる諸要素を結びつける力によって支えられ、その力の消滅と同時に非存在となる統一体、それが「個体」である。**（一六）

こうした考え方が、個体性を現象として見る『精神現象学』の思想と呼応するのは明らかだろう。なお、ヘーゲル的な観点からすると、右記で言われているような「力」を生物個体に内在する力であると考える必要はない。それは個体を見る意識がもつ「力」、そのように個体をまとまったものとして見てしまう「力」と捉えても良いわけである。

現代生物学の中心論理であるダーウィニズムもこうした有機体への視角の延長線上にあると考えられる。ダーウィニズムと有機体論というと、一見、別種の、あるいは相反する視角であるようにも思える。しかし、ダーウィンの理論形成の過程を見ればわかるように、ダーウィニズムとは、生物種間の差異（種差）を並べて比較し、そこに〈進化〉という論理を持ちこんで、種差を説明しようとする視角のことである。その時、複数の種間、個体間の差異は「適応」という一つの物差しで比較され、その比較によって認知された関係性が、目前の一つの個体に映し込まれて視角を形成する。そのようにして、生物個体を見る視点がダーウィニズムである。まとめると、まず生物を一つ一つの個体としてみる。次に個体間の差異を比較し、種という単位を抽出する。そして種間の差異を比較し、そこに「適応」による形質形成の関係性を読み込む。このようにして読み込んだ関係性を目前の個体に押し込む。こうした操作が、ダーウィニズムの視角においては行われている。ダーウィニズムという視角の成立は、近代的／有機体的な「個体」概念の成立と密接につながっているだろう(一七)。

　こうした見方はまた、生物についての「分類学的概念(notion taxinomique)」と「総合的概念(notion synthétique)」を区別し、前者から後者への移行を「生命」概念成立の契機と見るフーコーの論考によっても補強される。フーコーは、ビュフォン、リンネの「分類学的概念」とキュヴィエの「総合的概念」の間に、「生命」概念の誕生を見る。市野川は、これを以下のように要約するとともに、キュヴィエとヘーゲルとの関連についても指摘する。

> **ビュフォンやリンネの博物学において、動植物の分類は、花弁や葉や根の形、あるいは羽根や尻尾や四肢の形といった外見上の特徴によってなされた。しかし、キュヴィエの比較解剖学において、分類は外見上の特徴よりも、動植物の個体内部の構造、これを構成する諸要素間の連関に依拠してなされる。キュヴィエによれば、たとえば、歯が尖状であるか臼状であるかは、その動物が何を主食とするかということと密接に関係しており、それゆえ歯の形は、その動物の消化器官がどのようなものであるか、また、その動物が補食のためにどのような四肢をもっているかということと不可分の関係を取り結んでいる。「総合的概念」とは、そうした個体内部の連関を発見するまなざしに他ならない。そして、フーコーは、この「総合的概念」によって初めて「生命」が誕生したのであり、それ以前の博物学においては「実在していたのは生物だけ」で、「生命それ自体が実在しなかった」と述べている(前掲、『言葉と物』150頁)。ちなみに、生命に関するキュヴィエのこうした「総合的概念」に、いち早く哲学的関心を寄せたのはヘーゲルである(『エンチクロペディー』「自然哲学」第368節など)。(一八)**

　生物個体を生存機能の観点から見るダーウィニズムが、博物学的な「分類学的概念」ではなく、「総合的概念」をベースにしてこそ成り立つことは明らかだろう。素朴に考えると、ドイツ観念論的な「有機体」やロマン主義的な「生命」の概念と、適者生存のダーウィンの進化論の論理とは、生命を見る視角としてまるで正反対の傾向性をもつかのように考えられがちである。しかし、右記のように考えていくと、「視角」としては両者は成立の基盤を共有していることが見えてくる。これは、機械論と同一視されがちなニュートン力学が、機械論が決して素朴に前提しない「重力」の概念をあっさりと前提したところから始めることと類似している。ニュートンの「重力」概念の背後には、啓蒙主義的に洗練された神の観念がある。同様に、ダーウィン進化論の論理には、近代的に洗練された「生命」の観念が潜在して機能している。生命論には、このような「科学史・思想史」の観点も必要である。

一方、「生命史」の観点から言えば、生物有機体のもつ個体性は、四十億年の長い進化の過程において獲得された一つの様式である。自己複製を行う分子から、真核細胞生物の誕生、多細胞生物の誕生という幾重にも折り重なった「個体化」の契機を経て、多細胞個体型の生物が登場している（一九）。自己複製を行う生成子（gene）が生命史の主役であるならば、個体（individual）は生成子の生々流転の旅における一夜の宿にすぎず、一時的な乗り物にすぎない。そうした視点の「反転」も可能である。生成子のはりめぐらす共生のネットワークと相互作用の力場に浮かぶ「虚焦点」としての個体、こうした視角が、分子生物学の知見からは得られる（二〇）。一方、思想史・科学史の観点から言えば、生物有機体の「個体性」に注目する視角こそが十九世紀以降の生物学の発展を準備したということが言える。生物学は、まず個体としての生物に着目するところから出発し、その活動や変化を進化という論理で説明する視点を獲得し、徐々に生物に共通する構成素である〈自己複製を行う生成子〉という単位へとその視点を移してきた。この二つのプロセスは、ちょうど正反対のベクトルを持っている（図18）。

（図 18）生命の二つのベクトル

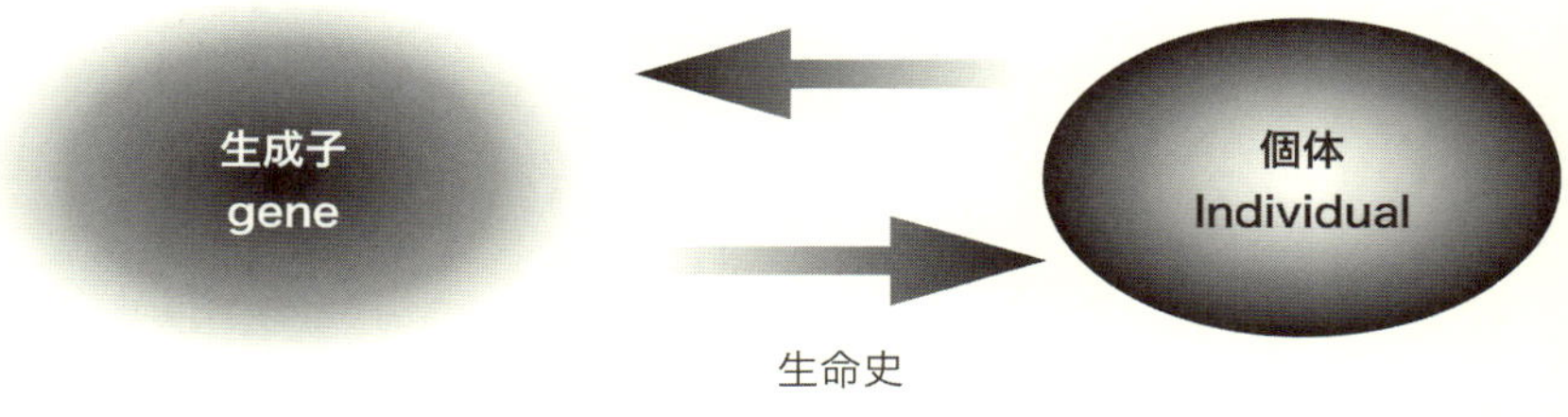

この二つのベクトルが重なり合って、われわれの生命に対する視角を構成している。そして、おそらくわれわれの社会に対する視角もこの構成と連関を有している。

こう考えると、リジットな実証科学であるように見える現代生物学も、その基盤は近代的な視角の多重性、別の言い方をすると、異なったレベルにおける個体性が重なり合うことで形成されている視角によって支えられていることがわかる。生物学は社会の産物であり、われわれ人間精神の産物である。しかしながら、その社会や精神の産物が、社会や精神の来歴を語るという「循環」がある。その循環を「進化」というロジックで処理すれば、一直線に開かれた生命史の物語りが可能となる。それは「システム」と「意識」との循環的な関係を、「自己言及性」というロジックで処理する現代システム論と方法としておそらく同型である。ロジックの構成にどこか納得しがたいものを感じる点も似ている。

二つのベクトルを正反対に重なり合っているとは捉えないで、一直線に開いてしまう進化論の論理は以下のごとく可能である。個体性の獲得は生成子の自己複製の論理に対して冗長性をもつ。早い話が、ライフサイクルにおける生殖後の個体の余命は多細胞個体型の生物であればあるほど長くなるが、この余命は生成子の論理からすれば、余計なものである。その冗長性の増加を「自由度の増大」と捉える視点もある。いわく、生命は長い進化の過程のすえに個体性を獲得し、さらにその延長として精神を獲得した。そして、人間精神は近代にいたり、ついにその個体性の意味を自ら認識するまでに至った、云々。

こうした物質的進化から精神的進化へという「連続性」を見てしまう視点には、どこかに詐術めいたものがある。われわれ人間の社会性や精神性というものが生命進化の産物であると言うが、そういう言明を可能にした生物学は、そもそも人間社会における近代的な産物である。個体を見る視点が生まれたからこそ、個体を拡散させてしまうような微細な構成素の世界が見えてくるとも言えるし、逆に、個体というレベルを相対化するような微細、もしくは広大な構成素の世界を背景として個体性がかえって浮き上がるということがある。そのような相互作用、循環こそが問題である。この相互作用、循環は先に指摘したような〈視覚の重層性〉によって可能になっている。有機体という現象は、こうした視覚の重層性、相互作用、循環によって可能となっている。

一例だが、筆者が日本進化学会の二〇〇六年度大会に出席した折り、「システムとしての生命・遺伝・進化」と題されたシンポジウムで、ゲノム研究に携わる生物学者が生命を「遺伝子たちの社会」として理解することの重要性を説いていた。その時に発表者がスライドに映し出したのは、ホッブズ『リヴァイアサン』の口絵だった。彼の主張は、「生命は潜在的に利害の異なる遺伝子が共生する社会であり、その間のコンフリクトが生命秩序の維持と進化の鍵になる」(二二)というものであり、遺伝子の相互作用を観測する観点からゲノム実験を行うことが重要だというものだった。生物学者が「生命」を理解するための比喩として「社会」を用いること

ホッブズ『リヴァイアサン』の口絵
Frontispiece of "Leviathan",
etching by Abraham Bosse,
with input from Hobbes, 1651 (ニニ)

が有用であることがある。これは、社会学者が「社会」を理解するために「生命」の比喩を用いるのとちょうど逆のベクトルをもつ視角である。かくもわれわれの「生命」を見る視角というものは、重複し交叉している。

　われわれはここでこの「循環」の問題をすっかり解決することはできない。それは本書の範囲を越える。われわれはひとまず、**図18**の二つのベクトルの重なり合いを簡単には直線に開いてしまわない態度を保ちつつ、われわれの「視覚の重層性」について考察することを、この「フェイズⅡ」に対するわれわれの問題意識としたいと思う。

　視角の重層性は、個体性の重層性と同義である。このような重層性は観念的なものであるとも言えるが、われわれのリアリティを規定しているから、物質的なものであるとも言える。こうした個体性の重層性について、哲学史上初めて考えたのは、これも、ヘーゲル『精神現象学』であると指摘できる。前節で検討したように、ヘーゲルは有機的なものがわれわれに見えるという現象を、まだわれわれによって意識化されていない概念の自己運動として捉えている。ヘーゲルにおいては、概念の組織性が多重的に捉えられており、その多重性が「意識」を通じて現象するときに、有機体のごとき対象が見えると考えられている。われわれがみずからの視角の重層性、すなわち個体性の重層性を解きほぐすためには、この観点からヘーゲルを読み直すことが始点となる。ここにおいて、「フェイズⅡ」と「フェイズ0」は接続する。

四　フェイズⅢ・日本における「生命」概念

ここで「日本」という特殊事情に目を向けておこう。現代の日本人が使用する「生命」という語句には、歴史的にさまざまな起源をもつ概念が重層している。たとえば、古来、日本の土壌に根付いているとするアニミズム的な霊魂観や、近世以降に形成された「イエ」的な家族制度の概念も、日本人の「生命観」には関わっている。今日、臓器移植において採用される脳死判定基準では、深昏睡、脳幹反射の消失、自発呼吸の消失等をもって脳死とするが、故人の身体に心拍があり体温のぬくもりがあるうちは、その身体が切り裂かれ臓器が摘出されることに抵抗をおぼえる日本人は多いと言われる。そもそも「脳死」とは、脳は活動を停止しているけれども、まだ脈拍、呼吸などの停止には至っていない一時的な状態のことで、臓器摘出にとって医療技術的に「理想的な時間帯」であるため、この状態が生じたときに「死」と宣言できるように設定された概念である。だが、生物学的、生理学的に考えても死は緩やかな過程をたどる現象であり、社会的、文化的な死の定義に至っては、共同体ごとに差異がある。

一九九七年に成立した日本の脳死・臓器移植法（正式名：「臓器の移植に関する法律」）では、臓器摘出の条件を以下の三つとした。**一、本人の生前の意思が書面により明らかであること。二、家族の同意が必要であること。三、本人の生前の意思ならびに家族の同意のもとに、適正に行われた脳死判定により、脳死と認められたこと。**

条件の一（本人の同意）は、人間の身体が死後も本人の所有に属するという現代社会の自己所有権の考え方に基づくものである。本人の同意が必要であるというのは、素朴に考えるとあたり前のような気もするが、欧米におけるラディカルな議論では、死者に人権はないと考え、貴重な公共財である死体を有効に活用するべきであるとして、条件一（本人の同意）を撤廃する主張も見られる。実際に「推定同意」という考え方があり、これは本人による移植拒否の明確な意思表示が確認できなければ、自動的にドナーと見なされるという考え方である。オーストリア、ベルギー、フランス、スペインといった西欧諸国で臓器移植率が高いのは、推定同意の法が整備されているからであると言われる。(二三)

条件二は「家族の同意」であるが、一九九七年に成立した日本の移植法の特徴は、条件一（本人の同意）に加え、条件二（家族の同意）も同時に成立していなければならないという点にあった。これは世界的に見ても、非常に厳しい条件であり、日本における移植率の顕著な低さの一因であると言われている。日本においてこのような条件が必要と考えられているることには、一個人の身体が部分的にはその家族に属しているという、日本文化に浸透している感覚がそこに表われている、と考えることもできる。(二四)

そもそも、脳死という特殊な状況下でなくとも、いわゆる死の三徴候、呼吸、心拍の停止、瞳孔反射の消失が確認されて死亡が医師によって宣告された後もまだ身体に体温のぬくもりが残るうちは、故人の死を納得できないというのが、一般的な心情であろう。家族の死を経験したことのある者であれば、肉親を消失した衝撃が、たとえば通夜、葬儀という定式化された社会的な儀式によっていかにうまく、徐々に、緩和される仕組みになっているかを感じたことがあるだろう。

　日本では現代でも、一周忌、三回忌、七回忌など故人の死後、何年経っても親族が集まり故人の霊を鎮める風習も根強く残る。盆のお迎えや彼岸の墓参りなど、欧米には見られない霊的な風習を数え上げればきりがない。日本人にとっては、死後も死者の霊魂はその辺を漂っており、折りに触れてそれと接触することのできるようなものであると言えよう。

　こうした土着的な霊魂観を見れば、現代においてさえ日本人の「生命」についての考え方が、欧米とは異なるかたちを有するものであることがわかる。だが、その一方で、近代以降、西洋の文化、科学技術、政治経済制度を受容する中で、日本人が西洋的な世界観に泥んできた部分があるのも確かであろう。今日、われわれが「スーパーコンセプトとしての生命」というような言葉を口にするときには、それは日本土着的な霊魂観を西洋文明的なフィルターによってろ過したような響きをもつ。そこには、西洋近代的な人間観、社会観を受容し理解しているわれわれが、そこに土着的な霊魂観もかぶせつつ表現しているような「屈折した構造」があるように思われる。

　歴史的に見れば、日本人が「生命」（せいめい）という用語を、古来日本において使われていた「いのち」に代わるものとして使うようになったのは、明治以後である。『哲学・思想翻訳語事典』(二五)によれば、生命はもともと漢籍にある言葉で本来「寿命」を意味する。これが今日的意味合いを帯びるのは、life（英）、vie（仏）、Leben（独）などの西欧語の翻訳語として定着してからであるという。

　興味深いのは、明治・大正期における欧米化、近代国家成立の過程で、それに対する思想的なリアクションとして「生命主義」の思想が立ち上がってくることである。今日、これを日本独自の思想潮流として「大正生命主義」のように呼ぶ立場もある。北村透谷の『内部生命論』（明治二六［一八九三］年）におけるキリスト教スピリチュアリズムに感化された精神論や、三宅雪嶺の『宇宙』（明治四二［一九〇九］年）における有機体的国家論、宇宙論をはじめとして、京都学派の田辺元、西田幾多郎らによるベルクソン哲学の積極的な導入から、宮沢賢治における仏教思想と西洋博物学的生命論の独特な融合に至るまで、文学、政治、宗教などのさまざまなジャンルにおける表現に「生命」を強調する思想が多く見られる(二六)。

　日本人が今日使用する「生命」という言葉に、こうした明治・大正期の知識人たちが希求した「生命主義」の残響のあることは十分に考えられるし、日本古来からの固有の霊魂観が今なお威力ある磁場を形成していることも確かであろう。すなわち、「地」のエレメントそのものが日本においては固有のものである可能性が考えられるし、あるいは、それが全人類共通の基盤に根ざすようなものであるとしても、それが現代日本社会の構造と現代日本人の自我に織り込まれて形成されるときには、欧米とは異なった形成の在りかたがあるのかもしれない。

しかし、そうした要素を含みつつも、現代日本においての「生命主義」が主張されたり、スーパーコンセプトとしての「生命」が喧伝されたりするときには、おそらくそこに現代資本主義社会の要請による「地」のエレメントの召喚があると考えて良いだろう。したがって、思想や哲学がその「召喚」の「構造」を探ることなく、その召喚を称揚してしまうことは、たんに現代社会のイデオロギーを再生産することになってしまう可能性がある。つまり、現代社会を乗り超えるコンセプトとしての「生命」を唱えながら、たんに現代社会を補強するための概念を唱えているだけのことになるかもしれないのである。「大正生命主義」を研究する鈴木貞美は、みずから「生命主義」の可能性を探る研究を行いながらも、「生命」を現代のスーパーコンセプトとして唱える傾向に懸念を示す。「生命」という概念は日本においては、あまりに主観的に土着的な「感覚」を示すものであるために、状況に応じてアナーキズムからナショナリズムまで、どのような思想・主義とも結びついてしまう問題を抱えるという。

「生命」をスーパー・コンセプトとする「生命主義」は、「生命」を脅かすものへの直感的な反発に出発し、それを批判し乗り越えようとする思想の原基としても働いたが、「生命」が実感出来るものであるために、ア・プリオリな原理とされると、内容空疎なままに信仰の対象に近いものとなったり、また、あらゆる観念と結合して展開する特徴をもつ。(二七)

本書では、「生命」という名で指されるものは、社会の西欧近代化にともない抑圧され、社会や自我の下部に織り込まれるある要素、すなわちヘーゲルの用語を使えば「地」のエレメントを指しているのだと考える。大きく言って、社会の西欧近代化は日本社会においては、外来的な必要性に迫られて行われてきたものであるために、欧米社会よりも「地」のエレメントの抑圧に不完全なところがあるのではないかと考える。この仮説を証明するには、「地」のエレメントとは何であるかを見出すことと、「地」のエレメントの観点から現代日本人の自我構造を解明することが必要となってくる。欧米の社会や自我よりも、日本の社会や自我はより「地」のエレメントに距離が近いと言えるのかもしれない。

思想史を見るかぎり、日本において「有機体」の思想が人気を博したという記録は見られない。「有機体」は日本人にはなじみにくい概念であるようだ。わずかに、戦後民主主義の高揚とともに、西欧思想の本質に鋭敏であった丸山真男が民主主義の「プロセス」としての性質を強調したり、人間発達の自発的なプロセスや教育の現場における教師と生徒との相互作用のプロセスを有機体の概念に則って強調したジョン・デューイの教育学が受容された程度である。日本という土壌においては、「有機体」よりもその根底にある「生命的なもの」が容易に露頭してくる傾向があるのかもしれない。本書で考察したように、「有機体」とは地のエレメントである「普遍的な個体性」の形成とその忘却による潜在化によって生じる現象であるというヘーゲルの考えに則るとすると、日本という場においては、その潜在化（沈潜）が弱いということが言えるのかもしれない。われわれにとって、「地」のエレメントは、意識の奥底に沈められたものではなく、つねに傍らにあるようなものである可能性がある。日本という土壌が思想・哲学の面で欧米にアドバンテージをもつことがあるとしたら、そのような日本的土壌の特殊性を明示できる哲学によってのみ可能であろう。

たとえわれわれ日本人の「生」と「地」のエレメントとの距離が近いのだとしても、現代日本の社会は基本的に西欧文明の科学技術や経済を基幹としている状況がある。この状況の中で、反・近代もしくは超・近代として何か概念を唱えても、たんに既存の構造の中で消費されるだけの運命を辿ることは容易に予測できる。事実、「生命主義」の歴史を見ても、日本社会が明治以来、大きな変化に直面するたびに「生命」を強調する類いの思想が現れては消えていった経緯がある。このパターンを回避するためには、「地」のエレメントを織り込んで構造化する西欧近代社会、およびそれに対応した自我構成の「構造」とは何かが、まず解明されなくてはならない。日本的な特殊性を明らかにするのはその次のステップということになるだろう。ここにおいて、フェイズⅢは、フェイズ０と接続する。

五　フェイズ０・現象としての有機体（ヘーゲルの有機体論）

ドイツ観念論以降、有機体の概念が開放され、二十世紀以降、われわれは自然や社会、またわれわれ自身を有機体的なプロセス、もしくはシステムとして理解するようになった。ここでは、有機体の観念の拡散と浸透を論じるためにその三つのフェイズを挙げた。これらはいずれも試行にすぎないが、「有機体」もしくは「生命」という概念を軸に現代社会を論じる切り口を示してみた。そして、これらいずれの切り口においても、本書が前章で示したヘーゲルの有機体論の構図を活用することが有効であると述べた。逆に言えば、ヘーゲル有機体論の構図をツールとすることで、現代社会を動かす原理を分節化する手段をわれわれは得ることになる。ヘーゲルの有機体論がこのようなポジションを占めうるのは、ヘーゲルが「有機体」を現象として論じ、この現象の生じる構造を分節化して批判したからであろう。ヘーゲルはこれを為しえた初めての哲学者、また筆者の知るかぎり、唯一の哲学者である。ここにヘーゲルの有機体論を論じる意義がある。

ヘーゲルの有機体の論理を要約すれば、次のようになる。「意識」は「意識ならざるもの」と出逢い、「地」のエレメントにおいて「普遍的な個体性」を形成するが、これは忘却され潜在化する。この潜在する「普遍的な個体性」が機能することによって、「有機体」という「過程としての対象」が意識に対して現象するのである。

カント、フィヒテ、シェリング、ヘーゲルというドイツ観念論の中で、ヘーゲルの有機体論がとりわけ現代の生命論の諸相に対して批判力をもつと言える理由を以下、簡単に考察してみる。

人間能力の重層によって有機体という対象が見えるという構造を初めて指摘したのはカントである。このカントの功績はいくら強調されても良い。しかし、われわれが第二章で論じたように、カントの有機体論は理性を起点とし理性に還るという「メビウス的円環」を形成する。この円環の中でわれわれは、生命的なものを理性化することを避けることができない。「生命の理性化」というこのカント哲学の問題は、根本的には、「物自体の問題」と言われるものと同じであるが、人間の意識を越えたところで世界に現れる「能産性」や「統合力」をどこに定位するかという問題である。カントの次世代、フィヒテ、シェリング、ヘーゲルはロマン主義的な問題意識からこの問題に取り組み、カントの「メビウス的円環」におけるねじれを解決しようとした。ロマン主義的な問題意識とは、一言で言えば、理性の根底に何か「非理性的なもの」があるのではないかという問題意識である。啓蒙主義的な理性は、対象を分解し組み立てることによって理解したと考える。理性による分解と組立は、その外部に「力」を斥出する。カントはそれを「判断力」として定位しようとしたが、時代は哲学者たちに理性がその根底に抱えている「力」の源を探ることを求めていたといえよう。

このときに、二つの方向性がありえた。「根底」を「精神」に求める方向性と「自然」に求める方向性である。フィヒテはカントの超越論的主体を強化する路線を進み、精神はみずからを産出し組織化する有機体であると考えた。その際に、自然は精神が自己を肯定するための否定的な契機として位置づけられた。ヘーゲルの「精神」の思想が、フィヒテの哲学に負うているものは多い。しかし、フィヒテのIch=Ich（自我は自我である）という定式は主観の無条件な肯定を要求しているものと受取られ、空虚な同一律であるとシェリング、ヘーゲルに批判された。一方、シェリングはカントの物自体の考えかたを推し進め、初期の自然哲学においては、自然そのものが自己を産出する能産性をもつと考えていた。自然は目に見える精神であり、精神は見えない自然であるとして、両者はともに自己を組織化する有機体として同等、もしくは一体であると考えていた。一七九七年の『知識学の観念論の解明のための論文』でシェリングは、人間の精神のみならず外的現実にも自己組織性があると主張する。また同じ一七九七年の『自然哲学の理念』では、自然がそれ自身精神であることを強調する。

われわれの精神の内に自己自身を組織する無限の努力があるのならば、外的世界の内にも、有機的組織（Organisation）へと向かう普遍的傾向が現れているはずだ。いや、それは実際にある。(二八)

この、たえず有機的組織へと向かう自然の確たる歩みは、粗野な物質といわば格闘しながら……それを打破する活発な衝動（Trieb）をはっきりと表わしている。ここには、粗野な物質を順次に自分になぞらえて形づくる自然の普遍的精神がある。かろうじて有機的組織の痕跡が見られる地衣類から、もはや物質の束縛を脱したかに見える純化された形態にいたるまで、合目的性という同

一の理想に従って働き、……われわれの精神の純粋な形式を表現しようと努める同一の衝動が支配している。（二九）

われわれは、……自然そのものが必然的かつ根源的にわれわれの精神の法則を表現しているのみならず、みずからそれを実現し、そのかぎりではじめて自然であり、自然と呼ばれると言いたい。自然は目に見える精神であり、精神は目に見えない自然でなければならない。（三〇）

自然そのものが有機的な自己組織化の力をもつという初期シェリングの思想は、人間精神の外部に根源的な力が存すると主張するものであり、自然的ロマン主義の所産である。これに対してヘーゲルは、カント／フィヒテの超越論的主体へ向かう方向性と、初期シェリングの能産的自然への方向性とを統合して、非自然的ロマン主義から形而上学という独自のベクトルを形成した。このベクトルは『精神現象学』の方法を経由することで、第三章で示したような、「地」のエレメントを極限とするカーブを描くこととなった。このヘーゲルの哲学を見たシェリングは、精神と同等もしくは同一である「自然」を語るのをやめ、自然と精神の根源にあるもの、「根底」（Grund）を志向することが哲学であるというふうに軌道修正した。この軌道修正は、もちろんシェリング自身の内発的な発展の所産でもあろうが、ヘーゲル哲学のベクトルを見たシェリングがそれによって、ヘーゲルとは異なる独自の方向性を見出したと言える面もあるだろう。自然という「外」的なものに能産性の根源を求める自然哲学的手法では、「現象」として「自然」や「精神」の諸形態を自在に語るヘーゲル『精神現象学』の方法によって批判的に包摂されてしまう立場に立たされることをシェリングは自覚したに違いない。自然にしろ精神にしろ、意識の外部に力の根源を求める思想は、意識の地位を相対化できるという利点をもつ。しかしながら、そういう意識の外部に根源をおく思想そのものが、意識によって形成され主張されているという面がある。「現象学」の手法の利点は、このように意識の「外部」を唱える思想がつねにすでに意識によって媒介されていることを批判できる点にある。このような『精神現象学』の手法を見たシェリングは、自然という「外」における能産性を語ることをやめ、「内」も「外」もない「根底」、すなわち意識がそこから生じるところの「意識以前」を考えようとしたのだろう。第一章でも触れたように、おそらくはシェリングとヘーゲルの哲学の方法をめぐるこうした水面下でのライバル意識が、後期シェリングの「根底」へ向かうベクトルの一因となっているはずである。今日われわれが後期シェリングの「根底」へ向かうベクトルを理解しようとするとき、ヘーゲル『精神現象学』の「意識」を主役にする手法との対照によってはじめて、その本質が、とくに前期シェリングの自然哲学的ベクトルとの差異がよく理解できるという面がある。

このようにヘーゲルとシェリングの関係を理解したとき、現代において素朴に「自然そのもの」や「生命そのもの」を理念として唱える思想は、まず思想としての力を持ち得ないという結論が導かれる。理由は、たとえわれわれの「意識」

が、「自然そのもの」や「生命そのもの」に起源をもつものであるにせよ、それは「意識」を通してそのように見出されているのであるという構造の中にわれわれがつねにすでに在るからである。この事態に対して批判的な力を持ちうる哲学は、原理的には、意識の機能をつきつめることで「極限」としての「意識ならざるもの」を見出すヘーゲル『精神現象学』の路線か、「意識以前」を語ろうとするシェリング後期の路線のいずれかとなろう。

後期シェリングの「根底」への志向は、ヘーゲルが直接には語ろうとしなかった「意識ならざるもの」の問題に正面から取り組むことで、ヘーゲル哲学の路線に対する根本的な批判力をもつと言える。本書は、基本的にヘーゲル哲学のカーブを描くベクトルの現代的な意義を評価するものであるが、この後期シェリングの「根底」へ向かうベクトルも決して低く評価するものではない。それは、理性的なものの根底に潜む非理性的なものの起源を、ヘーゲルの非自然的ロマン主義とは異なり、人間精神のうちに限定しない土壌において探るものであり、人間的な意識という「場」を相対化する視点を有する点でヘーゲル哲学を凌ぐ。

ヘーゲルも、『精神現象学』以降は「形而上学」のベクトルを強める路線であり、「意識」を媒介者として叙述の主人公とする『精神現象学』の手法はあくまでヘーゲル哲学全体のベクトルの中で通過点にすぎないということが言える。それでも、「意識」はヘーゲル哲学のベクトルを形成する不可欠の要素である。すなわち、ヘーゲルの「形而上学」へ至る道は、「意識」による「意識ならざるもの」の抽象化によって導かれるのであり、「意識」がヘーゲルにとっては出発点であり、不可欠の媒体である。したがって、ヘーゲルにとって「意識以前」は問題とはならない。ヘーゲルの思想は、楽園追放を人間的状況の開始点とし、大前提とする。「楽園追放以前」への遡行を語らないのである。これに対して、後期シェリングは「楽園追放以前」を積極的に語ろうとする思想であると言って良い。

E・フロムが言うように、楽園を追放されてのち自然を征服することで西欧文明は人間世界を作り上げてきた(三二)。その西欧文明を基盤とする現代社会と現代人の自我構成に対して、楽園追放以前を語ろうとするシェリングの「根底」の哲学は、根本的な批判力を有する可能性をもつが、事情はそう単純ではない。「根底」へ遡行しようとする後期シェリング的思想は、現代社会の描くカーブを把握するヘーゲルの思想とあわせて提示される方が良いだろう。

後期シェリングの手法は、現代社会と現代人の自我の構造を自動車のエンジン(内燃機関)に喩えると、その動力の源としての原理が「火」であることを強調するようなものである。われわれ人類は他の動物が畏れる「火」を手にして以来、それを熾火に貯え、住居の中で扱うことを覚えた。近代になると火を幾重もの複雑な機構の中に押し込むことで、そこから莫大なエネルギーを簡便に取り出す機関(エンジン、モーター)を作り上げた。現代の自動車のエンジンは、安全にシールドされ、内部の燃焼が人の目に触れることはない。われわれはそのような「かたち」で火を動力に利用することをあたり前の事として受取っている。しかし、産業の歴史を見れば、文明を根幹で支える交通の機関として、精製された化石燃料を用いるいわゆる「内燃機関」(internal-combustion engine)が主流を制したのは、歴史的な偶然にすぎない。人間が火を動力に換える方式は、蒸気機関やスターリングエンジンなどに代表される外燃機関をはじめ他にも無数にある。今日、資源問題や環境問題に直面した人類が、内燃機関主流の現代文明とは別の文明の在りかたを模索せざるをえなくなった。あるいは、内燃機関への依存によって高度な文明を築いたからこそ、その「かたち」を見つめ直す余裕が生じたと言ってもいいのかもしれない。内燃機関の話は喩《たと》えにすぎないが、これと同じように、「地」のエレメントを潜在化しそこからエネルギーを引き出す西欧型の社会と自我の在り方において、オルタナティブを求めることは可能なはずである。いずれにしても、その時に必要なのは、根源としてのエレメントを指摘するだけではなく、またたんにそれへの遡行を主張するだけでもなく、その根源が取り込まれて動力源として利用されている機関の「構造」を同時に示すことである。それができて初めて、われわれ自身のオルタナティブなあり方を示す道筋が見えてくるだろう。

　ヘーゲルは、われわれの社会や自我が「地」のエレメントを潜在化させた構造を作ることで、有機体的な動力機関を形成する経緯を分析した。ヘーゲル哲学のもつベクトル、およびそこにおける『精神現象学』のポジションは、われわれの社会や自我構成がもっている基本構造を照射する哲学へ向けたスタートラインとなりうる。本書が、ヘーゲル『精神現象学』の「現象としての有機体論」を、現代社会を対象化するための「フェイズ0」として評価する理由は、以上述べたところにある。

　しかしながら、ヘーゲル哲学にも問題は残る。それは「意識」を、その根拠を問わずに、つねにすでにある媒体として扱う『精神現象学』の「方法」と、「形而上学」のベクトルの問題である。そして、ヘーゲルが追究しないままに残した「地」のエレメントとは何かという問題である。ヘーゲル哲学をわれわれ自身のオルタナティブなあり方へ向けたスタートラインとするためには、ヘーゲル哲学の描くカーブの「極限」もしくは「曲率」を見極める必要があるが、その分析には「地」のエレメントについての「仮説」が必要とされるだろう。

　次節では、ヘーゲルにおける「地」のエレメントの発見を大きく評価しながらも、『精神現象学』を導く「形而上学」のベクトルを批判したマルクス「パリ手稿」(旧称「経哲草稿」一八四四年)の仕事を経由することで、「地」のエレメントを具体的に見出す道筋を架設的に示し、本書の結論とする。

第二節　仮説

一　「地」のエレメントとは何か？

「普遍的な個体性」＝「地」のエレメントとはいったい何か。そしてまたその「地」が「暴力」をふるうとはどういうことか。

ヘーゲルは、観察する理性が自然界の動植物の諸個体（有機体）を観察し、分類整理するときに、その分類整理を裏切るものとして現れる威力（Gewalt）を考えていたので、普遍的な「個体性」と言ったのだろう。要するにそれは、意識が意識化できない普遍性のことである。意識化にあらがう普遍性である。意識が意識化できない普遍性という言い方は、理性を主体が内蔵する普遍へ到達する力であると考えるカント哲学の文脈におくと奇異に聞こえる言い方である。だが、ヘーゲルはそういう普遍を考えている。カントにおいては、普遍は「超越」によって到達するものであるが、ヘーゲルにおいては「超越」は普遍によって意識が促された結果として起こる。到達されるべき抽象的普遍ではなく、つねにすでにある具体的普遍ということをヘーゲルは考えている。観察する理性において、地の暴力となって現れる「普遍的な個体性」とは、この具体的普遍の一種であると考えられる。

意識化にあらがう普遍性とは、「自然そのもの」のことであろうか。ヘーゲルにおいて、自然が意識に対立するものとして、ひとつの普遍であることは確かである。『エンチュクロペディー』の叙述には、「地」とは個体化のエレメントであり、地球は死せる有機体であるということが言われている(三一)。また地球と自然全体とは、普遍者であるが精神をもたないために歴史を持たない普遍者、主体として生成しない普遍者であると言われている(三二)。そう考えると、「地」というのは、「自然そのもの」のことであると考えても良いように思われる。ただし、第三章でも検討したように、ヘーゲルは自然に関しては精神の根源としては断念したのであった。ヘーゲルは、自然においては普遍はそれ自体として（an sich）あるのみであり、けっしてfür sichにはならないと言う。für sichにならない普遍は精神のうちに入ってこない普遍であるため、歴史を持たない、と言うのである。こういう普遍が精神の根源になるとは考えにくい。自然と意識の間には何かもう一つ別の領域があると考えられる。

ヘーゲルは、観察する理性は有機体の観察の後、自己自身の観察にむかい、その帰結として、自己意識は自己が物であり物が自己であることを見出すと言っている。そこで言われる「物」とは、概念としての「物」であり、「こと」（Sache）としての物である。対象的なものは、このように自己意識のもつ規定性によって規定された「こと」であるということがわかり、さらに自分自身も「こと」であることがわかるという境地に、意識は達する。そうして、対象や自分を「こと」たらしめている存在、人倫という社会的な存在に意識は気づくことになる、と説明されている。この「こと」の源流となったのが、「普遍的な個体性」である。第三章では、このような領域の発見が、ヘーゲルの社会哲学の基盤となっていることを指摘した。そうだとすると、それは自然そのものとは異なった領域に属するものである可能性がますます強くなってくる。仮にヘーゲルが地と呼ぶものが、「自然そのもの」のことであるとするならば、自然が意識化されることで本当に人倫や精神にまで高まると言えるのかどうかが問われることになる。逆に「地」と呼ばれるものが、意識の物象化したものであるならば、その物象化の契機とは何であるのかが問われることになる。それらの問いに、『精神現象学』ではヘーゲルは答えていない。

「地」とは一体どのようなエレメント（境位）なのか。この問題が重要であるのは、ヘーゲルの言う真無限、絶対的なる知が可能であるかどうかに関わるからである。叡知界と感性界という全く原理の異なる二世界を前提しているために、カントの道徳は終りのないプロセス（悪無限）に陥る、と批判したのはヘーゲル自身である。もし、ヘーゲルのいう「地」のエレメントに属するもの、過程の原理であると言われる「普遍的な個体性」が、ヘーゲルが考えた以上に意識に抵抗するものであるとするならば、過程は絶対化されず、われわれは絶対知に到達することなく、無限の過程に陥ることになるだろう。絶対知に到達したと思っても、すぐに、「普遍的な個体性」に襲われ、また過程に引き戻されることになるだろう。ヘーゲルの「形而上学」のプログラムは、そのとき破たんするのである。

実際、第一章や本章の初めで指摘したように、われわれの生活は現代社会において悪無限的な過程に陥っていると言える。『精神現象学』後半で展開した「精神」を経て絶対知へ到達し、形而上学へ至るという道筋を、ヘーゲルが一回限りで完成されるものと考えていたのか、それともくり返し行われるものであると考えていたのかは不明である。しかし、おそらくはヘーゲルが予想していた以上に、われわれの意識の形態は、「有機的なものの観察」のレベルにとどまっている。プロセスそのものが真理であるとして、それを「生命」の名で飾ろうとする思想もある。プロセスを擁護する思想は有機体的な思想であるといえる。有機体的なプロセスの思想が生じる原理については、ヘーゲルが解明している。それは「普遍的な個体性」が意識の意識しないところで働くから、生じるのである。しかし、ヘーゲルは「地」のエレメントについて詳しく解明しようとはしなかった。ここに課題が残されている。

二　「同化」(assimilation) の次元

「地」のエレメントそのものが何であるかについては、『精神現象学』の叙述から得られるものは乏しいと言わざるをえない。『イェーナ体系構想』で論じられていた意識論を道具立てとして、「自己意識」に端を発し、有機的なものの観察の箇所で機能する「普遍的な個体性」や「純粋な否定性」といったものがどのように生じるのか、そのことが『精神現象学』における「理性」から「精神」への移行においてどのように働いているのかを詳細に検討することも、有効な作業であろう。それは、ヘーゲルにおける、さまざまな種類の否定性（かたちをもった否定性）や「具体的な普遍性」と呼ばれるものが、われわれの意識のいかなる機能によって生じているのかを解明することにもつながる。

その検討においては、意識の意識化を拒むものの境位が具体的に見出される必要があるだろう。ここから先は「仮説」的な語りにならざるを得ないが、それは、あるいは、「自然そのもの」ではなく、人間の「内なる自然」や「人間的自然」(human nature) であるということになるのかもしれない。これについて検討すべきは、観察する理性がそのはじまりにあたって忘却したと言われる自己意識成立の経緯について、ヘーゲルが言っていたことである。

対象の自立性というものがあるために、自己意識が満足に到達しうるのは、対象自身が自分で否定を実行してくれる場合のみであり、そして対象は自分自身の否定をみずから実行せざるをえないものなのである。というのは、対象はもともと (*an sich*) 否定的なものであり他者に対しても否定的なものたらざるをえないからである。対象がそれ自体において否定でありながら、同時に自立的でもあるとき、対象は意識である。欲望の対象である生命の場合は、否定は他者の方に、つまり他者の欲望の方にあるか、他の没交渉な形態に対する限定としてあるか、または、［生命の周囲の］有機的でない普遍的な自然としてあるかのいずれかである。しかしながら、この［意識という］普遍的で自立的な自然においては、否定は絶対的なものとしてあり、この普遍的で自立的な自然は類そのものであり、言い換えると、自己意識としての類なのである。自己意識は他の自己意識においてのみ、その欲求を満たすのである。（［ ］内は野尻による補填挿入）

Um der Selbständigkeit des Gegenstandes willen kann es daher zur Befriedigung nur gelangen, indem dieser selbst die Negation an ihm vollzieht; und er muß diese Negation seiner selbst an sich vollziehen, denn er ist *an sich* das Negative, und muß für das Andere sein, was er ist. Indem er die Negation an sich selbst ist und darin zugleich selbständig ist, ist er Bewußtsein. An dem Leben, welches der Gegenstand der Begierde ist, ist die *Negation* entweder *an einem Anderen*, nämlich an der Begierde oder als *Bestimmtheit* gegen eine andere gleichgültige Gestalt oder als seine *unorganische allgemeine Natur*. Diese allgemeine selbständige Natur aber, an der die Negation als absolute ist, ist die Gattung als solche oder als *Selbstbewußtsein*. *Das Selbstbewußtsein erreicht seine Befriedigung nur in einem anderen Selbstbewußtsein.* (三四)

ここも重要な箇所と思われるので原文を併記した。ここでヘーゲルは、意識対物の局面から意識対意識の局面への移行を語っており、『精神現象学』の中ではもっとも重要な箇所の一つであるが、叙述には飛躍があり難解である。一言で言えば、動物的な生命から人間的な自己意識が成立するメカニズムがここでは語られている。ここで言われている普遍的で自立的な自然、否定が「絶対的な否定」であるような自然とは、自然そのものではなく、「人間的自然」であると言える。あるいは「第二の自然」といっても良い。この自己意識の「承認」の成立する境位、もう一方の自己意識を前にしてのみ自己意識が存在するようになると言われる位相は、自然そのものでもなく、意識でもないだろう。外的な自然とも内的な意識とも異なった次元で成立している第三の領域である。意識が自己意識として自立した意識になるためには、意識以外のファクターが必要であるという事実をヘーゲルはここで語っている。しかしながら、彼の叙述そのものにおいてはこの第三の要素、自然でも意識でもない領域は明確には指示されていない。ヘーゲルの叙述では、「自己意識としての類」は突如として登場するような印象がある。しかし、よく読むと、自己意識がもつ否定性というのは、物が意識に対してもつ否定性でも、意識が物に対してもつ否定性でもなく、他者の否定性に自分を「同化」(assimilation)(三五)させ、自分自身の否定性とするような、そういう「同化作用」をもつ否定性のことであるということがわかる。この同化作用をもつ否定性をヘーゲルは絶対的な否定性と呼んでいる。意識は他の意識を対象とするときに、他者の意識に自分を投射して、その視点から自分を見るような同化作用を起こす。そして、さらにその他者の視点を自分の方に持ち帰り内面化する。他者の目から見た自分の姿を内面化することによって意識は自己意識となる。意識はこのような機制を経てはじめて個体化する。おそらくヘーゲルは、このようなメカニズムが働く次元を指して「地」のエレメントと呼び、「普遍的な個体性」が生じる領域としたのである。

コジェーヴは、この自己意識成立の次元を人間的欲望の次元と呼び、他者の欲望をめざすことによって人間の欲望は動物の欲望とは異なったものとして生成すると指摘した。この欲望の共振、もしくは、共反射とでもいうべき次元がなければ、人間は決して人間とはならない、とコジェーヴは言う。「**他者が欲するものを他者がそれを欲するがゆえに欲することが、人間的なのである**」(三六)。このエレメントの機能は、意識とは異なる。意識は対象に対する否定の機能をもつが、共反射の機能は意識が自分自身を否定することを可能にする。この機能は、対象の否定ではなく、対象への「転移」でなくてはならない。ラカンが鏡像段階理論で言うような、他者の視点を借りて自己を対象化するような、そういう作用のことである(三七)。

三　マルクス「パリ手稿」の思想

この境位をマルクスは、「類的生活」として定位し、「自然」とは異なり、かつ「意識」よりも先にあるものとして強調した。マルクスは「パリ手稿」(旧称「経哲草稿」一八四四年)で、二段階の疎外について語る。まず、自然そのものからの疎外、次に、人間的自然からの疎外である。人間は、類的生活(生命)を営むことによって、独自の人間的生活の連関を生み出し、その中に生きることによってまずは

「自然そのもの」から疎外される。

動物はその生命活動と直接に一体である。動物はその生命活動から自分を区別しない。動物は生命活動そのものなのである。人間は自分の生命活動そのものを、自分の意欲や意識の対象とする。人間は意識された生命活動をもっている。といって、それは人間が無媒介にそれと融合する規定ではない。意識された生命活動ということが、動物の生命活動から人間を端的に区別するものなのである。まさにそのことによってのみ、人間はひとつの類的存在（Gattungswesen）なのである。あるいは、人間はまさにひとつの類的存在であるがゆえに、ひとつの意識的存在なのであり、言い換えれば、自分自身の生活を自分の対象とするのである。そして、このゆえにこそ、人間の活動は自由な活動なのである。疎外された労働はこの関係を転倒させ、人間はひとつの意識的存在であるがゆえに、まさにその生命活動を、その本質（*Wesen*）を自分の生存（*Existenz*）のための手段にしてしまうのである。(三八)

人間は、類的生活を営むことによって、自然そのもの（「自然Ⅰ」とする）から離脱し、自然を対象化する一つの（大きな）意識的な存在（「自然Ⅱ」＝「人間的自然」＝「類的生活」とする）となった。しかるのちに、疎外された労働によって個的な「意識」が生成された。マルクスが問題とするのは、自然そのもの（自然Ⅰ）からの疎外ではなく、人間的自然（自然Ⅱ）からの疎外である。この第二の疎外、すなわち人間的自然からの個人の疎外をマルクスは、類的意識から個的な意識（自己意識）が生じる過程であると考え、その契機を「私有財産」と「貨幣」に求めている。

『精神現象学』の叙述に対応させれば、「人倫」が先に形成されて、しかるのちに「主と奴」の経験があり、そこから「意識」が生まれるという順番をマルクスは主張していることになる。いわば『精神現象学』の叙述を遡行するかたちで、マルクスは人間の今日的な状況を考察していることになるが、実際、人類史的にもそう考えるほうが妥当と思われる。しかるに、『精神現象学』は「意識」から始める。このようなヘーゲルの現象学のメリットは、個人の経験に即しているということである。社会の中で生まれ育つ個人は、自意識に目覚めたときには、すでに社会・文化的な蓄積を下意識に織り込みつつ、共同体の歴史の厚みの上に浮遊する意識として目覚める。気づいたときにはわれわれは自立した「意識」となっている。しかし、すべてが意識とともに始まるこの経験の在り方は、近代化された社会に生きる人間にかぎられたことであり、けっして人類史の辿ってきた道筋ではない。マルクスはヘーゲルの冒した「意識」を出発点におくという「転倒」を批判する。意識から始める「現象学」の手法のもつデメリットは、意識が自分自身の基盤であるはずの具体的なものを抽象化してしまう点にある。

ヘーゲルにおいては、――すでに述べた転倒性を無視しても、あるいはむしろその転倒性の結果として――この人間の自己産出行為は、まず第一に、ただ形式的な行

為としてのみ現われる。なぜならば、それは抽象的な行為として現われるからであり、人間的本質そのものはただ抽象的思惟的な存在としてしか、自己意識としてしかみなされないからである。そして

第二に、把握が形式的で抽象的であるから、外化の止揚が外化の確証となる。いいかえれば、ヘーゲルにとっては、かの自己外化および自己疎外としての自己産出と自己対象化の運動は、絶対的な、それゆえに究極的な人間的生命の発現であり、自己自身を目的とし自己に安んじ、その本質に到達した人間的生命の発現なのである。

(三九)

マルクスの用語での「自己意識」は、ヘーゲルにおける「意識」であると置き換えて読むのがいいだろう。形式的で抽象的な意識の働きからヘーゲルは始める、とマルクスは言っている。ヘーゲルにおいては、外化されたもの、人間の本質の実現としての類的存在は、意識によって止揚されることによって確証される。いいかえれば、外的な社会的な関係は、意識化されることによって初めて、人類的連関の関係性の総体として浮かび上がってくる。疎外された対象としての現実を「止揚」することによって、初めて、自己意識にとっては人間的生命が「実現」する。その生命は止揚によって実現されるがゆえに「形式的」なものになるとマルクスは指摘している。つまり、本来、人間の類的存在としての現実、外的現実は止揚されなくてもすでに実現し存在しているはずである。だが、ヘーゲルは意識から始めるために、外的現実は意識化されることによってのみ意識にとって存在することになる。意識化とは止揚であり、抽象化であり、形式化である。だからヘーゲルにおいて、外的現実は必ず抽象化、形式化されてその十全な実現を得ることになる。

それゆえに、この抽象的には弁証法としての形式をもったこの運動は、真に人間的な生命とみなされる。そして、それはなおも人間的生活の抽象、疎外であるので、神的な過程、しかし人間の神的な過程として——人間とは区別された、抽象的で純粋で絶対的な人間本質で貫徹された過程としてみなされる。

第三に、この過程はひとつの担い手を、ひとつの主体をもたなくてはならない。だがその主体は結果としてはじめて生成してくるのである。すなわち、この結果はみずからを絶対的自己意識として知っている主体であり、それゆえに、それは神であり、絶対精神であり、自分が何であるかを知っており、それを実証する理念である。現実の人間と現実の自然はたんに、この秘められた非現実的な人間と自然の述語となり象徴となるにすぎない。それゆえに、主語と述語は双方の絶対的な転倒の関係、すなわち神秘的な主体－客体の関係をもつことになる。いいかえれば、それは、限界をこえて客体をおおいつつむ主体性、ひとつの過程としての絶対的主体、つまり、自分を外化しそしてその外化から自分に還帰するが、しかし同時にその外化を自分のなかへ取り戻す主体としての絶対的主体をもつことになる。このような過程として

の主体、それは純粋な、休むことのない自己内循環である。(四〇)

ここで言われているのは、こういうことである。ヘーゲルの絶対精神へ向けての道程は、意識がその対象を否定するという作用を出発点とし原理とする。そのため、類的な生活の総体を意識化し抽象化することが、人間的生命の実現であるとされる。ところが、意識の作用は抽象化する否定性である。つまり、対象を自己に取り込んで自己としていく作用である。結果として、類的生活の総体の意識化は意識そのものをどんどん肥大化させることに他ならない。こうして意識は、ほんらい自分がそこから生じてきたところの類的な生活の総体を飲み込んで、一つの大きな意識になる。だがその意識は個的な意識であってはいけないので(あらゆる個体性は否定されたはずだから)、意識は自分を神的な意識であると思うことにする。これが、ヘーゲルの言う絶対知の境地である。しかし、そもそも意識を出発地点にすることに無理があるので、意識による意識化の過程は終りのない過程になる。こうしてマルクスによれば、ヘーゲルは、意識が自分自身の働きの基盤としていたはずの生き生きとした具体的な活動を抽象化し、たんなる論理的なカテゴリーへと変形してしまい、そうしてそれを実在であると主張する形而上学に至る。

> **ヘーゲルは、人間=自己意識と措定しているので、人間の疎外された対象、人間本質の疎外された現実性は、疎外の意識、疎外の思想、疎外の抽象的な、それゆえに無内容で非現実的な表現、つまり否定(*Negation*)にすぎない。それゆえに、外化の止揚も同様に、かの無内容な抽象の抽象的で無内容な止揚、つまり否定の否定(*die Negation der Negation*)でしかない。こうして、内容豊かな、生き生きとした、感性的な、具体的な自己対象化の活動は、この自己対象化のたんなる抽象、絶対的否定性(der *absoluten Negativität*)となる。すなわち、ふたたびそのようなものとして固定され、ひとつの自立した活動として、活動そのものとして思惟されるひとつの抽象となるのである。このいわゆる否定性は、かの現実的な生きた活動の抽象的で無内容な形式にほかならないのであるから、その否定性の内容もまた、一切の内容を捨象することによってつくり出された形式的な内容であるにすぎない。したがって、そこに存在するものは、普遍的で抽象的で、どの内容にも属し、それゆえにまた一切の内容に無関心であるとともに、まさにそれゆえに、現実の精神(*wirklichen* Geist)や現実の自然(*wirklichen* Natur)とは切り離されて、どの内容にも通用する抽象的形式(Abstraktionsformeln)、思惟形式、論理的範疇なのである。**(四一)

まさにマルクスが言う通り、抽象的な形式、論理的なカテゴリーを得ることこそが、ヘーゲルの目的だった。『精神現象学』は「学の体系第一部」であり、学問論、科学基礎論への導入という位置づけだった。個人の意識の経験から、いかにして、主観的かつ客観的、すなわち絶対的なカテゴリーを導くかが課題だったといえる。ヘーゲルは、『精神現象学』

における意識の抽象化作用が貫徹された絶対知の境地を前提にして、『大論理学』の叙述を始める。それをこそ目指して、ヘーゲルは「意識」から始めたのである。

では、何が問題なのか？

問題はただ一つ、「意識ではないもの」の働きが形式化され、カテゴリーに痕跡を残すのみになってしまうことである。ヘーゲルは、絶対的な学問の基礎付けを行いたいと考えていた。それがヘーゲルの時代の哲学の課題だったのである。第三章でわれわれはそれをヘーゲルの「形而上学」ベクトルとして規定した。今日、われわれの問題意識は、ヘーゲルの「形而上学」ベクトルを共有することを許さない。その場合、意識から始めてすべてを意識化するというヘーゲルのベクトルに最後までつきあう必要はないのである。ヘーゲルは、意識の抽象化作用を主役にすえれば、これまでになくその課題を徹底できるはずだというアイデアを、「イェーナ体系構想」から『精神現象学』を書き始めるまでのどこかの時点で思いついた。この『精神現象学』の「方法」を相対化しつつ、われわれ自身の課題としての哲学のベクトルを見出す必要がある。「意識ではないもの」、「意識化されないもの」と意識との連関において、われわれの生が構造化されている、その「構造」にアプローチすることこそが課題であろう。そのためには、マルクスが個的な「意識」がそこから発生するとした「自然Ⅱ」＝「人間的自然」＝「類的生活」の領域を具体的に見出すことが必要だろう。

四　史的唯物論＝「人間的自然」からの離反

このように、マルクス「パリ手稿」においては、ヘーゲル『精神現象学』の意識主義と形而上学へのベクトルを批判することによって、「自然Ⅱ」としての「人間的自然」を見出す力線が存在していた。しかし、それ以後のマルクスおよびマルクス主義は、「自然Ⅱ」としての「人間的自然」を追究する路線からは離反していった。廣松渉やアルチュセールの主張するところによると、「パリ手稿」のマルクスはフォイエルバッハのヘーゲル批判を踏襲し、「類的本質」からの「人間の自己疎外」という概念を使って『精神現象学』の意識主義を批判したわけだが、これによって回復されるべき原初状態としての「類的本質」を実体視する自然主義的、観念論的な哲学に陥っていた。この「パリ手稿」の観点からすると、そもそも人間が文明を持ったことそのものが人間の疎外状況の根本原因であるということになってしまう。このような思想は、共産主義革命の基幹思想としてのポジションを逸脱したものとなる。それゆえに、この初期マルクスの思想にいわゆるマルクス主義とは異なった人間解放の原理を見出そうとする試みも多くなされてきた。

教科書的な説明によれば、このようなマルクスが、真に独自の史的唯物論を確立するのは、『ドイツ・イデオロギー』（一八四五－四六年）(四二)においてであり、ここでマルクスはフォイエルバッハを批判し、「類的本質」からの疎外という用語は捨て、「交通形態」（Verkehrsformen）の変遷による世界史を語るようになる。大工業（grosse Industrie 産業革命以後の近代的な生産形態）のもたらしたものは、人間の世界史的なあり方、人間の普遍的交通（ein *universeller* Verkehr der Menschen）であり、これによって「普遍的な諸個人」（universelle Individuen）が出現しつつあるとマルクスは言う(四三)。ここでは、資本主義が実現する文明化作用そのものは肯定されており、しかし、その文明化の過程が私有財産制度による私有制によって歪んだかたちになっていることに批判の力点が移っている。ここから、後期のマルクスのいわゆる史的唯物論のテーゼ、すなわち生産力と生産関係の矛盾とその政治革命による解消というテーゼが生まれる。廣松渉やアルチュセールの主張によって、今日、「パリ手稿」のマルクスと、『ドイツ・イデオロギー』のマルクスとの間には、思想の「転回」もしくは「認識論的切断」があるという見解がマルクス主義陣営では「常識」となっている(四四)。言い換えれば、ヘーゲルの意識主義を批判することによって「意識ならざるもの」に迫りつつあった初期マルクスの思想は、いわゆるマルクス主義、すなわち史的唯物論的な認識に対する「異物」として排除されたといえるだろう。

　本書では、マルクス本人の思想に本当に「転回」や「切断」があったのか、また仮にあったとして、その「転回」や「断絶」がマルクス主義陣営が主張してきたようにマルクスの思想の発展として評価できるものなのかどうか等々をゆっくり検討することはできない。それは別の機会に譲りたい。

　ただ、確かに「類的本質」からの疎外ということを言っているだけでは、政治的な行動の原理とはなりにくく、資本主義のもたらす矛盾を解消する革命の原理とはなりにくいことは容易に理解できる。「生産力」を統御する「生産関係」というものの「形態」に焦点を当てることにすれば、それを革命によって合理的なかたちに作り換えるという議論が容易にできるようになる。このような「史的唯物論」の考え方によれば、「生産関係」こそが、われわれの「意識」がそこから生じ、われわれの「意識」のありようを決定している「具体的普遍」なのであるということになろう。この「具体的普遍」としての「生産関係」を合理的なかたちに作り替えれば、人間はその存在においても意識においても解放される、これがいわゆる「類的本質」の思想から離反したと言われる『ドイツ・イデオロギー』以後のマルクスと、またいわゆるマルクス主義の革命思想を支えた論理である。

　「類的本質」ではなく「生産関係」と言えば、印象はぐっと具体的になり、手で触れられるものであるかのような響きを帯びる。人間の外にあると考えて対象化しやすく、またそれをコントロールできるとも考えやすい。しかしながら、二十世紀における社会主義国家の経緯を見ると、その考え方にはどこか誤りがあり、うまくいかなかったのではないかと考えざるを得ない。一言で言えば、「具体的普遍」をコントロールすることは予想以上に難しかったということになる。ソビエト社会主義の崩壊や中国共産主義の資本主義化の過程を実証的に分析することは本書の課題ではないが、第一章や本章で指摘してきたように、ソ連崩壊と時機を同じくして、社会システム論や生命論がさかんに唱えられるようになったことを見れば、社会主義の敗因は「具体的普遍」としての「生命的なもの」、「地」のエレメントのとらえ方を誤ったことにあったということも考えられる。結果を見れば、社会を有機体的なもの、生命的なものとして扱う自由主義に軍配は上がったからである。

マルクス主義は、言ってみれば、意識や精神の根源を「外」的なものに見出すという初期シェリングと同じ轍を踏んだと言えるのではないだろうか。単純化して言えば、「生産関係」すなわち「社会」から「意識」が生じるという見方は、「自然」から「意識」が生じるという見方と同型である。こうしたマルクス主義および初期シェリング的な思想に対して、ヘーゲル『精神現象学』のもつアドバンテージは、そのように根源として語られる「社会」や「自然」が「意識」を通した「現象」であると指摘できる点にある。「意識」と「社会」、「意識」と「自然」はどちらが原因でどちらが結果なのかという問い方をすれば、ニワトリとタマゴの問題のようになってしまう。「社会」もしくは「自然」から生まれた「意識」が「社会」や「自然」を対象化して語るときには、そこには「意識」を通した「現象」として「社会」や「自然」が生成している、という側面があることは間違いがない。マルクス主義の沈降とともに興隆した社会システム論が、システムの作動に「意識」の関与を織り込み、主体による客体化と制御の不可能性を強調したのは、そういう側面を認識してのことである。そして、システムというものが「意識」を媒介とした「意識ならざるもの」の働きによって現象するものであることを初めて指摘したのはヘーゲルである。ここに、マルクス主義を飛び越えて、現代の社会システム論に対する「フェイズ０」としてヘーゲル哲学がポジションをとりうる理由がある。

伝統的なマルクス主義は「生産関係」をわれわれの存在や意識を規定している原因と見て、その原因である「生産関係」に関与し制御をおこなうことで、われわれの存在や意識の状態を改良しうると考えた。しかし、ヘーゲル的な観点からすれば、そのように意識によってとらえられた「生産関係」は「現象」であり、意識を媒介とした精神の運動の「結果」であるということになる。「生産関係」にはつねにすでにわれわれの「意識」の作用が関わっている。確かに、「生産関係」に物質的基盤としての側面はあるであろう。しかし、たんなる物質的基盤は「生産関係」として機能し得ない。それが「生産関係」として機能しうるには、その意識化が必要であり、われわれ自身の意識によって「生産関係」はシステムとして作動している。もし「生産関係」がたんなる物質的基盤のみを指すのであれば、それは外的な自然と同じように、それ自体において（an sich）普遍ではあっても、自立した（für sich）普遍とはなり得ないだろう。「an sich な普遍」は「für sich な普遍」とならなければ、精神とはなり得ない。おそらくは、この「an sich な普遍」を「für sich な普遍」にする境位が「地」のエレメントなのである。それをヘーゲルは、外的な自然ではなく、人間の内にあるエレメントであるとした。マルクスは、ヘーゲルの「意識」を主役とする「転倒」

を批判することには成功したが、「類的本質」という名によって接近しつつあった「地」のエレメントからは離反してしまった。

「内」という言い方は微妙であり、「内」と「外」というのは「意識ならざるもの」としての「地」のエレメントに対して適切な言い方ではないのではないかということも言えるが、内も外もないような境位である「地」から「意識」がどのようにしてか生じた後、「意識」は「地」のエレメントを潜在化し、そのことを忘却するということがヘーゲルによって言われていた。このように、「意識」がそこから生じたところの「意識ならざるもの」が自己意識の成立後も意識の根底において機能しており、それが自然の有機体や社会の有機体という現象をもたらすのだという説明がヘーゲルの有機体論であった。これが可能にするのは、自然や社会における「関係」は意識を媒介とした「現象」であり、すなわち意識の「結果」であり、それを「原因」として対象化し操作しようと思っても、それはいわば自分自身の影を追いかけるようなものである、という見方である。われわれの見ている「影」の正体を知りたければ、われわれ自身の意識の背後にあって影を映写しているところの「光源」を見なければならない。

五　空白としての中心

マルクス主義思想の系譜においては、アルチュセールがマルクス＝レーニン主義への反省から、自然や社会の全体を統一された意味や表出的因果性のもとにとらえることは不可能であると言い、「重層的決定」(surdétermination) の概念を唱えた(四五)。また彼は、マルクス主義の伝統である上部構造、下部構造という区分にしたがわず、「イデオロギー」という独自の秩序をもった領域を考えた。アルチュセールによれば、イデオロギーとは認識であるとともに認識を可能にする条件である。彼は、イデオロギーは人間の世界認識と実践に不可欠のものであり、世界そのものでさえあると言い、また一方で、イデオロギーを批判することの可能な「科学的認識」の立場があると言う。

> **主体とはつねに、イデオロギー的主体なのです。そのイデオロギーは、支配的イデオロギーから革命的イデオロギーに変更することができます。もっとも、イデオロギーはつねに存在するでしょう。それは個々人の実在条件なのですから。**(四六)

しかし、アルチュセールは支配的イデオロギーを批判する「科学」の方法をついに定式化し得なかった。アルチュセールの言う「イデオロギー」というのは、内容としてはヘーゲルの言う「概念」の運動とほとんど同じであると考えられる。アルチュセール自身の叙述にはヘーゲルへの批判が頻繁に見られるが、「意識ならざるもの」と「意識」との円環的な作用に気づいて、旧来のマルクス主義的な「生産様式」→「意識」の単線的な因果論を批判しようとしたアルチュセールは、事実として、ほとんどヘーゲルの「概念」の立場に遡行していたといっても過言ではない。それを自覚せず、ヘーゲル的円環の中に身をおきながら、虚偽的なものと真理とを「切断」することこそが「科学」の方法だという考えに固執したために、アルチュセールの思想は袋小路に入り込まざるを得なかった。彼が追求すべきだったのは、科学的「切断」の背後でつねに働いている「統合」をもたらすものであっただろう。

アルチュセールの弟子のフーコーは、師の轍を踏むことを避けて、「真理」を求める哲学および科学の営みはすべからく権力であることを唱えた。虚偽意識であるイデオロギーと科学的真理、あるいは支配的イデオロギーと革命的イデオロギーを区別することを放棄したのである。

―あらゆる権力システムから真理を解放すること―真理はそれ自体権力なのだから、これは妄想だろう―が問題なのではなく、真理の権力を、その内部で今のところ、真理が機能している（社会的、経済的、文化的）覇権の形式から切り離すことが問題である。（四七）

西山雄二は、前期フーコーがとった「考古学」の手法を次のように解説する。

フーコーの描く「特異な」知識人は、諸制度のただ中において、そこで網の目のように機能している真理に対して一つの屈折点となる人物である。彼／彼女はこの世界に対して別の世界、来るべき世界を描き出すのではない。彼／彼女は諸制度の中で機能する真理を偽りのものとして退け、新たな未だ見出されていない真理を探求するのではない。「特異な」知識人は諸制度を新しい諸制度に変革しようと望む人物なのではなく、あくまでこの諸制度そのものを屈折させようとする人物である。知識人は諸制度の外に立つのではなく、諸制度のただ中に立っている。知識人は大衆やプロレタリアとは異なる特権的な場に立つのではなく、彼らと等しく諸制度を機能させているという点において、大衆やプロレタリアと同じ場に立つ。だから、フーコーは知識人を狭く限定しない。役人から医師、大学教師、精神科医、遺伝子学者まで、社会の諸制度における真理を屈折させる人物であれば彼／彼女は「特異な」知識人である。（四八）

このようなフーコーの「意図」をふまえれば、彼の「考古学」を現在から距離をとった知識人のディレッタンティズムに還元することはできないだろう。彼は、知の考古学が知そのものとなってしまうことをおそらく知っていた。それによる「屈折」をこそ、彼は目指したのである。権力の分析が新たな権力を生みださざるを得ないこと、過去の言葉が現在の言葉に取り込まれ現在の言葉として機能してしまうこと、過去を発掘することによって考古学は過去を現在化してしまう運命にあること、あるいは現在化された過去しかないと知ること、こうした事態の不可避性についての自覚が、彼の「考古学」作品に確信犯的、愉快犯的、義賊的な諧謔のトーンを与えている。

フーコーはアルチュセールの轍を踏むことを避けるために、「方法」そのものの提示を回避し続けた。「誕生」を発掘するフーコーの手法は、固定された過去としての誕生を明らかにしているのではない。そうではなく、まさにテクストが読まれることによって、そこに「誕生」が誕生するのである。過去の言葉は現在の言葉によって語られる以外にない。しかし、もし、発掘者が過去に最大限の敬意を払いつつ、かつ発掘作業にともなう毀損を畏れないならば、その時、過去は現在に吸収されて表現されながら、その過程において、ある軋み音を発する。それは、アルチュセールのように「方法」だけを語っているかぎりでは、決して聞こえてこない軋み音である。前期のフーコーは、「過去」の考古学的な発掘の作業を提示する手法で、この軋み音を響かせることに集中した。

フーコーの思想は、前期の「知の考古学」から後期は「権力の系譜学」へ向かったと言われる。それは要約すれば、他者や異常を排除する境界付けとしての権力概念から、近代人たる人間を主体としても客体としても形成し生かしている権力概念への移行だと言われる。われわれが本書で考察してきた視点から見れば、西欧文化が追求する「知」はそれが哲学によるものであれ、科学によるものであれ、「意識」が「意識ならざるもの」を取り込み、織り込み、濾過したうえで成立する性質のものであり、「意識ならざるもの」の抑圧を本質とするものであることを、フーコーは、「知の考古学」や「権力の系譜学」といった方法で明らかにしようとした。彼が『狂気の歴史』（一九六一年）、『臨床医学の誕生』（一九六三年）、『言葉と物』（一九六六年）、『監獄の誕生』（一九七五年）、『性の歴史』（一九七六－一九八四年）といった著作群で緻密な手作業で描くのは、近代合理主義が非近代的なもの（狂気、性、生命、病、等々）を抑圧し、近代的な構造の中に取り込み、近代的な「生」としてそれらを形成しコントロールしてきた歴史である。フーコーのこうした仕事は、直接的な師弟関係で言えばアルチュセールへの批判であるが、伝統的なマルクス主義が資本主義批判ではあっても近代社会批判ではなかったことへの根本的な批判であると位置づけることができる。しかしフーコーは、「生命的なもの」を包囲するものの形態を浮き上がらせることには専念したが、ついに「生命的なもの」そのものにアプローチすることはしなかった。むしろ、その中心を避けるかのように「周辺」を問題にするのが、フーコー後期の「生－政治」（bio-politics, biopolitique）批判のスタイルであった。

フーコーが「生命的なもの」の周辺のみを問題とし、その中心に踏み込まなかった理由は明らかではないが、私見では、「生命的なもの」を人間の内に認めることへの畏れが西欧文化に深く根付いていることが一因ではないかと考える。本書の第一章で考察してきたように、西欧文化、思想の系譜においては、人間的な生命は「知恵の樹」に依拠して考えられてきた。すなわち、理性こそ人間の生命であるという考えが形成されてきた。このような土壌があったために、二十世紀に「理性の陰り」（eclipse of reason）（四九）が語られるようになったとき、非理性的なものを積極的に語る発想が登場しえなかったのではないだろうか。非理性的なもの、生命的なもの、「地」のエレメントが占めるべき中心は、西欧思想ではいまだに空白である。

なお、筆者の言う「地」のエレメントというのは、いわゆる「身体」や「無意識」といった領域のことではないのかという疑念が生じるかもしれないのでこれに答えておく。

まず、「地」のエレメントは「身体」ではない。「地」=「普遍的な個体性」であるとヘーゲルは言っていた。「普遍的な個体性」という語からは、身体を想起しやすい。筆者もそれは身体ではないかと考えていた時期もあった。しかし、第三章で行ったようにこの「普遍的な個体性」についてのヘーゲルの叙述を辿ると、それはいわゆる物理的な身体のことではないことがわかる。「普遍的な個体性」の成立そのものには、身体性はひとつの要素として大いに関わっている可能性がある。しかし、「普遍的な個体性」の成立の局面は、「意識」が「自己意識」になる局面であり、an sich な普遍性が für sich になる局面であり、動物的な意識が人間的な意識となる局面である。そのような「場」は、「身体」ではあり得ない。よく「精神としての身体」(五〇)ということが言われる。そのような身体性は、für sich になった「身体」であると言えるが、本書が問うているのはまさにそのような身体が für sich になるような「場」のことなのである。

また、「地」のエレメントはいわゆる「無意識」でもない。フロイトにおける「無意識」(das Unbewußte) 発見の意義はここであらためて強調するまでもないことであるが、フロイト的な「無意識」は意識の発生以後に下意識に抑圧されたものの総体を称している。フロイトの正統な後継者を名乗るラカンが「**無意識は言語**(un langage)**として構造化されている**」(五一)と主張するのは、意識の成立を前提として無意識を考えているからである。筆者が考えている「地」のエレメントは「意識」の成立以前からあるものであり、「意識」の成立以後もあるものである。それは、意識成立の際の構造化に際して、「意識−無意識」構造に織り込まれるものである。フロイト−ラカンの「無意識」には確かに「地」のエレメント的なものも含まれているだろうが、彼らの思想には、意識成立以前、すなわち「意識−無意識」構造の成立以前を語るモメントがない点に限界がある。この限界は、精神分析が「治療」を目的とするためにもたざるを得ない限界である。ただし、コジェーヴの欲望の反射、同化の概念から影響を受けたと考えられるラカンの「鏡像段階論」から生まれた「想像的なもの」(想像界、l'imaginaire)についての理論には、ヘーゲルの「地」のエレメントが継承されていると考えられる。しかし、これを検討する場合には、ラカンの「想像的なもの」から「象徴的なもの」(象徴界、le symbolique)へというベクトル、「象徴的去勢」(castration symbolique)へのベクトルを相対化した上での論考が必要だろう。ラカンは「象徴的去勢」は、誰でも一度だけ幼児期に経験するものであり、それが不全なのは精神病者だけであると考えているきらいがあるが、日本人的な自我のありようを見ても、ラカンの前提には西欧的な偏向があると言わざるを得ない。日本社会においては「想像的なもの」、すなわち「生命的なもの」の去勢の度合いは、西欧社会よりもずっと低いように思われる。

（五二）　以上、簡単にではあるが、ヘーゲル『精神現象学』の「意識」を主役とする「方法」へのマルクスの批判を検討し、そこでは「類的本質」として「地」のエレメントが語られうる契機があったにも関わらず、その後のマルクス主義とそれを乗り越えようとしたポストモダン思想の展開が「類的本質」の領域を積極的に語る方向には進まなかったことを確認した。「地」のエレメントとの直面を避けようとする西欧諸思想の軌跡を辿ることで、われわれは「地」のエレメントがどのような境位であるのかを、いわば消去法的に明らかにしてきた。われわれが到達するのは、生命的なものの原理はわれわれ自身の内に、意識ならざるもの、非理性的なものとして見出されるべきだという結論である。

本節では初期マルクスのヘーゲル批判を評価したが、初期マルクスはともかく、史的唯物論ではこのような結論には到達しえない。史的唯物論は、「類的本質」を歴史のいかなる時点でも現実に実現されたことのない、観念的な架空と考えるからである。「マルクス主義」には西欧思想における、ロマン主義後に起きた啓蒙主義の揺り戻しの側面がある。本書があくまでマルクスの観点からヘーゲルを論じるのではなく、西欧思想における生命論の文脈をふまえた上でヘーゲルを論じたのは、以上のような理由からである。

六　結論としての仮説

われわれは、目覚めたときには、個的な意識をもってしまっている。だから、「意識」が先にあるものとつい思ってしまう。しかし、意識が先であると考えている限り、われわれの生活は終りのない無限のプロセスとなる以外にない。われわれの生が陥るこのような構造を、われわれはヘーゲル『精神現象学』の有機体論から学ぶことができる。

現代の社会は、終りのない無限のプロセスを肯定する思想に満ちている。そのこと自体の是非はここでは問わない。しかし、もし、われわれが終りのないプロセスに落ち込んだ生に疲れ、そのような生が一つの現象として生じることそのものの構造を知りたいと思うならば、その時は、われわれは意識から考えることをいったん停止し、「意識ではないもの」に意識を向けなければならないだろう。先にも述べた通り、筆者はそれを、いわゆる「無意識」だとは考えていない。筆者が想定しているのは、コジェーヴに依拠して述べた「欲望の共反射」とでも呼ばれうる次元のことである。この次元を具体的に語ることが、「地」のエレメントを具体的に語ることである。

ヘーゲル『精神現象学』の有機体論は、「地」のエレメント＝「普遍的な個体性」という、意識にはなじまないもの、意識化を拒むものの作用が、有機体という「過程としての対象」を生み出すことを説明していた。この洞察は、無限のプロセスに落ち込んだわれわれの生の構造に切り込んでいくのに有意義であろう。しかしながら、先に述べたように、ヘーゲルには哲学による学問の基礎付けを意識の否定作用によって行うという動機があったため、「地」のエレメントの内実は検討されないままに終わった。われわれはそれを、『精神現象学』においてヘーゲルの哲学が描くカーブの「極限」として見出すことができる。その具体的な検討は、本書が行った『精神現象学』有機体論の分析を前提に、ヘーゲル自身が発生論的に意識の作用を考えようとしていた「イェーナ体系構想」、『精神現象学』の意識主義を批判したマルクス『パリ手稿』、欲望の共反射を軸にヘーゲルを読んだコジェーヴ、そのコジェーヴの仕事を精神分析の問題意識によって継承したラカンらの理論を補助線として、われわれ自身の手によって行われなければならない。西欧思想が空白の中心としてきた「地」のエレメントの周囲を固めるそのような緻密な道具立てと、生命的なものが容易に露頭しやすい日本的な土壌の組み合わせは、新たな思想を生む可能性がある。生命論のコンテキストに即してヘーゲル哲学のベクトルを分析した本書の仕事は、そのための準備作業にあたる。

　生命的なものの根源は、「意識ならざるもの」、「非理性的なもの」、「地」のエレメントとして、われわれ自身の内に見出される。それは、西欧思想の伝統が長い間抑圧し、その上に近代社会を築いてきたところの「生命の樹」である。

　以上が、『精神現象学』有機体論の解読を通して筆者が到達した「結論としての仮説」である。

【註】

（一）サン＝テグジュペリ『人間の土地』堀口大學訳、新潮文庫、一九五五年、冒頭（Antoine de Saint-Exupéry, *Terre des hommes*, 1939)

（二）パスカル「パンセ」二〇六節、前田陽一責任編集『中公バックス世界の名著29 パスカル』一九七八年、一五六頁 (Blaise Pascal, *Pensées*, 1670, § 206)

（三）野尻英一「J・デューイ倫理学における進化論の受容について」早稲田大学第一文学部『人文論選第６号』所収（一－一八頁）、一九九七年を参照。

（四）John Dewey, *Reconstruction in Philosophy* (1920), The Collected Works of John Dewey 1882-1953, Middle Works:vol.12, Electric edition from InteLex Corp., 1996, p.118 ［野尻訳］

（五）ジャン＝フランソワ・リオタール『ポスト・モダンの条件』小林康夫訳、水声社、一九八六年（Jean-François Lyotard, *La condition postmoderne*, Les éditions de Minuit, 1979)

（六）丸山真男『日本の思想』岩波新書、一九六一年、一五六－一五七頁

（七）John Stuart Mill, *Auguste Comte and positivism (1865)*, p.86-87 [Reprint: N. Trübner. 1866]

（八）富永健一『行為と社会システムの理論――構造－機能－変動理論をめざして』東京大学出版会、一九九五年、一〇三－一二七頁

（九）Niklas Luhmann, *Essays on Self-reference*, Columbia University Press,1990, pp.179-180 ［野尻訳］

（一〇）*ibid.*, p.117 ［野尻訳］

（一一）河本英夫『オートポイエーシス　第三世代システム』青土社、一九九五年、一五八－一六〇頁

（一二）Niklas Luhmann, *ibid.*, p.114

（一三）カントやフィヒテ、シェリングとはちがい、ヘーゲルの『精神現象学』がシステム論に対して唯一、倫理的な問い（もしくは批判的な問い）を拓くことができるのは、ヘーゲルが『精神現象学』において「意識」をその主役もしくは語り部としているからにほかならない。そもそも、「意識」（Bewußtsein）は哲学史的には、デカルトの思惟に端を発し、カントが超越論的意識（transzendentales Bewußtsein）、根源的統覚、または意識一般というかたちでドイツ観念論に定位したものと言えるが、すでにライプニッツにその原型がある。Bewußtseinというドイツ語もその弟子ヴォルフによるとされる。**「ライプニッツによると、たとえば海の波は一つ一つ小さな刺激をおくるが、それらは個別的にはわれわれによって気づかれない。ところがそれらが合成されれば気づかれるようになる。この気づく作用をかれは統覚もしくは意識と名づけたのである。……ライプニッツは意識の「気づく」という面を強調し、その弟子ヴォルフはとくにその「弁別する」という面を強調してBewußtseinというドイツ語を創始したといわれる**」（平凡社『哲学事典』一九七一年、「意識」の項より）。上記の定義によれば、ライプニッツのいう「気づく」というのは統一のことであろう。統一と弁別（区別）というのは弁証法的反省の契機であるから、すでにここにヘーゲルの弁証法、および彼の「意識」の原型があると見ることもできる。しかし、そのように哲学史的に説明することは、ヘーゲル固有のプロブレマティークを歴史の進行に紛れさせてしまうことになろう。デカルトやイギリス経験論において、またライプニッツ、ヴォルフにおいて、「意識」は機能的にしか注目されない。フッサールにおいては、意識はそれ以上遡行不可能な根源的始点と化している。実存主義はどうであろうかと言えば、意識が始点であるだけでなく終点ともなっている。一方、カントにおいては「この私の意識」が統覚というかたちで重視されるが、同時に認識論的にはあくまで悟性の統括機能として後景に退けられる。この後景として退けられた意識が「意識一般」または「超越論的統覚」という脱色を経由しつつ、実践理性批判では理性として前景に、判断力批判では判断力として中景にと所を変える。機械の設計図を組むがごとく、認識論、道徳論、目的論とそのつど適した位置に意識の作用を据えるカントの手法は巧みであるが、その使い分けに詐術めいたものを感じる人間もいる。このような使い分けをしている限り、「この私の意識」の特権性というものは浮かんでこない。もっともその浮かんでこないという点こそ、カントの目論見そのものであったと言えるだろう。「この私の意識」を認識論を経由して脱色しながら抽出し、理性的な道徳判断へと導く、これがカントのやりたかったことである。一方ヘーゲルは、「この私の意識」の卑小さにこだわっていただろう。彼のキリスト教への関心は、ひとえに「この私」という卑小な存在者がどのようにしたら絶対者に関わることができる存在に昇華できるのかという問題意識をあらわしている。この問題意識が、体系にとって意識は泡沫のようなものでありながらその意識を経由してこそ体系は真の体系たりうるという『精神現象学』の立場を生みだしただろう。生み出された体系（ニュルンベルク時代以降の『エンチュクロペディー』など）では、意識とは主観的精神における身体や魂という低次の段階と精神という高次の段階の間に位置づけられる。これは対象化された意識と言えるだろう。もともと『精神現象学』でも「意識の諸形態」が示されるのは理性章までで、その後の精神章以降は「世界の諸形態」を扱うとヘーゲルは述べている。ニュルンベルク時代以降、この意識を理性までと限る傾向は明確化される（弘文堂『ヘーゲル事典』一九九二年、「意識」の項、渡辺二郎）。このことは、ヘーゲルが『精神現象学』以降、「形而上学」へのベクトルをいっそう強めていったことを意味するだろう。

（一四）Michel Foucault, *Les mots et les choses*, Éditions Gallimard, 1966

（一五）Michel Foucault, *Naissance de la clinique*, Presses Universitaires de France, 1963

（一六）市野川容孝『身体／生命』岩波書店、二〇〇〇年、六八－六九頁

（一七）以下を参照：エルンスト・マイア『マイア　進化論と生物哲学』八杉貞雄ほか訳、東京化学同人、一九九四年（Ernst Mayr, *Toward a new Philosophy of biology*, The Belknap Press of Harvard University Press, 1988）。ピーター・J・ボウラー『進化思想の歴史』鈴木善次ほか訳、朝日選書、1987年（Peter J. Bowler, *Evolution The history of an idea*, The University of California Press, 1984）

（一八）市野川容孝、前掲書、六七頁

（一九）木村資生『生物進化を考える』岩波新書、一九八八年、六四－六八頁

（二〇）Richard Dawkins, *The Selfish Gene* (1976), Oxford University Press[1989 ed.].　真木悠介『自我の起源』岩波書店、一九九三年。

（二一）小林一三「遺伝子共生システムとしての生命」『日本進化学会2006年大会プログラム・要旨集』日本進化学会、二〇〇六年、二八頁

（二二）http://en.wikipedia.org/wiki/Image:Leviathan_gr.jpg

（二三）「ヨーロッパの移植事情」（http://www.medi-net.or.jp/tc-net/tc_1/1_4.html）

（二四）二〇〇九年に日本の「臓器の移植に関する法律」は、移植率を上げることを主眼として、改正が可決された。改正法は、二〇一〇年七月より施行される（「二〇〇六年三月三一日第一六四国会衆法第一四号」、http://www.shugiin.go.jp/itdb_gian.nsf/html/gian/honbun/g16401014.htm）。この改正においては、本人の「拒否」の意思表示がない場合、家族の同意のみで臓器の移植が行なえることとなり、移植の条件は大きく緩和された。この改正に、日本国民のどのような意思や考えが反映されているのかを読み取ることは、ひとつの解釈とならざるを得ないが、筆者の管見では、こ

の改正は、臓器という貴重な公共財を最大限活かそうという欧米流の「推定同意」の考え方の方向で条件一（本人の同意）が緩められたというよりは、むしろ、条件二（家族の同意）の効力により重きが置かれ、家族の決定権が本人のそれを侵食したという印象がある。もちろん、改正法下でも、本人の明確な「拒否」の意思表示があれば、それを家族の決定が覆すことは出来ない。しかしながら、改正後も、日本の移植法は、一九九七年の原形を残している点が特徴であり、それは家族の拒否権がある点である。すなわち、従来と同じく、本人が移植に同意の意思を表示していたとしても、家族が拒否をすれば、移植は出来ない。筆者の計算に誤りがなければ、結果として、移植の拒否においても、同意においても、家族の意思決定が事を左右するケースが全体の4／6（すなわち2／3）という比率になっている。改正前は、2／6（すなわち1／3）であったから家族の意思決定の効力は倍増した。本人の意思で事が決まるのは、残りの2／6（すなわち1／3）、つまり本人が移植「拒否」の意思を明確に表示していた場合のみである。さらにつけ加えて言うと、この改正は、本人の臓器提供の意思表示のオプションとして、「親族への優先提供の意思表示」を設けた。自分の臓器を他人ではなく、親族に優先的に提供してほしいという意思表示を本人は行うことができる。これが日本の臓器移植法である。これらのことは、個人の身体がある意味では家族のものであるという感覚を日本人が多く共有しているのではないかという筆者

の考えを裏付けるように思える。

（二五）石塚正英ほか監修『哲学・思想翻訳語事典』論創社、二〇〇三年、「生命・生」の項より。

（二六）鈴木貞美「『大正生命主義』とは何か」、鈴木貞美編『大正生命主義と現代』河出書房新社、一九九五年所収

（二七）鈴木貞美、（同右、一四頁）

（二八）F.W.J. Schelling, *Abhandlungen zur Erläuterung des Idealismus der Wissenschaftslehre*, 1797, [SW I, S.386]［野尻訳］

（二九）*ibid.*, [SW I, S.387]［野尻訳］

（三〇）F.W.J. Schelling, *Ideen zu einer Philosophie der Natur als Einleitung in das Studium dieser Wissenschaft*, 1797, [SW II, SS.55-56]［野尻訳］

（三一）エーリッヒ・フロム『正気の社会』（世界の名著76『ユング・フロム』所収）加藤正明ほか訳、一九七九年、中央公論社、二四六頁（Erich Fromm, *The Sane Society*, Rinehart & Company, Inc., 1955）

（三二）G.W.F.Hegel, *Enzyklopädie der philosophischen Wissenschaften II*, 1830 [Suhrkamp, Bd.9], S.360[§341]（G・W・F・ヘーゲル『自然哲学・下巻』加藤尚武訳、岩波書店、一九九九年、四六四頁）

（三三）*ibid.*, S.344-345[§339]（同右、四四四頁）

（三四）G.W.F.Hegel, *Phänomenologie des Geistes*, 1807 [Suhrkamp, Bd.3], S.144（G・W・F・ヘーゲル『精神の現象学』金子武蔵訳、岩波書店、一九七一年、一八〇－一八一頁）。［訳修正］なお、この箇所の金子訳には、「この普遍的で自立的

な自然」(Diese allgemaine selbständige Natur)を自己意識ではなく周囲の自然環境のことであると解釈しているなど、問題がある。このため、この箇所の訳は数カ所にわたって修正している。

(三五) Alexandre Kojève, *Introduction à la lecture de Hegel* (1947), Gallimard, 1980, p.12(アレクサンドル・コジェーヴ『ヘーゲル読解入門』上妻精ほか訳、国文社、一九八七年、一三頁)

(三六) *ibid.*, p. 13(同右、一五頁)

(三七) Jacques Lacan, *Le stade du miroir comme formateur de la fonction du Je* (1949), *Écrits*, Éditions du Seuil, 1966(ジャック・ラカン「〈わたし〉の機能を形成するものとしての鏡像段階」『エクリⅠ』宮本忠雄ほか訳、弘文堂、一九七二年)

(三八) Karl Marx, *Ökonomisch-philosophische Manuskripte: Heft I*, Karl Marx: Werke・Artikel・Entwürfe März 1843 bis August 1844 [MEGA, Erste Abteilung, Bd.2], Dietz Verlag, 1982, S.240-241(カール・マルクス『パリ手稿』山中隆次訳、御茶の水書房、二〇〇五年、八二頁)[訳修正]

(三九) *ibid.*, *Heft III*, S.414(同右、一八四―一八五頁)

(四〇) *ibid.*, S.414(同右、一八五頁)[訳修正]

(四一) *ibid.*, *Heft III*, S.414(同右、一八六頁)

(四二) Karl Marx, Friedrich Engels, *Die deutsche Ideologie 1845-46*, [MEW, Bd.3, 1958], Dietz Verlag, 1990(K・マルクス/F・エンゲルス『【新版】ドイツ・イデオロギー』花崎皋平訳、合同出版、一九六六年)。『ドイツ・イデオロギー』の編集・出版に関しては複雑な事情があるが、「交通形態」「普遍的な諸個人」等の用語については、花崎皋平訳に依拠して引用した。

(四三) *ibid.*, S. 35

(四四) 以下の著作を参照。Louis Althusser, *Pour Marx*, François Maspero, 1965. 廣松渉『マルクス主義の地平』(一九六九年)、講談社学術文庫、一九九一年。廣松渉『増補マルクス主義の成立過程』至誠堂、一九八四年。

(四五) Louis Althusser, *ibid.* アルチュセールの「重層的決定」(surdétermination)は、もともとフロイトが『夢判断』で使用した概念である。ドイツ語では Überdetermination 英語では Overdetermination である。その語義は哲学事典によるとこうである。**「フロイトによれば、夢の顕在内容は潜在内容を一種の象形文字で翻訳した判じ絵であり、この翻訳(夢作業)過程で、複数の潜在内容が「圧縮」されたり、その力点が「移動」したりする。それゆえ、潜在内容は顕在内容よりもはるかに豊かで、『夢内容(顕在)の個々の構成要素は夢思想(潜在内容)によって重層的に決定されている』のである。同じことが無意識全般にも妥当し、無意識は単一の要素でなく、それぞれが異なった意味連鎖のなかで編成された複数の要因によって重層的に決定されている(『夢判断』)。**

アルチュセールはマルクス主義における社会的全体、矛盾の概念の特質を明らかにするためにこの用語を借りる。

ヘーゲルの社会的全体が精神という内的統一原理によって決定されているのにたいして、マルクスにおいては社会的全体は相対的に独立した諸審級によって重層的に決定されている。上部構造は下部構造の現象、表現でなく、それに固有の効力をもつ構造であり、下部構造に還元することはできない。それゆえ諸矛盾は経済的矛盾に還元されないし、『経済的弁証法は純粋状態で作用するものではない』。［後略］」（『岩波哲学・思想辞典』岩波書店、一九九八年「重層的決定」の項［阪上孝］より）

（四六）ルイ・アルチュセール『不確定な唯物論のために』山崎カヲル訳、大村書店、二〇〇二年、一一四頁（Louis Althusser, *Sur la philosophie*, Gallimard, 1994）

（四七）ミシェル・フーコー「知識人の政治的役割」西山雄二訳 [http://www.h6.dion.ne.jp/~kazu-t/Lamitie/vol1/07/nishiyama-f.vol1.no3.htm](Michel Foucalt, *La fonction politique de l'intellectuel* in: Dits et écrits III, pp109-114, Gallimard, 1994. [in: Politique-Hebdo, 29 novembre-5 décembre 1976, pp. 31-33)

（四八）http://www.h6.dion.ne.jp/~kazu-t/Lamitie/vol1/07/nishiyama-f.vol1.no3.htm

（四九）マックス・ホルクハイマーの書名による。(Max Horkheimer, *Eclipse of Reason*, Oxford University Press, 1947)

（五〇）市川浩『精神としての身体』講談社学術文庫、一九九二年

（五一）ジャック・ラカン「日本の読者によせて」、『エクリⅠ』宮本忠雄ほか訳、弘文堂、一九七二年、Ⅲ頁

（五二）前章の註九八で、日本の吉本隆明の思想に言及したが、吉本の『共同幻想論』における「対幻想」領域への洞察は、日本という土壌において、ラカンのいう「想像界」の働きが西欧の文化社会における去勢状態とは異なった存続の仕方をしていることへの洞察であると読むべきだろう。簡単に言えば、ラカンにおいては象徴的去勢が幼児期に一回のみ起こる出来事であると考えられており、われわれが気がついたときにはそれは取り戻すことが不可能な過去に属するものであると考えられているが、それは本当にそうなのか、ということである。筆者は日本社会においては、象徴的去勢は表層的なものであり、つねに一つの運動として成立しつつある、あるいは失敗しつつあるものとして捉えられるべきではないかと考えている。すなわち、象徴的去勢を一つの構造的なプロセスとして解析する視点である。吉本の「対幻想」領域をヘーゲルの「否定性」、「地」のエレメント、ハイデガーの「存在」、コジェーヴの「欲望」、ラカンの「想像界」とつなげて現代の倫理的思考へと接続することは可能である。たとえば、法哲学者ドゥルシラ・コーネルは、『イマジナリーな領域』（一九九五年）において、フェミニズム法哲学・倫理学の立場から、主体が成人となった後にも、性的・社会的なアイデンティティの形成と維持に「想像界」が果たし続ける働きに注目し、想像界＝イマジナリーな領域の権利を保護することで、男／女の二項対立を超えた法理論が可能であると考えている。ドゥルシラ・コーネル『イマジナリーな領域――中絶、ポルノ

グラフィ、セクシャル・ハラスメント』仲正昌樹監訳、御茶の水書房、二〇〇六年(Drucilla Cornell, *The Imaginary Domain: Abortion, Pornography, & Sexual Harassment*, Routledge, 1995)。

終章

そりゃ、おかみさん、女はまるっきりちがいますわな。女というものがどこで始まって、どこで終わるか、それがわかってる者がどこにいます？　いいですかね、おかみさん、このわしも根を持っている。その根はこの島より深く、海より深く、大地が持ちあげられたときよりもっと昔にさかのぼり、ついには闇の世界に帰っていく。……月の生まれるより早くわしはいたのよ。わしが何者かだって？　誰にもわからん。女が何者かだって？　誰にも答えられん。力を持った女って？　女の力ってなに？　そんなことは誰にもわからん。木々の根より深く、島々の根よりも深く、天地創造より古く、月よりも歳《とし》がいってるんだでな。闇にものをきくやつがどこにいる？　闇にその名をきくやつがどこにいる？

——アーシュラ・K・ル＝グウィン（一）

一　かくも遠大なる迂回

河合隼雄は『影の現象学』（一九七六年）で、ドイツ・ロマン主義の詩人シャミッソーが一八一六年に発表した「影を失くした男」の物語（『ペーター・シュレミールの不思議な物語』）を皮切りに、未開人にとっての「魂としての影」や、近世社会における「影の病」、現代社会における二重身（ドッペルゲンガー）の経験をユングの深層心理学に倣って読み解き、「影」とは自我をささえ自我にエネルギーを与えている「普遍的無意識」の投影であると論じる。自我は「普遍的無意識」の大洋に浮かぶ小島のようなものである。河合隼雄はユングに倣って「地《じ》」としての普遍的無意識、「図《ず》」としての個的自我という構成を考えている。自我の見る「影」は、自我の根底にあり自我を支えているものが、自我を通して自我の前方に映写された像なのである。この「影」、正確には影の源である「普遍的無意識」が自我に深い洞察力や豊かな創造性を与えていると言う。『影の現象学』はたいへんに示唆に富む書物であるが、その講談社学術文庫版の「解説」で遠藤周作は、この本を読み終わったときに何とも言えぬ充実感と悦びを味わったと述べている。

> **私は無意識とは、暗黒の、ドロドロとした、そして罪の母胎のような領域と思っていた。……私が学んだ西欧の基督教伝統では、理性的ならざるもの、意識的ならざるものはむしろ排斥される傾向があった。必然的に無意識はなんとなくおぞましいもののように思われていた。**（二）

河合隼雄の著作に触れるまえ、遠藤周作は自分の心の奥底にある「影」の部分に悩まされ、自分は二重人格ではないかと自己を嫌悪していたという。『影の現象学』によって多重性こそが人間の心の構成そのものであることを知り、フロイトとは異なりユング派の河合が無意識の創造性を強調していることに触れて、視野を広げられたと遠藤周作は語っている。これは一例にすぎないが、西欧のキリスト教に基盤をおく文化が、いかに「非理性的なもの」「意識ならざるもの」を忌み嫌うかを示す一例である。本書では、「地」のエレメントと呼んできたが、人間のもつこの領域を語ることはどうやら西欧文化の伝統においては地獄の釜のフタを開けるようなものであるらしい。

本書の第一章で述べたように西欧では、「生命」と「非理性的なもの」は同じものではない。むしろ「生命的なもの」は「理性的なもの」として理解されているのである。もちろん、いわゆる理性、知性、悟性、分析的思考の類いとは異なったものとして、感情や情動の類いが人間精神のもつ「生命」の重要な要素として強調されることはある。本能や身体を強調する思想が現われたこともしばしばあった。しかしその場合でも、西欧では、そこにつねに理性によるフィルタリングがかかっている。この日本人にとってきわめてなじみがたい西欧的な「生命」の観念を解読しなければ、西欧の哲学がその中心に強固にもっているベクトルを理解することはけっしてできない。

このような考えにもとづき、この論考はヘーゲルの有機体論を論じるのに、旧約聖書の「知恵の樹」と「生命の樹」の話しから始めた。これはずいぶんと迂遠な手法であるが、ヘーゲル有機体論の西欧思想史におけるポジションを見極め、それが現代日本に生きるわれわれとどうかかわるのかを説明するために、そうすることを余儀なくされた。人間が自然との一体性から離反し、人間的な世界へ歩み入ったことを、旧約聖書は「知恵の樹」の実を人間が食したためと説明した。その時に、人間は「生命の樹」に近づくことを禁じられ楽園を追放されたのだというのが古代ユダヤ教の教えである。キリスト教は、この物語を、知恵を通じて生命に至るという話に変形した。これを母胎として、理性を中心に人間を理解する近代西欧の思想が生まれる。その頂点がいわばカントであり、カントにおいては有機体は理知的な構成物であり、人間の道徳能力の投影であった。しかし、ヘーゲルにおいて明らかになったのは、有機体のごときものが見える事態の根底には「非理性的なもの」の噴出があるということであった。一般にロマン主義はこの趨勢を敏感に感じ取っていたのであるが、西欧社会において根源としての「非理性的なもの」が露頭したのはつかの間のことにすぎなかった。フーコーの言い方に倣えば、十九世紀以降、「生命」や「有機体」といった言葉がキータームとなるのは、社会の構造がその根源にある「生命的なもの」を取り込み、制度を通じてコントロールし、社会の動力源とする包囲網が完成されたことを意味するのである。

人間に関する諸科学が諸生命科学の自然的延長線上にあらわれたとすれば、その理由は、人間科学が生物学的な基盤をもっているからではなく、医学的な基盤をもっているからなのである。その根源的構造の中に再発見されるのは、病める人間に関する考察であって、生命一般についての考察ではない。その考察は統一の作業よりは区分の問題にむけられており、ポジティヴなものとネガティヴなものの対立ということに、完全に対応している。人間に関する諸科学の奇妙な性格はここから出てくる。つまり、これらの科学は、その発祥の地であるネガティヴなものから脱け出られないのに、一方ではまた、これらの科学が暗黙のうちに規範として位置づけるポジティヴなものにも結びついている、というわけである。ベルグソンに至るまで、ひとは人間に関する考察を、生けるものの大いなる統一の中に包みこんだが、それは以上の構造の単なる隠蔽にすぎないのである。(三)

これもまた、なんとも迂遠な表現であるが、ここでフーコーの言わんとしているところのものを本書にあわせて「翻訳」すると、だいたい次のようなことが言われている。十九世紀の初めに登場した近代社会の空間は、理性的なもの（ポジティブなもの）と非理性的なもの（ネガティブなもの）とを切り分け、非理性的なものを理性によって抑圧し、支配下におく構造を布置した。これは生物学というよりは、生をコントロールする医学の思想が基盤になっている。正常と異常、健康と病を切り分け、人間の生を制御しようとする思想である。この思想は、それ自体ポジティブでもネガティブでもない「生命」に「区分」を持ち込む。この近代の空間のダイナミズムの源は、ポジティブなものとネガティブなものを「区別」することにある。したがって、ネガティブなものはけっして消失したわけではない。消失してしまえば、ダイナミズムはえられない。それは抑圧され、隠蔽されることによって、この空間のダイナミズムに力を与える。この「力」を表現して、ベルクソンのような思想家は、大いなる生命としての人間活動をたたえる「哲学」を考えつくのであるが、それは近代的空間へダイナミズムをもたらしている構造への無知によるのである。そこには、抑圧されたネガティブなもの（非理性的なもの）をポジティブなもの（理性的なもの）のもとへ従属させ、ポジティブなもののもつ「力」へと変換する「ねじれ」がある。「生命」をたたえる「哲学」はこのねじれた構造を強化するだけである。このようにフーコーはベルクソンの「生の哲学」を批判しているのである。(四)

本書が説明しようとしてきた、西欧思想の「生命」論における「ねじれ」とは、上記のごとくフーコーの主張に要約されるものである。しかしながら、フーコーの表現は圧縮されており、またその問題へのアプローチ手法はことさらに迂遠である。西欧思想における「ねじれ」を西欧思想の伝統のさなかにありながら視覚化するには、確かに、莫大なエネルギーと周到な舞台装置とが必要であろうから、慎重な手つきもやむを得ないのかもしれない。西欧のねじれた事情になじみのない日本人にはフーコーの迂遠な表現がピンと来なくても不思議はないのだが、フーコーの著作が多くの読者を日本で得ていることの背景には、以下に述べるような二重にねじれた事情が存在するように思われる。

そもそも迂遠といえば、有機体の思想というものも日本人にはなじみのないもので、この解明を現代日本の社会を理解する足がかりとしようとすること、しかも西欧の有機体思想の中に西欧が抑圧してきた非理性的なものを見出そうとする本書の辿ってきた道筋は、フーコーに輪をかけて迂遠であるといえるのかもしれない。しかし、そうせざるを得ない事情があることも、第四章で説明したつもりである。日本の土壌においてわれわれは、おそらく欧米よりも「生命的なもの」に近しい。しかし、それでも、西欧近代社会の構造を社会の基幹として採用する現代の日本社会においては、「生命的なもの」にはさまざまな局面で抑圧がかかるだろう。社会が大きな変革を迎える節目に、その抑圧への反動として、「生命的なもの」が語られようとすることがあっても不思議はない。ところが、西欧ほど徹底して「生命的なもの」を「知」によって囲い込む伝統を持たなかった日本では、それを語る独自の言葉がない。そこで、欧米における「生命」の思想の諸形態から概念や用語を輸入してくる。概念や用語を借用するということは思想のもつ「構造」を借用することと等しい。すると、「生命的なもの」を理性化し近代社会の構造に織り込むベクトルをもつ西欧の思想を借用することによって、近しかったはずの「生命的なもの」からかえって遠ざかってしまうことになる。このような「転倒」を起こしてしまう現実が、われわれの状況としてある。西欧思想における生命論のコンテキストをふまえた上で、「有機体」を近代的な現象として論じたヘーゲルの思想を検討するという本書の遠大なる迂回の道のりは、この二重にねじれているとも言える、日本の「生命」をとりまく事情を切開するための努力であった。

本書が第四章の後半で述べた仮説としての結論では、西欧的な知の系譜において空白のまま措かれてきた「中心」にアプローチするための道具立てを挙げつらねた。しかし、ヘーゲル、マルクス、コジェーヴ、ラカン、フーコーといった道具立ては、すべてその「中心」に至るための「補助線」にすぎないといえるだろう。これら幾多もの補助線を周到に用意した上で、その中心にあるものを語るために、われわれは西欧哲学の知の系譜にはない言葉を探さなければならない。そうした言葉の片鱗は、ロマン主義の影響を受けたヘーゲルやシェリングにわずかに見られるが、その後、継承発展せられていないために未熟である。われわれには序章でとりあげたル＝グウィンのいう「夜の言葉」が必要なのである。より正確に言えば、「夜の言葉」とされているものを、「昼の言葉」としなければならない。われわれがやろうとしていることは、つまりは、西欧の知の系譜が「夜」と見てきたものを「昼」として見出すことだからである。この仕事を行うために、本書が提示した補助線は、ぜひとも必要な準備であった。なぜならば、こうした準備なく、これまでの知の系譜にない言葉をただ語っても、それは既存の構造に取り込まれ、構造を維持するための燃料として消費されるにすぎないからである。

本書は、基本的に西欧哲学の古典に依拠して考察をおこなう形式に則ってきた。ここから先に論を進めようとするならば、その路線を逸脱しなければならない。そのためには、緻密な道具立てと周到な舞台設定を別におこなう必要があろう。本書の本来の仕事はここまでである。となると、第四章でもそうであったが、結局、「地」のエレメントが何であるかについては、その外堀を埋めるだけで、それそのものについては最後まで語らないのか、という指摘もあるかもしれない。結局それについては何も具体的に考えていないのか、と言われることを避けるために、以下、筆者の考えている「地」のエレメントとは何かを述べておく。しかしながら、この新しい構想をこれまでの各章で行った考察へとフィードバックし再編成する仕事は本書の範囲を越える。したがって、以下はあくまで本論から逸脱した「挿話」であることを断っておく。

二　MタイプとFタイプ

端的に言えば、筆者はそれを「女性的なるもの」であると考えている。ただし、このように言うと多大なる語弊があるので、大急ぎでたくさんの説明を、しかも簡潔に付け加えなくてはならない。

「女性原理」なるものを扱おうとする試みは、思想の系譜においてこれまでにけっして登場しなかったわけではない。しかし、それを具体的に語る言葉が見出されてきたとは言い難いし、また、それが近代社会の構造に取り込まれてしまうことを避けるための補助線も用意されてこなかった。こうしたことから、「女性原理」を語る哲学の類いは、積極的に継承されるような成果を残せたことはないと言えよう。なによりも、「女性原理」という言い方をすると、男性にはないものであるかのように考えられてしまう点に困難があった。また、下手に男女の違いを強調すると、男女差別であるとの非難を受けるおそれもあり、人文・社会科学の領域では扱いが難しい側面があった。これは、フーコーが言うように、人文・社会科学こそがもっとも政治的なバイアスの影響を受けやすいことの一例であるが、自然科学の分野においては男女に違いがあるのは明白な事実である。男女が同じ存在であるという科学者がいたとしたら、科学者としての資質は大いに疑われることになろう。こうした点に、フーコーの指摘する通り、根源的な思考を標榜する「哲学」がもっとも強力な保守反動となってしまうという皮肉な事態がしばしば生じる事情があるのである。ところで、最近の脳神経科学における「発見」を受け入れれば、哲学と「女性原理」をめぐる事情は変わるかもしれない。

それは、いわゆる「男脳」「女脳」という用語とともに、アラン&バーバラ・ピーズ『話を聞かない男、地図が読めない女』(五)等の一般向けの書物のヒットによって人口に膾炙《かいしゃ》した「発見」である。『話を聞かない男、地図が読めない女』は、われわれが日常生活のさまざまな局面で経験する男女の考え方のすれちがいを取りあげ、その原因には、男女の脳の発達の違いがあると言う。これは、fMRI（functional MRI）によって脳の活動中の状態、具体的には脳のどの部分に血流が集中し活性化しているかを画像化することができるようになったことから徐々にわかってきたことである。その結果、男性と女性とでは、同じ事柄に取り組んだり、同じ対象を考えている時でも、脳の使い方が異なることがわかった。つまり同じものを見ていても男女でそのとらえ方は違うという、古来「同床異夢」と言われていたことが脳科学的に解明されたというわけである。かつては、左脳が言語や論理的推理など理知的な活動を、右脳が映像や音楽、感情など情動的な活動を担当するなどと言われたこともあった。この考え方だと、たとえば女性が右脳的ということになれば、女性は言語活動は不得意であるということになってしまう。しかし、実際には、女性のほうが男性よりもはるかに能弁であることが多い。障害や欠損の症例から推測して特定の機能を脳の部位に当てはめるという従来の研究手法では、「言語」のような複雑な活動についてわかることが少なかった。fMRI以前には、脳障害や死体の脳の解剖などから脳の機能を推理するよりなく、全機能している生きた脳の状態について「実験」することができなかったからである。fMRIを使うと、人がある活動をしているときに脳のどの部分が活性化しているかが一望できる。これによる実験や発達心理学の研究によってわかってきたのは、脳の各部分をどのように組み合わせて使うかという脳全体の「プログラミング」が男女によって大きく異なるということである。つまり、言語活動ひとつをとっても、男性と女性とで脳の異なった部位、異なった機能を組み合わせて行っていることがわかってきたのである。またこの男型脳と女型脳の違いは、どうやら、胎児が母親の胎内にいるある特定の時期に浴びるホルモンのバランスによって形成されるらしいということもわかってきた。

受精してから六〜八週間の胎児は性別がはっきりしておらず、性器は男女どちらにも発達する可能性がある。

社会科学のパイオニアであるドイツのギュンター・デルナー博士は、受精後六〜八週間で性的なアイデンティティが決まるという説を最初に提唱した人物だ。XY染色体を持つ胎児は、テストステロンをはじめとする男性ホルモンを大量に分泌する。精巣が形成され、男らしい特徴や行動が出るように脳が配線されていく。こうして、遠くまでよく見える目や空間能力など、ものを投げたり、狩りをしたり、獲物を追いかけるのに適した身体になるのだ。

XY染色体を持つ胎児が、男性性器を発達させるのに必要な男性ホルモンの量を1、男としての脳を作るのに必要な量を3としよう。理由はあとで説明するが、場合によってはホルモンが不足して、ほんとうは全部で4欲しいところなのに3しかないことがある。そのうち1は性器に使われるが、脳には2しか行かないため、足りない分は女の脳のままだ。この場合、女らしい思考パターンや能力を備えた男の子が生まれる。男性ホルモンが2しか出なければ、脳には1しか行かないから、肉体は男でも、脳の構造や思考はほとんど女という人間になる。思春期を迎えるころには、その子はホモセクシャルになっているだろう。〔中略〕

胎児の染色体がXXの場合、男性ホルモンが分泌されなければ女性性器が発達する。脳も女性ホルモンに応じて形成され、言葉や身ぶりによるメッセージを理解したり、家を守ろうとする能力を身につける。こうして生まれてきた赤ん坊は、見た目も中身も女の子そのものだ。しかし胎児期に何らかの事故で男性ホルモンを大量に浴びてしまうと、男っぽい脳の女の子になることがある。

〔中略〕

肉体上は男でも、大なり小なり女っぽい脳を持っている人は全体の一五〜二〇パーセント存在すると考えられ、その多くはゲイになる。

男の一五〜二〇パーセントは女っぽい脳を持っていて、女の約一〇パーセントは男っぽい脳の持ち主だ。(六)

この理論が示唆するのは、脳における性差と身体における性差はズレることがあるということだ。身体が男性であるからといって脳が男性型であるとはかぎらない。生物学上、したがって戸籍上の性が女性であるからといって脳が女性型であるとはかぎらない。しかし、統計的には、生物学的な男性は男性型の脳のプログラミングであることが多く、生物学的な女性は女性型の脳のプログラミングであることが多い。このように脳における性差というものを提唱することで、男女の精神における性差というものをもう一段、柔軟に説明する道具立てが得られたことになる。

男性が男性型脳であるとはかぎらないということになれば、そもそも「男性型脳」という言い方がおかしいということになろう。そこで、便宜的に本書では、男性型脳を「Ｍタイプ」脳、女性型脳を「Ｆタイプ」脳と呼ぶことにする。研究によってわかってきたＭタイプとＦタイプの脳の特徴は、「システム化」の能力と「共感」の能力とを軸に、次のようにまとめることができる。(七)

男性型の脳――システム化にすぐれた脳（＝Ｍタイプ）

Ｍタイプ脳の特徴は「システム化」(systemizing) の能力に優れた脳であることである。「システム化」とは物事の目に見えない構造（システム）を分析、検討し、システムのパターンを支配する隠れた規則を探り出そうとする衝動や、システムを構築しようとする傾向を指す。システム化がよくできる人は、物事がどのように機能しているのか、どのような規則に従ってシステムが動いているのかを直感的に見抜くことができる。そしてそれによってシステムに対する理解を深め、次の展開を予測し、あるいは新しいシステムを作り出す。

女性型の脳――共感にすぐれた脳（＝Ｆタイプ）

Ｆタイプ脳の特徴は、「共感」(empathizing) の能力に優れているところである。「共感」とはほかの誰かが何を感じ、何を考えているかを知り、さらにそれに反応して適切な感情を催す傾向である。相手が考えていることや感じていることをただ機械的に推測すること（これはマインドリーディングと呼ばれることがある）を共感とはいわない。推測するだけの能力ならサイコパス（反社会的な人格障害）と呼ばれる人々にもある。他人の感情が引き金になって自分の中にも何らかの感情が生じたとき、初めて共感するに至ったといえる。そしてそれは他人を理解したい、その行動を予測したい、相手と感情的な結びつきを持ちたいという動機で起こる感情的な反応である。

実際に、自分がＭ／Ｆどちらのタイプに属するのかは、アラン＆バーバラ・ピーズやサイモン・バロン＝コーエンの書物に掲載されている「テスト」を行ってみればすぐにわかる。テストの結果は多くの人の場合、経験的な自己了解とも一致する。

筆者はアラン＆バーバラ・ピーズの書物が広く受け入れられた理由は、ポップな題名とは裏腹に意外に「科学」としての手続きに優れていたことにあるのではないかと考えている。この書物は、われわれが日常において経験する男女の差異から来る摩擦の場面をじつに鋭い観察力で描写している。煩雑になるのでそれらを例示することはしないが、異性と暮らしを共にしたことのある者ならば、たいていはうなずくことのできる、よくある男女のすれ違いのさまが描かれている。一部、米国と日本という異なった文化や生活習慣による違いはあるものの、そこに描かれている経験の多くは、現代社会に生きる男女にとっては洋の東西を問わず、普遍的なものであるといっても良い。アラン＆バーバラ・ピーズはこの「観察」を、最新の脳科学による「理論」によって解釈している。脳科学はまさに今、急激な速度で発達しつつある分野であるから、当然、その「理論」には今後、改変もあれば転回もあるだろう。しかし、「観察」の部分が妥当であれば、それはわれわれの経験的事実であるから揺らがずに残るだろう。経験的事実の解釈は、理論の発達によってより深化することが考えられる。一方この書物の成功には、逆に言えば、脳科学による「理論」の発達がわれわれの経験を分節化するのに有用な「観察」の手段を提供したという側面もあるだろう。

当然のことであるが、われわれの「性」（セクシャリティ）には、身体や脳における性差に加えて、文化・社会による方向づけも影響している。したがって、今後われわれのセクシャリティの問題は、下図のように三層構造でとらえられるべきだということになるだろう。**（図19）**

これらの各層が、一致して同一のタイプでそろうとはかぎらないし、また各層のMタイプ／Fタイプへの偏りも個人によって異なるということになる。われわれのセクシャリティの問題の複雑さはこうした重層構造に起因すると言える。

さて、筆者が考える、西欧近代の哲学がとらえ損ねてきた空白としての中心である「女性的なもの」とは、Fタイプの「共感」（empathizing）の能力の源となっているもののことである。これを仮に、「共感性」（empathyness）と呼ぶこと

（図 19）Mタイプと F タイプの層構造

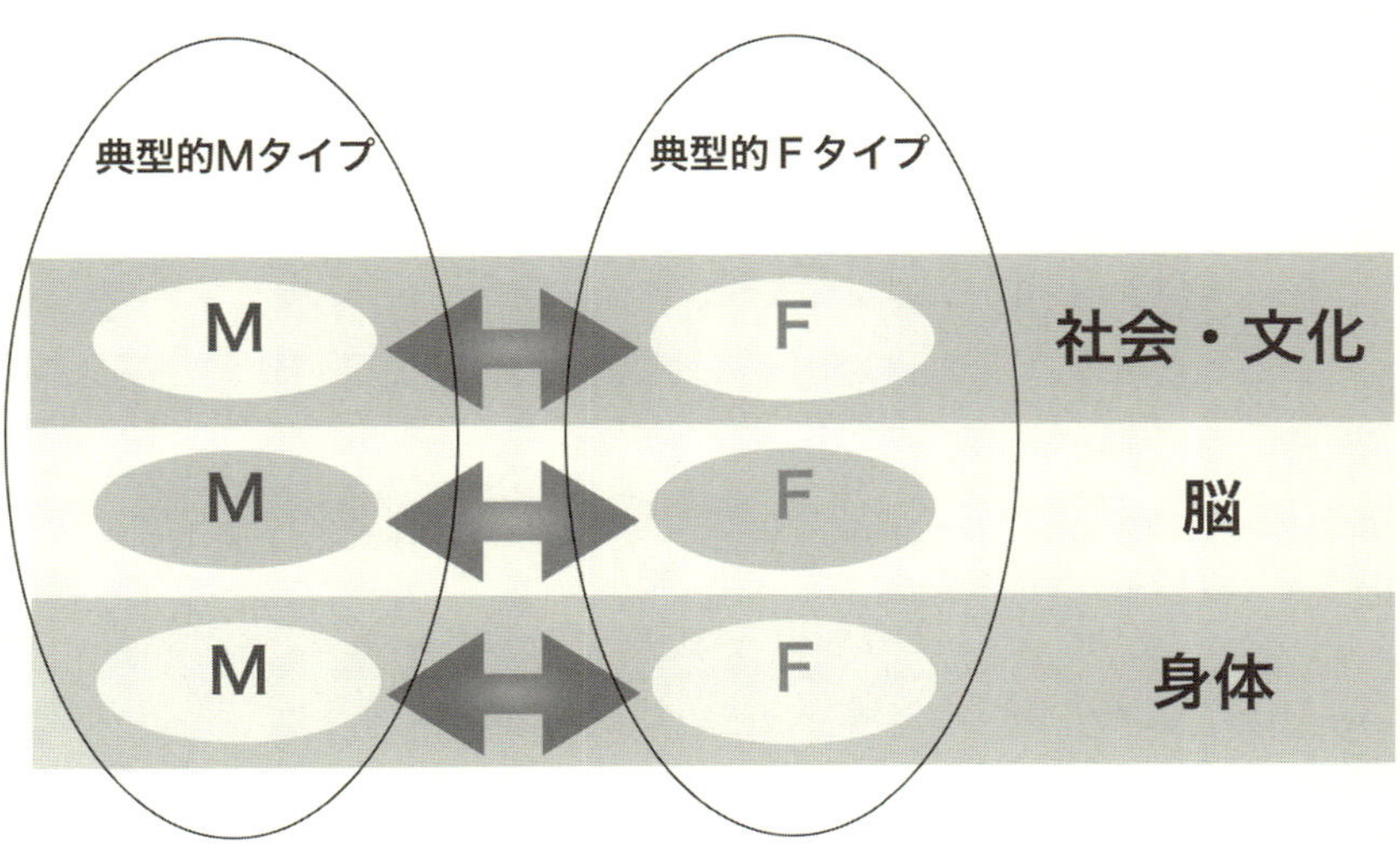

にするが、これが、ヘーゲルの言う「地」のエレメント、コジェーヴの言う欲望の共反射（共反応性）の次元、ラカンの言う「想像的なもの」の領域ではないかと考えられる。このように言うと、すでに哲学においてもそれをとらえる態勢ができているかのように思われるが、ここで述べているような脳科学におけるFタイプの能力と、欲望の共反応性とを結びつけて論じる哲学説は、まだ現れてはいない。

「共感」というと、感情面での同調にかぎられるような語感があるので、より適切な用語の発明が俟《ま》たれるが、それはたんに相手が悲しいときにそれに同情するというような反応にとどまらない。それは、目の前の相手の感情を自分の感情とし、相手の欲望する欲望に共鳴し、相手の視点に転移する能力のことである。これは、おそらくは社会性ほ乳動物として人類が集団生活を維持するために発達させてきた能力であり、人類史的には、いわゆる「理性」よりも古くから人類社会を形成する重要な基幹能力としての役割を果してきたと思われる。「理性」を「知恵の樹」とするならば、この「共感性」が「生命の樹」であると言えるだろう。

ここで哲学的な厳密性を期すために、筆者は、いわゆる「共感」（empathizing）の能力と、「共感性」（empathyness）とを区別しておこうと思う。これは、本書で展開される理論が批判的理論であるために必要な概念的な操作である。脳科学や、この後に見る自閉症研究の分野における知見が示すように、われわれ人類の脳が他者の視点に転移する能力を資質として備えていることは確かであろう。この資質そのものを「共感性」（empathyness）と呼んでおく。一方、そうした資質をベースにわれわれが日常生活において発揮するいわゆる「共感の能力」（empathizing ability）は、当然ながら、そこに時代的、社会的、文化的な諸条件が作用して構成されたものである。構成される以前の原的資質と、構成された結果を区別しておくことは、必要な手続きである。社会的、文化的な構成物を原的な、「実体的なるもの」として指し示してしまう「顛倒」に陥る危険性には、つねに十分な注意が払われなくてはならない。たとえば、フーコーが「知の考古学」や「権力の系譜学」といった手法をとるのは、彼がこの危険性を十分に認識していたからである。

われわれは、たとえば、「共感力」を新しい時代のニューコンセプトとして語るような哲学に陥ることは避けなければならない。それでは、結局のところ、スーパーコンセプトとして「生命」を唱えるようなことと変わりがなくなってしまう。われわれが為すべきは、「生命的なもの」が「生命」の理念として構成され、「共感性」（empathyness）が「共感の能力」（empathizing ability）として構成されるところの構造を明らかにすることなのである。

ところで、大きく言って、近代西欧の哲学、否、古代ギリシャ以来の西欧の知の系譜は、この「共感性」を軽視し、抑圧してきたと言えるのではないだろうか。それは、この「共感性」を「理性」に従属させることによって、西欧型の文明が発達してきたからではないかと考えられる。ここで言っている「理性」とは、狭義のドイツ観念論用語としての理性ではなく、悟性的、理知的な能力、先のMタイプ／Fタイプの分類でMタイプの能力として注目されていた「システム化能力」のことである。ここで詳論する余裕はないが、大まかに言って、西欧における近代化とは、このMタイプの「システム化能力」を中心に据え、社会と人間主体をシステム化する過程であったと言って良いだろう。それによって、西欧近代社会は自然から莫大な富を引き出す文明を築いてきたのである。

そして、近代以降の西欧哲学のベクトルも、この西欧社会の辿ってきた道筋に呼応している。社会が豊かになり人間主体への反省を施すゆとりが生じたときに、哲学は、まず文明の基盤である「システム化能力」すなわち「理性」を人間能力の最も重要なものとして考察を始めた。今日的視点から言えば、デカルト以来、哲学が考察の対象としてきたのはMタイプの「システム化能力」であった。哲学者に男性が多いという単純にして明白な事実もこの事情によるだろう。

キリスト教の伝統もまた、「共感性」を抑圧してきたといって良いだろう(八)。「共感」は、社会性ほ乳動物としての人間の社会を古くから支えてきた能力と考えられるが、裏を返せば、近縁の者、目に見え手に触れる者をしか愛さない、ドメスティックな同化の能力であるとも言える。一方、キリスト教は神を媒介とした普遍の愛を目指す。「汝の隣人を愛せよ」というイエスの言葉があるが、イエス自身はどういうつもりでこの言葉を言ったのだろうか。ユダヤ民族の中でも部族同士の争いがあった時代に、ユダヤ人同士で互いに争うのは止めろという意味だったのかもしれない。

ヘーゲルは『キリスト教の精神とその運命』で、イエスその人と原始キリスト教団に存在していた「友愛」の一体性がカソリック教会の歴史の中で失われ、神聖なものと世俗なもの、神的なるものと生命的なるものとが分裂したと論じ、信仰と生命を永遠に統一できない分裂の運命に教会は陥っていると批判した(九)。

イエスと教会の関係にはここでは踏み込まないが、いずれにしても、カソリック教会はイエスの愛を、家族や部族、民族、国家といった境界を越えてわけへだてなく「人間」を愛する人類愛にまで高めた。ドメスティックな愛を越えた普遍の愛を唱えたのである。その結果、キリスト教の愛は、理性が共感性にまさった愛になったと言えるだろう。あるいは、共感性を理性によって濾過した愛であると言っても良い。キリスト教の理性的な愛は、言ってみれば文明化された愛であり、それ自体が文明化作用である。もちろん、それにはポジティブな側面も多い。人類が互いの差異を乗り越えて交流していく文明化された社会の実現には、理性がファクターとして必要であることにまちがいはない。しかし、この理性は共感性とは相いれない側面をもっているのか、西欧型文明は前者に後者を従属させる「型」の文明を築いてきた。この「型」の中で、西欧哲学は形成されてきたのである。

西欧型文明といっても、西欧哲学といっても、古代ギリシャ文明以来として数えても二千五百年、近代哲学ということで言えば、そのうちのせいぜい四百年のことにすぎない。人類の数十万年の歴史の中では、時間的、地域的にもごく狭い範囲の出来事でしかなく、そこで主流を占めた思考の系譜に、ある「偏り」があったとしても何の不思議もないことである。デカルト以来、哲学は人間がいかに動物と異なるのかを探究の焦点としてきた。その中で、「理性」的なるものにだけ焦点を当て、「共感性」には目を向けなかった。それは哲学が取りあげて論じるべき題材ではなかったのである。「共感性」はすべての動物に普遍的な能力とは言えず、おそらくは社会性のほ乳動物がとくに発達させてきた能力であろう。キリスト教のバイアスによって「愛」といえば理知的な愛を指し、それ以外の人間の要素はすべて地上的なもの、動物的なものであると二元論的に区分してきたために、西欧思想においては、こうした中間領域である「共感性」への思考が育たなかったと言える。こうして西欧における知の系譜は、人類社会の根幹をささえる能力である「共感性」を考察する道具立てを十分に発展させることのないまま歩んできたのである。(一〇)

三　哲学の自閉を越えて

たとえ、哲学が「共感性」への視角をもたずにきたとしても、「共感性」は人間の社会をささえる根幹として、その機能をやめたことはないと言えるだろう。それはつねにわれわれの内にあって働いているものなのである。近代社会も近代的自我も、「共感性」がなければ成立しない。近代の特徴というのは、「共感性」を「理性」のもとに従属させ、「理性」を優先するかたちで組み上げられた構造の中に「共感性」を織り込んでいるということなのである。したがって、近代社会や近代的自我は「理性」を第一に重要なものと考え、「共感性」を抑圧するが、「共感性」は依然として近代社会においても近代的自我においても重要不可欠なファクターとして機能しているのである。ただし、その働き方には個人差があり、それがMタイプ／Fタイプという差異を生む。近代社会はMタイプの能力を重用し、それに権威を与える。これは、西欧近代型社会における男女の地位の差に反映されている。

「共感性」がなければ、われわれの社会や自我は成立しないとなぜ言えるのか。それは、「共感性」の欠如態を観察することによってわかる。「共感性」の欠如態とは、「自閉症」(autism) と呼ばれる症状のことである。自閉症は古くは知的障害などとも同一視されたが、一九四〇年代、カナーとアスペルガーがほぼ同時に「自閉症」の概念を発表して以来、研究が蓄積されてきた。明確な原因、治療法は未だに特定されていないが、今日ではおそらく遺伝性の原因により、脳の一部に機能の障害があり、いわゆる「共感」の能力が欠如した状態であると考えられている。重度の自閉症の場合には、他者とコミュニケーションがとれず、言語も習得できず、知能にも発達が見られない。しかし、軽度の症例、いわゆるアスペルガー症候群(高機能自閉症)と呼ばれる状態の場合、知能は正常に発達し、時には数学、絵画などに超人的な能力を発揮するケースがある。バリー・レヴィンソン『レインマン』(一九八八年)という映画で、ダスティン・ホフマンがアスペルガー症候群の男性を演じてアカデミー賞を受賞したが、床にばらまかれた箱いっぱいの爪楊枝の数が一瞬にして正確にわかるなど、常人にはとうてい不可能な能力を演じていた。このような人々は実際に存在する。自閉症を研究した書物を通して、その多彩にして特異な能力についてのレポートを読むと、人間の脳が大きな潜在力を秘めていることに驚かされるが、こうした特異能力とひきかえに、自閉症の人々に欠けているのは、他者の「心」を感じ取る能力である。他者の心という概念もなければ、自分の心という概念すらない可能性があると言う。自閉症とは簡単に言えば、「心」について理解することができない症状である。人間の内面性や「心」という概念は、実は、他者に共鳴する共感性を基盤として形成されていることが、自閉症の人々の観察と研究からわかってきたのである。

社会性ほ乳動物として発達してきた人間の精神は、相対してコミュニケーションをとるとき、会話に含まれる発話内容からだけではなく、相手の身振りや顔の表情、声のトーン、スキンシップから体臭、フェロモンの類いの伝達物質にいたるまで、多様な情報を交換して、相手の意図や欲望を察知する。それは、共感性を基盤とした社会的なコンテキストの学習による蓄積にもささえられる。たとえば、会話において「そこの窓開けられる?」(Can you open the window?) という文が発せられれば、それは、疑問文のかたちをとってはいるが、窓を開けて欲しいという話し手の欲求を表現していることが聞き手にはわかる。応答として立ち上がり窓を開ける動作が期待されているのである。われわれの日常のコミュニケーションの大半は、こうした非言語的なコミュニケーションに依存している。非言語コミュニケーションは、「共感性」によって可能となっている。共感性に欠ける自閉症の人々の場合、非言語的なコミュニケーションがとれない。彼らは、発話の文言に表現された内容しか理解できないのである。「そこの窓開けられる?」(Can you open the window?) と問われれば、それは純粋に、自分に窓を開ける能力があるかどうかを問われたものと思い、はい/いいえを答えるのみの応答となる。

重度の自閉症であればそもそも会話自体ができないのであるが、比較的健常人に近いアスペルガー症候群と呼ばれるグループに属する人々の場合、会話自体はできてしまうために、会話におけるすれ違いがいっそう際立つ。最近まで、アスペルガー症候群という領域は一般に認知されていなかったので、自閉症という障害であることがわからず、普通に生活してきた人も多い。そうした人々は、一見、多くの人々と変わらないように見えるのだが、上記のように他者の心を察知する能力に欠けるので、コミュニケーションに齟齬が起こり、つねに対人関係においてトラブルを経験し、変人と見られ、みずからも何かおかしいと感じながらも原因が分からず、ストレスを抱えることが多いという。このような人々の多くは、自分がまるで異星人であるかのように感じたり、あるいは異星人の社会に突如投げ込まれた人類学者のように自分を感じると言う。自分にはまったくなじみのない社会的なコンテキストの中で、周囲の人たちはみな自分には理解できない暗黙の意志疎通を素早くかつ濃密に行っている。それを理解したいと思うが、いつまでたっても理解できるようにならない。まるでみんなが「テレパシー」のような超能力を持っていて、自分だけがその能力を持っていないように感じると言うのである。次に引用するのは、グニラ・ガーランドというアスペルガー症候群の女性が書いた自伝『ずっと「普通」になりたかった』（一九九七年）（一一）という書物からの文章である。この女性は、幼児期から自分と他人が根本的に異なっていると感じ、ずっと普通のちゃんとした人間になりたいと感じてきたという。そのために必死で努力をしたが、いつまでたっても普通の人のようになることはできず、成人になってしばらくしてから、診断を受ける機会がありようやくアスペルガー症候群と診断されたのである。グニラの報告を読むと、自閉症の人々の世界では、いわゆる通常の人間の自我構成にとってもっとも原基的な経験であると思われる、家族の愛情、家族の関係というものからしてすでに理解不能であることがわかる。

　私は、両親というのがどういうものなのか、まったく理解していなかった。人には普通、両親は一組しかいないもので、両親との関係は一生続くことになっているだなんて、考えたことがなかった。私の内部には、そんなことを教えてくれる直観力というものがそなわっていなかったのである。だから、私は、両親というのは何組現れるかわからないもので、入れ替わることもあるのかと考えていた。母も父も、私とは何の関係もない人たちだと思っていたし、彼らが何のためにいるのか知らなかった。存在の趣旨がわからなかった。また、自分の両親が、他の不特定の大人の男女とどう違うのかも知らなかった。

　両親を持つ必要性も感じなかったし、自分が両親のものだなどとは、これっぽっちも思っていなかった。他の子どもたちは、「あれが私のママよ」などと言っていたが、そんな発言をしたこともない。

　そして、男性が一人と女性が一人いる場所に置き去りにされるたびに、毎回、これが新しいパパとママなんだなと考えた。（一一）

次は、脳神経科医のオリヴァー・サックスが報告する、別のアスペルガー症候群の女性、テンプル・グランディンの事例である。彼女は、動物学で博士号を取り、農場や飼育場など動物管理のシステムを設計する仕事を行っており、高度な知性を有している。しかし、「心」というものはわからないと言う。

　友達は彼女の知性を尊敬はしても、仲間として完全に受けいれてはくれなかった。……ほかの子供たちにはなにかが起こっていた。非常な勢いでつねに変化している微妙ななにかだ。意志のやりとり、交渉、相互理解のすばやさ、それらがあまりに驚異的なので、ほかの子供たちにはテレパシーがあるのではないかと思ったほどだった。彼女にはそうした社会的な信号の存在が感じとれなかったからだ。いまでは推測できるが、しかし感じとることはできないし、この魔法のようなコミュニケーショ

ンに直接参加することもできず、その裏にある重層的で万華鏡のような心の状態を理解することもできない。それを頭で認識した彼女は、ふつうのひとが考えもせずに理解していることをわかろうとして大変な知的努力をし、計測力を動員して補っている。だから、ときおり自分をのけもの、エイリアンだと感じるのだ。（一三）

彼女は、自分が火星からやってきて地球社会の複雑で隠された構造を推理しようとしている人類学者のようだと感じている。興味深いのは、家畜などの「心」をもたない動物ならばテンプルはよく理解できると言っていることである。しかし、子供となると、テンプルにとっては三、四歳でもすでに高度な人間的コミュニケーションを行っており、相手をするのは困難であると感じる。幼児はすでに、自分には望むべくもない方法で他者を「理解」しているとテンプルは言う。こうしたテンプルの事例からも、人間が「共感性」という、理知的な能力ともちがい、またたんに身体的なものでもない、いわば第三の要素を基盤にコミュニケーションの能力を発達させていることがわかる。

先のグニラ・ガーランドは、幼児期の状態の記憶を次のように語る。グニラは、自閉症の中でもおそらく健常人のほうにだいぶ近いアスペルガー症候群に属しており、成長するに従って、わずかにではあるが共感の能力が発達していった稀な例であると考えられる。それゆえ後年、健常人の視点も織り交ぜて自伝を書くことができたのだろう。彼女の記憶によると幼少期の状態の報告は、自閉症の人々の内面で起こっていることを知る貴重な手がかりとなる。小さいころ、グニラは自分に「自分」という内側があるという感じがしなかったという。

私はかなりの時間を自分の内側ですごした。それはあたかも、他の存在すべてから隠れて、自分の世界の中にいたかのように見えただろう。だが実際は、私の内側に世界などありはしない。あったのはただ、幾重にも重なった無の層のようなもの、あれでもなくこれでもないもの、空っぽではないけれども内容もないもの、満たされていくのに決して完全に満たされることはないものだけだった。ただ、自分の中、自分の内側というだけだった。空虚さそれ自体は、苦痛でも何でもなかった。私は空虚さの中にいて、空虚さが私の中にある——ただそれだけのこと。時間が引き伸ばされるような感じとでもいうのだろうか、私がある状態の中に入り、それがただ続いていく。そんな感じだった。（一四）

グニラは人間のみならず、物にも「内側」があることに、ある時期まで気づかなかったという。彼女にとっては見えているものがすべてであり、となりの家や垣根の向こうにも世界があり、人が生活を営んでいることがわからなかった。単純に、椅子の影にものが隠れてしまうと、見つけることができなくなってしまう。物にも人にも「内側」があるらしいということを、彼女は必死に知力を働かせた推論の結果として習得したわけだが、そのことは彼女にとっては世紀の大発見であったという。

序章で、自閉症の人々はいわば「影」をもたない人々であると言った。それは、この共感性が欠如していると言われる状態のことを指していったのである。自閉症の人々の心に「無意識」がないわけではないだろう。しかし、無意識相互を接続する「共感性」がないために、自閉症の人々にはユングの言う「集合的無意識」や「普遍的無意識」と呼ばれるものが生じない。そのため、自閉症の人々にはその投射である「影」が生じないし、その反照である自我の「内面性」の認識が生じないのではないだろうか。

　自閉症のメカニズムにはまだ不明の部分も多く、また個々の症例はさまざまである。単純な解釈を許さないところも多々あるが、自閉症の世界を探訪することは、いわゆる健常人の近代的な自我構成を解明する上で、多くの哲学的な示唆を与えてくれる。

　自閉症に関して興味深い説は、「自閉症というのは極端な男性型の脳である」というサイモン・バロン＝コーエンの説である**(一五)**。サイモンは、ケンブリッジ大学で心理学・精神医学を専門とし、自閉症研究センター所長を務め、同時に男女の性差に関する研究・調査を二十年以上行ってきた。その結果、到達した結論は、自閉症というのはシステム化能力に優れ、共感性に劣るMタイプの脳の極端なケースであるというものである。逆に言えば、Mタイプの脳というのは自閉症的であると言うことになる。この説が興味深いのは、自閉症というのは今日、「自閉症スペクトラム」というなだらかなグラデーションによって理解されるべきだと考えられて

（図 20）自閉症スペクトラム

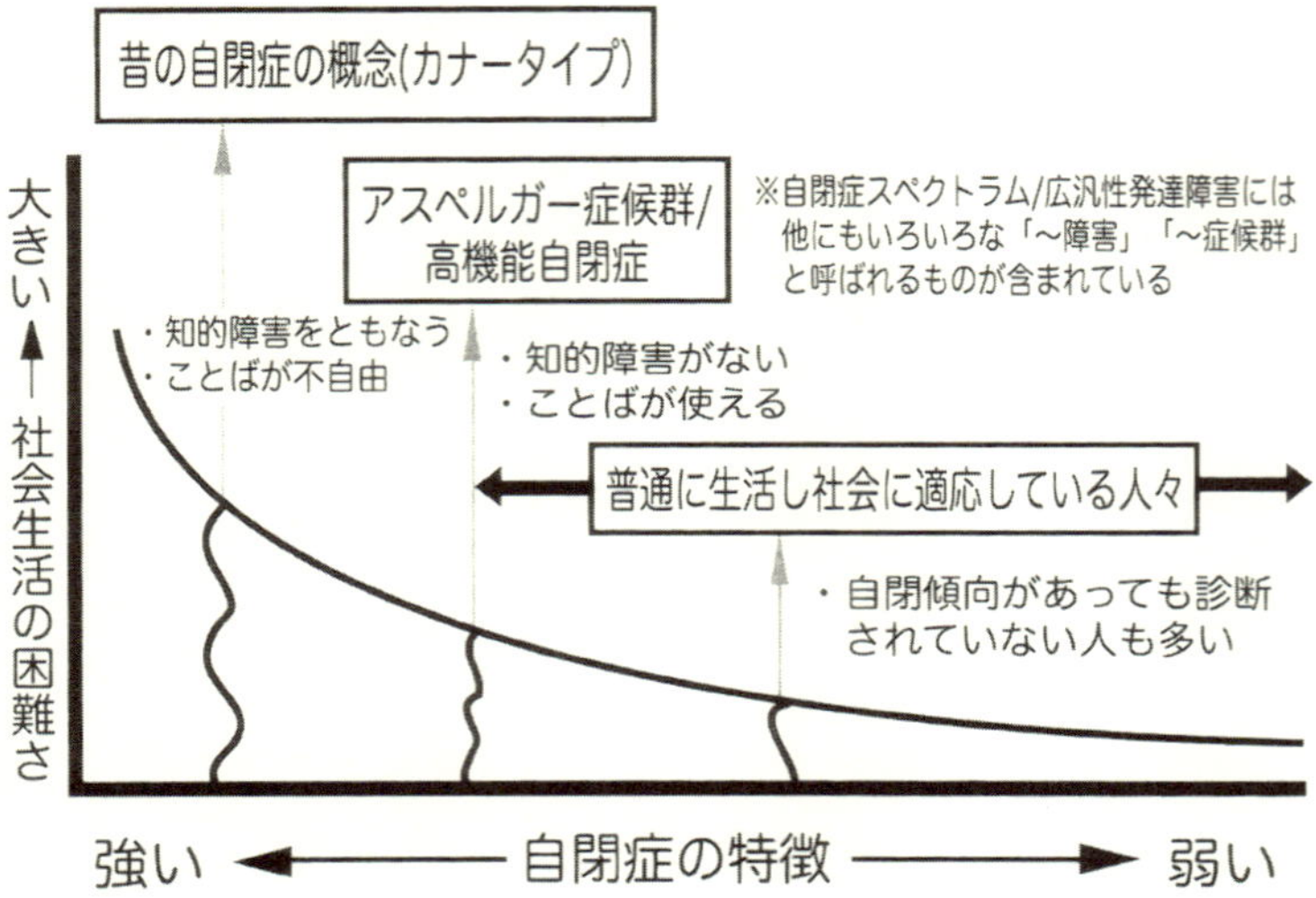

泉流星『僕の妻はエイリアン』新潮社、二〇〇五年より

いるからである。（図20）(一六)はそれを図示したものであるが、要するに、人間の「共感性」の強度には個人差があり、それが社会の常識が許容しないまでに弱くなると「自閉症」と診断される領域に入るということである。健常と自閉症の中間に当るのが、どこか通常とちがうけれども、自閉症であるとは思われないことも多い、アスペルガー症候群と呼ばれる人々の領域となる。

また、いわゆる「自閉症」とは言われない健常人においても「共感性」の強度には差異があり、平均的女性は平均的男性よりも「共感性」が強い脳をもっている。したがって、このグラフ上にMタイプとFタイプはそれぞれ（図21）のように配置されることになるだろう。

ここからわかることは、自閉症とは特殊な障害ではなく、いわゆる健常人もその連続したスペクトラムに含まれるようなものだということである。Mタイプの「システム化能力」とFタイプの「共感する能力」との排他性についてはわからないが、負の相関関係が見られる傾向があるのは確かなようである。両者をバランスよく兼ね備えている人もいるのだろうし、健常人の場合には、弱いほうの能力もある程度は具えているだろうから、経験や訓練によってそれが強化されるということもありうるだろう。

ここから先の考察で重要なのは、このようなわれわれにおける遺伝・発生学的な傾向性と社会の構造との関連、およびそこにおける哲学のポジションである。ここで先の仮説をくり返すと、西欧近代型の社会はMタイプの「システム化能

（図21）自閉症スペクトラムと平均的男女

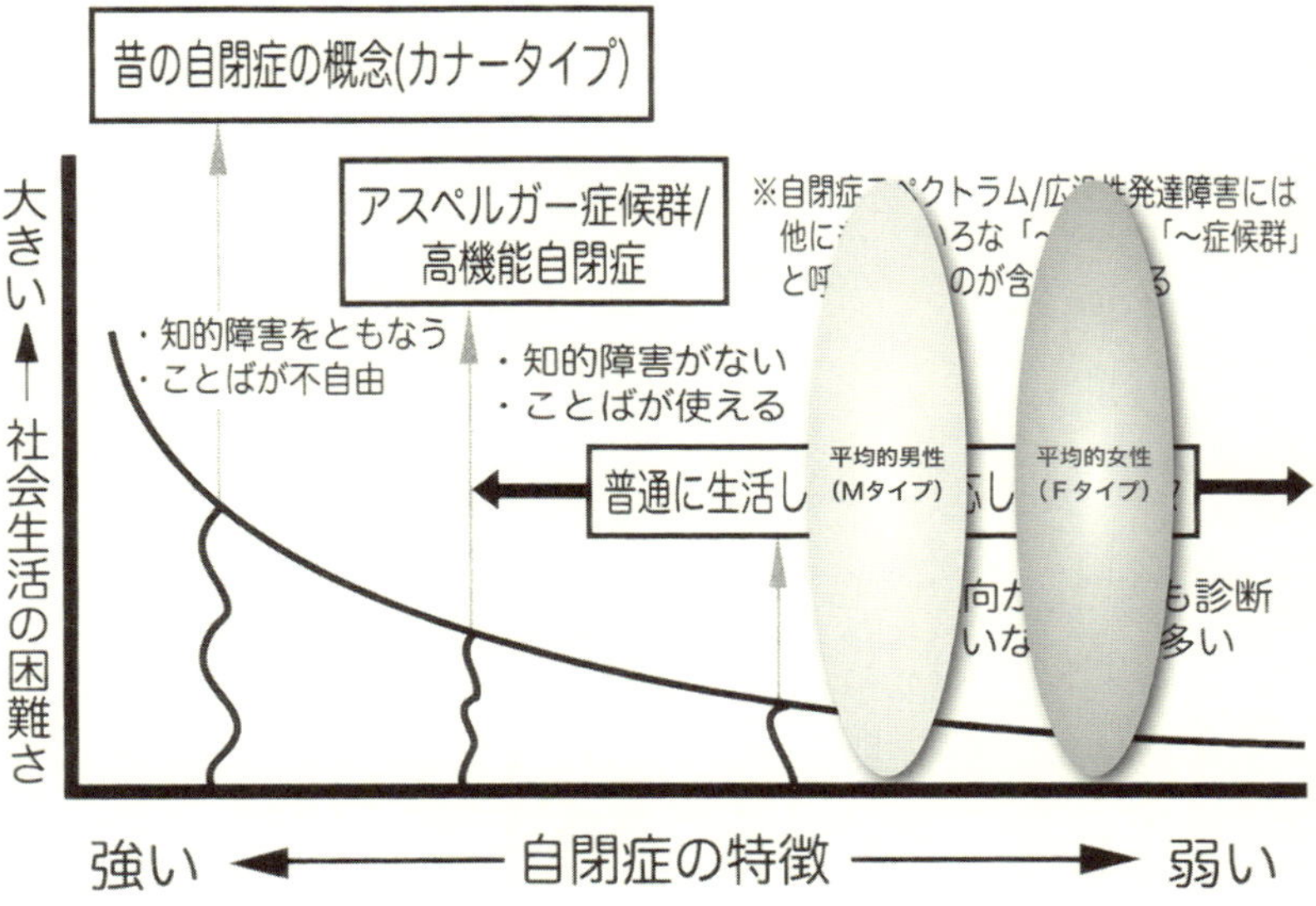

力」を優先し重用することで構成・維持されてきたと考えられる。しかし、自閉症の研究からわかるように、この社会はけっして「共感」の能力に依拠していないわけではない。社会の構成に「共感性」は必要である。共感性に欠ける自閉症の人々を、社会が「病」もしくは「異常」として認知することから、そのように言える。しかし、西欧近代型の社会では「共感性」は基盤として必要とされる一方、それは「システム化能力」によって囲い込まれたかたちで機能することを強いられ、その存在は水面下に沈められている。そのことによって、「共感性」は「システム化能力」に力を与えるのである。

その存在は誰でも知っているし、誰でもが日常用いているものである。指摘されれば誰でも分かるようなものである。むしろ社会生活の根幹をなす能力であるにも関わらず、それが「知」によって語られることはなかった。なぜならば、フーコーの言うように、西欧において人間についての諸科学は、「システム化能力」（＝「理性」）を人間の中心能力と考え、社会の構造を強化するものとして機能してきたからである。理性以外の能力が考察されることがあっても、そこにはたいてい理性によるフィルタリングがかかっていた。哲学もこの例外ではなく、むしろ哲学はしばしば近代社会の構造を維持するもっとも強固なイデオロギーとなった。こうした「知」の構造は、古今の哲学者の多くが男性であった事実、したがって必然的にその多くがMタイプであったであろうことを考えれば、理解のしやすいことである。以上の仮説が正しいとすれば、フーコーが言う「知＝権力」という図式は確かに妥当なのである。

西欧哲学のMタイプ傾向のひとつの極端な例として、ヴィトゲンシュタインを挙げてみよう。彼は数学、建築、言語、論理などの分野にたぐいまれな才能を発揮した人物であるが、彼の有名な「語りえないものについては人は沈黙せねばならない」、「他者は私の痛みを知ることはできない」、「言語ゲーム」などの言葉は、言語外のコミュニケーションを可能にするもの、すなわち「共感性」を不思議なものとして感じるセンスに満ちている。後期ヴィトゲンシュタインの特徴は、「メタ哲学」であると言われる。プラトン以来およそすべての西洋哲学者の間では、哲学者の仕事は解決困難に見える問題群（「自由意志」、「精神」と「物質」、「善」、「美」など）を論理的分析によって解きほぐすことだという考え方が支配的であった。しかし、これらの「問題」は実際のところ哲学者たちが言語の使い方を誤っていたために生じた偽物の問題にすぎないとヴィトゲンシュタインは喝破したという（一七）。ヴィトゲンシュタインは、「言語」の、文字通り言語としての純正な使用に鋭敏な感度をもっていたと言える。そのため言語にとって形而上学の問題は偽物の問題であるということに気づいたのである。このヴィトゲンシュタインの仕事が反証的に明らかにするのは、哲学がその「理性」という道具立てを使って追い求めている問題の根底には、「非理性的なもの」があるという構造であろう。ヴィトゲンシュタインは、おそらくは極端に「共感性」に欠けていたために、他の哲学者とは異なり、その「構造」から抜け出てそれを指摘することができたのだと考えられる。その意味では、他の哲学者たちは中途半端に「共感性」にとらわれている、という言いかたもできる。とはいえ、語りえないものについて沈黙することが哲学の本分であるとするのは転倒であると言わねばなるまい。ヴィトゲンシュタインの哲学がもつラディカルな非－共感性は、逆説的に、西欧哲学の隠蔽された「構造」を照らし出す「光」となりうる点で有益である。ヴィトゲンシュタイン的な理性は純粋な、翳りのない理性、「影」をもたない理性である。この真に理性的な哲学の例と比較すれば、形而上学を志向する哲学の言う「形而上学」や「理性」といったものの根底には、抑圧されてはいるものの、じつは「非理性的なもの」「生命的なもの」の働きがあることが浮き彫りにされる。カントやヘーゲルの「理性」には「影」がある。第二章ではカントの理性をヘーゲルと比較して明るい理性であると言ったのだが、カントの理性でさえ、ヴィトゲンシュタインの理性と比べれば影をもつと言えよう。ちなみに先に引用したテンプル・グランディンは自著の中で、オリヴァー・サックスのコメントに言及しつつ、ゴッホ、アインシュタインなどとともに、ヴィトゲンシュタインは重度のアスペルガー症候群であった可能性が高いとの所見を述べている（一八）。

「痛み」ということで言えば、ヴィトゲンシュタインの言うよりも次のような、霊長類学者（正高信男：京都大学霊長類研究所）の痛みについての観察の方がよほど、常識的である。

犬や猫を長年にわたって飼ったことのある人なら誰でも知っているが、「彼ら」はある朝、唐突に死ぬことが多い。後で調べて、病気だったと判明する。だが生前は、ほとんどつらそうな様子を見せない。他方、人間は違う。身体の異常を心がキャッチして、大仰に表現するようになっている。しかしながら、よちよち歩きを始めたばかりの幼児を観察してみると、犬や猫とあまり大差ないことがわかる。バタンと倒れて出血しても、案外平気な顔をしているのだ。

**　ところがまわりの大人はというと、大騒ぎするのが普通である。「○○ちゃん、痛かったでしょう」と駆け寄る。こうした機会を経験することで、子ども自身が体から血を流すことは重大事であり、「痛い」ものなのだと学び、以降は泣き叫ぶようになっていく。**

**　かくかように人間は、他者との密接なかかわりを通じて初めて自己を形作っている要素を身につけていく。「我思う、ゆえに我あり」と言うように、自己単独で内省して「私」を築き上げていくわけでは決してない。**

（一九）

人間の「痛み」には、このような他者の意識との反照の経験が折り込まれており、そうした経験が「私」という自我の構成を織り上げていく。そこで働いているのは、人間に独特の「共感性」というファクターである。こうした経験は、多くの者があたり前にしていることである。自分自身の幼時の発達過程を客観的に観察することはできないが、子どもを育てるという経験には、「共感性」を実感する機会が豊富に含まれているだろう。しかしながら、われわれは、哲学の道具立てを使って人間存在について考えようとするとき、そうした「経験」を思い起こすことは止めてしまう。筆者が主張するのは、哲学に、そうした人間に普遍的な経験を語る言葉を導入することなのである。それは何も特別な、新しい事柄を語る言葉ではない。むしろ、人間の生にとってごくあたり前の事実を語る言葉なのである。その「事実」は、この四百年ほどの短い期間、「知」の構造によって哲学の死角となってきたにすぎない。ヴィトゲンシュタインは、語りえぬものについては沈黙するしかないと言ったが、西欧近代哲学が語りえなかったものについて語る時宜は到来しつつあるように思われる。ここ数年、内外を問わず、自閉症についての書籍が人気を博し盛んに出版されているが、これも人々の「共感性」への関心の露頭を意味するのではないかと思われる。哲学がそれを語る言葉を見つけることができれば、それは哲学の自閉からの脱出を意味するだろう。そのときに哲学の見つける言葉が、序章で触れたル＝グウィンの言う「夜の言葉」なのだと筆者は考えている。

四　夜の言葉

先に、西欧の哲学が語ることを避けてきた空白の中心にあるものは「女性的なるもの」「女性原理」なのだと言った。それは便宜的にそう言ったのであって、脳における性差、自閉症などについて説明した今では、それは「共感性」(empathyness)なのだと言うことができる。それは、おおかたの男性ももっているものである。しかし、現代社会に生きる男性の多くはMタイプの脳であり、かつ文化・社会的な規定性もそこに重なり、共感性を抑圧する傾向にあるだろう。こうしたMタイプにあっては、理性的なシステム化能力によって社会を理解し、社会のシステムに合わせて自我を織り上げ、自己実現をしていくことこそ大事なことである。Mタイプにとっては、システム的なものこそリアルであり、自己はそのシステムの中でこそ処を得る。一方、共感性に優れたFタイプ脳にとって、現代社会のシステムなどはどこか嘘くさい、フィクションのようなものにすぎないだろう。Fタイプは、人類が数十万年の長きにわたって発達させてきた「共感性」に自我のよりどころをもつ。このような「根」をもつFタイプにとって、現代社会が張り渡す「システム」など、時が来たら枯れ落ちる枝葉のようなものだろう。

本章の冒頭に引用した言葉は、ふたたびル＝グウィンの作品からである(二〇)。これは「まじない師」(witch)である女性の言う言葉である。この作品の描く「アースシー」と呼ばれる世界では「魔法」が効力をもつのだが、これは現代社会の「科学」や「経済」をコントロールする能力の比喩であると考えて良い。魔法使いは物事の「真の名」を知ることで、世界を構成する法則を知り、コントロールすることができる。「アースシー」では、女性は「魔法使い」(wizard)にはなれない。偉大な魔法を駆使する「魔法使い」になれるのは男性だけで、女性は身近な物事に小さな力を発揮するだけの「まじない師」にしかなることができないと定められている。「魔法使い」はわれわれの社会での、科学や社会のシステムを操作する力を持つ者、すなわちシステム化能力に優れたＭタイプの象徴であると考えて良い。魔法使いは禁欲し妻帯もしない。女性との交流は、魔法の「力」を失わせると信じられているのである。

冒頭の言葉を言った、「モス」という名の女性のまじない師は、男性の自我を固い殻のようなものだと言う。そしてその殻の中には何もなく、空っぽだと言う。またモスは、男性の魔法使いのもつ大きな「力」について、それはモミの木のように大地から高く空に枝や葉を伸ばすようなもので、一方、女性というものは、クロイチゴのやぶのように深く地中に根を張り、地面から小さな力を得ると言う。モミの木は嵐が来れば倒れてしまうが、クロイチゴのやぶはなにをもってしても根絶やしにはできない。そしてモスが、男性と女性を比較して言うのが冒頭の言葉である。

モスの言葉は物語におけるメタファーなのでもちろん厳密さには欠けるが、モスが言っているいわゆる「男」と「女」の違いというのは、ＭタイプとＦタイプの違いに対応するものと考えて良いだろう。そしてそれは、第一章における「知恵の樹」と「生命の樹」の対比に対応する。Ｆタイプの共感性に満ちた世界は、おそらくＭタイプの駆使するシステム化能力よりも古く、太古から存在し、人間的世界の基盤となってきた。これが人間的経験の根底である。ところが、いつの頃からか、人間は文明を築くために、もともと存在したであろう男女の生物学的な差異や脳における差異を利用し、それを強調するかたちで、Ｍタイプのシステム化能力を強化・重用するようになったのではないか。とくに西欧近代では、Ｍタイプのシステム化能力を柱として社会と自我を構築する傾向がはなはだしかったものと考えられる。西欧は、「生命の樹」は太古に失われ、人間はそれに戻ることはできないという前提から出発し、かわりに人間が手にした「知恵の樹」を天高く育て上げることで、神に到達しようとしてきた。近代になると、共感性を理性に従属させ、Ｍタイプ的な自我構成を社会のコアとしてきた。これが第一章で、西欧のキリスト教と哲学の系譜は生命を理性化しようとしてきた、と言ったことの意味である。(二一)

本書が考察してきたことを総合すると、「生命の樹」は失われてしまった、とする前提から考え直す必要があるのではないかと考える。西欧近代型の社会と自我は、とくにＭタイプの自我は、ただそれを理性に従属せしめ、奥底に押し込めただけであり、それは依然としてそこで働いていると考えて良いだろう。あるいは、個人差があるので、人によっては、Ｍタイプとしての強度が大きいと、共感性そのものがよく分からないということはあるかもしれない。われわれはこうした個人差を十分に考慮して考察を進める必要がある。「自閉症スペクトラム」で示されていたように、われわれの共感性の度合いは、生まれつき異なる。しかしながら、たとえば共感性に乏しいＭタイプの哲学者がいたとして、彼の視野には

Fタイプ的なものが映らず、それに思索が及ばないとしても、Fタイプが社会の半数として存在することは事実である。まず第一に、哲学はFタイプ的なものを人間についての考察から外すような偏りをもたないようにしなくてはならないし、第二に、もしかしたらFタイプ的なものこそが人間存在にとって根源的なものかもしれないと検討する柔軟性も必要だろう。じっさい、生物学的な「男性」や脳のプログラミング型としての「Mタイプ」は、胎内の特定の時期における男性ホルモンの分泌量によって発生が決定される。自然科学的には、性としての女性、脳の型としてのFタイプの方が「原型」であると言えるのかもしれない。そう考えると、人類社会がこの二千年の間に育て上げてきた「知恵の樹」は、実は「生命の樹」と対等に対をなすようなものですらなく、「生命の樹」を原型とした変種だったり、「生命の樹」に寄生するヤドリギのようなものだったり、あるいはたんに「生命の樹」の一部であったということになるかもしれないのである。

Fタイプの共感性に満ちた世界とは、モスの言葉にあるような、地中に深く「根」をもつという感覚であろう。その感覚の中では、「私」というものは、たまさかここに生じているだけの幻のようなものにすぎない。現代社会の科学や経済のシステムよりもリアリティのある「根源」に、Fタイプは根ざしているのである。哲学が見つけなければならない「夜の言葉」とは、このような「共感性」の次元を語る言葉であるはずだ。

近代西欧哲学がキリスト教から離れ、人間固有の能力である「理性」によって真理に到達する形而上学を志向し、実体とは何かについて諸説をたたかわせていたとき、そこにはいつも「地」のエレメントとしての「共感性」、「生命的なもの」が働いていたのである。近代科学や近代の社会、経済、政治も、その根底にはそれを抱えている。もちろんこれらすべての領域の表面で活躍しているのは、理性的なものであり、システム化能力である。共感性は従属させられ、構造の中に囲い込まれている。しかし、中心に共感性的なものをもたなければ、これら近代の（フーコーにのっとって正確を期すなら十九世紀以降の）システムは動かない。近代のシステムを機械論によって説明しようとする試みがすべて失敗していることが、それを証明している。このような「地」のエレメントとしての「共感性」、「生命的なもの」をめぐる構造を語れる哲学こそ、われわれが求めるべきものである。(二二)

哲学が「地」のエレメントを語りうる「夜の言葉」を手に入れたとき、たとえば、カントの感性、悟性、理性、判断力、構想力という人間諸能力の区分や、またヘーゲルの言う意識、自己意識、理性、精神といった人間精神の諸形態は、どのように再分節化され、また再編成されるのだろうか。さらに本書で論じた「純粋な否定性」「かたちをもった否定性」「an und für sich となった具体的普遍」などの生成について、この「夜の言葉」はどのように語るのだろうか。早くも新たな探究の旅路へと心は誘われるが、出立にはまた別の機会を俟《ま》たなければならない。

以上。

[註]

（一）Ursula K. Le Guin, *Tehanu*, published with three sequels in one volume in Penguin Books with the title *The Earthsea Quartet*, 1993 [First published by Atheneum, 1990], p.528（アーシュラ・K・ル＝グウィン『帰還』清水真砂子訳、岩波書店、二〇〇六年［一九九三年］、八六頁）

（二）河合隼雄『影の現象学』（一九七六年）、講談社学術文庫、一九八七年、三一五頁

（三）Michel Foucalt, *Naissance de la clinique 1963*, Quadrige, 1997 [5e édition], p.36（ミシェル・フーコー『臨床医学の誕生』神谷美恵子訳、みすず書房、一九六九年、五九－六〇頁

（四）この引用部分のうち、末尾のベルクソンにまつわる一文は筆者の入手しえた第五版にはなく、初版以降に削除されたようである。初版を底本とした邦訳本にしか見出せなかった。削除の事情は推察するしかないが、フーコーのベルクソン批判はつとに有名であるから、基本的な考えが変わったわけではないものと思われる。

（五）アラン＆バーバラ・ピーズ『話を聞かない男、地図が読めない女』主婦の友社、二〇〇〇年（Allan Pease, Barbara Pease, *Why Men Don't Listen & Women Can't Read Maps 1998*, Welcome Rain, 2000)

（六）同右、七〇－七一頁

（七）Simon Baron-Cohen, *The Essential Difference 2003*, pp.2-4（サイモン・バロン＝コーエン『共感する女脳、システム化する男脳』ＮＨＫ出版、二〇〇五年、一一－一三頁）。筆者（野尻）が要約したもの。

（八）近年、世界的なベストセラーとなり映画化もされた、ダン・ブラウン『ダ・ヴィンチ・コード』という小説は、カソリック教会が二千年の長きにわたり隠蔽してきたイエスにまつわる重大な秘密を暴くというミステリ仕立ての作品であったが、その「秘密」とは、イエスが妻帯し、子をもうけていたということ、またその妻（マグダラのマリア）を十二人の弟子よりも重要なパートナーとし、さらには後継者として指名していたというものだった。イエスはのちの教会の教義とは異なり、女性性を重要な霊性の源泉として認めていたというのである。これがなぜ教会がひた隠しにしなければならなかった重大な秘密であるのかは、キリスト教になじみがない人間には、にわかには理解しがたい面もあろう。カソリック教会には、女性性を霊性の源泉として崇拝するあらゆる古代宗教を異端として退けてきた歴史がある。エジプト、メソポタミア、地中海地方の広範囲にわたって地母神を豊穣の女神として崇めた宗教は多く、むしろ女性崇拝が人類の古代の宗教の普遍的なかたちであったと言っても過言ではない。古代ギリシアでは、巫女が信者と性的な交わりをもつことが、重要な宗教的儀式であり、セックスは霊性の源であった。ここで言う「霊性」は、「共感性」のことであると考えて良いだろう。カソリック教会はその独自性、単独性を築くために、こうした古代宗

教的な女性崇拝の要素を異端として否定し、信仰から排斥してきた。それでも、土着の信仰に根ざす「女性的なもの」は払拭しきれず、聖母マリア信仰というかたちで噴出した。カソリック教会は処女懐胎の教理を導入することで、マリア信仰を正当な教義として取り込む結果となった。しかし、カソリックでは、マリアは、イエスを処女懐胎という奇跡によって産んだ存在としてのみ認められているのであり、教会は「女神」という考え方は認めていない。そうまでして、古代宗教的な「女性的なるもの」への崇敬を男性的なるもの、理性的なるものへ従属させてきたというのに、イエスが妻帯して女性性の意義を認めていたということになれば、それは教会の中心教義が崩壊する大スキャンダルになるというのが、『ダ・ヴィンチ・コード』の論理であった。

　この小説の主題は、本書の観点から、イエスにおいてはFタイプ的な共感性の愛があったのに、カソリック教会はそれをねじ曲げMタイプ的な理性的信仰に仕立て上げた、という話しであると読むことができるだろう。イエスの愛に共感性の愛があったことがわかれば、カソリック教会にとってはスキャンダルになると考えられている。ダ・ヴィンチの「最後の晩餐」はこの秘密を伝えるための「暗号」だというのがこの小説のプロットである。これはミステリ仕立ての娯楽小説にすぎないが、キリスト教が抑圧してきた女性性という主題に多くの人が惹かれたという事実が興味深い。作中では、イエスにまつわる秘密を二千年間守り通してきた秘密結社が描かれ、ダ・ヴィンチもニュートンもこの秘密結社の歴代総長の一人であったということになっている。この結社のもっとも重要な式典においては、女性との性交を通して霊性に触れる、古代の女性崇拝の儀式が再現されるという描写になっている。以下、『ダ・ヴィンチ・コード』より抜粋。「**女性の力と、命を生み出すその能力は、古くはきわめて神聖なものとされたけれど、男性の支配する教会が勢力を伸ばすにあたっては脅威だったから、聖なる女性は逆に邪悪で不浄なものと見なされるようになった。イヴがリンゴを食べたのがきっかけで人類の堕落がもたらされたとする〝原罪〟の概念は、神ではなく男が考え出したものだ。かつて生命の神聖なる贈り手だった女性は、そんなふうにして敵となったんだよ**」ダン・ブラウン『ダ・ヴィンチ・コード（中）』越前敏弥訳、角川書店、二〇〇六年、一四三－一四四頁（Dan Brown, *The Da Vinci Code*, Doubleday, 2003）

（九）G.W.F.Hegel, *Der Geist des Christentums und sein Schicksal*, 1798-1800 [Suhrkamp, Bd.1]（G・W・F・ヘーゲル『キリスト教の精神とその運命』伴博訳、平凡社、一九九七年［一九七八年］）

（一〇）しかし、西欧の近代思想において、共感性（empathyness）への洞察の芽がまったくなかったわけではなく、いくつかの萌芽はあった。そのことについて述べておく。最も重要な、共感性についての先駆的な洞察は実はアダム・スミスにある。スミスは『道徳感情論』（初版一七五九年）

冒頭において、人間には他人の運不運に関心を寄せ、他者の幸福を見て楽しむという本性があることを指摘する。さらに人間は、自分の感情や行為と他者の感情や行為を比較し、両者が一致する場合には是認を、不一致の場合には否認を交換する。こうした人間の能力をスミスは「同感」(sympathy)と呼ぶ。同感の能力を持っているために、人間は他者の期待通りに行為することで他者を喜ばせようとする。そして、その結果、自分の裡に他者の視点を「公平な観察者」(impartial spectator)として確立する。これが社会秩序を形成する原理となると、スミスは考えている。スミスが人間の持つ本性の一つとして指摘する「同感」(sympathy)は、今日的には、本書が指摘してきた「共感」(empathizing)の能力とほぼ同じであると言って良いだろう。他者の表情や表現を見て他者と同様の感情を催すこと、自他の視座の転換、他者の視線の内面化など、ヘーゲルの「主人と奴隷の弁証法」、コジェーヴの「人間的欲望の次元」、ラカンの「鏡像段階」、脳科学で言う「共感性」などにおいて指摘されている本性が、すでにスミスによって洞察されているのは驚くべきことである。ただし、これまであまりその指摘がなかったのは、スミスの「同感」(sympathy)という用語使いのために、単なる「同情」「憐れみ」の感情のことだと思われてきたためである可能性がある。堂目卓生は『アダム・スミス』(中公新書)の「あとがき」において、脳科学者との共同研究会においてスミスの「同感」や「公平な観察者」の概念を紹介したところ、現代の脳科学における「ミラーニューロン(他人の行動を自分の行動のように感じ取らせる神経細胞)やセオリー・オブ・マインド(他人の行動から、その人の心を推測する能力、心の理論)との関連性を指摘されたことを述べている。スミスの「同感」(sympathy)概念における、主体相互間の視座の転換についての洞察は、ヘーゲル『精神現象学』における主人と奴隷の弁証法への影響の可能性を疑わずにはいられない。しかしながら、スミス『国富論』の市民社会論がヘーゲルに与えた影響はよく言及されるが、この「同感」概念の影響については一般に認められていない。たとえば、『ヘーゲル事典』の「スミス」の項目では、「『道徳情操論』(*Theory of Moral Sentiments*, 1759)にヘーゲルがとりくんだという証拠はなく、そこにおける中心概念であるsympathyは、ヘーゲルの精神哲学において何らの役割も果たしていない」と解説されている。とはいえ、今日の脳科学や精神分析の知見から、逆にスミスとヘーゲルの共通性を抽出していく作業は可能であろう。

なお、ヒュームにおいても「共感／同感」(sympathy)は人間の道徳的本性の根幹であるとされているし、ショーペンハウアーには「共苦」(Mitleid)という概念がある。ショーペンハウアーが意志の形而上学を構想し、非理性的な意志を実体の位置に据えたことがフロイトの無意識の概念に影響を与えている。また「共感」を中心概念にすえた哲学といえば、マックス・シェーラー(一八七四－一九二八年)の仕事も忘れてはならないだろう。西欧哲学史におけるこれら「共感」についての諸思想に関しては、『岩波哲学・思想事典』の「共感」の項に手際よくまとめられている。筆者はもちろんこれら諸思想の存在を無視しているわけではない。しかし、これら「共感」を主題とした諸思想の系譜が西欧思想史上「傍流」の位置づけに甘んじていることは否めない事実であろう。共感の哲学が主流になりにくい理由のひとつには、次のような問題が指摘できる。原的な「共感性」(empathyness)と社会的、文化的な規定を受けたいわゆる「共感」(empathizing)の区別を踏まえる手法を徹底しないと、特定文化の産物である「共感感情」や「空気を読め」的圧力を倫理規範として押し付けるような、お仕着せがましい思想が生まれてしまう危険性がある。この点で、シェーラーの『同情の本質と諸形式』は、フッサール現象学の手法を用い、共感感情の原基的本質とその発展・派生諸形式を分析するという仕事であり、方法論上の嚆矢と言わねばならない。とはいえ、シェーラーにおいても、結局は、原的な共同感情を人格的な個体主義として発現される「愛」へと高めることが倫理的な課題とされている。ここにはやはりキリスト教的「構成」を見ないわけにはいかない。脳科学の知見や本書のとる「構成されたもの」への批判的な視点も入れて、いわゆる「共感」(empathizing)と「共感性」(empathyness)とを分節化する手法を導入しつつ、われわれにおける「共感」の構造について包括的に論じる哲学は、ようやく今後の課題であろう。

Adam Smith, *The Theory of Moral Sentiments* (1759, 1790), Dover Philosophical Classics, 2006(アダム・スミス『道徳感情論 上・下』水田洋訳、岩波文庫、二〇〇三年

堂目卓生『アダム・スミス』中公新書、二〇〇八年

加藤尚武ほか編『ヘーゲル事典』弘文堂、一九九二年、「スミス」の項、生方卓

マックス・シェーラー『同情の本質と諸形式』(シェーラー著作集8)吉沢伝三郎ほか訳、白水社、一九七七年(Max Scheler, *Wesen und Formen der Sympathie*, Fünfte Auflage, Verlag G. Schulte-Bulmke, 1948)

廣松渉ほか編『岩波哲学・思想事典』岩波書店、一九九八年、「共感」の項、熊野純彦

(一一)グニラ・ガーランド『ずっと「普通」になりたかった』花風社、二〇〇〇年(Gunilla Gerland, *A Real Person*, Souvenir Press Ltd., 1997)

(一二)同右、四四頁

(一三)オリヴァー・サックス『火星の人類学者』(一九九五年)早川書房、三六八頁(Oliver Sacks, *An Anthropologist on Mars*, Knopf, 1995)

(一四)グニラ・ガーランド、前掲書、一七頁

(一五)Simon Baron-Cohen, *ibid.*(サイモン・バロン=コーエン、前掲書)

(一六)泉流星『僕の妻はエイリアン』新潮社、二〇〇五年、八七頁。なお(図21)は本書からの図に筆者(野尻)が加筆したもの。

(一七)http://ja.wikipedia.org/wiki/ルートヴィヒ・ウィトゲンシ

ユタイン

（一八）テンプル・グランディン『自閉症の才能開発―自閉症と天才をつなぐ環―』学習研究社、一九九七年、二三九頁（Temple Grandin, *Thinking in Pictures: And Other Reports from My Life with Autism*, Doubleday, 1995）。またトリニティ・カレッジのマイケル・フィッツジェラルドは、『アスペルガー症候群の天才たち―自閉症と創造性―』において、ヴィトゲンシュタインをその伝記的事実からＨＦＡ／ＡＳＰ（高機能自閉症／アスペルガー症候群）に属すると診断している。自閉症の症候のなかで天才的な能力を発揮した歴史的人物の事例を研究するこの書物で、フィッツジェラルドはヴィトゲンシュタインにもっとも多くの紙幅を割いている。ヴィトゲンシュタインの天才的な哲学的洞察は基本的にＨＦＡ／ＡＳＰのもたらすパーソナリティのもとで得られる性質のものであり、自閉症哲学者のもっとも完全な例であると結論づけている。初期の代表作『論理哲学論考』の特徴は、共感性の欠如と、言語と哲学を機械化しようとする精神の所産であるとされる。さらにフィッツジェラルドは、ヴィトゲンシュタインにおいて注目すべきは、晩年にはかなりの程度、対人関係、コミュニケーションにおける障害を克服した様子が見られ、共感性の価値を認めるようになっている傾向であると述べている。ヴィトゲンシュタイン後期の作品『哲学探究』では、対人関係、表情、そして他人の観点の認識の重要性が新たな考察の焦点となっていることが確認できる。ヴィトゲンシュタインは、自身の哲学の特徴を「人類学的」と表現したと言われるが、フィッツジェラルドはこの表現とテンプル・グランディンが自分を「火星の人類学者」と呼んだこととの一致を指摘している。ＨＦＡ／ＡＳＰの人々はわれわれの社会を異星人のように経験する。それを理解するために、彼らは未知の社会を訪れた人類学者のように、長年にわたる鋭い観察の努力を積み重ねる必要がある。コンテキストと相が変化することで物の意味が変化することを追究した『哲学探究』の考え方は、ＨＦＡ／ＡＳＰが可能な限り発達し成長した証拠であるとフィッツジェラルドは述べている。マイケル・フィッツジェラルド、『アスペルガー症候群の天才たち―自閉症と創造性―』星和書店、二〇〇八年、第四章。（Michael Fitzgerald, *Autism and Creativity: Is there a link between autism in men and exceptional ability?*, Brunner-Routledge, 2004）

（一九）正高信男「他者との交流あっての『私』」読売新聞二〇〇五年十一月二一日号。なお、京都大学大学院理学研究科教授の山極壽一は、霊長類、とくにゴリラの研究で著名であるが、彼の見解によると、ゴリラほど発達した家族生活を営む霊長類であっても、人間との決定的な違いは、「共感」の能力であるという。二〇〇八年五月一三日・二〇日に放送されたＮＨＫの人気番組『爆笑問題のニッポンの教養』では、「私が愛したゴリラ」というタイトルで前・後篇二回にわたって山極教授がゴリラと人間の違いを語った。山極教授が長年にわたる霊長類研究の末に得た知見としてきっぱりと断言したのは、「共感」という能力は人間にしかない、ということだった。人間は誰かになった気になれる、他者の視線を自分に取り込むことができる、という点で特異である。たとえば、母親と子が一緒にモノの名前を唱えながら一つのものを指す。このとき、母子は視線を共有している。また笑いにしても悲しみにしても、人間の間には感情が伝染するということがある。お笑い芸人を見て笑ったり、映画の悲しいシーンで涙を流したり、と言ったことを人間は行う。どれほど観察しても、こうした視線の取り込みや感情の伝染というのは、他の動物には見られない能力なのだという。動物も、悲しいことがあれば悲しむし、うれしいことがあれば喜ぶ。ゴリラの子供もよく笑う。だが、彼らはそれを共有するということをしない。推測だが、おそらくこうした山極教授の知見は、ラカンの「鏡像段階論」も参考にしているだろう。もちろんその理論を霊長類研究の豊富な経験と観察が裏打ちしたうえでの結論と言える。精神分析と霊長類研究の接続などを予見させ、興味深い。この番組の記録は、ＮＨＫの『爆笑問題のニッポンの教養』のサイトで見ることができる。http://www.nhk.or.jp/bakumon/ (FILE037:「私が愛したゴリラ（前編）（後編）」)

（二〇）本書では序章と終章においてアーシュラ・Ｋ・ル＝グウィンの作品を取りあげた。ル＝グウィンは、ジャンルとしてはＳＦ（Science Fiction）に基盤をおく作家である。科学やＳＦと言えば、人によっては理性のかたまりみたいにとらえる人もいるかも知れず、なぜそうしたジャンルで、本書で取りあげたような近代西欧文明や男性性を相対化するようなヴィジョンをもつ作品を描けるのか不思議に思う向きもあろう。これには序章で述べたように、ル＝グウィンが両親を通して文化人類学的な視点やネイティブ・アメリカンの文化などに触れていること、またル＝グウィン自身が女性であることなどにも要因はあろう。しかし、そうしたこととは別に、これは不思議なことだが、科学のもたらすヴィジョンが、それとはまるで正反対の「意識ならざるもの」「非理性的なもの」「生命的なもの」を呼び起こすということがあるようである。ル＝グウィン自身も、科学のもたらすヴィジョンには惹かれるものがあると言っている（アーシュラ・Ｋ・ル＝グウィン『風の十二方位』小尾芙佐訳、早川書房、一九八〇年、七一頁 [Ursula K. Le Guin, *The Wind's Twelve Quarters*, Harper & Row, 1975]）。このことは、ブライアン・オールディスがその優れたＳＦ史の中で、サイエンス・フィクションの始祖をメアリー・シェリーの『フランケンシュタイン』（一八一八年）だとしていることを考えれば、そう不自然なことではないかもしれない（『十億年の宴』朝倉久志ほか訳、東京創元社、一九八〇年）。メアリー・シェリーも女性であり、ロマン主義の圏内にあり、そして、当時の科学技術の成果に刺激されて、人間理性の生み出す「不気味なもの」を描いたのであった。一九六〇年代後半から一九七〇年代にかけて、欧米を中心に女性のＳＦ作家たちが多くの優れた作品を次々と生み出し、SFの新しい潮流を形作った時代があった。これらメアリー・シェリーの子孫たちを小谷真理は、「サイボーグ・フェミニズム」、「テクノ・ガイネーシス」などの用語で論じている（小谷真理『女性状無意識』勁草書房、一九九四年）。テクノロジーの社会における氾濫と日常生活への怜悧な浸透に触発されて、かえって女性的なもの、生命的なものが擡頭するということがあるのかもしれない。なお、近年の日本で、テクノロジーと生命的なものとの融合を主題にヒットしたアニメーションSF作品として『新創世記エヴァンゲリオン』（庵野秀明監督、一九九五年）がある。この作品の主題は、人類が文明を築くなかで失った生命的なものの復活によって人類を補完するというものである。結末においては、「人類補完計画」によって、すべての人間が個的生命体としての束縛を解かれ、一つの大きな生命の源へ還帰する。アダムとエヴァ、知恵の樹と生命の樹といった聖書用語が作品中で使われていることも興味深いが、男子が主人公であるロボットアニメでありながら多くの女性ファンも獲得し社会現象となったことは注目に値する。

（二一）そもそも旧約聖書で語られている「生命の樹」というのは自然の象徴だったのではないのか、それは人間における自然的なもの、身体的なものを表現しているのではないか、という根本的な疑問にもう一度応えておく。確かにもともとの意味では、そこには自然への憧憬、身体性の象徴、そして共感性も一緒くたに含まれていたのではないかと思われる。もともと旧約聖書の「生命の樹」のイメージ自体が、文化人類学的には、地母神信仰をもつオリエントや地中海地方の諸宗教からの借用である。だとすれば、そこには「女性的なるもの」、「共感性」への崇敬も織り込まれていたと言って良いだろう。しかし、ユダヤ民族は家父を長とし、その「知恵」としての律法を第一とする文化であったので、旧約聖書の記述からは女性的なるものは一切排除された。生命の樹の「生命」は肉体的な生存に局限された。そして、それを継承したキリスト教は、さらに地上を超える「知恵」としての理性を信仰の柱として強調し、その他一切のものは、肉体的なもの、地上的なもの、汚らわしいものとして一括された。この心身二元論の構図の中に、共感性は含まれえず、「知」の構造から忘れ去られた。そして、「生命」といえば神に到達する理性的信仰のことであるという図式が形成され、そこから理性を人間のもっとも重要な能力とする近代西欧哲学の系譜が生じたのである。

（二二）筆者がイメージしている新しい哲学の展開は、別の機会にゆずるが、ここでそのイメージをめぐっていくつかの「枝張り」をしておこうと思う。

マルクスは、かつて『ドイツ・イデオロギー』で、大工業の生み出す世界交通によって、ローカルな制約から解放された普遍的な諸個人（universelle Individuen）が誕生すると述べた。諸個人は世界史的な存在となり、世界交通と科学技術のもたらす富、知識、力を直接に享受しうるようになる。そして、この経験こそが共産主義革命の前提を形成する、という。

たとえば、アントニオ・ネグリ／マイケル・ハートは、世界的にヒットした著作『帝国』（二〇〇〇年）において、ソビエト連邦の崩壊後、資本主義のグローバルな展開によって一元化される世界の中で、マルチチュードと彼らが呼ぶ新しい主体のあり方が出現することを語る（アントニオ・ネグリ／マイケル・ハート『〈帝国〉グローバル化の世界秩序とマルチチュードの可能性』水嶋一憲ほか訳、以文社、二〇〇三年。Michael Hardt and Antonio Negri, *Empire*, Harvard University Press, 2000）。ネグリ／ハートの考えは、基本的に右記の、マルクスが主に『ドイツ・イデオロギー』や『経済学批判要綱』で示した、ポスト資本主義社会のビジョンに基づいている。資本主義のグローバルな展開は、国家の媒介なしに、資本主義の文明化作用のもたらす科学技術、知識、情報をみずからのものとして駆使する主体を地上に生み出す。この主体は、みずからの生活の全領域（政治的、経済的、社会的、生物的等々の諸領域）を、自分自身の「生」として構成する可能性を手にする。ヘーゲル・マルクス主義的な思考においては、主体のもつ構成力はつねに内的な弁証法によって把握され、社会や国家のシステムによって媒介された弁証法的運動を通して一元的に集約される。そのもとで、自己の構成力を天上もしくは未来へ投射する構造の中に、個人は囚われてしまう。しかし、ネグリ／ハートの考えでは、資本主義経済のグローバル化によって、脱中心的で脱領土的な支配装置、「帝国」が出現する。「外部」は消失し、文明化作用によって媒介され増幅された力は、個人に還流する。ここに「帝国」に抗する、構成的な力（constituent power）をもつ革命的な主体としての諸個人が出現する。これがネグリ／ハートの「マルチチュード」のビジョンである。ネグリ／ハートのこうした思想が、フーコーは言うまでもなく、カール・シュミットの「構成的権力」、ハンナ・アーレントの「構想力」（カント）、ドゥルーズ／ガタリの「微分」や「リゾーム」、ジョルジョ・アガンベンの「剥き出しの生」といった諸概念の影響を受けていることは明らかである。同時に、これらすべての思想と同じように、ネグリ／ハートの思想は、人間性のもつ生命的なエネルギーが本当はなんであるかという思考を突き詰めていない。

彼らはすべからく、生命的なものについてのある感度をもっている。そのことは確かだ。だが、それだけでは、十九世紀このかた闘われてきた、周期的に攻守の代わる、啓蒙とロマンとの闘いのリプレイの圏内を抜け出すことは出来ない。これらすべての思想は、本書が冒頭から批判してきた、ロマン主義が典型的に陥るところの陥穽に、同じように陥っている。すなわち、媒介されていない、生命的なものを、概念の努力なしに称揚しようとすることで、かえってそれを近代性のもつ構成の配置に囚われるがままにしてしまい、そうしていつのまにか「偽のファンタジー」を語ることになってしまうのである。意識せずに、彼らはそれを、濾過され、理性化された生命力に変換してしまっている。この構造自体が、十九世紀以来の哲学のひとつの典型的なかたちにほかならない。そこに何も新しいものはない。これらの思想の原型は、カントの「構想力」（Einbildungskraft）の思想にある。生命の根源を能動的にせよ、受動的にせよ、われわれ自身のもつ力として把握し、同時にそれを理性化、理想化しようとする思想である。

問題は、われわれが「構成的な力」（constituent power）と呼んでいるものが、いつのまにか「構成された力」（constituted power）となってしまっていないかどうか、それを見分けることなのである。（ただし、より正確に言えば、「力」とはつねにすでに構成されたものである。力とは構造のことであるからだ。したがって、力を顕揚する思想はすべて、ある構成に囚われた思想である。これが本書・第二章の主旨であった。）

そのために必要な「方法」は、これもすでに序章で語ったことであるが、ル＝グウィンの言う通り、人間的な生命の根ざす根源的な闇について語る「夜の言葉」である。夜の言葉を語る感性とは、われわれのもつ闇を見つめることが、われわれ自身を変えてしまうかもしれないという畏れを知る感性である。そこから始まる「方法」が生み出されなくてはならない。それは、人間的生命の根源、本書で言うところの「共感性」（empathyness）がもつ、非近代的、非理性的な側面と正面から向き合ったうえで、思考する「方法」である。近代の正気を失う勇気、近代的自我の執拗な自己回帰的構成から自分を解放する、後方への飛躍が、契機として必要とされる。後ろを振り返るとはそういうことだ。それは、喩《たと》えて言うならば、仕事に没入し、組織的な振舞いに身を慣らし、社会常識に従って数十年にわたって甲殻のごとく己れの自我を構成してきて中年となった男性が、自分の自我内容そのものであるその「構成」を捨て去ることができるかどうかということである。Mタイプ的なシステム化する自我にとって、「構成」、つまり形式は内容に等しい。それを解体することは、アイデンティティを廃棄することに等しく、自我の「死」を体験するに等しいだろう。だが、その「死」の中にこそ、「生」はある。序章の冒頭に引用したル＝グウィンの詩はそういうことを言っている。このような「死」を一度経由することによってしか、哲学のMタイプ思考は、構成的な力の根源に迫ることは出来ない。

アナーキスト人類学者のデヴィッド・グレーバーは、西欧近代社会の構成を根源的に批判する人類学者兼アナーキストの視点から、われわれの社会の構成を可能にする力の源は、人間のもつ「他者への想像的同一化」（imaginary assimilation to others）の能力であると述べる。そしてこの社会的創造力が垂直的な権力構造に包摂されていないタイプの社会、すなわち未開社会においては、この人間の能力は、絶えざる闇の力との抗争状態に人間を置くと言う。

世論の一致の創出と確保に比重を置いている平等主義的な社会においては、これはしばしば、同じように手の込んだ反応の形成として、怪物や魔女やその他の魑魅魍魎が暗

躍する闇の世界を誘発する。もっとも平和な社会こそが、その想像的宇宙の構築の中における、永遠の戦争の脅威にもっとも呪われているのだ。それらを包囲する不可視の世界は、文字通り戦場なのである。（David Graeber, *Fragments of an Anarchist Anthropology*, Prickly Paradigm Press, 2004, p.25-26. デヴィッド・グレーバー『アナーキスト人類学のための断章』高祖岩三郎訳、以文社、二〇〇六年、六七-六八頁。）［翻訳修正］

少なくともグレーバーは、「弁証法」の解除、すなわち共感性をとりまく構造の解除が、ネグリ／ハートの言うようなグローバルなデモクラシーの実現ではなく、闇の世界を召還するかもしれない可能性に気づいている。「剥き出しの生」（bare life, *la vita nuda, ζωή: zoē*）、つまり共感性優位の生を単純に復活させることは（それが可能であるとしてだが）、こうした「亡霊的な闇の世界」（a spectral night-world）の復古であることを、現代のロマン主義者たちは意識しておくべきだろう。

われわれは、西欧近代化を経ていない文明生活の例として、中世平安期の日本の貴族の生活をイメージすることができる。平安貴族たちは高度に精神的文化的な生活を享受しながら、魑魅魍魎、怪異妖変におののき、呪術の力に支配される世界を生きていた。紫式部『源氏物語』では、貴族たちの恋愛情事耽美的な生活と怨霊の世界とが背中合わせに描かれている。たとえばこれが、共感性優位の社会・生活形態のひとつのサンプルである。

だが、一方で、たとえいくら資本主義経済の普遍化作用が地球をすみずみまで覆い尽くし、国民国家の主権が消失し、脱中心的で脱領土的なポストモダン的「帝国」的主権のもとでマルチチュードとして生きることになろうとも、われわれの意識は、異妖の跋扈する「闇の世界」へと簡単に戻ることはないだろうと推測できる。われわれは、おそらく、なにかしら回帰不可能な一線を越えてしまったのだ。そしてくりかえし、近代的な自我へと戻ってくるだろう。

このことが意味するのは、われわれの共感性を囲い込む近代的な「構成」のマイクロな機制を明らかにする哲学が必要だということである。その囲い込みのことをラカンにならって「象徴的去勢」（symbolic castration）と呼んでもよい。ただし、ラカンは確かにコジェーヴ経由でヘーゲルの洞察を受け継ぎ、「想像界」を分節化した実績はあるのだが、精神分析の場合は、「治療」が課題となるので、究極的には「去勢」のやり直しが課題となるざるをえない点に思想としての限界がある。

すでにスラヴォイ・ジジェクなどに萌芽的試みが見られるが、この精神分析の「治療」のベクトルを、脳科学や文化人類学の視角によって相対化しつつ、その知的蓄積をドイツ観念論の遺産と接続する研究が必要となってくる。このようなビジョンのもと、筆者はこの著作の続篇として、概念論と自我構成論の二篇を予定しているが、それは「言語」と「自我」という二つの構成についての分析である。

あとがき

＊

本書『意識と生命――ヘーゲル『精神現象学』における有機体と「地」のエレメントをめぐる考察――』は、筆者が構想している哲学体系の第一部に当たる。体系構想における本書の位置づけは〈生命篇（生命の樹篇）〉である。それに対応して、第二部は〈概念篇（知恵の樹篇）〉となり、第三部は〈自我構成篇（象徴的去勢論）〉となる予定である。

＊

本書は、早稲田大学大学院社会科学研究科地球社会論専攻に提出され、二〇〇七年一〇月に審査に合格した博士論文『有機体と「地」のエレメント――ヘーゲル『精神現象学』を解読する』に加筆修正したものである。修正部分は本文の一部と、注の追加にとどまる。また市販にあわせてタイトルは変更した。本書がいわゆる哲学プロパーの博士論文と手法やスタイルの点で異なるところがあるとすれば、筆者の学位研究が地球社会論専攻という場において行われたことに理由の一端があるかもしれない。が、もちろん、内容についての責任はすべて著者にある。博士論文の審査にあたっていただいた五人の審査委員、鹿島徹教授（早稲田大学・文学学術院）、田村正勝教授（早稲田大学・社会科学総合学術院）、東條隆進教授（早稲田大学・社会科学総合学術院）、那須政玄教授（早稲田大学・社会科学総合学術院）、山口誠一教授（法政大学・文学部）には、論文審査公聴会の場で、厳しくも適正かつ温かい審査評、助言の数多くを頂いた。

＊

本書は著者の初めての単著である。本書の成立に関して、著者が謝辞を献げなければならない対象は膨大な数に上る。著者が研究者の道を志すことを許し支持してくれた両親をはじめ、親族、友人、研究仲間、先輩・後輩、学部・大学院を通じてお世話になった先生方、博士論文の審査をして下さった先生方のすべてに感謝を献げる。

＊

その中でも、大学院入学時から博士号取得まで一貫してご指導を頂いた那須政玄先生には、公私にわたって言葉に尽くせぬほどお世話になった。とりわけ学恩の面では、私ほど指導教授に恵まれた者はいないのではないかと思っている。那須先生が指導教授でなければ、私の研究はここまで継続していなかったであろうし、大学院進学に際して志した、自分の哲学にかたちを与えるという目標も達成できなかった。これはすべて那須先生のもとで存分に好きな研究に打ち込むことができたからである。那須先生の指導方針は、哲学的な思考の本質を徹底することを要求し、それができれば、あとは何をどう研究してもよいというものであった。これほど哲学に対して真摯な態度を維持できる人は他に見たことがない。普通はもう少し、世俗的なしがらみやアカデミズムのルールの枠内で哲学をしようとするものである。ところが那須先生は、そうした事柄には一切かまわずに、哲学の本質を追究する。ゼミでは、意識、自己意識、生命、実体、物自体、理性、自然、自我、根底、超越といった事柄について、徹底的に本質的な議論のみを行う。私は、那須先生との議論のあいだ、しばしば、これだけ深い哲学的対話の行われている場は、いまこの瞬間、ここより他にこの宇宙には存在しないのではないか、という感覚を持った。宇宙空間に私の意識と先生の意識とが浮かんで対峙しながら、悠久の議論を継続しているかのような体験であった。稀有のことであろうと思う。もちろん、那須先生と私との議論がはじめから首尾よくかみあったわけではない。修士入学当時、私はデューイの有機体論を研究しており、どちらかというと啓蒙的、科学的、プラグマティズム的な哲学への志向を持っていた。そういう私の志向に、どちらかと言えばロマン主義的な志向を持つ先生は根源的な批判を投げかけ続けた。私のアイデンティティは危機を迎え、必死の再構成を余儀なくされた。いわば、本書の底流のモチーフである啓蒙主義とロマン主義との闘いがそこにはあったのである。この闘いを通して私の思想は鍛えられた。啓蒙の言葉とロマンの言葉の双方がわかるようになった。実はそれは、私自身の中にロマン主義的な志向があったことの発見にほかならなかった。そして考えてみれば、とりもなおさず、ヘーゲルの哲学そのものが両者を兼ね備えた性質を持っている。こうして私のヘーゲル解釈のかたちは、那須先生との討論を通して形成されたのである。私にとっての一番の宝は那須政玄（カント／シェリング）という媒体を通して、樫山欽四郎（ヘーゲル）、川原栄峰（ハイデガー）と継承される早稲田哲学の伝統を受けとめることができたことである。本書の刊行がわずかでも那須先生から受けた御恩に報いることになれば、筆者の喜びである。

＊

妻の亜紀子には、感謝という言葉ではとうてい言い表すことのできないほど、支えてもらった。本書の元となった博士論文は、構想期間は一〇年と言えるが、実際の執筆期間は二ヶ月ほどであった。タイムリミット直前まで追い込まれないと執筆のエンジンがかからない私の性格のせいである。書く端から目を通して文章をチェックしてくれる亜紀子の助けがなければ、とうてい完成させることはできなかっただろう。どれだけ親しい友人であっても、書いたものを見てもらうという骨の折れる仕事を頼むことは難しい。私の文章の一番はじめの読者はいつも亜紀子である。Ｆタイプのもつ共感性の豊かさと、攪乱（バトラー）的発想の奔放さをいつも思い出させてくれるのも亜紀子である。亜紀子の存在があることで、私の力は出ている。私にとっての「大地」である。

＊

本書冒頭に、亡き弟、孝二の思い出に本書を献げるとの言葉を置いた。孝二は二〇〇〇年にみずから命を絶った。私自身が当時まだ三〇歳という年齢のせいもあったろうが、兄弟を亡くすということは、自分の身体もしくは魂の一部を失ったような大きな衝撃であった。私が統合失調症や自閉症など、精神疾患／障害に興味を持ち、研究するようになったのは孝二の死がきっかけであった。それは本書の内容にも反映されている。

＊

本書の刊行を決断して下さった社会評論社・松田健二社長に厚くお礼を申し上げる。

＊

本書の執筆にあたっては、作家の小松左京、村上春樹両氏の作品から多くのインスピレーションを得ている。筆者と両氏が相まみえる機会はおそらく訪れないと思うのでこの場を借りて両氏に感謝を捧げたい。

＊

あとがきの最初で述べた体系構想とは別に、筆者は本書で得られた共感性（empathyness）についての知見をもとに新しい倫理学理論の構築に取り組んでいる。その基本図式は左図のようになるが、人間の個的自我を構成する要素として理念性、身体性、共感性の三項を措き、それに特殊と個と普遍という縦軸を重ねたものである。人間は特殊から普遍に目覚め、普遍をめがける中で個を形成する。そのときに、理念性、身体性、共感性という三つの本性／領野の組み合わせ、構造化によって個を形成し、また自分なりの現実を構成する。しかし、その形成の上で、三つの内のどれを中心にして構造を織り込んでいくかは、時代、社会、個人によってちがいがある。これが現実性の相違となって現象し、現実性相互の摩擦が倫理の問題となる、という定式である。勤務校の早稲田大学では、この基本図式を西欧倫理思想の流れに適用して解説し、そこに映画、小説、詩歌、マンガ、アニメなどから人間経験のさまざまな断面を素材として挿入した倫理学の講義を行い、さいわい学生には好評を博している。たとえば、デカルトと『マトリックス』、カントと宮沢賢治、ヘーゲルと「寅さん」、マルクスと『ガンダム』といった具合である。この内容についても書籍化したいと考えている。

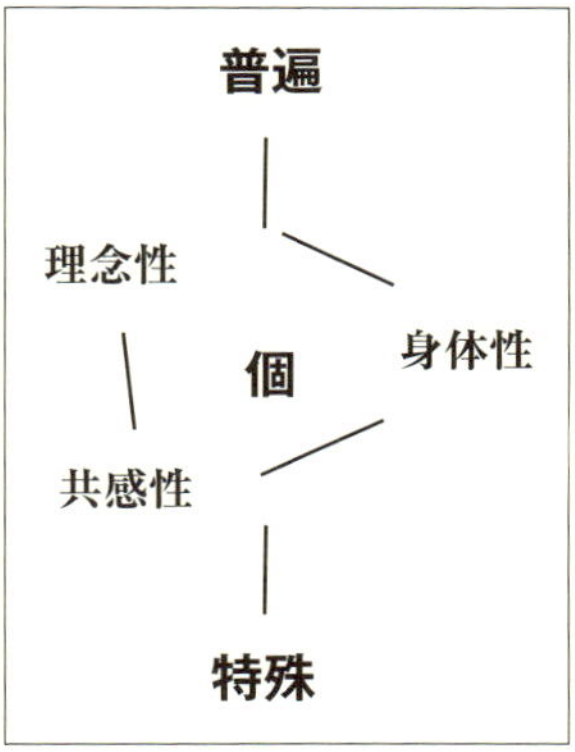

二〇一〇年六月八日　世田谷自宅にて　筆者

加藤尚武ほか編『ヘーゲル事典』弘文堂、一九九二年
新聞記事：正高信男「他者との交流あっての『私』」読売新聞二〇〇五年十一月二一日号
廣松渉ほか編『岩波哲学・思想辞典』岩波書店、一九九八年

1979)
ル＝グウィン、アーシュラ・K『闇の左手』小尾芙佐訳、早川書房、一九七八年 Ursula K. Le Guin, *The Left Hand of Darkness*, Ace Books, 1969
ル＝グウィン、アーシュラ・K『影との戦い』清水真砂子訳、岩波書店、二〇〇六年（一九七六年）Ursula K. Le Guin, *A Wizard of Eatrhsea*, published with three sequels in one volume in Penguin Books with the title *The Earthsea Quartet,* 1993 [First pubilshed by Parnassus Press, 1968]
ル＝グウィン、アーシュラ・K『風の十二方位』小尾芙佐訳、早川書房、一九八〇年　Ursula K. Le Guin, *The Wind's Twelve Quarters*, Harper & Row, 1975
ル＝グウィン、アーシュラ・K『夜の言葉』山田和子訳、岩波現代文庫、二〇〇六年　Ursula K. Le Guin, *The Language of the Night:Essays on Fantasy and Science Fiction* [1979], 1993, HarperPerennial edtion.
ル＝グウィン、アーシュラ・K『帰還』清水真砂子訳、岩波書店、二〇〇六年（一九九三年）Ursula K. Le Guin, *Tehanu*, published with three sequels in one volume in Penguin Books with the title *The Earthsea Quartet,* 1993 [First pubilshed by Atheneum, 1990]
ローゼンクランツ、K『ヘーゲル伝』中埜肇訳、みすず書房、一九八三年（Karl Rosenkranz, *Georg Wilhelm Friedlich Hegels Leben*, 1844）
渡辺祐邦「ドイツ観念論における自然哲学」『講座ドイツ観念論第六巻・問題史的反省』弘文堂、一九九〇年

〈辞典、事典、新聞記事など〉

Glare,P.G.W. *Oxford Latin Dictionary*, Oxford at the Clarendon Press, 1982
Liddell, Henry George / Scott, Robert *A Greek-English Lexicon; A New Edition by Henry Stuart Jones*, 1940, Oxford at the Clarendon Press
Oxford Advanced Learner's Dictionary, Oxford Universyt Press, 2000
Robert, Paul *Le Grand Robert de la langue française*, Les Dictionnaires ROBERT, 1985
インターネット版『ユダヤ百科事典』Jewish Encyclopedia.com（http://www.jewishencyclopedia.com/index.jsp）
『ジーニアス英和大辞典』大修館書店（二〇〇一－二〇〇二年）
『新共同訳聖書』日本聖書協会、一九九〇年
有福孝岳ほか編『カント事典』弘文堂、一九九七年
石塚正英ほか監修『哲学・思想翻訳語事典』論創社、二〇〇三年
太田光・田中裕二・山極壽一『爆笑問題のニッポンの教養』「私が愛したゴリラ（前篇・後篇）」、ＮＨＫ、二〇〇八年五月十三日・二十日放映（記録：FILE037「私が愛したゴリラ（前編）（後編）」http://www.nhk.or.jp/bakumon/）
小塩力・山谷省吾監修『旧新約聖書神学辞典』新教出版社、一九六一年

vembre-5 décembre 1976])
ブラウン、ダン『ダ・ヴィンチ・コード（上・中・下)』越前敏弥訳、角川書店、二〇〇六年（Dan Brown, *The Da Vinci Code,* Doubleday, 2003）
フロム、エーリッヒ『正気の社会』（世界の名著『ユング・フロム』76 所収）加藤正明ほか訳、一九七九年、中央公論社（Erich Fromm, *The Sane Society*, Rinehart & Company, Inc., 1955）
ボウラー、ピーター・J『進化思想の歴史』鈴木善次ほか訳、朝日選書、1987 年（Peter J. Bowler, *Evolution The history of an idea*, The University of California Press, 1984）
ホワイトヘッド・A・N『過程と実在』山本誠作訳、松籟社、一九八四年（Alfred North Whitehead, *Process and Reality: An Essay in Cosmology* [1929], corrected edition, edited by David Ray Griffin and Donald W. Sherburne, Free Press, 1979）
マイア、エルンスト『マイア 進化論と生物哲学』八杉貞雄ほか訳、東京化学同人、一九九四年（Ernst Mayr, *Toward a new Philosophy of biology*, The Belknap Press of Harvard University Press, 1988）
牧野英二「カントの目的論──「第四批判」と目的論の射程──」、『カントの目的論』日本カント協会編、理想社、二〇〇二年
真木悠介『自我の起源』岩波書店、一九九三年
丸山真男『日本の思想』岩波新書、一九六一年
三木清「有機体説と弁証法」（一九二八年)、『三木清全集第三巻』所収、岩波書店、一九六六年
メルロ＝ポンティ『意味と無意味』滝浦静雄ほか訳、みすず書房、一九八三年、（Maurice Merleau-Ponty, *Sens et non-sens*, Les Éditions Nagel, 1948）
望月俊孝「カントの目的論──技術理性批判の哲学の建築術──」、『カントの目的論』日本カント協会編、理想社、二〇〇二年
森岡正博『生命観を問いなおす』ちくま新書、一九九四年
ヤコービ、フリードリヒ『デイヴィド・ヒュームの信仰について』一七八七年（F. H. Jacobi, *David Hume über den Glauben, oder Idealismus und Realismus. Ein Gespräch*, 1787）
矢島文夫訳『ギルガメシュ叙事詩』ちくま学芸文庫、一九九八年
山口誠一『ヘーゲルのギリシア哲学論』創文社、一九九八年
山本義隆『重力と力学的世界』現代数学社、一九八一年
吉本隆明『共同幻想論』角川書店、一九六八年
ラカン、ジャック「日本の読者によせて」、『エクリＩ』宮本忠雄ほか訳、弘文堂、一九七二年
リオタール、ジャン＝フランソワ『ポスト・モダンの条件』小林康夫訳、水声社、一九八六年（Jean-François Lyotard, *La condition postmoderne,* Les éditions de Minuit,

日本総合研究所編『生命論パラダイムの時代』ダイヤモンド社、一九九三年
ネグリ、アントニオ／ハート、マイケル『〈帝国〉グローバル化の世界秩序とマルチチュードの可能性』水嶋一憲ほか訳、以文社、二〇〇三年（Michael Hardt and Antonio Negri, *Empire,* Harvard University Press, 2000）
ネグリ、アントニオ『構成的権力 — 近代のオルタナティブ』杉村昌昭、斉藤悦則訳、松籟社、一九九九年（Antonio Negri, *Le pouvoir constituent. Essai sur les alternatives de la modernité,* PUF, 1997）
ハイデガー、マルティン『真理の本質について』細川亮一ほか訳、創文社、一九九五年（Martin Heidegger, *Vom Wesen der Wahrheit*, Gesamtausgabe Abt. 2 Vorlesungen Bd. 34., Klostermann Vittorio Gmbh, 1997）
バウマー、フランクリン・L『近現代ヨーロッパの思想』鳥越輝昭訳、大修館書店、一九九二年（Franklin L. Baumer, *Modern European Thought: Continuity and Change in Ideas 1600-1950*, Macmillan, 1977）
バタイユ、ジョルジュ『内的体験』出口裕弘訳、平凡社、一九九八年（Georges Bataille, *L'Expérience intérieure*, édition revue et corrigée, suivie de Méthode de Méditation et de Post-scriptum1953, Gallimard, 1954）
バッハオーフェン、J・J『母権論』岡道男ほか訳、みすず書房、一九九一年(Johann Jakob Bachofen, *Das Mutterrecht*, 1861.)
パスカル「パンセ」前田陽一責任編集『中公バックス世界の名著29　パスカル』一九七八年、（Blaise Pascal, *Pensées*, 1670）
原崎道彦『埋もれた体系構想　ヘーゲル「精神現象学」試論』未来社、一九九四年
原田哲史『アダム・ミュラー研究』ミネルヴァ書房、二〇〇二年
バロン＝コーエン、サイモン『共感する女脳、システム化する男脳』三宅真砂子訳、ＮＨＫ出版、二〇〇五年（Simon Baron-Cohen, *The Essential Diffrence*, Allen Lane, 2003）
ピーズ、アラン＆バーバラ『話を聞かない男、地図が読めない女』藤井留美、主婦の友社、二〇〇〇年（Allan Pease, Barbara Pease, *Why Men Don't Listen & Women Can't Read Maps*（*1998*）, Welcome Rain, 2000）
廣松渉『マルクス主義の地平』（一九六九年）、講談社学術文庫、一九九一年
廣松渉『増補マルクス主義の成立過程』至誠堂、一九八四年
フィッツジェラルド、マイケル『アスペルガー症候群の天才たち－自閉症と創造性－』石坂好樹ほか訳、二〇〇八年、星和書店（Michael Fitzgerald, *Autism and Creativity: Is there a link between autism in men and exceptional ability?*, Brunner-Routledge, 2004）
フーコー、ミシェル「知識人の政治的役割」西山雄二訳[http://www.h6.dion.ne.jp/~kazu-t/Lamitie/vol1/07/nishiyama-f.vol1.no3.htm]（Michel Foucalt, *La fonction politique de l'intellectuel* in: Dits et écrits III, Gallimard, 1994. [in: Politique-Hebdo, 29 no-

一九八四年（Mary Shelley, *Frankenstein; or, the Modern Prometheus*,1831）
ジジェク、スラヴォイ『仮想化しきれない残余』松浦俊輔訳、青土社、1997 年（Slavoj Žižek, *The Indivisible Remainder: Essays on Schelling and Related Matters,* Verso, 1996）
ジジェク、スラヴォイ『否定的なもののもとへの滞留』酒井隆史、田崎英明訳、ちくま学芸文庫、2006 年（Slavoj Žižek, *Tarrying with the Negative: Kant, Hegel, and the Critique of Ideology*, Duke University Press, 1993）
柴田平三郎『中世の春－ソールズベリのジョンの思想世界』慶應義塾大学出版会、二〇〇二年
シャルダン、P・テイヤール・ド『現象としての人間』美田稔訳、みすず書房、一九六九年（Pierre Teilhard de Chardin, *Le Phénomène Humain*, Édition du Seuil, 1955）
鈴木貞美「『大正生命主義』とは何か」、鈴木貞美編『大正生命主義と現代』河出書房新社、一九九五年所収
ソレル、レナル『オルフェウス教』脇本由佳訳、白水社、二〇〇三年（Reynal Sorel, *Orphée et l'orphisme*, Presses Universitaires de France, 1995
高峯一愚『カント講義』論創社、一九八一年
高山守「ヘーゲルにおける有機組織という虚像」、『現代思想臨時増刊「ヘーゲルの思想」』青土社所収、一九九三年
滝口清栄、合澤清編『ヘーゲル　現代思想の起点』社会評論社、二〇〇八年
滝口清栄「『法（権利）の哲学』の反響－十九世紀を中心に－」、『ヘーゲルの国家論』理想社所収、二〇〇六年
多田富雄『生命の意味論』新潮社、一九九七年
筒井賢治『グノーシス－古代キリスト教の〈異端思想〉』講談社、二〇〇四年
デコンブ、ヴァンサン『知の最前線　現代フランスの哲学』高橋允昭訳、ＴＢＳブリタニカ、一九八三年、（Vincent Descombes, *Le même et L'autre*, *quarante-cinq aus de philosophie française (1933-1978),* Les Éditions de Minuit, 1979）
堂目卓生『アダム・スミス』中公新書、二〇〇八年
富永健一『行為と社会システムの理論――構造－機能－変動理論をめざして』東京大学出版会、一九九五年
ドント、ジャック『知られざるヘーゲル――ヘーゲル思想の源流に関する研究――』飯塚勝久・飯島勉訳、未来社、一九八〇年（Jacques D'Hondt, *Hegel secret: recherches sur les sources cachées de la pensée de Hegel*. Presses Universitaires de France, 1968）
中沢新一『緑の資本論』集英社、二〇〇二年
中沢新一『三位一体モデル　TRINITY』東京糸井重里事務所、二〇〇七年
中根晃編『自閉症』日本評論社、一九九九年
中村桂子『自己創出する生命』哲学書房、一九九三年

加藤尚武「有機体の概念史」、『シェリング年報'03 第11号』晃洋書房、二〇〇三年
加藤尚武「スピノザの実体とヘーゲルの国家」、『ヘーゲルの国家論』理想社所収、二〇〇六年
加藤尚武「ヘーゲル実在哲学解説」、加藤尚武監訳『イェーナ体系構想』法政大学出版局所収、一九九九年
加藤尚武「無限性の概念史の試み」、ヘーゲル〈論理学〉研究会編『ヘーゲル論理学研究 第一〇号』天下堂書店、二〇〇四年
河合隼雄『影の現象学』（一九七六年）、講談社学術文庫、一九八七年
河本英夫『オートポイエーシス　第三世代システム』青土社、一九九五年
木村資生『生物進化を考える』岩波新書、一九八八年
久保陽一『ヘーゲル論理学の基底』創文社、一九九七年
クラーク、アーサー・C『幼年期の終り』福島正実訳、早川書房、一九七九年、(Arthur C. Clarke, *Childhood's End*, Ballantine Books, 1953)
グランディン、テンプル『自閉症の才能開発―自閉症と天才をつなぐ環―』、カニングハム久子訳、学習研究社、一九九七年（Temple Grandin, *Thinking in Pictures: And Other Reports from My Life with Autism*, Doubleday, 1995）
クローバー、シオドーラ『イシ―北米最後の野生インディアン』行方昭夫訳、岩波書店、二〇〇三年（Theodora Kracaw Kroeber, *Ishi in Two Worlds: A Biography of the Last Wild Indian in North America*, University of California Press, 1961）
コイレ、アレクサンドル『閉じた世界から無限宇宙へ』横山雅彦訳、みすず書房、一九七三年（Alexandre Koyré, *From the Closed World to the Infinite Universe*, The John Hopkins Press, 1957）
小谷真理『女性状無意識』勁草書房、一九九四年
コーネル、ドゥルシラ『イマジナリーな領域――中絶、ポルノグラフィ、セクシャル・ハラスメント』仲正昌樹監訳、御茶の水書房、二〇〇六年（Drucilla Cornell, *The Imaginary Domain: Abortion, Pornography, & Sexual Harassment*, Routledge, 1995）
小林一三「遺伝子共生システムとしての生命」、『日本進化学会2006年大会プログラム・要旨集』日本進化学会、二〇〇六年
小松左京『神への長い道』 早川書房、一九六七年
サックス、オリヴァー 『火星の人類学者』吉田利子訳、早川書房、二〇〇一年（Oliver Sacks, *An Anthropologist on Mars*, Knopf, 1995）
サン＝テグジュペリ『人間の土地』堀口大學訳、新潮文庫、一九五五年（Antoine de Saint-Exupéry, *Terre des hommes*, 1939）
シェーラー、マックス『同情の本質と諸形式』吉沢伝三郎ほか訳（シェーラー著作集８）、白水社、一九七七年（Max Scheler, *Wesen und Formen der Sympathie,* Fünfte Auflage, Verlag G. Schulte-Bulmke, 1948）
シェリー、メアリー『フランケンシュタイン』森下弓子訳、創元推理文庫、

二〇〇四年
アウグスティヌス『神の国』服部英次郎訳、岩波文庫、一九八二－一九九一年
アウグスティヌス『創世記注解（１）』片柳栄一訳、アウグスティヌス著作集一六、教文館、一九九四年
アルチュセール、ルイ『不確定な唯物論のために』山崎カヲル訳、大村書店、二〇〇二年（Louis Althusser, *Sur la philosophie*, Gallimard, 1994）
伊坂青司「シェリング同一哲学とヘーゲル初期哲学体系構想の差異」（『ヘーゲル哲学研究第 12 号』こぶし書房、二〇〇六年所収）
伊坂青司『ヘーゲルとドイツ・ロマン主義』御茶の水書房、二〇〇〇年
泉流星『僕の妻はエイリアン』新潮社、二〇〇五年
市川浩『精神としての身体』講談社学術文庫、一九九二年
市野川容孝『身体／生命』岩波書店、二〇〇〇年
岩崎武雄『カント「純粋理性批判」の研究』勁草書房、一九六五年
ウィリアムズ、ドナ　『自閉症だったわたしへ』一九九三年、新潮社（Donna Williams, *Nobody Nowhere*, Crown, 1992）
ウェーバー（ヴェーバー）、マックス『プロテスタンティズムの倫理と資本主義の精神』大塚久雄訳、岩波文庫、一九八九年（Max Weber, *Die protestantische Ethik und der ‚Geist' des Kapitalismus*, in Gesammelte Aufsätze zur Religionssoziologie, Bd.1, 1920 [UTB / Mohr Siebeck, 1988]）
ヴォルテール「哲学書簡」串田孫一責任編集『中公バックス世界の名著 35 ヴォルテール、ディドロ、ダランベール』所収、一九八〇年（Voltaire, *Letters Concerning the English Nation*, 1734）
オールディス、ブライアン『十億年の宴』朝倉久志ほか訳、東京創元社、一九八〇年
岡田節人「生き物のしなやかさ」『季刊 生命誌 通巻１号』ＪＴ生命誌研究館、一九九三年
小塩力・山谷省吾『旧新約聖書神学辞典』　新教出版社、一九六一年
オットー、ルードルフ『聖なるもの』創元社、二〇〇五年（Rudolf Otto, *Das Heilige Über das Irrationale in der Idee des Göttlichen und sein Verhältnis zum Rationalen*, 1936[1917]）
ガーランド、グニラ　『ずっと「普通」になりたかった』ニキ・リンコ訳、花風社、二〇〇〇年（Gunilla Gerland, *A Real Person,* Souvenir Press Ltd., 1997）
樫山欽四郎『哲学概説』　創文社、一九六四年
樫山欽四郎『ヘーゲル精神現象学の研究』創文社、一九六一年
カッシーラー『啓蒙主義の哲学』中野好之訳、筑摩書房、二〇〇三年（Ernst Cassirer, *Die Philosophie der Aufklärung*, Verlag von J.C.B Mohr, 1932）
加藤尚武編『ヘーゲル哲学への新視角』創文社、一九九九年

Kant, Immanuel *Kritik der Urteilskraft*, 1790.（カント『判断力批判』坂田徳男訳『世界の大思想 11 カント〈下〉』河出書房新社、一九六九年）

Kojève, Alexandre *Introduction à la lecture de Hegel* (1947), Gallimard, 1980（アレクサンドル・コジェーヴ『ヘーゲル読解入門』上妻精ほか訳、国文社、一九八七年）

Lacan, Jacques *Le stade du miroir comme formateur de la fonction du Je* (1949), *Écrits,* Éditions du Seuil, 1966（ジャック・ラカン「〈わたし〉の機能を形成するものとしての鏡像段階」『エクリ I』宮本忠雄ほか訳、弘文堂、一九七二年

Luhmann, Niklas *Essays on Self-reference*, Columbia University Press,1990

Magee, Glenn Alexander *Hegel and the hermetic tradition*, Cornel University Press, 2001

Marx, Karl *Ökonomisch-philosophische Manuskripte: Heft I*, Karl Marx Werke・Artikel・Entwürfe März 1843 bis August 1844 [MEGA, Erste Abteilung, Bd.2], Dietz Verlag, 1982.（カール・マルクス『パリ手稿』山中隆次訳、御茶の水書房、二〇〇五年）

Marx, Karl/Friedrich Engels, *Die deutsche Ideologie* 1845-46, [MEW, Bd.3, 1958], Dietz Verlag, 1990（K・マルクス／F・エンゲルス『【新版】ドイツ・イデオロギー』花崎皋平訳、合同出版、一九六六年）

Marx, Karl *Einleitung zur Kritik der Politischen Ökonomie* [1859], Karl Marx-Friedrich Engels Werke: Bd.13, Dietz Verlag, 1961（カール・マルクス『経済学批判』杉本俊朗訳、国民文庫、大月書店）

Mill, John Stuart *Auguste Comte and positivism* (*1865*) [Reprint: N. Trübner. 1866]

Oppenheimer, Stephen *Eden in the East*, Weidenfeld & Nicolson, 1998

Schelling, F.W.J. F.W.J. *von Schellings sämmtliche Werke*. (1856-1861). CD-ROM/WINDOWS-Version. Hrsg. von Elke Hahn. Berlin: TOTAL-VERLAG, 1998

Schelling, F.W.J. *Abhandlungen zur Erläuterung des Idealismus der Wissenschaftslehre*, 1797, [SW I]

Schelling, F.W.J. *Ideen zu einer Philosophie der Natur als Einleitung in das Studium dieser Wissenschaft*, 1797, [SW II]

Schelling, F.W.J. *Fernere Darstellungen aus dem System der Philosophie*, 1802 [SW IV]

Schelling, F.W.J. *Philosophische Untersuchungen über das Wesen der menschlichen Freiheit*, 1809 [SW VII].（F・W・J・シェリング『人間的自由の本質』西谷啓治訳、岩波文庫、一九五一年）

Simpson, J.A. / Weiner, E.S.C. *The Oxford English Dictionary; Second Edition*, Clarendon Press, 1989

Smith, Adam *The Theory of Moral Sentiments* (1759, 1790), Dover Philosophical Classics, 2006（アダム・スミス『道徳感情論　上・下』水田洋訳、岩波文庫、二〇〇三年

〈邦訳・邦文参照文献〉

アウグスティヌス 『三位一体』アウグスティヌス著作集第二八巻、教文館、

初の体系プログラム」寄川条路編訳、ナカニシヤ出版『初期ヘーゲル哲学の軌跡』二〇〇六年）

Hegel, G.W.F. *Jenaer Systementwürfe I, II, III* (Gesammelte Werke, Bd.6, 7, 8.), Felix Meiner, 1971-1976（G・W・F・ヘーゲル『イェーナ体系構想』加藤尚武監訳、法政大学出版局、一九九九年）

Hegel, G.W.F. *Phänomenologie des Geistes*, 1807 [Suhrkamp, Bd.3]（G・W・F・ヘーゲル『精神の現象学』金子武蔵訳、岩波書店、一九七一、一九七九年）

Hegel, G.W.F. *Wissenschaft der Logik*, 1812-1816 [Suhrkamp, Bd.5]（G・W・F・ヘーゲル『大論理学』武市健人訳、岩波書店、一九六〇年）

Hegel, G.W.F. *Enzyklopädie der philosophischen Wissenschaften im Grundrisse* [1817], 1956, Sämtliche Werke. Jubiläumsausgabe / Georg Wilhelm Friedrich Hegel ; auf Grund des von Ludwig Boumann ... [et al.] ; besorgten Originaldruckes im Faksimileverfahren neu herausgegeben von Hermann Glockner, Bd.6

Hegel, G.W.F. *Grundlinien der Philosophie des Rechts*, 1821 [Suhrkamp, Bd.7]（G・W・F・ヘーゲル『法の哲学』岩崎武雄責任編集『世界の名著 44 ヘーゲル』所収、中央公論社、一九七八年）

Hegel, G.W.F. *Enzyklopädie der philosophischen Wissenschaften I*, 1830 [Suhrkamp, Bd.8]（G・W・F・ヘーゲル『小論理学（上）（下）』松村一人訳、岩波文庫、一九五一、一九五二年）

Hegel, G.W.F. *Enzyklopädie der philosophischen Wissenschaften II*, 1830 [Suhrkamp, Bd.9]（G・W・F・ヘーゲル『自然哲学・上巻・下巻』加藤尚武訳、岩波書店、一九九八、一九九九年）

Hegel, G.W.F. *Enzyklopädie der philosophischen Wissenschaften III*, 1830 [Suhrkamp, Bd.10]（G・W・F・ヘーゲル『精神哲学』船山信一訳、岩波書店、一九六五年）

Heidegger, Martin *Kant und das Problem der Metaphysik* Gesamtausgabe, I. Abteilung: Veröffentliche Schriften 1910-1976, Band 3. (1929), Vittorio Klostermann GmbH, 1991（マルティン・ハイデガー『カントと形而上学の問題』門脇卓爾ほか訳、創文社、ハイデッガー全集第三巻、二〇〇三年）

Hollingdale, Stuart *Makers of Mathematics, Pelican Books*, 1989（スチュアート・ホリングデール『数学を築いた天才たち』岡部恒治監訳、講談社、一九九三年）

Horkheimer, Max *Eclipse of Reason*, Oxford University Press, 1947

Kant, Immanuel *Kritik der reinen Vernunft*, 1781(A), 1787(B)（カント『純粋理性批判』高峯一愚訳『世界の大思想 10 カント〈上〉』、河出書房新社、一九六九年）

Kant, Immanuel *Grundlegung zur Metaphysik der Sitten*, 1785, [IV]（カント『道徳形而上学原論』篠田英雄訳、岩波文庫、一九六〇年）

Kant, Immanuel *Kritik der praktischen Vernunft,* 1788, [V]（カント『実践理性批判』樫山欽四郎訳『世界の大思想 11 カント〈下〉』河出書房新社、一九六九年）

文献リスト

〈欧文参考文献〉

Althusser, Louis *Pour Marx*, François Maspero, 1965.

Barton *Sketch of Semitic Origins*, New York, 1902

Breidbach, Olaf *Das Organische in Hegels Denken: Studie zur Naturphilosophie und Biologie um 1800*, Königshausen&Neumann, 1982

Butler, Judith *Antigone's Claim,* Columbia University Press, 2000（ジュディス・バトラー『アンティゴネーの主張』竹村和子訳、青土社、二〇〇二年）

Butler, Judith *Subjects of Desire: Hegelian Reflections in Twentieth-Century France*, Columbia University Press, 1987 [Paperback Edition, 1999]

Bultmann, R.K. *History and Eschatology: The Grifford Lectures 1955*, The Edinburgh University Press, 1957 [Reprint: Harper&Brothers, NewYork]（R・K・ブルトマン『歴史と終末論』中川秀恭訳、岩波書店、一九五九年）

Collingwood, R.G. *The Idea of Nature*, Clarendon Press, 1945 [Reprint: Oxford University Press, 1960]（R・G・コリングウッド『自然の観念』平林康之ほか訳、みすず書房、一九七四年）

Dawkins, Richard *The Selfish Gene*（1976), Oxford University Press [1989 ed.].

Dewey, John *Reconstruction in Philosophy*（1920), The Collected Works of John Dewey 1882-1953, Middle Works:vol.12, Electric edtion from InteLex Corp., 1996

Fink, Eugen *Sein und Mensch*, Verlag Karl Alber GmbH, 2004.（オイゲン・フィンク『存在と人間』座小田豊ほか訳、法政大学出版局、二〇〇七年）

Foucalt, Michel *Les mots et les choses*, Éditions Gallimard, 1966

Foucalt, Michel *Naissance de la clinique*（*1963*), Quadrige, 1997 [5e édition]（ミシェル・フーコー『臨床医学の誕生』神谷美恵子訳、みすず書房、一九六九年

Graeber, David *Fragments of an Anarchist Anthropology*, Prickly Paradigm Press, 2004（デヴィッド・グレーバー『アナーキスト人類学のための断章』高祖岩三郎訳、以文社、二〇〇六年）。英文の全テキストが下記で入手できる。［http://www.prickly-paradigm.com/paradigm14.pdf］

Guthrie, W.K.G. *Orpheus and Greek religion: a study of the Orphic movement*（1952）, Princeton University Press, 1993.

Hegel, G.W.F. *Der Geist des Christentums und sein Schicksal*, 1798-1800 [Suhrkamp, Bd.1]（G・W・F・ヘーゲル『キリスト教の精神とその運命』伴博訳、平凡社、一九九七年［一九七八年］）

G.W.F.Hegel, *Das älteste Systemprogramm des deutschen Idealismus,* 1796/1797, in *Frühe Schriften* [Suhrkamp, Bd.1], S.235-236.（G・W・F・ヘーゲル「ドイツ観念論の最

ワ行

マ行

ヤ行

ラ行

サ行

タ行

ナ行

ハ行

人名索引

ア行

カ行

[訳者紹介]

野尻英一（のじり・えいいち）

1970年生まれ。早稲田大学第一文学部哲学科卒、同大学院社会科学研究科博士後期課程（地球社会論専攻）修了。学術博士（早稲田大学）。早稲田大学社会科学部助手、同法学部非常勤講師、同社会科学部助教を経て2010年度フルブライト研究員／シカゴ大学客員研究員。専門は哲学、倫理学。とくにドイツ観念論。
おもな著作：ヘーゲルの「歴史」について —あるいは否定性の起源について—（早稲田大学『社会科学研究科紀要別冊第九号』2002年）、『精神現象学』の「有機的なもの」と「地」のエレメント（理想社『理想 No.679』2007年）、アメリカ合衆国におけるヘーゲル研究の動向（日本ヘーゲル学会『ヘーゲル哲学研究 第13号』2007年、共著）、ヘーゲルの有機体論と社会—現象学は有機体の夢を見るか？—（社会評論社『ヘーゲル 現代思想の起点』2008年）、意識と「地」のエレメント試論（日本ヘーゲル学会『ヘーゲル哲学研究 第14号』2008年）。

意識と生命

ヘーゲル『精神現象学』における
有機体と「地」のエレメントをめぐる考察

2010年7月10日　初版第1刷発行

著　者＊野尻英一
発行人＊松田健二
製版・装幀＊有限会社閏月社
発行所＊株式会社社会評論社
東京都文京区本郷2-3-10　tel.03-3814-3861/fax.03-3818-2808
http://www.shahyo.com
印刷・製本＊株式会社倉敷印刷

ヘーゲル 現代思想の起点

●滝口清栄・合澤清編

A5判★4200円／0877-8

若きヘーゲルの思索が結晶した『精神現象学』刊行から200年。現代思想にとって豊かな知的源泉である同書をめぐる論究集。哲学者・長谷川宏氏推薦。(2008・4)

論理哲学論考

●ルートヴィヒ・ヴィトゲンシュタイン

A5判★2000円／0873-0

極限まで切りつめられ、鋭く研ぎ済まれた内容とことばでつづられたヴィトゲンシュタインの古典的作品『論考』。その「鋼鉄」の文体を、厳格な解釈に基づき、若き学徒が、初めて「詩」として新訳。[木村洋平訳] (2007・1)

ホモ・ファーベル

西欧文明における労働観の歴史

●アドリアーノ・ティルゲル

四六判★2700円／0885-3

人間の本質はHomoFaberか？　29年恐慌の直前に刊行された古代ギリシャ・ローマ文明から現代文明にいたる労働観の変遷。アーレントは本書が孕む問題性を『人間の条件』で深く論究した。[小原耕一・村上桂子訳] (2009・11)

ヴァルター・ベンヤミン解読

希望なき時代の希望の根源

●高橋順一

A5判★3700円／0887-7

危機と絶望の極みのうちにあった時代を、流星のように光芒を放ちながら過ぎっていった一人のユダヤ系ドイツ人思想家の生涯と彼の残したテクストを読む。(2010・3)

ホルクハイマーの社会研究と初期ドイツ社会学

●楠秀樹

A5判★3200円／0882-2

二つの世界大戦、ロシア革命、ナチズム、迫害、亡命。ドイツ・フランクフルト学派の代表者・ホルクハイマーが「経験」を問うた知の軌跡から、社会を批判する社会思想の一原型が浮かび上がる。(2008・10)

ハイデガー解釈

●荒岱介

四六判★2200円／0319-3

哲学者マルティン・ハイデガーはなぜナチス党員であったのか。近代物質文明における人間存在の実存的在り方を越えようとしたその哲学に対する独自の解釈を試み、ナチズムに帰依した根拠を探る。 (1996・6)

一九三〇年代のアジア社会論

「東亜協同体」論を中心とする言説空間の諸相

●石井知章・小林英夫・米谷匡史編著

A5判★2800円＋税／0590-6

1930年代のアジア社会論。それは帝国の総力戦が近代の知に衝撃を与え、戦時変革を試みる「集団的知性」がトランスナショナルな思想的、社会政策的な運動を展開した一大エポックであった。10人の研究者による論集。 (2010・2)

歴史知と学問論

●石塚正英

四六判★2500円／1460-1

歴史は発展、または進歩、そして循環するか？長らく問われ続ける問いかけに、「歴史知」という概念で新たな議論の提示を試みる評論集。考古学・郷土史・現代史の研究現場からの視線で「歴史学」へ誘う。(2007・2)

マルクス主義と民族理論

社会主義の挫折と再生

●白井朗

A5判★4200円／1471-7

イスラームに対する欧米世界の偏見。ロシアによるチェチェン民族の弾圧。中国のチベット、ウイグル、モンゴルへの抑圧。深い歴史的起原をもつ現代世界の民族問題をどうとらえるか。(2009・4)

ローザ・ルクセンブルク思想案内

●伊藤成彦

四六判★2700円／1333-8

「赤のローザは、いましもかき消されどこにいるのか、だれも知らない。真実を、彼女は貧しいものらに語った。だから金持ちどもが追放したのだ、この世から」(ブレヒト)。人生と思想が残したメッセージを読む。(2009・3)

[増補版]
ローザ・ルクセンブルクの世界

●伊藤成彦

A5判★3700円／0371-1

ポーランドのユダヤ人家庭に生まれ、第一次世界大戦後のドイツ革命を指導。そのさなか、武装反革命集団に虐殺された女性革命家ローザ・ルクセンブルク。その生涯と思想の全体像を描く。(1998・4)

ローザ・ルクセンブルクと現代世界

●ローザ・ルクセンブルク東京・国際シンポジウム実行委員会編

A5判★3700円／0353-7

飢え、抑圧、貧困のない世界、民族が国境で区切られることなく、人々の個性が自由に発揮される世界。パリ・コミューンの娘、ローザがめざした革命と理論の現在的意味を問い直すシンポジウムの記録。(1994・11)

女たちのローザ・ルクセンブルク

フェミニズムと社会主義

●田村雲供・生田あい共編

A5判★3000円／0347-6

フェミニズムの立場からの、初めてのローザ・ルクセンブルク論集。寺崎あき子、富山妙子、水田珠枝、大沢真理、江原由美子、足立真理子、大越愛子ほか執筆。(1994・9)

アポリアとしての民族問題

ローザ・ルクセンブルクとインターナショナリズム

●加藤一夫

四六判★2670円／0335-3

社会主義の解体とともに浮上する民族問題。国際主義の思想と行動は、結局このアポリアの前に破れ去ってしまうしかないのか。ローザ・ルクセンブルクの民族理論の意義と限界を明らかにする。(1991・11)

アントニオ・グラムシの思想的境位

生産者社会の夢・市民社会の現実

●黒沢惟昭

A5判★2800円／0881-5

21世紀の世界は新たな危機の時代を歩みはじめた。前世紀の危機の時代に生きたA・グラムシの思想と実践を再審し、今日の〈もうひとつの世界〉へ向けて、新しい抵抗ヘゲモニーの創造を模索する論集。(2008・9)

グラムシは世界でどう読まれているか

●グラムシ没後60周年記念国際シンポジウム編

A5判★3700円／0386-5

20世紀イタリアが生んだ知的な巨人アントニオ・グラムシ。社会主義崩壊後の今日、国際的に、脚光を浴びている思想家である。伊、米、独、ロシア、韓国、日本等の研究者による研究。(2000・1)